智能化内部控制与风险管理

主 编 周 磊 陈玉婷 涂早武

北京理工大学出版社
BEIJING INSTITUTE OF TECHNOLOGY PRESS

内 容 简 介

本书坚持产教融合，理论与实践相结合，将二十大精神引进教材，以落实立德树人为根本任务，将职业精神、工匠精神教育贯穿全书。本书设计七个项目，涵盖内容有企业大数据智能风控实践基础、采购管理大数据智能风控、销售管理大数据智能风控、固定资产管理大数据智能风控、资金管理大数据智能风控、风险动态智能预警和风险管控报告。项目一主要涉及对大数据智能风控的理论方法。项目二至项目六分别是企业采购管理、销售管理、固定资产管理、资金管理、报表分析中的风险管理，结合大数据处理平台和轻分析平台对企业相关业务风险深入剖析。

本书每个项目包括"学习目标""德技并修""思维导图""项目导入""项目考核评价""项目小结"等模块，其中学习目标包括知识目标、技能目标、素养目标。项目以任务为驱动，每个任务设置工作准备、任务要求、任务描述、任务实施、任务评价、拓展阅读、巩固练习。

为了利教便学，部分学习资源（微课、拓展阅读）以二维码的形式提供在相关内容旁，此外，本书配套有 SQL 语句、Python 代码、函数表达式、数据表、思考题及巩固练习题答案、拓展练习操作指引等电子版资源。

版权专有　侵权必究

图书在版编目（CIP）数据

智能化内部控制与风险管理／周磊，陈玉婷，涂早武主编．-- 北京：北京理工大学出版社，2025.1．
ISBN 978-7-5763-5012-8

Ⅰ．F275.1

中国国家版本馆 CIP 数据核字第 20253VL127 号

责任编辑： 陈莉华	**文案编辑：** 李海燕
责任校对： 周瑞红	**责任印制：** 施胜娟

出版发行 ／	北京理工大学出版社有限责任公司
社　　址 ／	北京市丰台区四合庄路 6 号
邮　　编 ／	100070
电　　话 ／	（010）68914026（教材售后服务热线）
	（010）63726648（课件资源服务热线）
网　　址 ／	http://www.bitpress.com.cn
版 印 次 ／	2025 年 1 月第 1 版第 1 次印刷
印　　刷 ／	涿州市新华印刷有限公司
开　　本 ／	787 mm×1092 mm　1/16
印　　张 ／	20.75
字　　数 ／	525 千字
定　　价 ／	98.00 元

图书出现印装质量问题，请拨打售后服务热线，负责调换

前 言

数字人才是支撑数字经济的基础,数字化、智能化是各行各业的发展趋势。财经数字化将我们的专业教学通过校企合作、产教融合、三教改革,使数字技术与技能融入财会和金融的知识、技术和技能体系之中,以实现职业教育体系中教学内容和技术手段上的产教融合、职普融通、科教融汇。财经数字化系列教材就是以此为基础,突出"数字引领,运维兼备"特色进行的实践探索与技术创新。

本书由周磊、陈玉婷、涂早武担任主编,李琳芳、李宇媛、余杰和何志威担任副主编,柳晓倩为参编人员,金蝶精一信息科技服务有限公司胡玉姣老师为企业编写人员。全书由周磊统一审阅定稿,陈玉婷负责项目二的撰写,涂早武负责项目三的撰写,李琳芳负责项目一和项目六的撰写,李宇媛负责项目五的撰写,余杰负责项目四的撰写,何志威负责项目七的撰写和附录资源的整理,柳晓倩负责数字化资源的整理,胡玉姣负责教材任务实施案例梳理。本书是校企融合的成果,具有较强的可操作性和实用性。

本书设计七个项目,涵盖内容有企业大数据智能风控实践基础、采购管理大数据智能风控、销售管理大数据智能风控、固定资产管理大数据智能风控、资金管理大数据智能风控、风险动态智能预警和风险管控报告。项目一主要涉及对大数据智能风控的理论方法。项目二至项目六分别是企业采购管理、销售管理、固定资产管理、资金管理、报表分析中的风险管理,结合大数据处理平台和轻分析平台对企业相关业务风险深入剖析。

本书以习近平新时代中国特色社会主义思想为指导,贯彻落实党的二十大精神打破学科壁垒,将大数据与企业风险管理分析深度融合,要引导财会专业学生培养大数据思维,应用大数据技术处理企业的风控问题,促进复合型会计人才的培养。

在本书编写过程中,我们参阅了大量文献资料,在此对这些资料的作者表示诚挚的谢意!由于编者水平与实际工作研究的深度有限,书中难免存在疏漏之处,敬请广大读者批评指正。

目 录

项目一　企业大数据智能风控实践基础　　1
　　任务一　风险识别　　2
　　任务二　风险评估　　5
　　任务三　风险应对　　8
　　项目考核评价　　12
　　项目小结　　13

项目二　采购管理大数据智能风控　　14
　　任务一　采购计划编制风险　　15
　　任务二　供应商履约风险　　31
　　任务三　供应商评级风险　　48
　　任务四　采购形式风险　　54
　　任务五　供应商选择风险　　68
　　任务六　采购管理风控可视化处理　　81
　　项目考核评价　　93
　　项目小结　　93

项目三　销售管理大数据智能风控　　94
　　任务一　销售计划风险　　95
　　任务二　产品定价风险　　109
　　任务三　销售报价风险　　119
　　任务四　客户信用管理风险　　124
　　任务五　销售合同完整性风险　　134
　　任务六　销售管理风控可视化处理　　139
　　项目考核评价　　149
　　项目小结　　149

项目四　固定资产管理大数据智能风控　　150
　　任务一　风险的识别　　151
　　任务二　固定资产投资风险　　154
　　任务三　固定资产请购风险　　178
　　任务四　固定资产验收风险　　186
　　任务五　处置年限合规性风险　　195
　　任务六　固定资产管理风控可视化处理　　204

项目考核评价 212
　　项目小结 212
项目五　资金管理大数据智能风控 213
　　任务一　筹资活动风险 214
　　　　子任务一　筹资时间风险 214
　　　　子任务二　偿付到期债务风险 218
　　任务二　资金营运活动风险 222
　　　　子任务一　现金持有风险 222
　　　　子任务二　虚列支出风险 230
　　任务三　投资活动风险 237
　　　　子任务一　投资项目选择风险 237
　　　　子任务二　研发项目立项风险 244
　　任务四　资金管理风控可视化处理 251
　　项目考核评价 257
　　项目小结 257
项目六　风险动态智能预警 258
　　任务一　经营风险预警 259
　　　　子任务一　销售计划完成情况预警 259
　　　　子任务二　应收账款逾期风险预警 267
　　　　子任务三　资金赤字风险预警 272
　　任务二　财务报表分析风险预警 275
　　　　子任务一　偿债风险预警 275
　　　　子任务二　营运风险预警 284
　　　　子任务三　盈利风险预警 291
　　　　子任务四　发展风险预警 297
　　任务三　风险预警仪表板 303
　　项目考核评价 308
　　项目小结 309
项目七　风险管控报告 310
　　任务一　撰写风险管控报告 311
　　项目考核评价 320
　　项目小结 321
附录 322
参考文献 323

项目一　企业大数据智能风控实践基础

学习目标

【知识目标】

1. 了解企业风险管理的流程。
2. 熟悉风险识别的方法。
3. 熟悉风险识别的具体操作。
4. 熟悉企业风险数据库的格式。
5. 熟悉风险概率和风险影响评估的标准。
6. 熟悉风险管控措施及适用场景。
7. 掌握风险应对策略工具的概念和适用场景。

【技能目标】

1. 能够进行风险识别。
2. 能够进行风险矩阵绘制。

【素养目标】

1. 通过学习风险管理知识，培养学生未雨绸缪的职业素养。
2. 培养学生冷静应对企业各种风险的职业素养。

德技并修

贯彻落实党的二十大精神，守护国家经济安宁

党的二十大报告指出："社会稳定是国家强盛的前提，要坚持安全第一、预防为主，建立大安全大应急框架，完善公共安全体系，推动公共安全治理模式向事前预防转型。"国家安全是民族复兴的根基，社会稳定是国家强盛的前提。必须坚定不移贯彻总体国家安全观，把维护国家安全贯穿党和国家工作各方面全过程，确保国家安全和社会稳定。

我们要坚持以人民安全为宗旨、以政治安全为根本、以经济安全为基础、以军事科技文化社会安全为保障、以促进国际安全为依托，统筹外部安全和内部安全、国土安全和国民安全、传统安全和非传统安全、自身安全和共同安全，统筹维护和塑造国家安全，夯实国家安全和社会稳定基层基础，完善参与全球安全治理机制，建设更高水平的平安中国，以新安全格局保障新发展格局。

正确认识经营风险是企业长期生存的基石之一，更是国家经济安全的基石。未来我国经济将进入高质量发展阶段，运用大数据进行风险管控是未来发展趋势之一。同学们要学好本领，在为企业把关的同时，守护好我们共同的家园，让国家更加繁荣昌盛。

思维导图

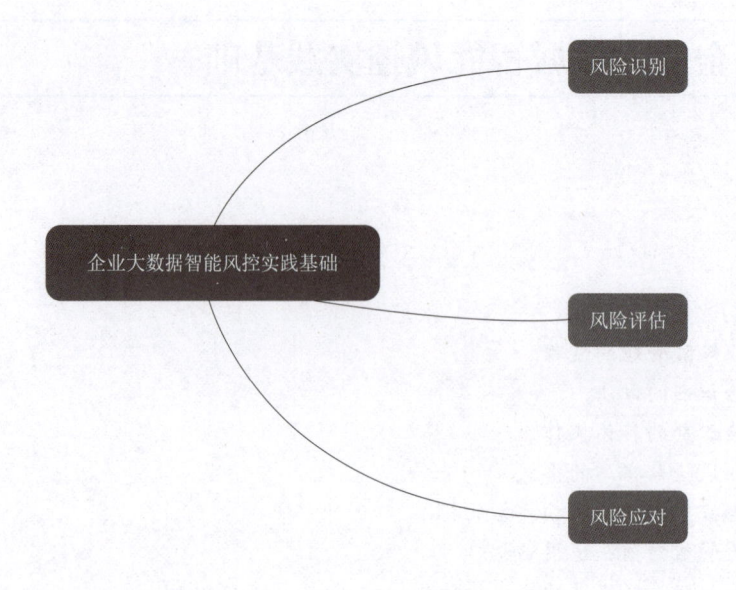

```
                              ┌─ 风险识别
企业大数据智能风控实践基础 ─────┼─ 风险评估
                              └─ 风险应对
```

项目导入

在企业中，风险是未来的不确定性对企业实现其经营目标的影响，以能否为企业带来盈利等机会为标志，将风险分为纯粹风险（只有"带来损失"一种可能性）和机会风险（"带来损失"和"盈利"的可能性并存）。从风险智能识别、构建风险评估模型、针对评估风险制定相应的应对策略和管控措施，构建风险实时的预警监控，最后形成风险管控报告。实践中，风险管理是一个动态实时的过程。

任务一　风险识别

工作准备

学习党的二十大精神——人工智能

一、大数据智能风险管理的定义

风险是不确定性对目标的影响。在企业中，风险是未来的不确定性对企业实现其经营目标的影响，以能否为企业带来盈利等机会为标志，将风险分为纯粹风险（只有"带来损失"一种可能性）和机会风险（"带来损失"和"盈利"的可能性并存）。

在本实践课程中，从风险智能识别、构建风险评估模型、针对评估风险制定相应的应对策略和管控措施，到构建风险实时的预警监控，最后形成风险管控报告。实践中，风险管理是一个动态实时的过程。风控流程形成闭环管理，如图1-1所示。

二、大数据智能风险管理步骤

（一）风险识别

风险识别是指在风险事故发生之前，人们运用各种方法系统地、连续地认识所面临的各种风险以及分析风险事故发生的潜在原因，是风险管理的第一步，也是风险管理的基础，是只有在正确识别出自身所面临的风险的基础上,人们才能够主动选择适当有效的方法进行的处理。

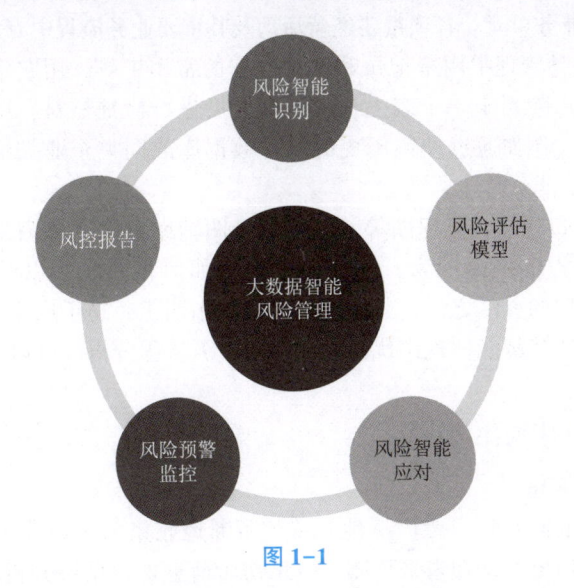

图 1-1

(二) 风险评估

风险评估是指在风险事件发生之前或之后(但还没有结束),该事件给人们的生活、生命、财产等各个方面造成的影响和损失的可能性进行量化评估的工作。即风险评估就是量化测评某一事件或事物带来的影响或损失的可能程度。

(三) 风险应对

风险应对是指在确定了决策的主体经营活动中存在的风险,并分析出风险概率及其风险影响程度的基础上,根据风险性质和决策主体对风险的承受能力而制订的回避、承受、降低或者分担风险等相应防范计划。制定风险应对策略主要考虑四个方面的因素:可规避性、可转移性、可缓解性、可接受性。

(四) 风险预警监控

风险预警监控指的是企业根据风险对象的特点,通过收集相关的资料信息,监控风险因素的变动趋势,并评价各种风险状态偏离预警线的强弱程度,向决策层发出预警信号并提前采取预防性对策的控制活动。具体内容及详细要求详见教材后续内容。

(五) 风险管控报告

根据以上对企业风险的识别、评估和应对分析,需要对结果进行汇总,出具对企业整体风险管理的评价报告。具体包括风险的量化评估汇总,对风险评估结果的分析,提出建议的解决措施等步骤。具体内容及要求详见教材后续内容。

三、风险的定义

风险是未来的不确定性对企业实现其经营目标的影响,可能来自企业内部也能可来自企业外部。在大数据、人工智能等技术的辅助下,企业可以实时进行风险识别活动,对风险进行归纳总结,形成实时的风险数据库。

四、风险识别方法

风险识别的主要方法包括德尔菲法、头脑风暴法、SWOT 分析法、检查表和图解技术等,根据不同的具体环境各项方法常常结合使用。

1. 头脑风暴法：由团队主持，各成员就项目的风险进行集思广益，可以以风险的类别作为基础框架，查找企业的各业务单元、各项重要经营活动及其重要业务流程中有无风险、有哪些风险。

2. 检查表：检查表是管理中用来记录和整理数据的常用工具。用它进行风险识别时，将项目可能发生的许多潜在风险列于一个表上，供识别人员进行检查核对，用来判别某项目是否在表中所列或类似的风险。例如通过搜集历史的风险数据库或同类企业类似业务的风险库，对比目前的环境下是否存在风险。

3. 图解技术：包括鱼骨图、流程图等。利用鱼骨图辅助可以通过因果的分析识别风险；利用流程图识别各业务节点的风险因素，及各要素之间如何相互联系以及因果传导机制。流程图分析是识别风险最常用的方法之一，其主要优点是清晰明了，易于操作，且组织规模越大，流程越复杂，流程图分析法就越能体现出优越性。通过业务流程分析，可以更好地发现风险点，从而为防范风险提供支持。

五、风险识别的具体操作

（一）信息收集及汇总

风险管理基本流程的第一步，要广泛地、持续不断地收集与本企业风险和风险管理相关的内外部初始信息，包括历史数据和未来预测。收集初始信息要根据所分析的风险类型具体展开，外部信息的收集常常会使用 Python 爬虫等技术。

（二）进行风险识别

对收集的信息进行整理分析，运用上述的风险识别方法进行风险的识别，列明风险形成的原因和可能的后果。风险识别可以分为四个步骤进行：

1. 明确自身业务目标：明确业务目标是风险识别的前提，需要将目标细分到主要的子业务和流程之中，形成目标清单，根据目标考量可能影响其实现的各种潜在风险因素。

2. 进行风险排查：明确风险识别的基础水平，并选择与该基础水平相适应的梳理思路进行风险排查。风险识别的基础主要体现在该业务流程的完备程度，流程越完备，风险识别的基础水平越好，风险梳理程度越深入和细致。风险排查一般在已有的基础上进行补充完善。

3. 形成风险清单：通过多种途径和手段收集和汇总风险信息，明确业务中存在的风险事项，形成风险清单。实践中主要的途径和手段包括对关键业务文档调研、与企业相关人员的充分访谈、基层单位或部门的反馈、内控工作组的讨论与建议、最佳实践研究、第三方专家意见等。

4. 讨论并完善风险事项列表，形成企业风险数据库：通过小组讨论并结合专业知识，形成较为清晰和完善的企业风险数据库，作为下一步风险评估工作的重要基础。

六、风险识别的成果

风险识别活动结束后，形成企业风险数据库，主要分为采购业务风险、销售业务风险、资产管理和资金管理风险四大类，模板如表 1-1 所示。

表 1-1　企业风险数据库模板

风险编号	风险名称	风险描述	风险成因	风险后果
ZJ01-001	筹资时间风险	筹资不及时或过于提前	筹资计划时间不合理	筹资时间不及时，可能造成短期的资金短缺；
			筹资计划未及时执行或提前执行	筹资时间过于提前，可能造成资金闲置时间较长，降低企业营利能力
			资金使用提前或滞后	

任务描述

结合风险识别的方法,对育亭机械企业的采购管理、销售管理、固定资产管理和资金管理存在的风险事项进行识别,为后面的项目操作奠定理论基础。

任务要求

1. 初步识别育亭机械企业的采购过程中存在的风险事项。
2. 初步识别育亭机械企业的销售过程中存在的风险事项。
3. 初步识别育亭机械企业的固定资产管理过程中存在的风险事项。
4. 初步识别育亭机械企业的资金管理过程中存在的风险事项。

任务实施

1. 对育亭机械的采购计划编制流程进行梳理,列举企业编制采购计划过程中容易存在的具体风险事项,以及在采购计划编制环节可能还存在的风险点。备注:详细内容见项目二。

2. 对育亭机械施行的销售业务管理流程、销售风控管理流程进行梳理,分析其中的风险因素及可能造成的后果。备注:详细内容见项目三。

3. 对育亭机械的固定资产管理流程进行梳理,列举企业在固定资产管理过程中容易存在的具体风险事项。备注:详细内容见项目四。

4. 对育亭机械的筹资业务流程、资金营运业务流程、投资业务的流程进行梳理,收集相关的信息,识别风险并整理形成风险数据库。备注:详细内容见项目五。

任务评价

序号	评价内容	评价具体要点	达标	未达标
1	初步识别育亭机械企业的采购过程中存在的风险事项	能够熟悉采购过程中7个风险点		
2	初步识别育亭机械企业的销售过程中存在的风险事项	能够熟悉销售过程中7个风险点		
3	初步识别育亭机械企业的固定资产管理过程中存在的风险事项	能够熟悉固定资产管理5个风险点		
4	初步识别育亭机械企业的资金管理过程中存在的风险事项	能够熟悉资金管理的筹资活动、营运活动、投资活动3个活动的风险点		

任务二 风险评估

工作准备

一、风险评估的定义

风险评估是评价风险对企业实现目标的影响程度、风险的价值等。本课程重点研究风险的定量评估，进行风险定量评估时，应统一制定各风险的度量单位和风险度量模型，并通过测试等方法，确保评估系统的假设前提、参数数据来源和定量评估程序的合理性和准确性，并需要根据环境的变化，定期对假设前提和参数进行复核和修改，并将定量评估系统的估算结果与实际效果对比，据此对有关参数进行调整和改进。

企业在评估多项风险时，应根据对风险发生可能性的高低和对目标的影响程度的评估，绘制风险坐标图，对各项风险进行比较，初步确定对各项风险的管理优先顺序和策略。

二、风险评估的评分标准举例

育亭机械根据企业的环境分析和风险容忍度，分别制定了对于风险概率和风险影响评估的评分标准，如表1-2和表1-3所示。

表1-2 风险概率评估

	评分	1	2	3	4	5
定量方法	一定时期发生的概率	10%以下	10%~30%	30%~70%	70%~90%	90%以上
定性方法	文字描述一	极低	低	中等	高	极高
	文字描述二	一般情况下不会发生	极少情况下才发生	某些情况下发生	较多情况下发生	常常会发生
	文字描述三	今后10年内发生的可能少于1次	今后5~10年内可能发生1次	今后2~5年内可能发生1次	今后1年内可能发生1次	今后1年内至少发生1次

表1-3 风险影响评估

	评分		1	2	3	4	5
定量方法	企业财务损失占税前利润的百分比（%）		1%以下	1%~5%	6%~10%	11%~20%	20%以上
定性方法	文字描述一		极轻微的	轻微的	中等的	重大的	灾难性的
	文字描述二	企业日常运行	不受影响	轻度影响	中度影响	严重影响	重大影响
		企业声誉	负面消息在企业内部流传，企业声誉没有受损	负面消息在当地局部流传，对企业声誉造成轻微损害	负面消息在某区域流传，对企业声誉造成中等损害	负面消息在全国各地流传，对企业声誉造成重大损害	负面消息流传世界各地，政府或监管机构进行调查，引起公众关注，对企业声誉造成无法弥补的损害

任务描述

结合风险评估的方法，对育亭机械企业的采购管理、销售管理、固定资产管理和资金管理过程中存在的风险确定衡量指标。为后面的项目操作奠定理论基础。

任务要求

（1）初步确定育亭机械企业的采购过程中风险的衡量指标。
（2）初步确定育亭机械企业的销售过程中风险的衡量指标。
（3）初步确定育亭机械企业的固定资产管理过程风险的衡量指标。
（4）初步确定育亭机械企业的资金管理过程中风险的衡量指标。

任务实施

（1）对育亭机械的《采购计划编制规范》进行梳理，了解评估采购计划编制的风险的指标。备注：详细内容见项目二。

（2）对育亭机械的销售定价、销售计划、销售报价、客户信用管理、销售合同完整性等风险确定评估指标。备注：详细内容见项目三。

（3）对育亭机械的固定资产投资、固定资产请购、固定资产验收、固定资产处置年限合规性等风险确定评估指标。备注：详细内容见项目四。

（4）对育亭机械的筹资活动、资金营运活动、投资活动存在的风险确定评估指标。备注：详细内容见项目五。

任务评价

序号	评价内容	评价具体要点	达标	未达标
1	初步确定育亭机械企业的采购过程中风险的衡量指标	能够理解采购编制计划风险、供应商履约风险、供应商评级风险、采购形式风险、供应商选择风险、验收入库风险、付款风险对应的衡量指标		
2	初步确定育亭机械企业的销售过程中风险的衡量指标	能够理解销售计划风险、产品定价风险、销售报价风险、客户信用管理风险、销售合同完整性风险、销售合同内容合规性风险、销售订单合规性风险对应的衡量指标		
3	初步确定育亭机械企业的固定资产管理过程风险的衡量指标	能够理解固定资产投资、固定资产请购风险、处置年限合规性风险、固定资产账实不符风险对应的衡量指标		
4	初步确定育亭机械企业的资金管理过程中风险的衡量指标	能够理解筹资活动、营运活动、投资活动三个活动对应的风险衡量指标		

任务三 风险应对

风险应对策略——四种方法

工作准备

一、风险应对策略的定义

风险应对策略,指企业根据自身条件和外部环境,围绕企业发展战略,确定风险偏好、风险承受度、风险管理有效性标准,选择风险承担、风险规避、风险转移、风险控制等适合的风险管理工具的总体策略,并确定风险管理所需人力和财力资源的配置原则。

制定风险应对策略的一个关键环节是企业应根据不同业务特点统一确定风险偏好和风险承受度,即企业愿意承担哪些风险,明确风险的最低限度和不能超过的最高限度,并据此确定风险的预警线及相应采取的对策。确定风险偏好和风险承受度,要正确认识和把握风险与收益的平衡,防止和纠正两种错误倾向:一是忽视风险,片面追求收益而不讲条件、范围,认为风险越大、收益越高的观念和做法;二是单纯为规避风险而放弃发展机遇。

在制定风险应对策略时,还应根据风险与收益相平衡的原则以及各风险在风险矩阵图上的位置,进一步确定风险管理的优选顺序,明确风险管理成本的资金预算和控制风险的组织体系、人力资源、应对措施等总体安排。

二、风险矩阵

根据风险评估的结果绘制风险矩阵,如图1-2所示。

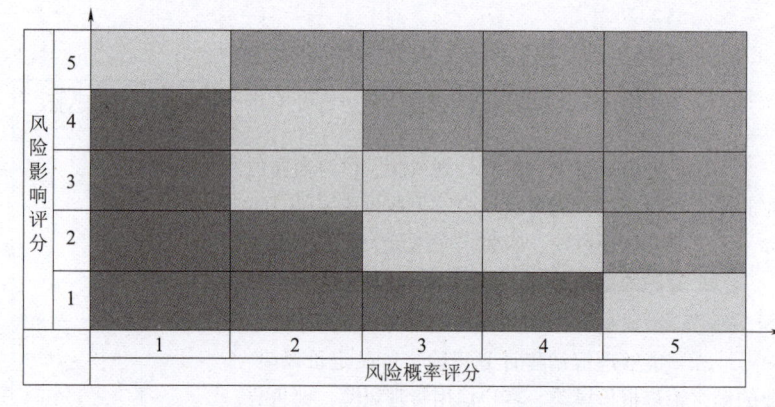

图1-2

■ 高风险:红色区域的风险事件影响程度很大,或发生概率很高,需要尽快加强对该类风险的防控

■ 中风险:黄色区域的风险事件影响程度较大或发生概率较高,应保持控制,防止其进入红色区域

■ 低风险:绿色区域的风险事件影响程度较小,且发生概率较低,如果综合在可受承的范围内,不必采取防控措施,随时监督即可

三、风险应对策略工具

根据育亭机械公司性质、风险偏好和风险承受度,制定了四种风险管理策略的工具:风险承担、风险规避、风险转移和风险控制,如图1-3所示。

(一)风险承担

风险承担亦称风险保留、风险自留,是指企业对所面临的风险采取接受的态度,从而承担风险带来的后果。企业面临的风险有很多,通常企业能够明确辨识的风险只占全部风险的少数。风险评估的工作结果对于企业是否采用风险承担影响很大。

对未能识别出的风险,企业只能采用风险承担。对于识别出的风险,企业也可能由于以下几种原因采用风险承担:

图 1-3

1. 缺乏能力进行主动管理,对这部分风险只能承担;
2. 没有其他备选方案;
3. 从成本效益考虑,这一方案是最适宜的方案。

对于企业的重大风险,即影响企业目标实现的风险,企业一般不应采用风险承担。

(二) 风险规避

风险规避是指企业回避、停止或退出蕴含某一风险的商业活动或商业环境,避免成为风险的所有人。例如:

1. 退出某一市场以避免激烈竞争;
2. 拒绝与信用不好的交易对手进行交易;
3. 停止生产可能有潜在客户安全隐患的产品。

(三) 风险转移

风险转移是指企业通过合同将风险转移到第三方,企业对转移后的风险不再拥有所有权。转移风险不会降低其可能的严重程度,只是从一方移除后转移到另一方。例如:与保险公司签订保险合同规定保险公司为预定的损失支付补偿;通过服务保证书将风险可能导致的财务损失负担转移给保证方等。

(四) 风险控制

风险控制是指控制风险事件发生的动因、环境、条件等,来达到减轻风险事件发生时的损失或降低风险事件发生概率的目的。

通常影响某一风险的因素有很多。风险控制可以通过控制这些因素中的一个或多个来达到目的,但主要的是风险事件发生的概率和发生后的损失。控制风险事件发生概率的例子如室内使用不易燃地毯、山上禁止吸烟等,而控制风险事件发生后损失的例子如修建水坝防洪、设立质量检查防止次品出厂等。

风险控制对象一般是可控风险,包括多数运营风险如质量、安全和环境风险以及法律风险中的合规性风险。

四、具体风控措施

基于导致风险的不同原因,按照业务活动发生的事前预防、事中控制、事后纠正这三个维度,总结出 12 种风险管控方法,可用于针对各事项风险制定具体防控措施,如图 1-4 所示。

各项管控措施适用的风险、相关描述和举例如表 1-4 所示。

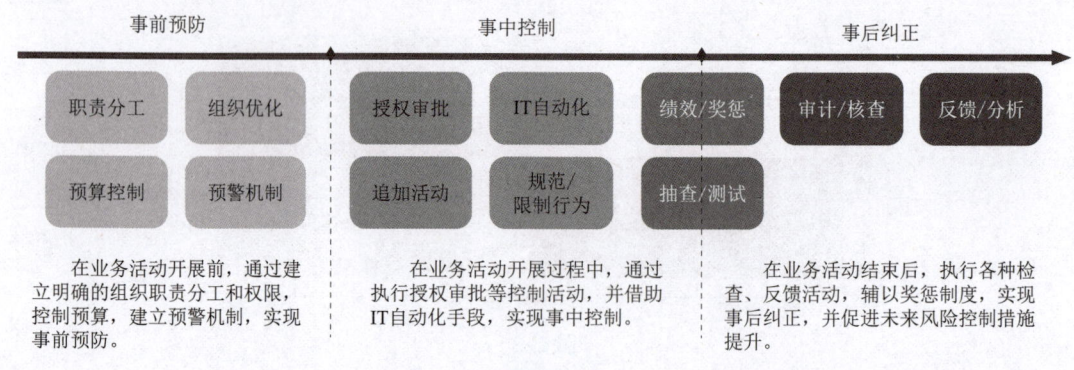

```
事前预防                    事中控制                    事后纠正
────────────┬──────────────────────┬──────────────────────→
职责分工  组织优化   授权审批   IT自动化    绩效/奖惩  审计/核查  反馈/分析
预算控制  预警机制   追加活动   规范/限制行为  抽查/测试
```

在业务活动开展前，通过建立明确的组织职责分工和权限，控制预算，建立预警机制，实现事前预防。

在业务活动开展过程中，通过执行授权审批等控制活动，并借助IT自动化手段，实现事中控制。

在业务活动结束后，执行各种检查、反馈活动，辅以奖惩制度，实现事后纠正，并促进未来风险控制措施提升。

图 1-4

表 1-4 各项管控措施适用的风险、相关描述和举例

控制方法	针对风险	管控方法描述	管控方法举例
职责分工	未对不相容岗位进行控制；职责分工不明确；部门之间接口不清晰	明确职责分工，在特定职责间设立相互分离的岗位进行制衡	资金的收付人员与记账人员未分离；由一人经办一项业务的全过程
组织优化	岗位编制与工作量不合理；组织机构设置不兼容	对组织结构和岗位配置的调整和优化，避免因组织人员配置原因造成的企业风险	优化组织结构，将招标管理、招标操作和专家评审三项职能进行分离，并建立招标领导小组对其进行统筹管理与监控
授权审批	缺乏对关键活动的权力制约；审批依据不明确	明确各岗位处理业务和事项的权限范围、审批流程和相应责任	对于预算外采购项目，要严格审核需求部门提出的申请，明确审批重点
预算控制	预算编制及分解不到位；缺乏机遇预算的业务活动控制	完善全面预算管理制度，明确责任单位在预算管理中的职责权限，在流程关键节点中引入预算参考或决策依据	依据生产投资计划及全面预算文件对下属单位上报的需求计划进行审核
预警机制	缺乏对主要风险因素的跟踪；缺乏风险预警发生后的对应措施	通过在流程中嵌入自动风险预警判断点，并制定后续风险预案的相关流程，在源头处规避风险	按一定标准对用户进行信用评级，对信用不良的用户进行重点监控，包括采用预付款的方式提高欠费管控能力
抽查/测试	缺乏对批量活动的控制；缺乏抽查、测试的要求和方法	建立完善的抽查、测试机制，明确相关要求和标准	通过穿行测试检查内部控制措施的有效性

续表

控制方法	针对风险	管控方法描述	管控方法举例
IT自动化	手工操作引起的操作风险	通过建立完善的信息自动化机制，使用先进的信息自动化工具，提高业务处理效率及准确率	优化管理信息系统，统一数据接口，保证订单的接收、修改、生产、出库等信息在生产、物流和销售职能模块中同步更新
追加活动	缺乏对关键风险的控制活动	通过追加增值工作环节，或新增额外流程，对风险暴露进行管控或制约	在公司高层的领导下，组建针对地方政府与群众的专业公关小组，负责投资项目相关的沟通与协调
规范/限制行为	控制活动虽已存在，但缺乏规范；执行中随意性大	通过完善现有要求、制度、机制、流程，制约风险的发生	对工程项目可行性研究报告的编制要求和内容作出明确规定，确保项目决策科学、合理
绩效/奖惩	缺乏对流程执行人关键管控活动效果的评价	设置和完善绩效考核指标，对责任单位、员工的业绩及管控绩效进行客观的评价	将记账准确率纳入财务人员绩效考核，以监督、激励的方法提高账务准确率
审计/核查	缺乏对重点业务的第三方监控	通过对业务运营的审计与核查，识别公司面临的风险，并及时提出改正建议并追究责任方	审查项目结束后剩余物资的处理情况，包括再利用情况、出售情况，严格审查剩余物资的不规范处理行为
分析/反馈	缺乏对主要业务活动结果的总结；缺乏反馈机制	强调流程的闭合性，通过建立完善的分析以及反馈机制，明确信息反馈的具体内容和接受环节，将风险及问题进行及时反馈，避免其重复发生	对问题频发的设备进行跟踪记录，相关供应商历史表现情况及时录入供应商数据库，并作为供应商招标评审的重要依据

任务描述

结合风险管控的方法，对育亭机械企业的采购管理、销售管理、固定资产管理和资金管理过程中存在的风险确定管控的措施。为后面的项目操作奠定理论基础。

任务要求

（1）初步确定育亭机械企业的采购过程中风险的管控措施。
（2）初步确定育亭机械企业的销售过程中风险的管控措施。

（3）初步确定育亭机械企业的固定资产管理过程中风险的管控措施。
（4）初步确定育亭机械企业的资金管理过程中风险的管控措施。

任务实施

（1）对育亭机械的采购计划编制的风险评估指标进行分析后，确定具体的风险管控措施。备注：详细内容见项目二。

（2）对育亭机械的销售定价、销售计划、销售报价、客户信用管理、销售合同完整性的风险评估指标进行分析后，确定具体的风险管控措施。备注：详细内容见项目三。

（3）对育亭机械的固定资产投资、固定资产请购、固定资产验收、固定资产处置年限合规性的风险评估指标进行分析后，确定具体的风险管控措施。备注：详细内容见项目四。

（4）对育亭机械的筹资活动、资金营运活动、投资活动的风险评估指标进行分析后，确定具体的风险管控措施。备注：详细内容见项目五。

任务评价

序号	评价内容	评价具体要点	达标	未达标
1	初步确定育亭机械企业的采购过程中风险的管控措施	采购风险评估指标进行分析后，确定具体的风险管控措施		
2	初步确定育亭机械企业的销售过程中风险的管控措施	销售风险评估指标进行分析后，确定具体的风险管控措施		
3	初步确定育亭机械企业的固定资产管理过程中风险的管控措施	固定资产管理风险评估指标进行分析后，确定具体的风险管控措施		
4	初步确定育亭机械企业的资金管理过程中风险的管控措施	资金管理风险评估指标进行分析后，确定具体的风险管控措施		

项目考核评价

通过实训，学生对企业大数据智能风控实践基础的各项任务结果进行自评，小组评分，同时，教师对学生各项任务的实训成果评分。

企业大数据智能风控实践基础考核评价表

考核任务	评分标准	学生自评	小组评分	教师评分
风险识别	50			
风险评估	30			
风险应对	20			
合计	100分			
权重：自评20%，小组评分30%，教师评分50%				

项目小结

本项目通过风险识别、风险评估和风险应对三个任务，详细介绍了风险的概念、风险识别的方法、风险成因与结果，让学生理解风险管理是一个动态的过程，大数据智能风控应该从风险智能识别、构建风险评估模型、针对评估风险制定相应的应对策略和管控措施，到构建风险实时的预警监控，最后形成风险管控报告，为后面项目的任务实施奠定了理论基础。

项目二　采购管理大数据智能风控

学习目标

【知识目标】

1. 熟悉采购管理主要的业务及流程。
2. 掌握企业采购管理风险识别的方法。
3. 掌握采购计划编制风险评估、风险应对的方法。
4. 掌握供应商评级、供应商履约、供应商选择的风险评估与风险应对的方法。
5. 掌握采购形式风险评估、风险应对的方法。
6. 掌握验收入库风险评估、风险应对的方法。
7. 掌握付款风险评估、风险应对的方法。

【技能目标】

1. 能够根据数据表进行采购计划编制风险可视化分析。
2. 能够利用聚类算法（K-means）准确对供应商进行评级。
3. 能够根据数据表进行供应商评级风险、供应商履约、供应商选择风险可视化分析。
4. 能够根据数据表进行采购形式风险、验收入库风险、付款风险可视化分析。
5. 能够制作可视化付款风险仪表板呈现采购管理风控的结果。

【素养目标】

1. 树立学生通过数据思维进行数据分析的意识。
2. 培养学生钻研数据分析实操的职业素养。

德技并修

落实党的二十大精神，推动政采高质量发展

党的二十大报告提出："健全党统一领导、全面覆盖、权威高效的监督体系，完善权力监督制约机制，以党内监督为主导，促进各类监督贯通协调，让权力在阳光下运行。"政府采购是通过市场竞争机制配置政府资源的有效方式，在确定货物和服务供应商的过程中势必隐含廉政风险。为此，烟台市进一步健全完善"管采分离"体制，全面推行以财政部门监督检查为主导、纪检监察及相关部门为支撑的全方位监管模式，加快构建程序严密、方法科学、过程透明、监管有效的运行机制，推动形成政府采购制度刚性约束。

烟台市财政部门秉持政府采购价实相符、物有所值的理念，不断优化采购方式，提升政府采购智能化水平，平衡质量、价格和效率三要素，逐步建立以优质优价采购结果和用户反馈为导向的政府采购体系，推动实现"物有所值"的采购目标。

在企业采购管理过程中，我们面对的风险与诱惑非常多，需要我们系统地识别采购计划、选择供应商、验收入库等各个环节的风险，并坚守道德底线，采用合法、合理的方式应对风险。

思维导图

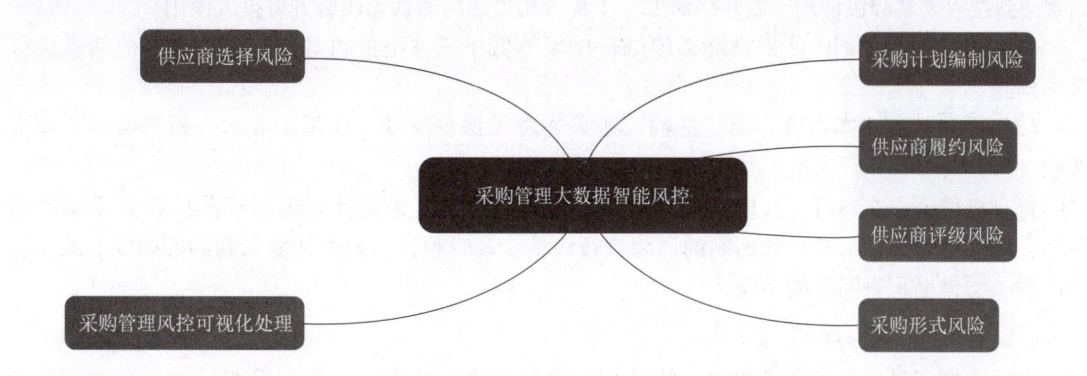

- 采购管理大数据智能风控
  - 供应商选择风险
  - 采购计划编制风险
  - 供应商履约风险
  - 供应商评级风险
  - 采购形式风险
  - 采购管理风控可视化处理

项目导入

采购是保证企业生产经营正常进行的必要前提，也是控制成本的重要手段。通过采购可以节约实际成本，提高销售边际利润。全流程的采购涉及采购计划编制、供应商选择、采购的执行过程、供应商评级、货物检验、货款支付等一系列环节，识别采购流程中各主要环节的风险，定量定性的评估风险，并提出应对策略与管控措施，能够帮助企业降低采购成本，提高采购质量。

任务一　采购计划编制风险

工作准备

一、案例背景

（一）育亨机械公司采购计划的运用

（1）预估用料数量、交期，防止断料，确保生产有序进行。

（2）避免库存积压过多、资金积压、空间浪费，减少存储成本。

（3）配合生产、销售计划的顺利完成。

（4）配合资金运用、周转。

（5）指导采购作业。

（二）育亨机械公司采购计划分类

（1）年度采购计划。根据本司年度经营状况，同时收集市场与需求信息做匹配进行充分分析，采集往年历史数据对比预测进行编制年度计划。

（2）月度采购计划。在对年度计划进行规整后，将销售需求信息进行分解至月度需求，结合库存量以及市场行情制订月度计划。

（3）日采购计划。将制订好的月度计划再次进行分解，依据使用部门用量情况以及库存量妥善安排日采购任务。

（三）育亨机械公司采购计划编制原则

（1）市场导向原则。物料采购计划必须以市场需求为依据，按照实际需求和外部资源供给最大限度做到"已销订购"，减少资金占用以及库存压力。

（2）系统性原则。采购计划的编制必须有全局观，减少浪费。

（3）质量适宜原则。所采物资必须符合生产使用的合格质量原则，确保产品质量，如有其他因素导致接收物料降级使用，需联络研发、工程等相关部门确认无误后方可投入使用。

（4）价格适宜原则。所采物资必须进行市场不低于三方报价的对比，需结合其他信息进行成本核算。

（5）严格控制成本核算、择优选购。所采物资需保证交期、质量、成本，相等条件下择优选购。

育亭机械公司在制订了月度采购计划后，为确保按照《采购计划编制规范》执行采购计划编制，需要每个月对采购计划编制的风险进行评估，及时预警，调整计划采购的准确度，减少资金占用，物料堆积等问题的出现。

二、风险识别与评估

根据案例背景，对育亭机械的采购计划编制流程进行梳理，在编制采购计划过程中容易存在的具体风险事项有：

（1）计划采购量与生产计划领用需求不匹配，即采购计划与生产计划无法完全匹配，给企业带来该采购的少采购，不该采购的多采购的风险。

（2）计划采购金额与资金预算的采购预算无法匹配，即采购计划与资金计划无法完全匹配，给企业带来采购成本不合理支出的风险。

育亭机械采购计划编制主要是配合销售和生产计划的完成，物料采购计划必须是以市场需求为依据，计算计划采购与生产计划所需领用的原料是否符合，即是否偏离生产计划领用物料，采购计划编制还需考虑资金占用的压力，根据《采购计划编制规范》的价格适宜原则，采购金额不能偏离资金预算过大，否则会带来不必要的资金占用风险，因此可从计划采购量与生产计划领用偏离、计划采购金额与资金预算偏离来评估采购计划编制的风险。

计划采购量与生产计划领用偏离风险概率主要评估计划采购量与生产计划领用偏离度大于5%的事件发生概率。

计划采购金额与资金预算偏离风险概率主要评估计划采购金额与资金预算偏离度小于10%的事件发生概率。

三、知识储备

（一）计划采购量与生产计划领用偏离风险相关知识

该指标旨在判断计划采购量偏离生产计划领用量的风险概率。

（1）计划采购量偏离生产计划领用量小于或等于5%，不存在风险。

（2）计划采购量偏离生产计划领用量大于5%，存在风险，以偏离度大于5%占总计划采购情况评估风险。

（3）计划采购量与生产计划领用偏离度＝(本期计划采购量+即时库存量)/(生产计划领用量+安全库存量)×100%－1。

（二）计划采购金额与资金预算偏离风险相关知识

该指标旨在判断计划采购总金额不符合资金预算的风险概率，以计划采购金额与资金预算的偏离度小于10%的条目数占总条目数比例衡量风险概率。

（1）计划采购金额偏离资金预算大于或等于10%，不存在风险。

（2）计划采购金额偏离资金预算小于10%，存在风险，以偏离度小于10%占总计划采购情况评估风险。

(3) 计划采购金额与资金预算偏离度=1-本期计划采购金额/本期资金计划中采购预算×100%。

思考1

如何评估计划采购量与生产计划领用偏离风险概率，需要用到哪些数据？

思考2

如何评估计划采购金额与资金预算偏离风险概率，需要用到哪些数据？

（三）风险评估模型

(1) 计划采购量与生产计划领用偏离的风险概率。

计算公式=计划采购量与生产计划领用偏离度大于5%的条目数/总条目数×100%，预警表如表2-1所示。

表2-1 计划采购量与生产计划领用偏离的风险概率预警表

评分	1	2	3	4	5
计划采购量与生产计划领用偏离度大于5%的条目数占总条目数比例（Y）	$Y \leq 10\%$	$10\% < Y \leq 30\%$	$30\% < Y \leq 70\%$	$70\% < Y \leq 90\%$	$90\% < Y$
预警级别	绿色预警	蓝色预警	黄色预警	橙色预警	红色预警
说明	计划采购量与生产计划领用偏离事件一般不会发生	计划采购量与生产计划领用偏离事件在极少情况下才发生	计划采购量与生产计划领用偏离事件在某些情况下发生	计划采购量与生产计划领用偏离事件在较多情况下发生	计划采购量与生产计划领用偏离事件常常会发生

(2) 计划采购金额与资金预算偏离的风险概率。

计算公式=计划采购金额与资金预算偏离度小于10%的条目数/总条目数×100%，预警表如表2-2所示。

表2-2 计划采购金额与资金预算偏离的风险概率预警表

评分	1	2	3	4	5
计划采购金额与资金预算偏离度小于10%的条目数占总条目数比例（Y）	$Y \leq 10\%$	$10\% < Y \leq 30\%$	$30\% < Y \leq 70\%$	$70\% < Y \leq 90\%$	$90\% < Y$
预警级别	绿色预警	蓝色预警	黄色预警	橙色预警	红色预警
说明	计划采购金额与资金预算偏离事件一般不会发生	计划采购金额与资金预算偏离事件在极少情况下才发生	计划采购金额与资金预算偏离事件在某些情况下发生	计划采购金额与资金预算偏离事件在较多情况下发生	计划采购金额与资金预算偏离事件常常会发生

任务描述

采购计划指企业按照生产经营活动过程中物资需求和消耗规律，对计划期内物资采购活动所做的预见性安排。完善的采购计划管理能够提高采购计划的可靠性，降低物料库存，提升物资的及时供应能力。本任务导入采购计划编制在企业应用的背景，分析育亭机械的采购计划编制流程存在的风险点，通过可视化分析分别评估计划采购量与生产计划领用偏离风险概率和计划采购金额与资金预算偏离风险概率。

任务要求

具体任务要求：

（1）根据可视化分析风险概率数据结果，参考风险指标评分标准表，计算计划采购量与生产计划领用偏离风险概率和计划采购金额与资金预算偏离的风险概率评分。

（2）按照各项风险指标对采购计划编制的影响权重计算风险定量评估综合得分，根据风险评估标准表确定风险等级，并制定其风险应对策略和管控措施。

任务实施

一、育亭机械2021年7月计划采购量与生产计划领用偏离的风险可视化分析

具体流程如图2-1所示。

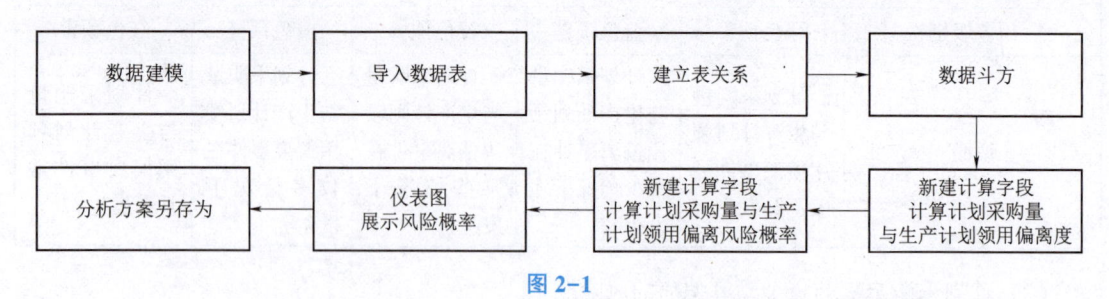

图 2-1

（1）进入金蝶云星空系统页面，打开功能菜单，执行"经营分析"—"轻分析"—"分析平台"—"轻分析"命令，进入轻分析页面。

（2）在大数据智能风控类别下新建业务主题，命名为"采购计划编制风险"，如图2-2所示。

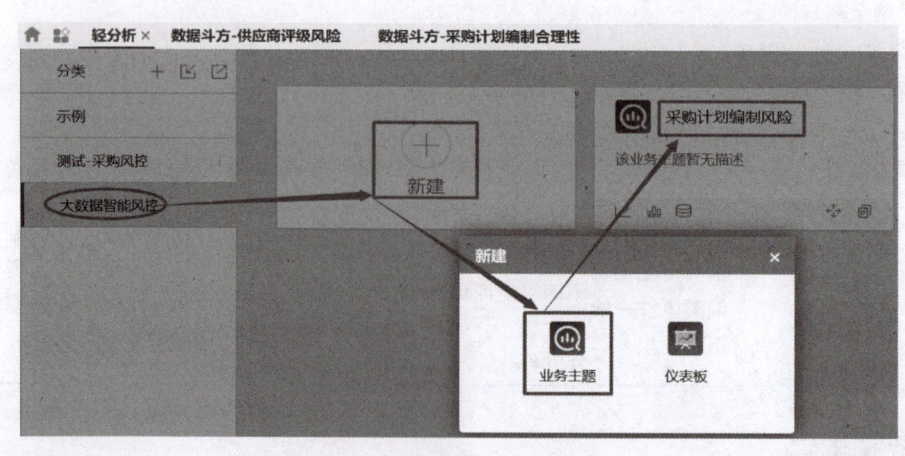

图 2-2

(3) 单击业务主题"采购计划编制风险"的"数据建模"按钮，如图2-3所示。

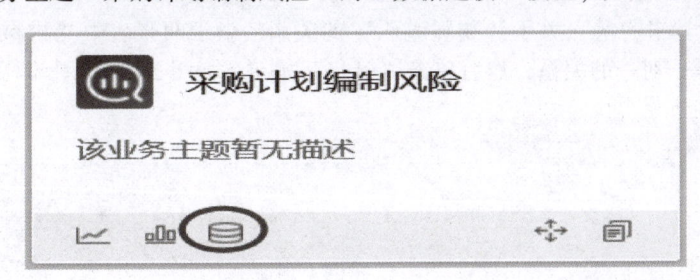

图 2-3

计划采购量与生产计划领用偏离的风险可视化分析

(4) 进入数据建模后，单击"新建数据表"。在弹出的对话框中选择"当前数据中心"，单击"下一步"按钮。在"新建数据表-数据中心"窗口，选择类型为"表"，单击"下一步"按钮。

(5) 在"新建数据表-选择表"的页面，选择"2021年7月库存数据""2021年下半年计划采购量""2021年下半年生产计划领用量"，然后单击"下一步"按钮，如图2-4所示。在"新建数据表-选择字段"页面，确认已选的数据库表后，单击"完成"按钮。

图 2-4

(6) 返回数据建模-采购计划编制风险页面，可以看到新建的数据表，单击工具栏的"保存"按钮，如图2-5所示。

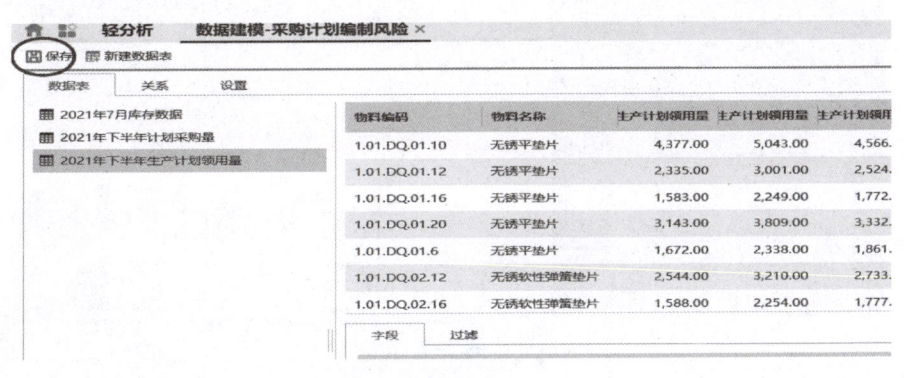

图 2-5

(7) 切换至"关系"页签，单击"新建关系"按钮，建立"2021 年 7 月库存数据"和"2021 年下半年计划采购量"关于"物料编码"的关系，由于两张表中"物料编码"字段均为唯一值，因此选择一对一的关系，然后单击"确定"按钮，如图 2-6 所示。

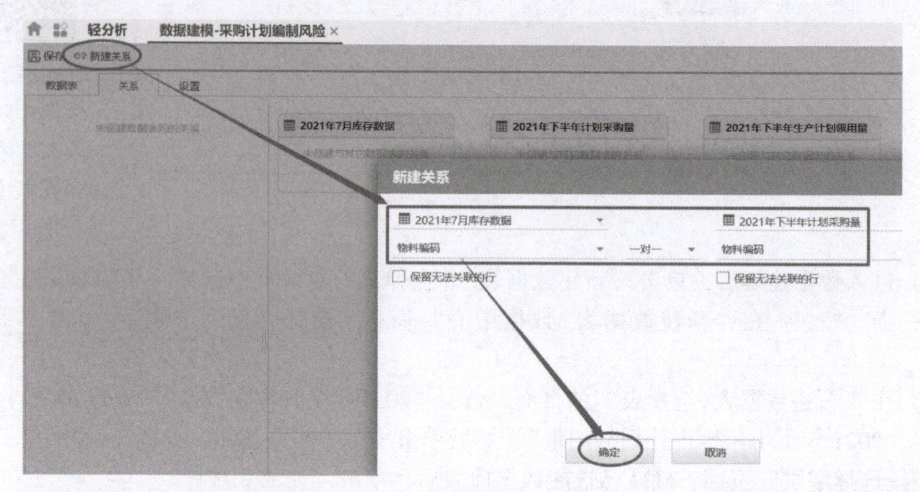

图 2-6

(8) 切换至"关系"页签，单击"新建关系"按钮，建立"2021 年下半年计划采购量"和"2021 年下半年生产计划领用量"关于"物料编码"的关系，由于两张表中"物料编码"字段均为唯一值，因此选择一对一的关系，然后单击"确定"按钮，如图 2-7 所示。返回新建关系页面，单击"保存"按钮，如图 2-8 所示。

(9) 回到轻分析主界面，单击业务主题"采购计划编制风险"的"数据斗方"。

(10) 在"数据斗方-采购计划编制风险"页面，单击选中数据表"2021 年下半年计划采购量"，然后单击字段右侧的▼符号，单击"创建计算字段"按钮。

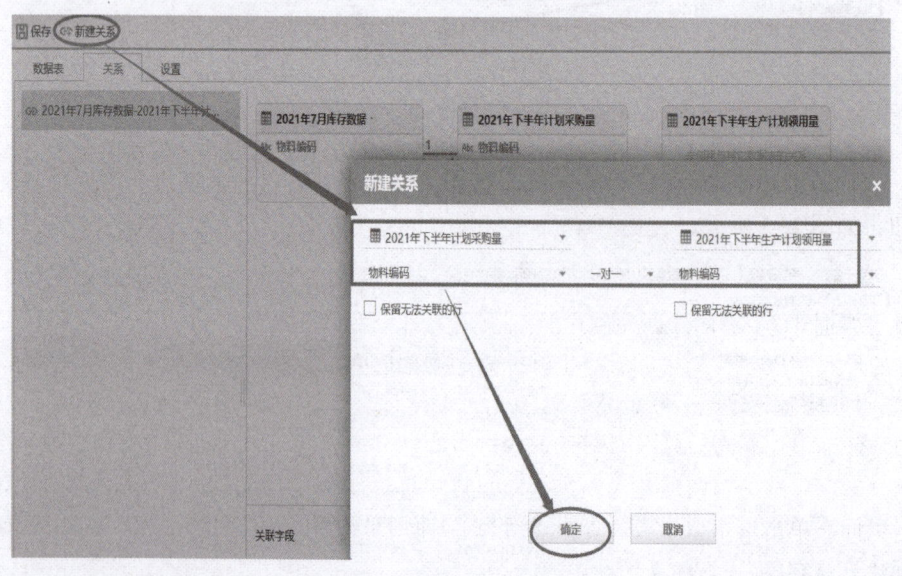

图 2-7

图 2-8

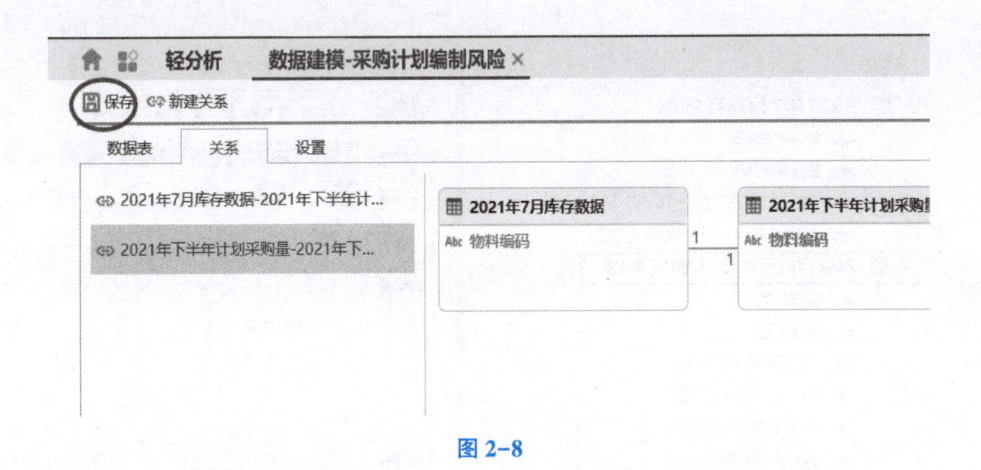

在弹出的"创建计算字段"窗口，将创建的计算字段命名为"计划采购量与生产计划领用偏离度"，名称和表达式核对无误后，单击"确定"按钮，完整表达式见附件函数表达式，如图 2-9 所示。

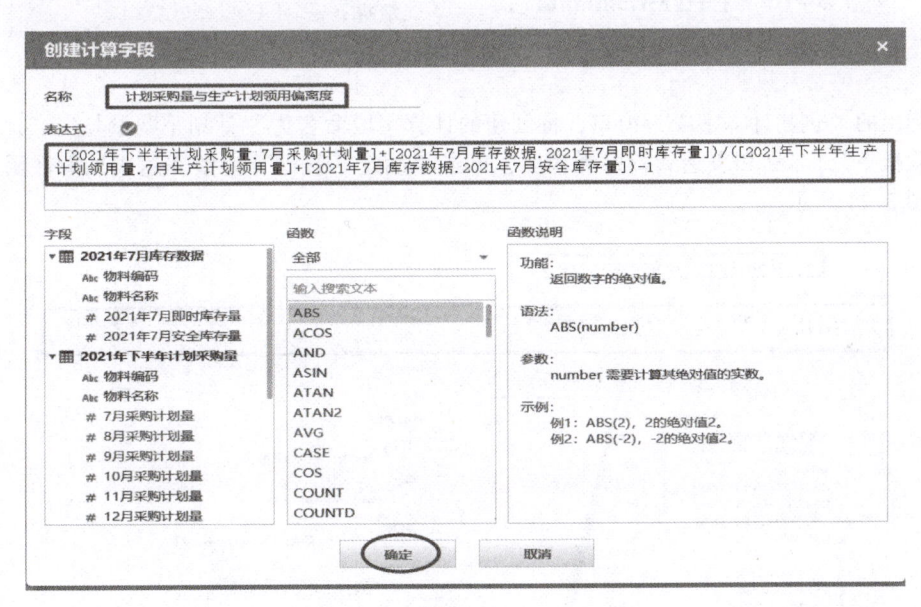

图 2-9

返回"数据斗方-采购计划编制风险"页面，可以在"2021 年下半年计划采购量"下看到刚创建好的计算字段"计划采购量与生产计划领用偏离度"，如图 2-10 所示。

（11）计算完偏离度后，我们需要计算出现偏离度大于5%的物料有多少个以及占总物料个数的比例来评估出现偏离的风险概率有多大，需要计算出偏离度大于5%的个数，计算公式＝计划采购量与生产计划领用偏离度大于5%的条目数/总条目数×100%。在"数据斗方-采购计划编制风险"页面，单击选中数据表"2021 年下半年计划采购量"，然后单击字段右侧的 ▼ 符号，单击"创建计算字段"按钮。

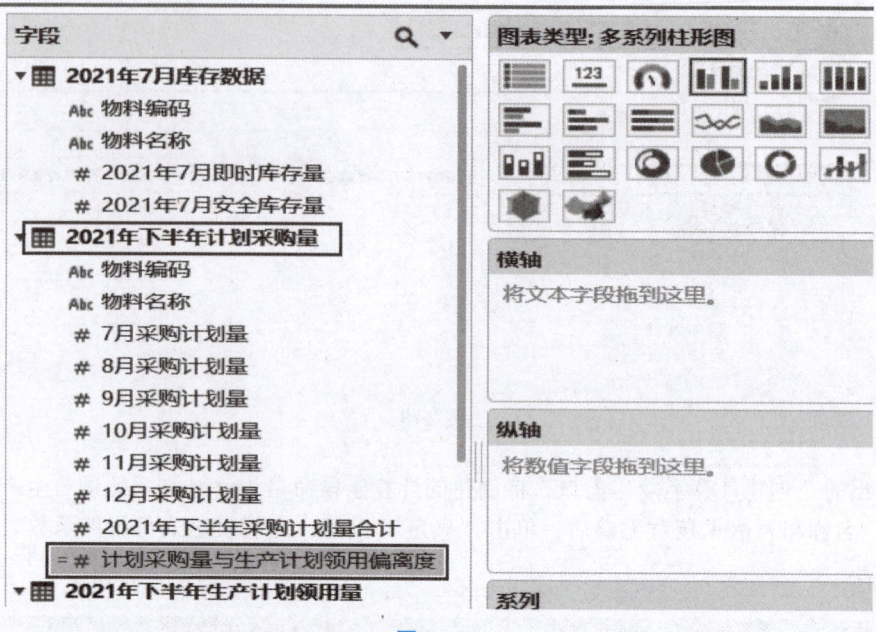

图 2-10

在弹出的"创建计算字段"窗口，将创建的计算字段命名为"计划采购量与生产计划领用偏离风险概率"，名称和表达式核对无误后，单击"确定"按钮，完整表达式见附件函数表达式，如图 2-11 所示。

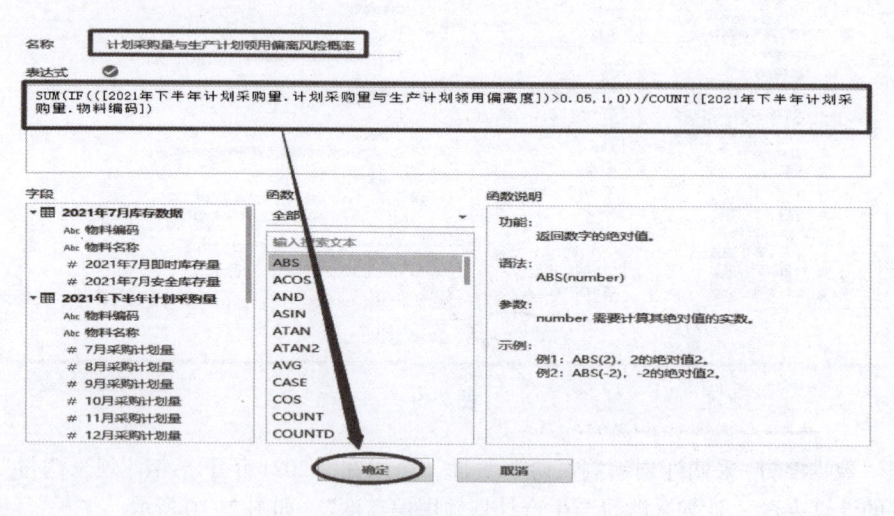

图 2-11

返回"数据斗方-采购计划编制风险"页面，可以在"2021 年下半年计划采购量"下看到刚创建好的计算字段"计划采购量与生产计划领用偏离风险概率"，如图 2-12 所示。

（12）选择图表类型为"仪表图"，将创建的"计划采购量与生产计划领用偏离风险概率"拖拽至"指针值"，如图 2-13 所示。

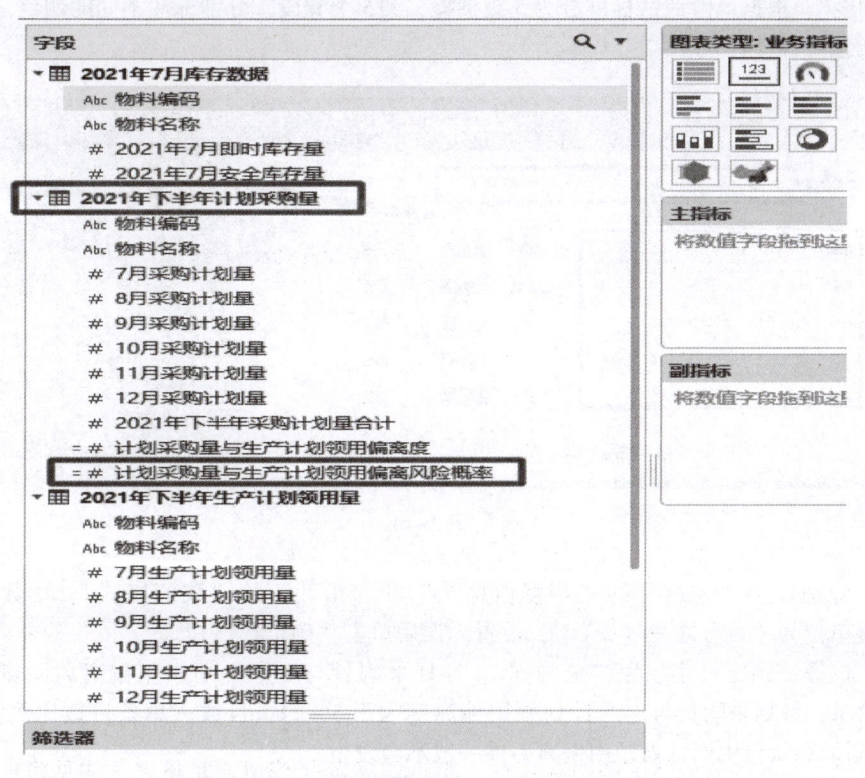

图 2-12

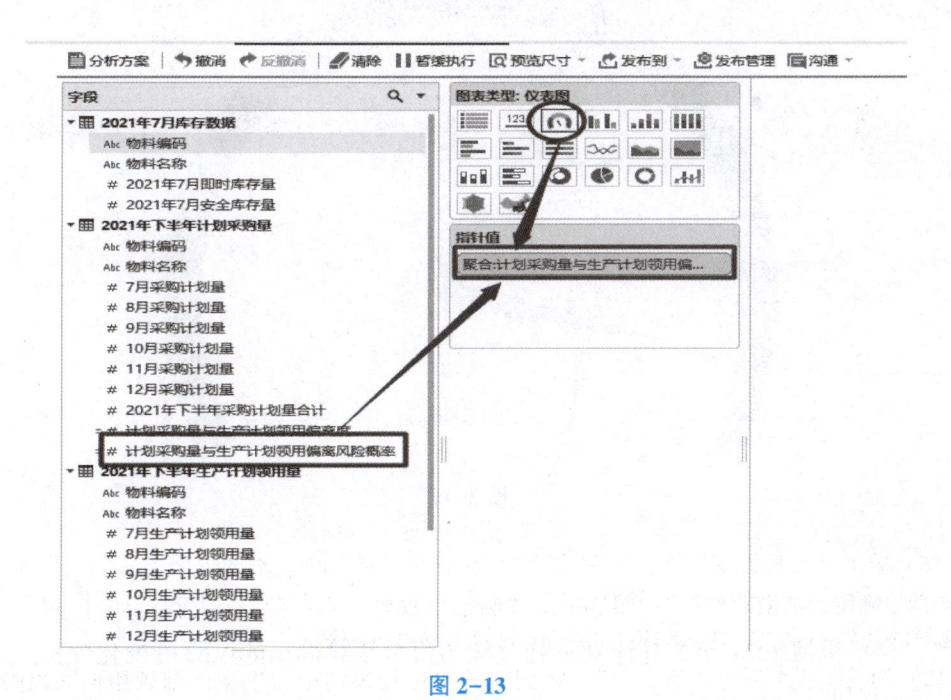

图 2-13

（13）单击表盘中"分段"的编辑符号，设置刻度的起始值和结尾值分别为 0 和 1，单击

"添加分刻度",根据风险评估标准分为5级预警,共5个分段,分别标注不同的颜色,设置完成后单击"确定"按钮,如图2-14所示。

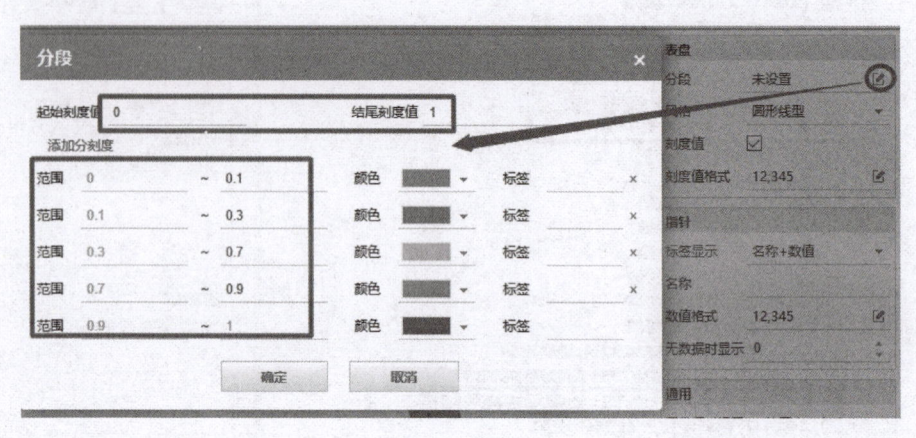

图 2-14

(14)分别设置"表盘"的"刻度值格式"和"指针"的"数值格式":小数位数均为"2",数量单位为"百分之一(%)",设置无误后单击"确定"按钮。

(15)选择"预览尺寸"为"全画面"。计划采购量与生产计划领用偏离风险概率图形如图2-15所示,计划采购量与生产计划领用偏离度大于5%的条目数占总条目数比例为7.66%,可判断计划采购量与生产计划领用偏离事件一般不会发生。

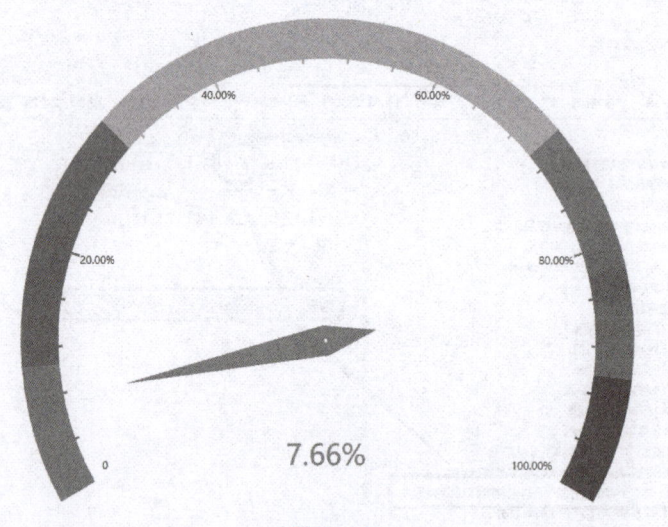

图 2-15

(16)单击"分析方案"下的"另存为",在弹出的窗口中,输入方案名称为"计划采购量与生产计划领用偏离风险概率",然后单击"确定"按钮。

二、育亭机械2021年7月计划采购金额与资金预算偏离的风险可视化分析

具体流程如图2-16所示。

```
数据建模 → 导入数据表 → 建立表关系 → 数据斗方
                                              ↓
分析方案另存为 ← 仪表图展示风险概率 ← 新建计算字段计算计划采购金额与资金预算偏离风险概率 ← 新建计算字段计算计划采购金额与资金预算偏离度
```

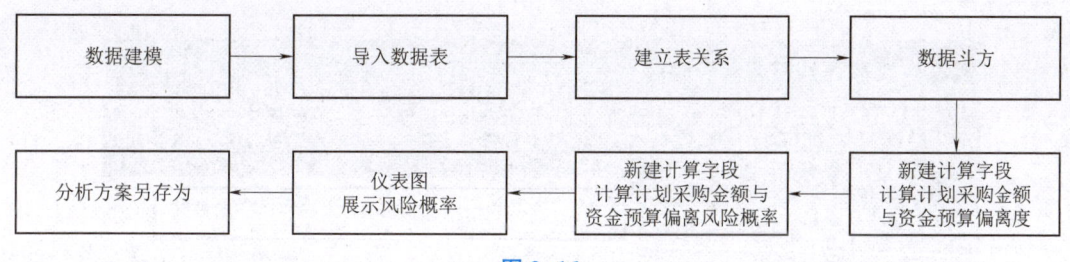

图 2-16

（1）单击业务主题"采购计划编制风险"的"数据建模"按钮。

（2）进入数据建模后，单击"新建数据表"按钮。在弹出的对话框中选择"当前数据中心"，单击"下一步"按钮。在"新建数据表-数据中心"窗口，选择类型为"表"，单击"下一步"按钮。

（3）在"新建数据表-选择表"的页面，选择"2021年7月采购支出资金预算表""2021年7月计划采购金额"，然后单击"下一步"按钮，如图2-17所示。在"新建数据表-选择字段"页面，确认已选的数据库表后，单击"完成"按钮。

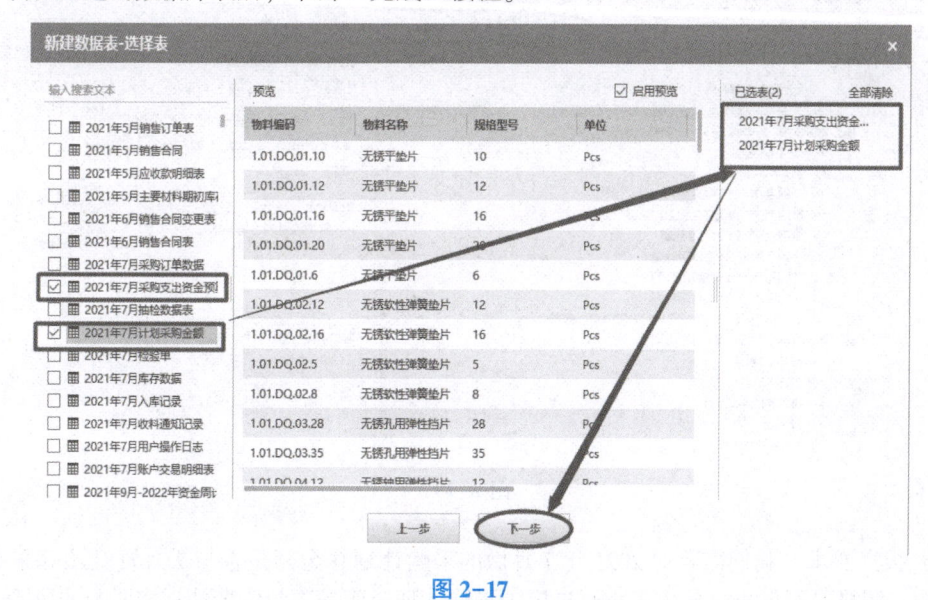

图 2-17

（4）返回数据建模-采购计划编制风险页面，可以看到新建的数据表，单击工具栏的"保存"按钮。

（5）切换至"关系"页签，单击"新建关系"按钮，建立"2021年7月计划采购金额"和"2021年7月采购支出资金预算表"关于"物料编码"的关系，由于两张表中"物料编码"字段均为唯一值，因此选择一对一的关系，然后单击"确定"按钮，如图2-18所示。返回新建关系页面，单击"保存"按钮。

（6）回到轻分析主界面，单击业务主题"采购计划编制风险"的"数据斗方"。进入"数据斗方-采购计划编制风险"页面，单击"清除"按钮，确保页面筛选器无内容，若存在以前保留的筛选器可直接拖拽至空白处即可，如图2-19所示。

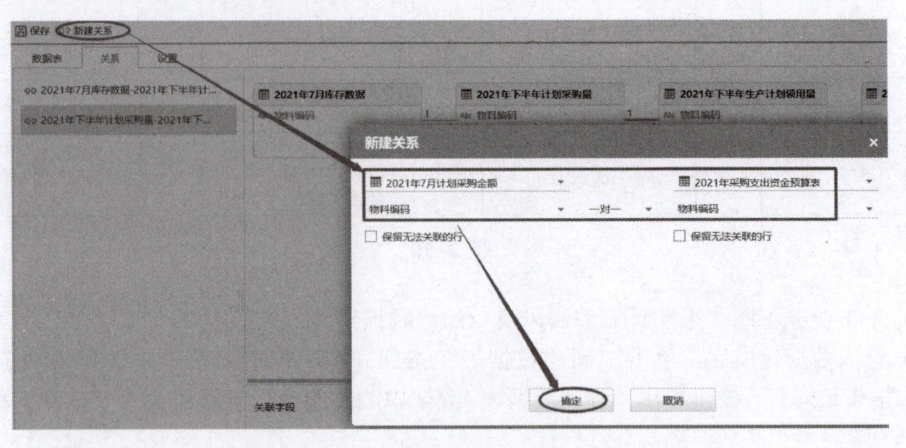

图 2-18

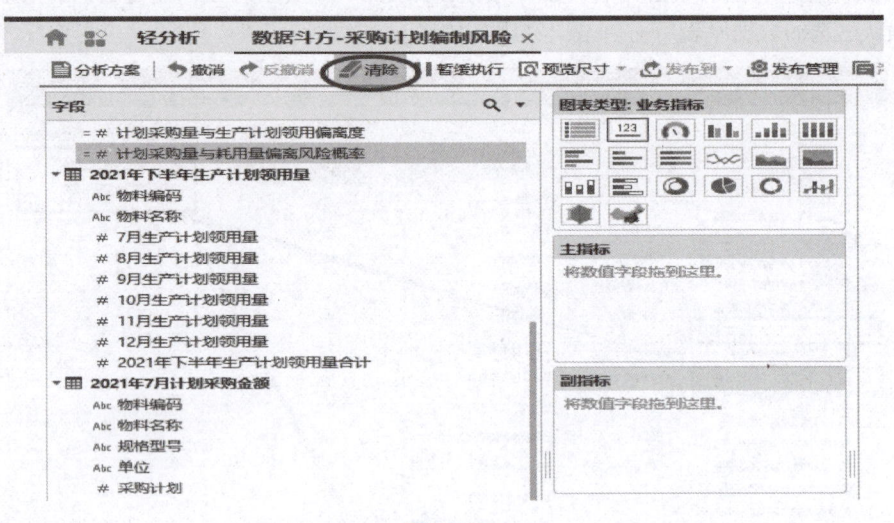

图 2-19

（7）根据要求，我们需要看 2021 年 7 月做的采购计划总金额是否与 7 月资金预算采购支出部分匹配，测算是否偏离，偏离度大小决定了采购计划金额是否与资金计划相匹配的风险，计划采购金额与资金预算偏离度 = 1-本期计划采购金额/本期资金计划中采购预算×100%。在"数据斗方-采购计划编制风险"页面，单击选中数据表"2021 年 7 月计划采购金额"，然后单击字段右侧 ▼ 的符号，单击"创建计算字段"按钮。

（8）在弹出的"创建计算字段"窗口，将创建的计算字段命名为"计划采购金额与资金预算偏离度"。

表达式为：1-[2021 年 7 月计划采购金额.计划采购金额]/[2021 年 7 月采购支出资金预算表.资金计划采购支出预算金额]，在表达式中输入表格中的字段，只需要选中字段双击即可，名称和表达式核对无误后，单击"确定"按钮，如图 2-20 所示。

返回"数据斗方-采购计划编制风险"页面，可以在"2021 年 7 月计划采购金额"下看到刚创建好的计算字段"采购金额与资金预算偏离度"，如图 2-21 所示。

图 2-20

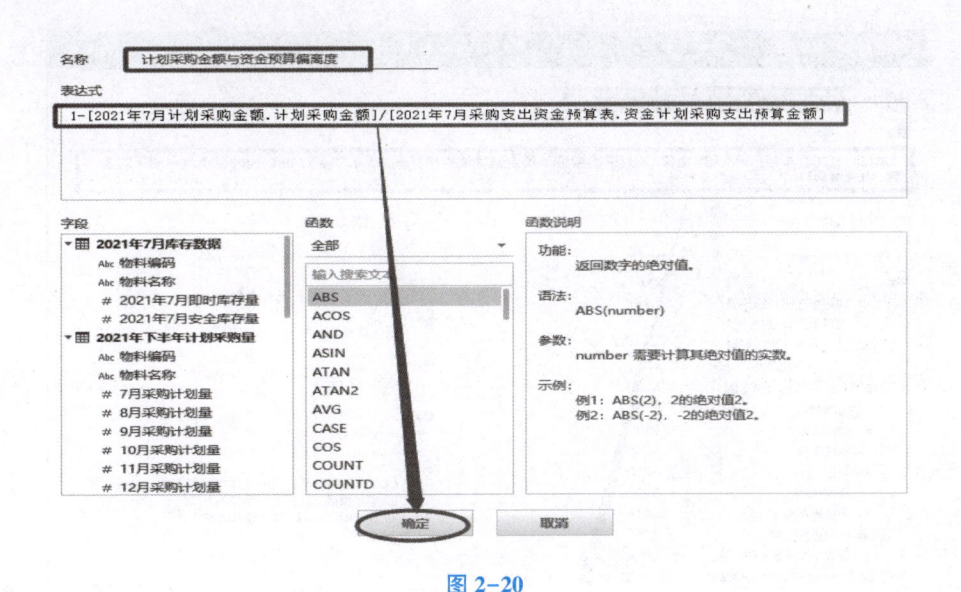

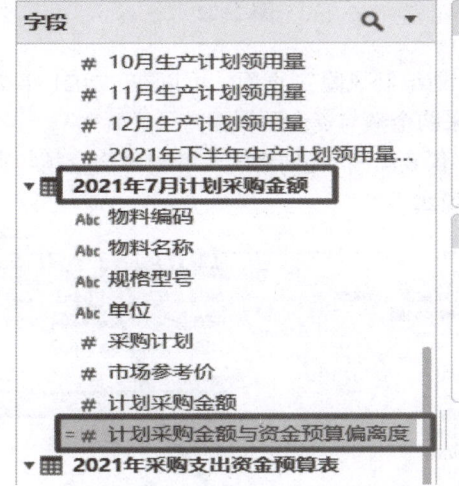

图 2-21

（9）计算完成偏离度后，需要看偏离度小于-10%的条目数占总条目数的比例，据此判断发生计划采购金额与资金预算不匹配事件的风险概率，计算公式=计划采购金额与资金预算偏离度小于-0.1的条目数/总条目数×100%。

在"数据斗方-采购计划编制风险"页面，单击选中数据表"2021年7月计划采购金额"，然后单击字段右侧的▼符号，单击"创建计算字段"。

（10）在弹出的"创建计算字段"窗口，将创建的计算字段命名为"计划采购金额与资金预算偏离风险概率"。

表达式为：SUM(IF((([2021年7月计划采购金额.计划采购金额与资金预算偏离度])<-0.1,1,0))/COUNT([2021年7月计划采购金额.物料编码])，在表达式中输入表格中的字段，只需要选中字段双击即可，名称和表达式核对无误后，单击"确定"按钮，如图2-22所示。

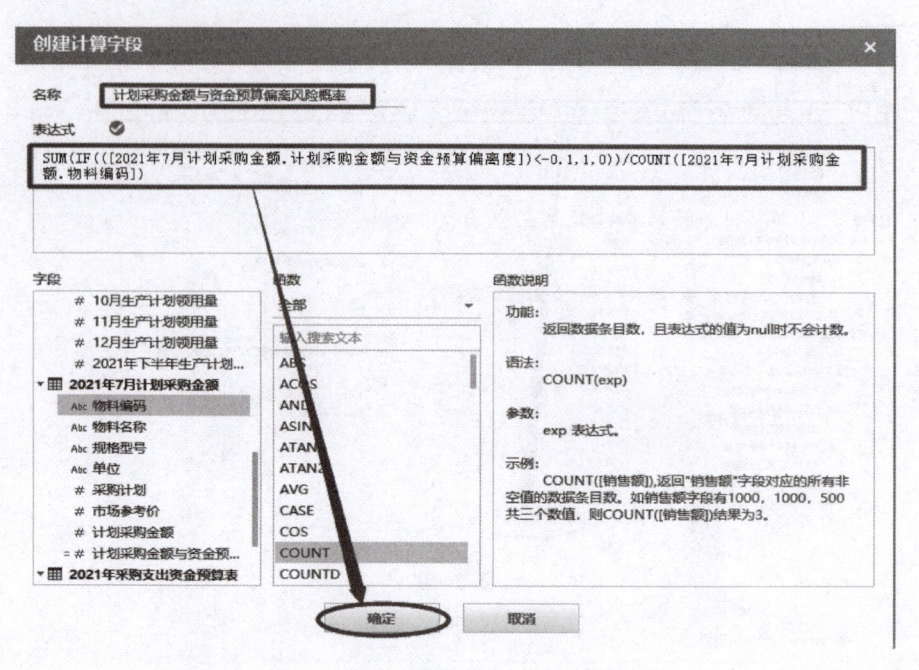

图 2-22

返回"数据斗方-采购计划编制风险"页面，可以在"2021 年 7 月计划采购金额"下看到刚创建好的计算字段"计划采购金额与资金预算偏离风险概率"。

（11）选择图表类型为"仪表图"，将创建的"计划采购金额与资金预算偏离风险概率"拖拽至"指针值"，如图 2-23 所示。

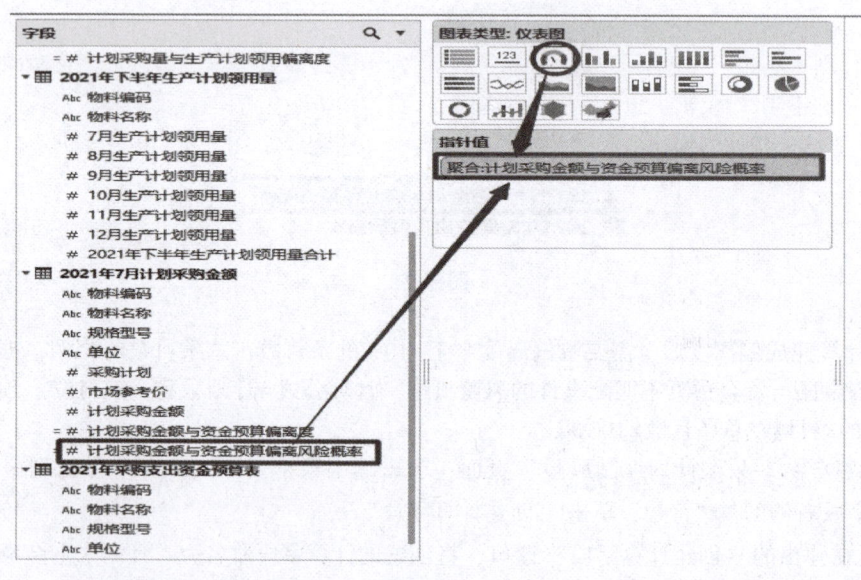

图 2-23

（12）单击表盘中"分段"的编辑符号，设置刻度的起始值和结尾值分别为 0 和 1，单击"添加分刻度"，根据风险评估标准分为 5 级预警，共 5 个分段，如图 2-14 所示，分别标注不同的颜色，设置完成后单击"确定"按钮。

（13）分别设置"表盘"的"刻度值格式"和"指针"的"数值格式"：小数位数均为"2"，数量单位为"百分之一（%）"，设置无误后单击"确定"按钮。

（14）选择"预览尺寸"为"全画面"。得到"计划采购金额与资金预算偏离风险概率"风险图形，如图 2-24 所示，显示计划采购金额与资金预算偏离度小于10%的条目数占总条目数比例为 95.40%，可判断计划采购金额与资金预算偏离事件常常会发生。

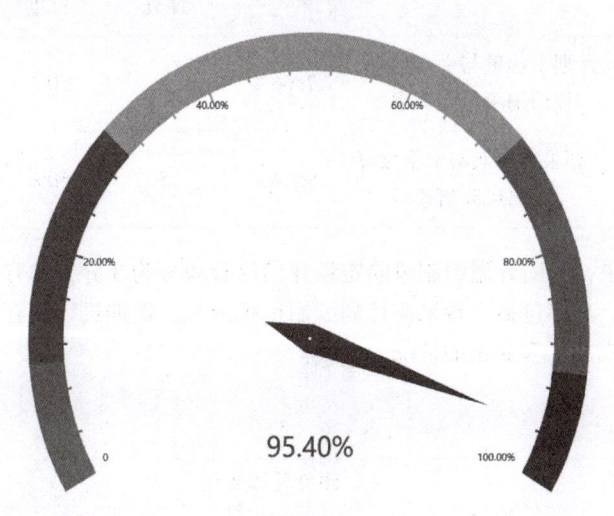

图 2-24

（15）单击"分析方案"—"另存为"，在弹出的窗口中，输入方案名称为"计划采购金额与资金预算偏离风险概率"，然后单击"确定"按钮。

三、育亭机械 2021 年 7 月采购计划编制风险评估结果

根据计划采购量与生产计划领用偏离风险概率和计划采购金额与资金预算偏离的风险概率评分，两者的影响权重均为50%。最终以采购计划编制风险定量评估综合得分作为评估育亭机械 2021 年 7 月采购计划编制风险的数据依据，具体评估标准如表 2-3、表 2-4 所示。

表 2-3　各项风险指标评分标准

风险点	评分		1	2	3	4	5	影响权重
采购计划编制风险	定量方法	计划采购量与生产计划领用偏离风险概率	（0, 10%]	（10%, 30%]	（30%, 70%]	（70%, 90%]	（90%, 100%]	50%
	定性方法	文字描述	极低	低	中等	高	极高	
	定量方法	计划采购金额与资金预算偏离风险概率	（0, 10%]	（10%, 30%]	（30%, 70%]	（70%, 90%]	（90%, 100%]	50%
	定性方法	文字描述	极低	低	中等	高	极高	

表 2-4　育亭机械采购计划编制风险评估标准表

综合评分	[1, 2)	[2, 4)	[4, 5]
风险等级	低	中	高

参照风险指标评估标准表，对计划采购量与生产计划领用偏离风险概率和计划采购金额与资金预算偏离风险概率按照权重进行评分，并根据各项风险评分编制评分表，得到的风险评估结果如表2-5所示。

表 2-5 风险评分表

风险点	指标	数据结果	风险指标评分	影响权重	风险定量评估综合得分
采购计划编制风险	计划采购量与生产计划领用偏离风险概率	7.66%	1	50%	3
	计划采购金额与资金预算偏离风险概率	95.4%	5	50%	

根据风险评估结果，采购计划编制风险定量评估综合得分为3分，具有中度风险，可以采用风险降低的应对策略，具体包括完善采购计划编制审批流程，定期进行库存盘点，制订采购计划时综合考虑市场环境或是汇率变化的情况。

任务评价

序号	评价内容	评价具体要点	达标	未达标
1	采购计划编制风险识别	能够分析育亭机械的采购计划编制流程存在的风险点		
2	采购计划编制风险评估	能够通过可视化分析分别评估计划采购量与生产计划领用偏离风险概率和计划采购金额与资金预算偏离风险概率		
3	采购计划编制风险应对	能够按照各项风险指标对采购计划编制的影响权重计算风险定量评估综合得分，根据风险评估标准表确定风险等级，并制定其风险应对策略和管控措施		

拓展阅读

采购计划是企业年度生产经营计划的一部分，在制订年度生产经营计划过程中，企业应当根据发展目标实际需要，结合库存和在途情况，科学安排采购计划，防止采购过高或过低。采购计划应纳入采购预算管理，经相关负责人审批后，作为企业刚性指令严格执行。

如果编制的采购计划合理，使采购过程中缺乏合理的依据，还可能致使企业为了满足临时性的生产需要而进行紧急采购，进而导致采购支出增加。采购预算编制不合理，导致采购实际成本超过预期的采购支出，使采购面临着增支风险或采购过程资金短缺的风险。采购人员未按预算管理制度执行采购预算、流程准确执行，使采购预算形同虚设，相关表单工具也未得到正确使用，导致采购面临着增支风险。

巩固练习

根据采购计划编制风险的评估结果与风险应对策略，思考采购计划编制风险的具体管控措施。

任务二　供应商履约风险

工作准备

一、案例背景

育亭机械自每月均会对每个供应商在合同履约过程进行实时预警，按照企业采购管理规范，每年年末需随机抽查供应商合同履约风险情况，对合同履约风险较高的供应商进行重新评级或剔除，2020年末，对当年供应商履约情况进行评估。

二、风险识别与评估

根据案例背景，对育亭机械采购管理业务流程图与供应商履约相关的环节进行梳理，发现其存在的供应商履约风险事项如下：

（1）对供应商物料进行质检时，低价值多批次、高价值少批次的物料质检合格率无法及时呈现造成供应商次品率上升。

（2）采购入库交货是否无法及时预警，供货效率降低造成生产计划受影响。

（3）供应商供货服务态度无法及时有效反馈，无法促进供应商评级数据的搜集效率与准确度。

（4）供货价格是否合理无法在信息化系统内控制，造成同一个物料选择高价格供应商，损害企业利益。

供应商在履约方面主要涉及的因素有质量、价格、供货时效和服务，在实际执行过程中，供应商履约过程可能存在的潜在风险是质量不合格的占比高，多次出现判退换货，交货不及时，供货价格不合理的情况，供货价格偏离市场价格过高进而影响企业利润，所以可以按年度综合评估供应商的品质、价格、供货时效的风险。具体评估指标有：

（1）质量不合格风险概率。

（2）判退风险概率。

（3）交货不及时风险概率。

（4）供货价格不合理风险概率，以及偏离的采购金额对企业税前利润的影响（即风险影响）。

三、知识储备

（一）供应商履约的四大要素

（1）价格：在一般商业行为中，价格是吸引客户的第一要素（特殊行业如奢侈品、贵宾服务除外），如何在保证企业利润的同时，为用户提供最优价格，是供应链里需要重点考虑的。

（2）时效：给客户最优的时效，让用户在最合适的时间收到商品。

（3）品质：从采购溯源，到收货验收，到出库复核，全程保证商品的品质，让用户拿到最优的商品品质。

（4）售后：好的履约需要重视售后，一旦商品有任何质量问题，能够提供第一时间的售后处理，比如无理由退货、先行赔付、上门取件等，都可以为客户提供极佳的售后服务体验。

（二）质量不合格风险的相关知识

该指标旨在分析供应商提供的商品是否按照合同履约，质量不合格数量会给企业带来供应商履约风险。

（1）一定时期内质检不合格数量=0，不存在风险。

（2）一定时期内质检不合格数量>0，存在风险，以质量不合格风险概率评估风险大小。

（三）判退风险的相关知识

根据某固定时间内的批退率来判断品质的好坏，批退率越高，表明品质越差，该指标旨在分析出现判退批次占总交货批次的比例。

（1）一定时期内判退批次=0，不存在风险。

（2）一定时期内判退批次>0，存在风险，以判退风险概率评估风险大小。

（四）交货不及时风险的相关知识

评价供应商提供每批货品的供货效率，该指标旨在分析出现交货不及时的风险概率。

（1）合同交货日期-收料通知单收料日期=0，不存在风险。

（2）合同交货日期-收料通知单收料日期<0，存在风险，以交货不及时风险概率评估风险大小。

（五）供货价格不合理风险的相关知识

该指标旨在分析供应商供货商品价格的合理性，以平均价格比率衡量供货价格是否合理。

（1）平均价格比率<=0.05（5%），不存在风险。

（2）平均价格比率>0.05（5%），存在风险，以供货价格不合理风险概率评估风险大小。

（3）平均价格比率计算公式=（供货价格-市场平均价格）/市场平均价格×100%。

思考1

思考如何在品质方面判断育亭机械供应商履约过程的风险概率，需要用到哪些数据？

思考2

思考如何在时效性方面判断育亭机械供应商履约过程的风险概率，需要用到哪些数据？

思考3

思考若要评估供货价格不合理的风险，怎样才算供货价格不合理，有什么比率可以判断？该如何计算风险概率及其风险影响，需要用到哪些数据？

（六）风险评估模型

（1）质量不合格的风险概率。

计算公式=（质检不合格数量/总检验数量）×100%，预警表如表2-6所示。

表2-6 质量不合格的风险概率预警表

评分	1	2	3	4	5
质检不合格的数量占总检验数量比例（Y）	$Y \leqslant 10\%$	$10\% < Y \leqslant 30\%$	$30\% < Y \leqslant 70\%$	$70\% < Y \leqslant 90\%$	$90\% < Y$
预警级别	绿色预警	蓝色预警	黄色预警	橙色预警	红色预警
说明	质量不合格事件一般不会发生	质量不合格事件在极少情况下才发生	质量不合格事件在某些情况下发生	质量不合格事件在较多情况下发生	质量不合格事件常常会发生

(2)判退风险概率。

计算公式=（批退批次数/总交货批次数）×100%，预警表如表2-7所示。

表2-7 判退的风险概率预警表

评分	1	2	3	4	5
批退批次数占总交货批次数比例（Y）	$Y \leq 10\%$	$10\% < Y \leq 30\%$	$30\% < Y \leq 70\%$	$70\% < Y \leq 90\%$	$90\% < Y$
预警级别	绿色预警	蓝色预警	黄色预警	橙色预警	红色预警
说明	判退事件一般不会发生	判退事件在极少情况下才发生	判退事件在某些情况下发生	判退事件在较多情况下发生	判退事件常常会发生

(3)交货不及时风险概率。

计算公式=（交货不及时次数/总交货次数）×100%，预警表如表2-8所示。

表2-8 交货不及时的风险概率预警表

评分	1	2	3	4	5
交货不及时次数占总交货次数比例（Y）	$Y \leq 10\%$	$10\% < Y \leq 30\%$	$30\% < Y \leq 70\%$	$70\% < Y \leq 90\%$	$90\% < Y$
预警级别	绿色预警	蓝色预警	黄色预警	橙色预警	红色预警
说明	交货不及时事件一般不会发生	交货不及时事件在极少情况下才发生	交货不及时事件在某些情况下发生	交货不及时事件在较多情况下发生	交货不及时事件常常会发生

(4)供货价格不合理风险概率。

计算公式=（平均价格比率大于或等于5%的采购订单条目数/总采购订单条目数）×100%，预警表如表2-9所示。

表2-9 供货价格不合理的风险概率预警表

评分	1	2	3	4	5
平均价格比率大于或等于5%的采购订单条目数占总采购订单条目数比例（Y）	$Y \leq 10\%$	$10\% < Y \leq 30\%$	$30\% < Y \leq 70\%$	$70\% < Y \leq 90\%$	$90\% < Y$
预警级别	绿色预警	蓝色预警	黄色预警	橙色预警	红色预警
说明	供货价格不合理事件一般不会发生	供货价格不合理事件在极少情况下才发生	供货价格不合理事件在某些情况下发生	供货价格不合理事件在较多情况下发生	供货价格不合理事件常常会发生

(5) 供应商履约风险影响。

计算公式=(平均价格比率大于5%条目的供货总金额与市场平均金额的差值/供货期间的税前利润(2020年：18609907.33))×100%，预警表如表2-10所示。

表2-10 供应商履约风险影响预警表

评分	1	2	3	4	5
平均价格比率大于5%条目的供货总金额与市场平均金额的差值占供货期间的税前利润的比例（Y）	$Y≤1\%$	$1\%<Y≤5\%$	$5\%<Y≤10\%$	$10\%<Y≤20\%$	$20\%<Y$
预警级别	绿色预警	蓝色预警	黄色预警	橙色预警	红色预警
说明	供应商供货价格不合理影响金额对企业基本无影响	供应商供货价格不合理影响金额对企业运行有轻度影响	供应商供货价格不合理影响金额对企业运行有中度影响	供应商供货价格不合理影响金额对企业运行有严重影响	供应商供货价格不合理影响金额对企业运行有重大影响

任务描述

合同履约是整个采购交易的中心环节，对供应商履约环节进行管理是提升企业采购工作效率、净化供应商采购环境、发现采购潜在风险的一种有效手段。

任务要求

本任务导入供应商履约的案例背景，说明供应商履约情况在企业经营发展过程中占据重要的作用，了解供应商履约四要素，分析育亭机械的供应商履约过程可能存在的风险点，并通过可视化分析评估质量不合格风险概率、判退风险概率、交货不及时风险概率、供货价格不合理风险概率。

具体任务要求：

（1）在轻分析平台的数据建模版导入数据表或自定义SQL建立数据。

（2）根据风险评估模型，结合对应的数据，在轻分析平台的数据斗方版块内分别计算质量不合格的风险概率、判退风险概率、交货不及时风险概率、供货价格不合理风险概率，进行可视化分析。

（3）根据可视化分析风险概率/影响的数据结果，参考风险指标评分标准表，计算各项指标的风险概率/影响评分。

（4）按照各项风险指标对供应商履约风险的影响权重，计算风险概率/影响的定量评估综合得分，根据风险矩阵图判断供应商履约风险落入的风险区域，并制定其风险应对策略和管控措施。

任务实施

一、质量不合格的风险概率可视化分析

质量不合格的风险概率主要是评估育亭机械2020年北京新凯小机电公司质量层面存在的风

险。根据评估模型对 2020 年检验单的数据进行计算，将质检不合格数量占总检验数量的比例作为风险概率。具体流程如图 2-25 所示。

数据建模 → 导入数据表 → 数据斗方 → 新建计算字段计算质量不合格的风险概率 → 仪表图展示风险概率 → 分析方案另存为

图 2-25

（1）进入金蝶云星空系统页面，打开功能菜单，执行"经营分析"—"轻分析"—"分析平台"—"轻分析"命令，进入轻分析页面。

（2）在大数据智能风控类别下新建业务主题，命名为"供应商履约风险"。

质量不合格的
风险概率
可视化分析

（3）单击业务主题"供应商履约风险"的"数据建模"按钮。进入数据建模后，单击"新建数据表"。在弹出对话框中选择"当前数据中心"，单击"下一步"按钮。在"新建数据表-数据中心"窗口，选择类型为"表"，单击"下一步"按钮。

（4）在"新建数据表-选择表"的页面，选择"2020 年检验单"，然后单击"下一步"按钮，如图 2-26 所示。在"新建数据表-选择字段"页面，确认已选的数据库表后，单击"完成"按钮，注意，修改字段"不合格数"的数据类型为"数值"。

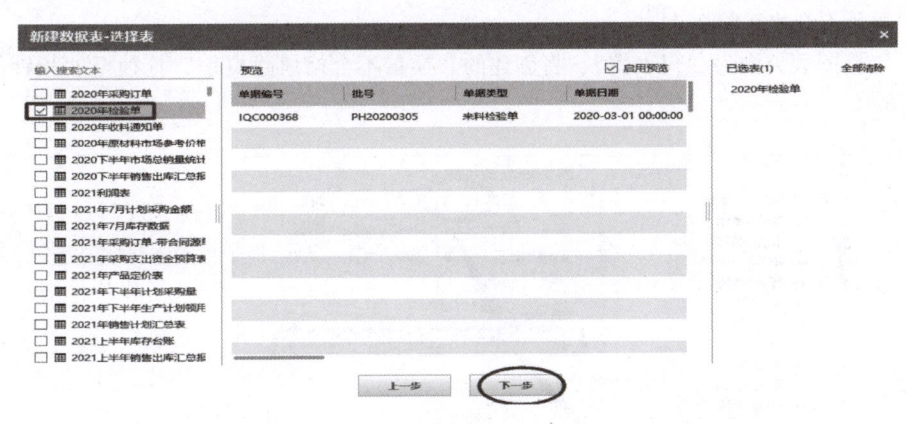

图 2-26

（5）返回"数据建模-供应商履约风险"页面，可以看到新建的数据表，单击工具栏的"保存"按钮。

（6）回到轻分析主界面，单击业务主题"供应商履约风险"的"数据斗方"。

（7）根据要求，我们需要计算供应商的质量不合格风险概率，质量不合格风险概率在导入的"2020 年检验单"数据库表中并没有，因此需要新建计算字段，填写好计算公式后方可自动根据导入的数据计算供应商的质量不合格风险概率，质量不合格风险概率=（质检不合格数量/总检验数量）×100%。

在"数据斗方-供应商履约风险"页面，单击选中数据表"2020 年检验单"，然后单击字段右侧的 ▼ 符号，单击"创建计算字段"按钮。

（8）在弹出的"创建计算字段"窗口，将创建的计算字段命名为"质量不合格风险概率"。表达式为：SUM（[2020 年检验单.不合格数]）/SUM（[2020 年检验单.检验数量]），在表达式中输入表格中的字段，只需要选中字段双击即可，名称和表达式核对无误后，单击"确定"按钮，如图 2-27 所示。

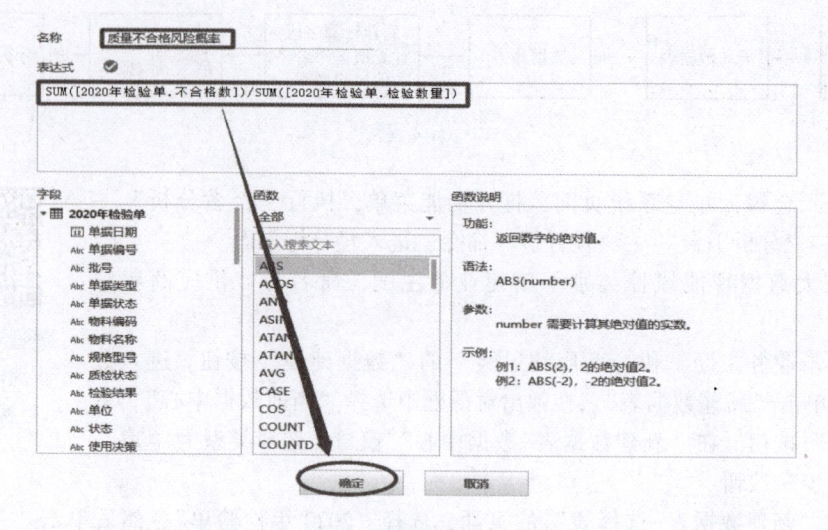

图 2-27

返回"数据斗方-供应商履约风险"页面，可以在"2020年检验单"下看到刚创建好的计算字段"质量不合格风险概率"。

（9）选择图表类型为"仪表图"，将创建的"质量不合格风险概率"拖拽至"指针值"，如图 2-28 所示。

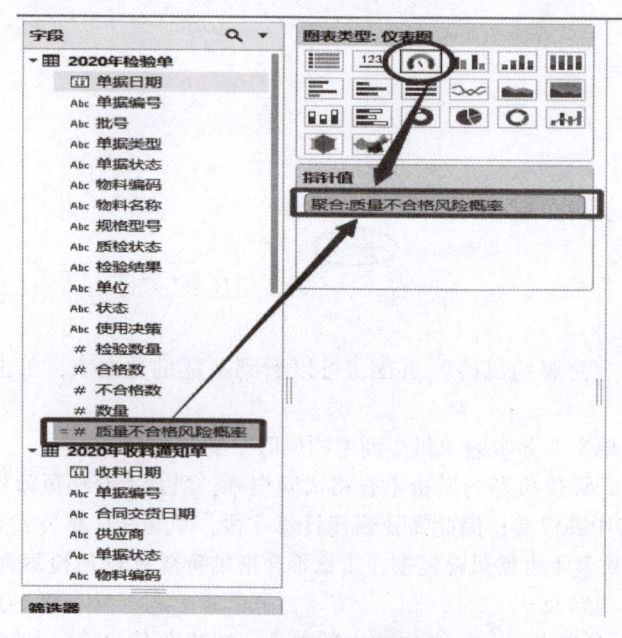

图 2-28

（10）单击表盘中"分段"的编辑符号，设置刻度的起始值和结尾值分别为 0 和 1，单击"添加分刻度"，根据风险评估标准分为 5 级预警，共 5 个分段，如下图所示，分别标注不同的颜色，设置完成后单击"确定"按钮，如图 2-14 所示。

（11）分别设置"表盘"的"刻度值格式"和"指针"的"数值格式"：小数位数均为"2"，数量单位为"百分之一（%）"，设置无误后单击"确定"按钮。

（12）选择"预览尺寸"为"全画面"。得到"质量不合格风险概率"风险图形，如图 2-29 所示。显示质量不合格风险概率为 0.07%，可判断供应商提供的产品品质出现问题事件一般情况下不会发生。

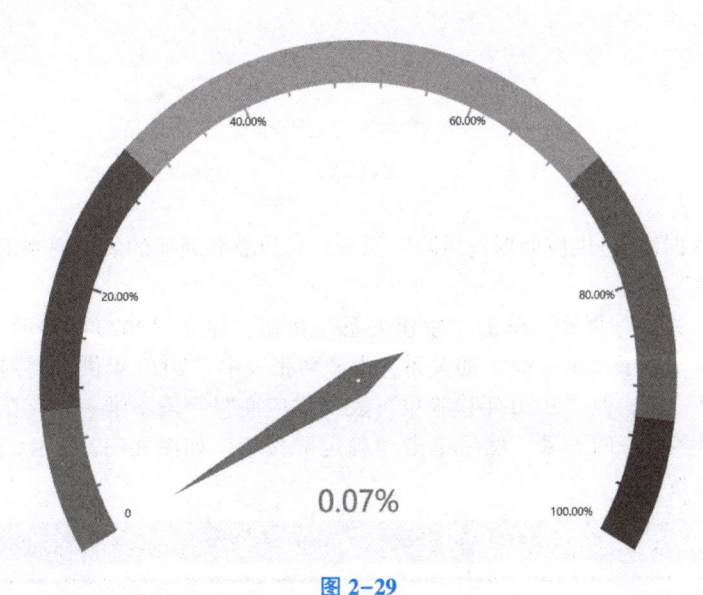

图 2-29

（13）单击"分析方案"下的"另存为"按钮，在弹出的窗口中，输入方案名称为"质量不合格风险概率"，然后单击"确定"按钮。

二、判退风险概率可视化分析

判退风险概率主要是评估育亭机械 2020 年北京新凯小机电公司采购材料判退存在的风险。根据评估模型对 2020 年检验单的数据进行计算，判断批退批次数占总交货批次数的比例作为风险概率。具体流程如图 2-30 所示。

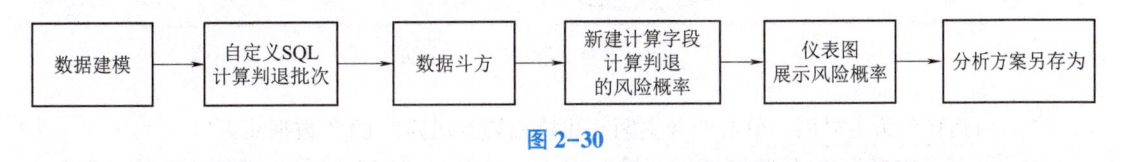

数据建模 → 自定义SQL计算判退批次 → 数据斗方 → 新建计算字段计算判退的风险概率 → 仪表图展示风险概率 → 分析方案另存为

图 2-30

（1）执行"经营分析"—"轻分析"—"分析平台"—"轻分析"命令，进入轻分析页面。单击业务主题"供应商履约风险"的"数据建模"按钮。

（2）进入数据建模后，单击"新建数据表"按钮。在弹出对话框中选择"当前数据中心"，单击"下一步"按钮。在"新建数据表-数据中心"窗口，选择类型为"自定义SQL"，单击"下一步"按钮。

在"新建数据表-自定义 SQL"窗口，填写名称为 2020 年供应商判退批次表，输入 SQL 语句，名称和 SQL 语句填写无误后，单击"确定"按钮，完整语句见附录 SQL 语句，如图 2-31 所示。

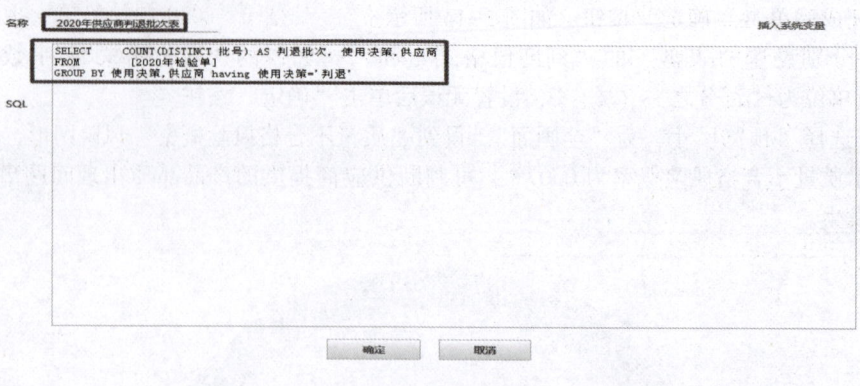

图 2-31

（3）返回"数据建模-供应商履约风险"页面，可以看到新建的供应商判退批次数据表，单击工具栏的"保存"按钮。

（4）切换至"关系"页签，单击"新建关系"按钮，建立"2020年检验单"和"2020年供应商判退批次表"关于"供应商"的关系，由于两张表中"2020年供应商判退批次"表"供应商"字段均为唯一值，但"2020年检验单"表"供应商"字段不唯一，存在多笔供应商的检验记录，因此选择多对一的关系，然后单击"确定"按钮，如图 2-32 所示。返回新建关系页面，单击"保存"按钮。

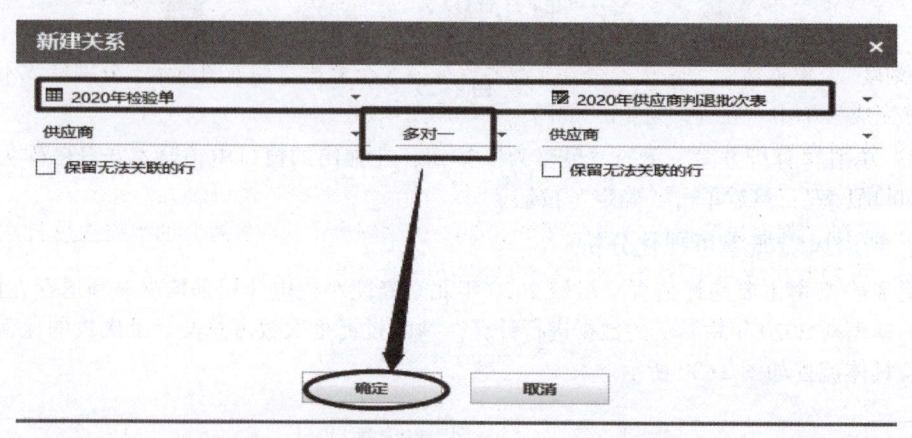

图 2-32

（5）回到轻分析主界面，单击业务主题"供应商履约风险"的"数据斗方"。

（6）进入"数据斗方-供应商履约风险"页面，单击"清除"按钮，确保页面筛选器无内容，若存在以前保留的筛选器可直接拖拽至空白处即可。

根据要求，我们需要计算供应商在 2020 年的判退风险概率，计算供应商在 2020 年的判退批次总数/2020 年总批次得到判退风险概率，判退风险概率=（批退批次数/总交货批次数）×100%。

前期已经通过 SQL 语句取出供应商的判退批次，不同产品在同一批次进行判退算为判退 1 次。

在"数据斗方-供应商履约风险"页面，单击选中数据表"2020年供应商判退批次表"，然后单击字段右侧的 ▼ 符号，单击"创建计算字段"按钮。

（7）在弹出的"创建计算字段"窗口，将创建的计算字段命名为"判退风险概率"。表达式为：SUM（[2020年供应商判退批次表．判退批次]）/COUNTD（[2020年检验单．批号]），在表达式中输入表格中的字段，只需要选中字段双击即可，名称和表达式核对无误后，单击"确定"按钮，如图2-33所示。

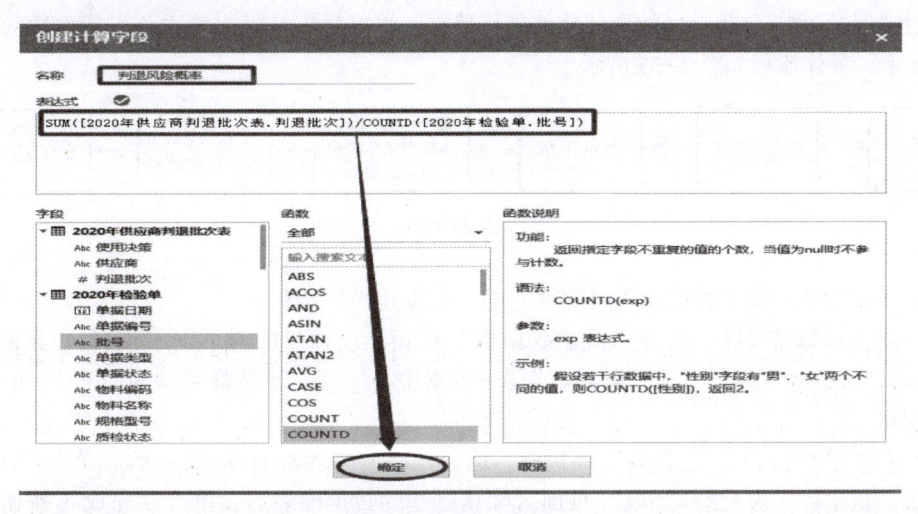

图 2-33

（8）选择图表类型为"仪表图"，将创建的"判退风险概率"拖拽至"指针值"。

（9）单击表盘中"分段"的编辑符号，设置刻度的起始值和结尾值分别为0和1，单击"添加分刻度"，根据风险评估标准分为5级预警，共5个分段，如下图所示，分别标注不同的颜色，设置完成后单击"确定"按钮，如图2-14所示。

（10）分别设置"表盘"的"刻度值格式"和"指针"的"数值格式"：小数位数均为"2"，数量单位为"百分之一（%）"，设置无误后单击"确定"按钮。

（11）得到"判退风险概率"风险图形，如图2-34所示，显示判退批次数占总批次数比例为6.67%，可判断供应商供货判退事件一般情况下不会发生。

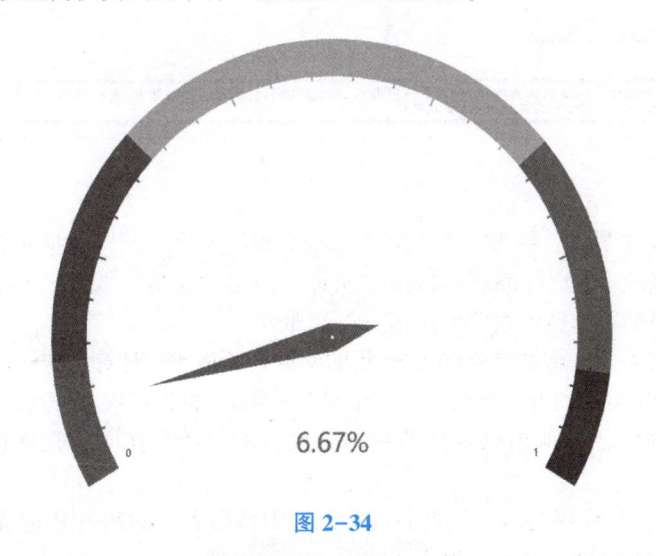

图 2-34

（12）单击"分析方案"下的"另存为"，在弹出的窗口中，输入方案名称为"判退风险概率",然后单击"确定"按钮。

三、交货不及时风险概率可视化分析

交货不及时风险概率主要是评估育亭机械 2020 年北京新凯小机电公司交货层面存在的风险。根据评估模型对 2020 年收料通知单的数据进行计算,将交货不及时次数占总交货次数的比例作为风险概率。具体流程如图 2-35 所示。

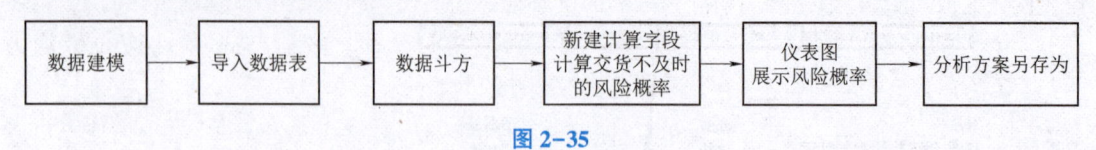

数据建模 → 导入数据表 → 数据斗方 → 新建计算字段计算交货不及时的风险概率 → 仪表图展示风险概率 → 分析方案另存为

图 2-35

(1)单击业务主题"供应商履约风险"的"数据建模"按钮。

(2)进入数据建模后,单击"新建数据表"按钮。在弹出的对话框中选择"当前数据中心",单击"下一步"按钮。在"新建数据表-数据中心"窗口,选择类型为"表",单击"下一步"按钮。

(3)在"新建数据表-选择表"的页面,选择"2020年收料通知单",然后单击"下一步"按钮。在"新建数据表-选择字段"页面,确认已选的数据库表后,单击"完成"按钮。返回"数据建模-供应商履约风险"页面,可以看到新建的数据表,单击工具栏的"保存"按钮。

(4)回到轻分析主界面,单击业务主题"供应商履约风险"的"数据斗方"。

(5)在"数据斗方-供应商履约风险"页面,单击选中数据表"2020年收料通知单",然后单击字段右侧的 ▼ 符号,单击"创建计算字段"按钮。

在弹出的"创建计算字段"窗口,将创建的计算字段命名为"交货不及时风险概率"。表达式为:SUM(IF((TONUMBER([2020年收料通知单.合同交货日期])-TONUMBER([2020年收料通知单.收料日期]))<0,1,0))/COUNTD([2020年收料通知单.单据编号]),在表达式中输入表格中的字段,只需要选中字段双击即可,名称和表达式核对无误后,单击"确定"按钮,如图 2-36 所示。

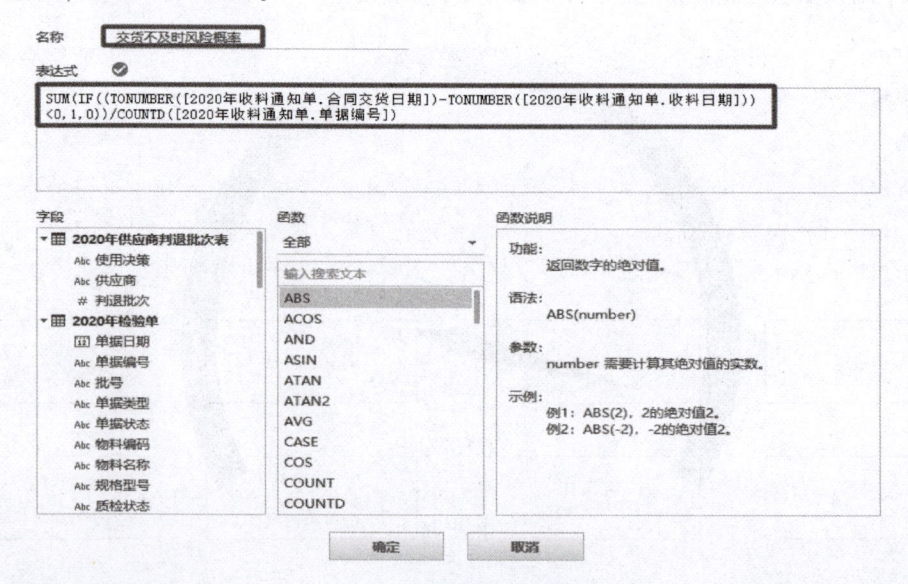

图 2-36

返回"数据斗方-供应商评估风险"页面，可以在"2020年收料通知单"下看到刚创建好的计算字段"交货不及时风险概率"。

（6）选择图表类型为"仪表图"，将创建的"交货不及时风险概率"拖拽至"指针值"。

（7）单击表盘中"分段"的编辑符号，设置刻度的起始值和结尾值分别为0和1，单击"添加分刻度"，根据风险评估标准分为5级预警，共5个分段，如下图所示，分别标注不同的颜色，设置完成后单击"确定"按钮，如图2-14所示。

（8）分别设置"表盘"的"刻度值格式"和"指针"的"数值格式"：小数位数均为"2"，数量单位为"百分之一（%）"，设置无误后单击"确定"按钮。

（9）得到"交货不及时风险概率"风险图形，如图2-37所示，显示交货不及时的次数占总交货次数比例为21.55%，可判断供应商交货不及时在极少数情况下会发生，影响企业生产计划执行。

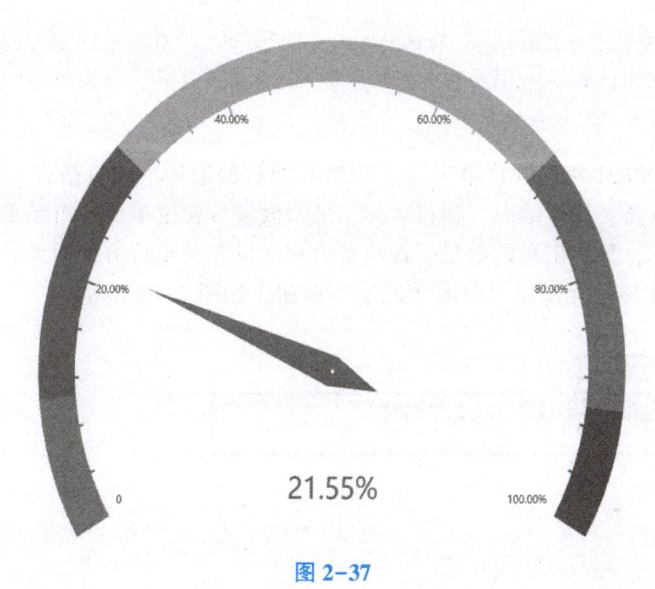

图 2-37

（10）单击"分析方案"下的"另存为"，在弹出的窗口中，输入方案名称为"交货不及时风险概率风险"，然后单击"确定"按钮。

四、供货价格不合理的风险概率可视化分析

供货价格不合理的风险概率主要是评估育亭机械2020年北京新凯小机电公司价格层面存在的风险。根据评估模型对2020年采购订单的数据进行计算，将平均价格比率大于或等于5%的采购订单条目数占总采购订单条目数作为风险概率。具体流程如图2-38所示。

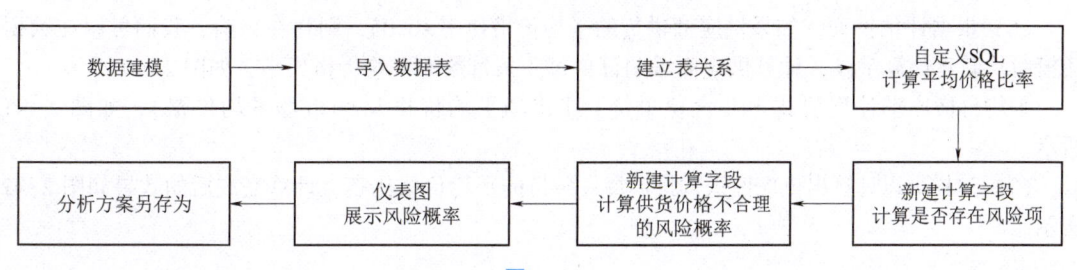

图 2-38

（1）单击业务主题"供应商履约风险"的"数据建模"按钮。

（2）进入数据建模后，单击"新建数据表"按钮。在弹出对话框中选择"当前数据中心"，单击"下一步"按钮。在"新建数据表-数据中心"窗口，选择类型为"表"，单击"下一步"按钮。

（3）在"新建数据表-选择表"的页面，选择"2020年采购订单""2020年原材料市场平均价格表"共2个数据表，然后单击"下一步"按钮。在"新建数据表-选择字段"页面，确认已选的数据库表后，单击"完成"按钮。

（4）继续新建数据表，在"新建数据表-数据中心"窗口，选择类型为"自定义SQL"，单击"下一步"按钮。

（5）在"新建数据表-自定义SQL"窗口，填写名称为供应商平均价格比率数据，SQL语句为：

```
select a.供应商,a.物料编码,a.物料名称,a.采购数量,a.含税单价,b.市场平均价格
from [2020年采购订单]a,[2020年原材料市场平均价格表]b
where a.物料编码=b.物料编码
```

其含义为：将"2021年采购订单"与"2020年原材料市场平均价格表"按照物料编码相等进行链接，取出供应商、物料编码、物料名称、采购数量、含税单价、市场平均价格并计算每一条目的平均价格比率，显示出采购数量、含税单价和市场参考单价方便后续计算风险影响。

名称和SQL语句填写无误后，单击"确定"按钮，如图2-39所示。

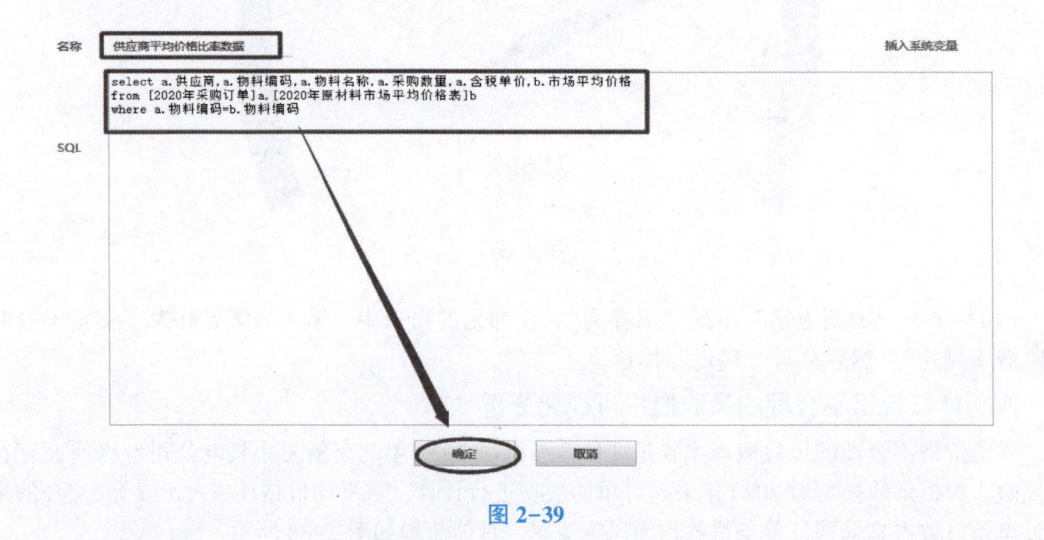

图2-39

（6）根据评估模型，如果供应商供货的平均价格比率>0.05，则存在风险，我们可以在数据建模版块新建计算字段，计算供应商采购订单每一条目数的平均价格比率，如图2-40所示。

平均价格比率计算公式=（[含税单价]-[市场平均价格]）/[市场平均价格]，如图2-41所示。

（7）这样可以计算出供应商采购订单每一条目的平均价格比率，计算完成后的效果如图2-42所示。

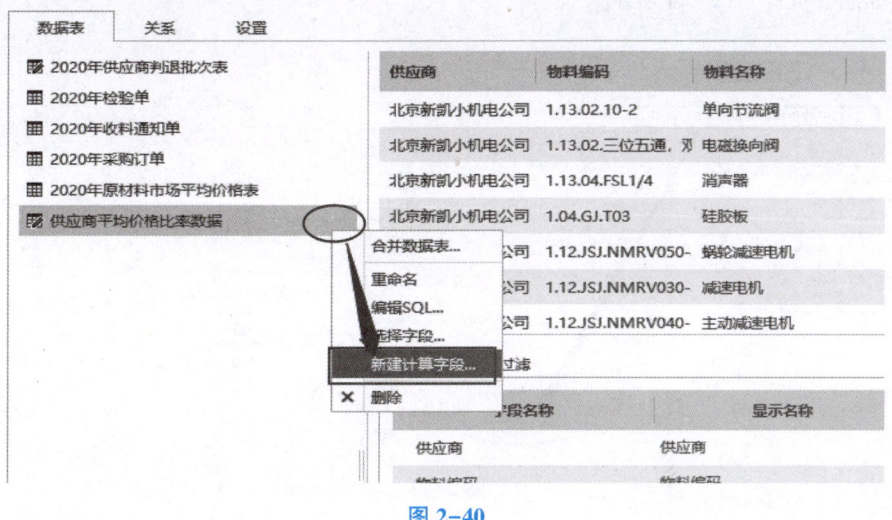

图 2-40

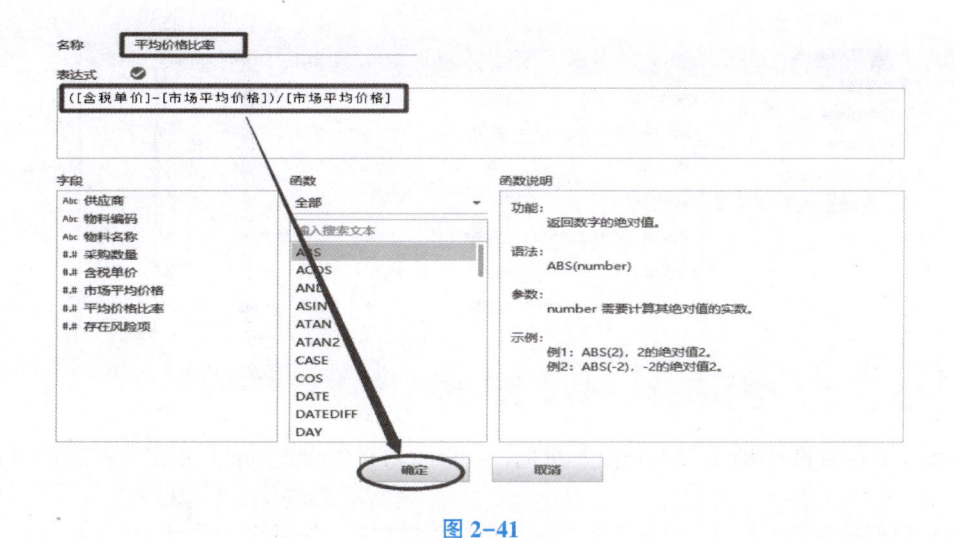

图 2-41

图 2-42

（8）接着，在"供应商平均价格比率数据"下继续新建计算字段"存在风险项"。平均价格比率大于或等于 0.05 的则返回存在风险项为 1，平均价格比率小于 0.05 的则返回风险项为 0，具体设置如图2-43、图2-44所示。

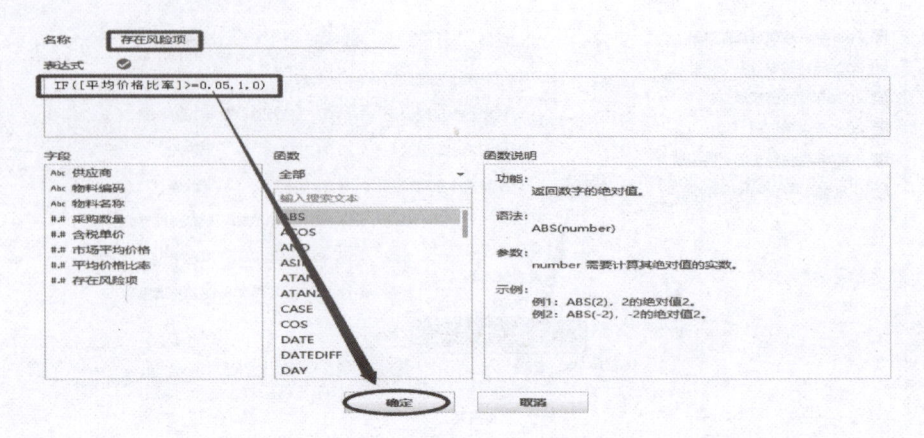

图2-43

图2-44

返回"数据建模-供应商履约风险"页面，可以看到新建的数据表，单击工具栏的"保存"按钮。

（9）回到轻分析主界面，单击业务主题"供应商履约风险"的"数据斗方"。

（10）进入"数据斗方-供应商履约风险"页面，单击"清除"按钮，确保页面筛选器无内容，若存在以前保留的筛选器可直接拖拽至空白处即可。

根据评估模型要求，我们需要计算平均价格比率大于0.05的条目数占总采购条目数的风险概率评判供应商价格的合理性。

在"数据斗方-供应商履约风险"页面，单击选中数据表"供应商平均价格比率数据"，然后单击字段右侧的▼符号，单击"创建计算字段"按钮。

（11）在弹出的"创建计算字段"窗口，将创建的计算字段命名为"供货价格不合理风险概率"。表达式为：SUM([供应商平均价格比率数据.存在风险项])/COUNT([供应商平均价格比率数据.物料编码])，在表达式中输入表格中的字段，只需要选中字段双击即可，名称和表达式核对无误后，单击"确定"按钮。

返回"数据斗方-供应商履约风险"页面，可以在"供应商平均价格比率数据"下看到刚创建好的计算字段"供货价格不合理风险概率"。

（12）选择图表类型为"仪表图"，将创建的"供货价格不合理风险概率"拖拽至"指针值"。

（13）单击表盘中"分段"的编辑符号，设置刻度的起始值和结尾值分别为0.7和1.2，单击"添加分刻度"，根据风险评估标准分为5级预警，共5个分段：

第一段范围：0.7~0.8，标注绿色；第二段范围：0.8~0.9，标注蓝色；第三段范围：0.9~1.0，标注黄色；第四段范围：1.0~1.1，标注橙色；第五段范围：1.1~1.2，标注红色；设置完成后单击"确定"按钮。

（14）分别设置"表盘"的"刻度值格式"和"指针"的"数值格式"：小数位数均为"2"，数量单位为"百分之一（%）"，设置无误后单击"确定"按钮。

（15）得到"供货价格不合理风险概率"风险图形，如图2-45所示，显示平均价格比率大于0.05的条目数占总条目数比例为1.08%，可判断供货价格不合理事件一般不会发生。

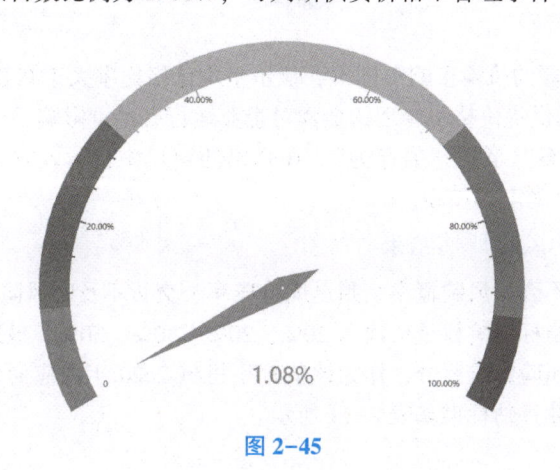

图 2-45

（16）单击"分析方案"下的"另存为"，在弹出的窗口中，输入方案名称为"供货价格不合理风险概率"，然后单击"确定"按钮。

五、供应商履约的风险影响

（1）回到轻分析主界面，单击业务主题"供应商履约风险"的"数据斗方"。

（2）进入"数据斗方-供应商履约风险"页面，单击"清除"按钮，确保页面筛选器无内容，若存在以前保留的筛选器可直接拖拽至空白处即可。

供应商履约风险影响=（平均价格比率大于0.05条目的供货总金额与市场平均金额的差值/供货期间的税前利润（18609907.33））×100%。

在"数据斗方-供应商履约风险"页面，单击选中数据表"供应商平均价格比率数据"，然后单击字段右侧的 ▼ 符号，单击"创建计算字段"按钮。

（3）在弹出的"创建计算字段"窗口，将创建的计算字段命名为"供应商履约风险影响"。

表达式为：SUM(IF([供应商平均价格比率数据.存在风险项]=1,[供应商平均价格比率数据.采购数量]*([供应商平均价格比率数据.含税单价]-[供应商平均价格比率数据.市场平均价格]),0))/18609907.33)，在表达式中输入表格中的字段，只需要选中字段双击即可，名称和表达式核对无误后，单击"确定"按钮。

（4）选择图表类型为"仪表图"，将创建的"供应商履约风险影响"拖拽至"指针值"。

（5）单击表盘中"分段"的编辑符号，设置刻度的起始值和结尾值分别为0和1，单击"添加分刻度"，根据风险评估标准分为5级预警，共5个分段，如图2-46所示，分别标注不同的颜色，设置完成后单击"确定"按钮。

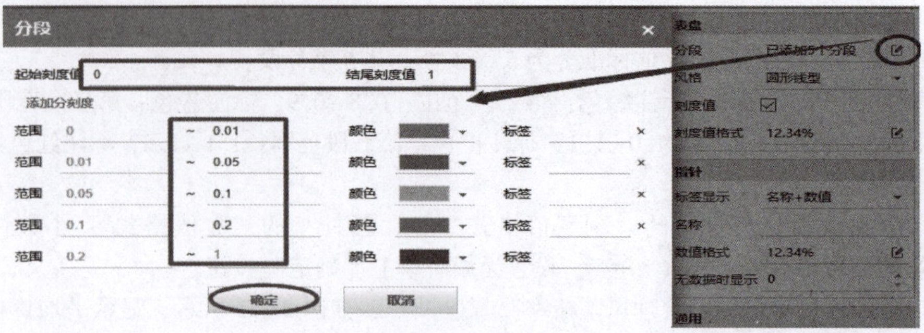

图 2-46

（6）得到"供应商履约风险影响"图形，显示平均价格比率大于 0.85 的总金额占税前利润比例为 15.37%，可判断供货价格不合理的金额对企业运行有严重影响。

（7）单击"分析方案"下的"另存为"，在弹出的窗口中，输入方案名称为"供应商履约风险影响"，然后单击"确定"按钮。

六、供应商履约的风险评估结果

根据供应商的质量不合格风险概率、判退风险概率、交货不及时风险概率、供货价格不合理的风险概率评分，各项指标影响权重依次为 20%、20%、30%、30%。最终以供应商履约风险概率定量评估综合得分和风险影响得分，作为评估育亭机械 2020 年供应商北京新凯小机电公司履约风险的数据依据，具体评估标准如表 2-11 所示。

表 2-11 各项风险指标评分标准

风险点	评分		1	2	3	4	5	影响权重
供应商履约风险	定量方法	质量不合格风险概率	(0, 10%]	(10%, 30%]	(30%, 70%]	(70%, 90%]	(90%, 100%]	20%
	定性方法	文字描述	极低	低	中等	高	极高	
	定量方法	判退风险概率	(0, 10%]	(10%, 30%]	(30%, 70%]	(70%, 90%]	(90%, 100%]	20%
	定性方法	文字描述	极低	低	中等	高	极高	
	定量方法	交货不及时风险概率	(0, 10%]	(10%, 30%]	(30%, 70%]	(70%, 90%]	(90%, 100%]	30%
	定性方法	文字描述	极低	低	中等	高	极高	
	定量方法	供货价格不合理风险概率	(0, 10%]	(10%, 30%]	(30%, 70%]	(70%, 90%]	(90%, 100%]	30%
	定性方法	文字描述	极低	低	中等	高	极高	
	定量方法	企业财务损失占税前利润的百分比/%	1% 以下	1%~5%	6%~10%	11%~20%	20% 以上	—
	定性方法	文字描述	极轻微的	轻微的	中等的	重大的	灾难性的	

参照任务要求的风险指标评估标准表，对供应商的质量不合格风险概率、判退风险概率、交货不及时风险概率、供货价格不合理风险概率按照权重进行评分，同时对供应商履约风险影响进行评分，根据各项风险评分编制评分表，得到的风险评估结果如表2-12所示。

表2-12 风险评分表

供应商履约风险	指标	数据结果	风险指标评分	影响权重	风险定量评估综合得分
风险概率	质量不合格风险概率	0.07%	1	15%	1.2
	判退风险概率	6.67%	1	15%	
	交货不及时风险概率	21.55%	2	25%	
	供货价格不合理风险概率	1.08%	1	25%	
风险影响	供货价格不合理风险影响	1.53%	2	—	2

根据上述计算结果及育亭机械的评估标准，供应商履约的风险概率得分为1.2，影响得分为2，落于绿色低风险区域，如图2-47所示，可以采用风险承受的应对策略，具体包括建立更加科学详细的供应商绩效评价体系，丰富供应商履约行为数据采集，按照供应商履约流程设计供应商履约行为指标，构建履约行为数据库和画像模型，加强供应商精细化管理能力，建立供应商管理信息系统和供应商淘汰制度，对供应商提供物资或劳务的质量、价格、交货及时性、供货条件及其资信、经营状况等进行实时管理和考核评价，根据考核评价结果，提出供应商淘汰和更换名单，经审批后对供应商进行合理选择和调整，并在供应商管理系统中作出相应记录。

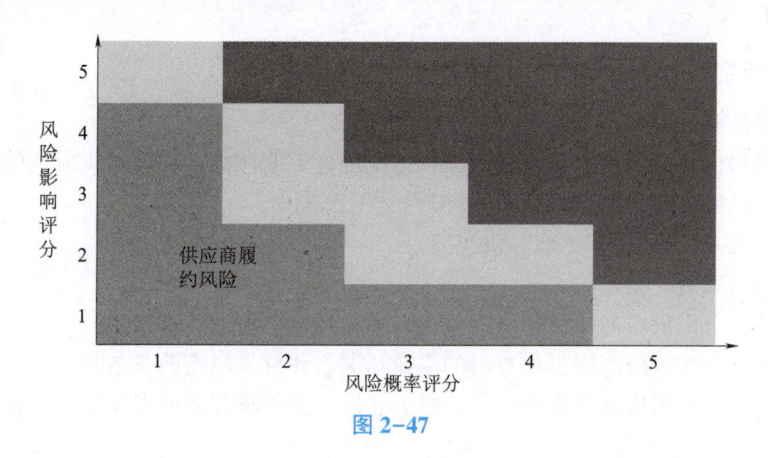

图 2-47

任务评价

序号	评价内容	评价具体要点	达标	未达标
1	供应商履约风险识别	能够分析育亭机械的供应商履约过程存在的风险点		
2	供应商履约风险评估	能够根据可视化分析分别评估质量不合格的风险概率、判退风险概率、交货不及时风险概率、供货价格不合理风险概率		

续表

序号	评价内容	评价具体要点	达标	未达标
3	供应商履约风险应对	能够按照各项风险指标对供应商履约风险的影响权重，计算风险概率/影响的定量评估综合得分，根据风险矩阵图判断供应商履约风险落入的风险区域，并制定其风险应对策略和管控措施		

拓展阅读

所谓履约，顾名思义，即履行约定，按照约定完成相关事宜。基于时间、空间、质量多维度的，有承诺即有履约。在供应链里，履约就是以用户需求为出发点，在约定的时间、约定的地点、用约定的价格，以合适的方式将约定质量和数量的商品送达用户手中。

巩固练习

根据供应商履约风险的评估结果与风险应对策略，思考供应商履约风险的具体管控措施。

任务三　供应商评级风险

工作准备

一、案例背景

（一）育亭机械公司供应商评审流程细则的目的

对公司原材料供应商和半成品供应商供货情况进行定期评价，加强对供应商的管理。

（二）育亭机械公司供应商评审流程细则适用范围

适用于公司准入的原材料/半成品供应商。

（三）各部门职责

生产部：统计合作供应商提供物资的使用情况，评价供应商改善效果。

品控部：统计合作供应商提供原材料的品质情况，评价供应商改善效果。

财务部：统计合作供应商的企业资质、财务状况、在价格方面的竞争能力，评价供应商改善效果。

采购部：统计供应商供货情况，搜集各部门对供应商的服务水平评分情况，供应商改善效果确认。

供应商评级小组：供应商得分汇总和等级评定。

（四）育亭机械公司供应商的评价频度

（1）原料供应商：每年1次；

（2）半成品供应商：每半年1次。

2021年末，育亭机械对2021年的合作供应商进行信用等级评定抽查工作，信用等级出错会导致本可以选择信用级别更高的供应商合作却因为评级出错导致给企业带来经济上的风险，给育亭机械提供的产品品质、货品交货及时性、价格方面都带来了不同程度的影响。

为了避免因人工计算评级分数出现不可预估的错误，更加科学准确地进行供应商评级，育亭机械引入大数据技术，在提供各项二级指标的基础上，利用数据模型对2021年合作供应商的信用进行评级，并将科学的评级结果与原有信用等级进行比对，评估供应商评级错误的风险。

二、风险识别与评估

根据案例背景，对育亭机械供应商的评选流程进行梳理，在进行供应商评选过程中可能存在的具体风险事项有

（1）评级过程带有个人主观色彩，存在供应商评级错误。

（2）未按规定定期评级。

（3）分析市场环境存在拍脑袋的现象。

按供应商评审流程，原材料供应商每年会进行一次评级，评级的准确性决定了是否选最合适的供应商，所以可以从供应商评级的准确性方面评估供应商评级的风险，供应商评审是一项工作量特别大的工作，人为的计算评分标准容易出错的概率远大于利用大数据技术进行数据挖掘分析后得出供应商评级，利用大数据评级仅需要各部门将对应因素项进行打分即可自动评判供应商等级，总结来说，评估供应商评级风险是将大数据技术评出来的供应商级别与系统内现有供应商的级别进行比对，出错的概率为错误的评级个数占总供应商个数（即风险概率）。

思考

对供应商进行评级过程中，一般企业会有哪些考量标准？

三、知识储备

（一）供应商管理

（1）采购部根据供应商等级评定的结果对供应商实行分级管理。

（2）对A级供应商增加采购量，优先考虑安排货款支付；对B、C、D级供应商维持现有采购量。

（3）供应商出现重大问题或连续出现质量问题时暂停采购。

（4）对暂停采购的供应商，采购主办发出"供应商整改单"通知其按公司要求进行整改。对需由品控部、生产部进行改善确认的，采购主办将供应商反馈的"供应商整改单"按类分别提交品控部和生产部。

（5）针对供应商提出的纠正和预防措施，结合供应商实际整改结果，品控部、生产部经理分别在"供应商整改单"上签署意见后转回采购部。

（6）针对供应商提出的纠正和预防措施，结合供应商实际整改结果，品控部、生产部经理分别在"供应商整改单"上签署意见后转回采购部。

（7）采购部经理综合各部门意见，作出决定或提出建议。对于各部门一致确定改善结果有效的供应商，恢复采购，纳入B级管理。对于没有通过改善确认的定点供应商取消其资格，予以淘汰，采购部重新寻找新的供应商。对于没有通过改善确认的合格供应商，建议取消其资格，报总经理审批。

（二）供应商等级评定评分标准

供应商评估得分（满分100分）＝企业资质×15%＋企业财务状况×15%＋品控能力得分×30%＋供货能力得分×20%＋竞争能力得分×10%＋服务水平得分×10%（每项一级指标的评分取二级指标评分的平均值）。

供应商级别评分标准如表2-13所示。

表 2-13　供应商级别评分标准

供应商级别	评分 x
A	$95 < x \leqslant 100$
B	$85 < x \leqslant 95$
C	$75 < x \leqslant 85$
D	$60 < x \leqslant 75$

（三）聚类分析算法相关知识

聚类分析又称群分析，它是研究（样品或指标）分类问题的一种统计分析方法，同时也是数据挖掘的一个重要算法。聚类（Cluster）分析是由若干模式（Pattern）组成的，通常，模式是一个度量（Measurement）的向量，或者是多维空间中的一个点。聚类分析以相似性为基础，在一个聚类中的模式之间比不在同一聚类中的模式之间具有更多的相似性。

（四）K-means

K-means 算法接受输入量 K；然后将 n 个数据对象划分为 K 个聚类以便使所获得的聚类满足：同一聚类中的对象相似度较高；而不同聚类中的对象相似度较小。聚类相似度是利用各聚类中对象的均值所获得一个"中心对象"（引力中心）来进行计算的。

K-means 算法的工作过程说明如下：

首先，从 n 个数据对象任意选择 K 个对象作为初始聚类中心；而对于剩下的其他对象则根据其与这些聚类中心的相似度（距离），分别将它们分配给与其最相似的（聚类中心所代表的）聚类。

其次，计算每个所获新聚类的聚类中心（该聚类中所有对象的均值）；不断重复这一过程直到标准测度函数开始收敛为止。

一般都采用均方差作为标准测度函数，K 个聚类具有以下特点：各聚类本身尽可能的紧凑，而各聚类之间尽可能的分开。

（五）风险评估模型

供应商评级错误的风险概率：该指标旨在评判供应商评级出错的发生概率，供应商评级错误的风险概率=（评级错误的供应商个数/供应商总数）×100%，供应商评级错误的风险概率预警表如表 2-14 所示。

表 2-14　供应商评级错误的风险概率预警表

评分	1	2	3	4	5
评级错误的供应商个数占供应商总数比例（Y）	$Y \leqslant 10\%$	$10\% < Y \leqslant 30\%$	$30\% < Y \leqslant 70\%$	$70\% < Y \leqslant 90\%$	$90\% < Y$
预警级别	绿色预警	蓝色预警	黄色预警	橙色预警	红色预警
说明	供应商评级错误事件一般不会发生	供应商评级错误事件在极少情况下才发生	供应商评级错误事件在某些情况下发生	供应商评级错误事件在较多情况下发生	供应商评级错误事件常常会发生

任务描述

供应商评选是对已经通过认证的、正为企业提供服务的供应商进行的绩效考核，即资格认定。供应商的评估和选择程序可以归纳为七个步骤。在实际操作时，企业必须确定各个步骤的开始时间。每一个步骤对企业来说都是动态的，是一次改善业务的过程。

任务要求

本任务导入供应商评级在企业应用的背景，引出供应商评级可能存在的风险，熟悉供应商评级的步骤，利用聚类分析挖掘算法，根据各项指标评分，找出各项指标评分的聚集点，找出每个级别的供应商的相似之处，将供应商进行归类评级，具体的任务要求有以下两点。

（1）供应商大数据评级。假设现在是 2020 年 12 月 31 日，育亭机械根据供应商评审细则对原材料供应商进行一年一度的评级更新，供应商评审小组已经将各项指标汇总得分信息从各个部门获取并进行了综合评级，评出了 2021 年最新供应商级别，从过往 2020 年财务部门发现的两起供应商评级错误的现象来看，需要对 2021 年引入的供应商大数据评级进行应用，请按要求完成相关任务。

（2）根据供应商评级错误的风险概率进行评分。最终以供应商评级风险定量评估综合得分，作为评估育亭机械 2021 年供应商评级风险的数据依据。

任务实施

一、供应商大数据评级

利用金蝶大数据平台的聚类分析挖掘算法分析组成供应商评级的影响因素的各项二级指标的评分，找出相似的特征，对供应商进行聚类分析，按照不同 K 值分为不同的供应商信用等级，并建立关联模型，用于对 2021 年供应商信用等级进行评定，具体步骤如图 2-48 所示。

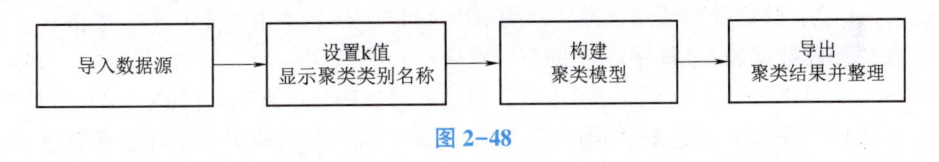

导入数据源 → 设置k值 显示聚类类别名称 → 构建 聚类模型 → 导出 聚类结果并整理

图 2-48

（一）导入 2021 年供应商各项指标评分表到大数据处理平台

登录金蝶大数据处理实践平台后，依次单击"大数据挖掘"—"聚类"—"K-means"后，单击"导入数据"按钮，选择"2021 年供应商各项指标评分表"，根据育亭机械供应商评审规范，供应商分为四个等级，需要修改 K 值为 4，方便大数据对供应商评分数据相似特征的进行归类分级。

根据供应商评级的四个级别，要求分析结果显示出级别名称，因此需要设置显示名称为"是"，并且将类别名称输入以便输出分析结果时，清晰显示各个供应商的级别数据。

导入成功后，可以单击"预览数据"按钮，预览导入的数据情况。

（二）构建聚类分析模型

单击"模型构建"按钮，执行后可以直观地看到输出四个供应商等级数据的聚类中心，数据模型将具有相同数据特征的数据进行聚类并分为四个等级，可以很明显看到与知识准备的供应商评分标准相同，在 95～100 分的为 A 级别，85～95 分的为 B 级别，75～85 分的为 C 级别，60～75 分的为 D 级别，可以看到聚类中心的范围均落在供应商级别评分标准内，具有较强的可信度。

(三) 下载聚类分析 2021 年各供应商评级数据结果

回到大数据处理实践平台，可以按照 K 值聚类分析供应商信用等级，从图形观察来看，每个等级的供应商的特征较为相似的点是各二级指标均比较平缓，等级高的供应商各项二级指标分数都较为高，将进度条拉到下面，可以看到基于 2021 年供应商各项指标评分表聚类的 2021 年各供应商信用等级，单击"下载表格"按钮。

打开下载的"kmeans 预测数据.xlsx"，往右拉动到"label"列，将其修改为"大数据供应商评级"，将工作簿名称修改为"大数据供应商评级结果"，然后保存即可（提示：保存后命名为："大数据供应商评级结果.xlsx"）。

二、供应商评级数据建模

（1）进入金蝶云星空系统页面，打开功能菜单，执行"经营分析"—"轻分析"—"分析平台"—"轻分析"命令，进入轻分析页面。

（2）在大数据智能风控类别下新建业务主题，命名为"供应商评级风险"。

（3）单击业务主题"供应商评级风险"的"数据建模"按钮。

（4）进入数据建模后，单击"新建数据表"按钮。在弹出对话框中选择"当前数据中心"，单击"下一步"按钮。在"新建数据表-数据中心"窗口，选择类型为"表"，单击"下一步"按钮。在"新建数据表-选择表"的页面，选择"2021 年供应商信用档案"，然后单击"下一步"按钮。在"新建数据表-选择字段"页面，确认已选的数据库表后，单击"完成"按钮。

（5）返回数据建模页面，继续新建表，以 Excel 的方式建立表，将第一步大数据分析的供应商评级数据导入轻分析内以便与现有供应商评级进行比对，看是否存在出错的供应商评级，以此来评估供应商评级的风险概率。

单击"新建数据表"按钮。在弹出对话框中选择"当 Excel"，单击"下一步"按钮。

（6）单击"上传文件"，选择在大数据处理平台处理后保存的 Excel 文件——"大数据供应商评级结果.xlsx"，数据类型检测选择"检测整个文件"，然后单击"下一步"按钮。

（7）在"新建数据表-选择字段"页面，确认已选的数据表后，单击"完成"按钮。返回"数据建模-供应商评级风险"页面，可以看到新建的数据表，单击工具栏的"保存"按钮。

（8）切换到"关系"页签新建表关系，在数据量特别大的情况下，想要看系统现有的供应商评级与大数据聚类分析算法分析出来的供应商评级数据是否相同，需要建立"2021 年供应商信用档案"与"大数据供应商评级结果"的关系，由于两张表中均有"供应商名称"字段，并且"2021 年供应商信用档案"表中的供应商名称出现的次数为单次，"大数据供应商评级结果"表中的供应商名称次数为单次，因此选择一对一的关系，然后单击"确定"按钮。

（9）返回新建关系页面，保存新建的关系。

三、评估供应商评级错误的风险概率

（1）进入"数据斗方-供应商评级风险"页面，单击选中数据表"2021 年供应商信用档案"，然后单击字段右侧的 ▼ 符号，单击"创建计算字段"按钮。

（2）在弹出的"创建计算字段"窗口，将创建的计算字段命名为"供应商评级错误的风险概率"。

表达式为：SUM(IF([大数据供应商评级结果.大数据供应商评级]<>[2021 年供应商信用档案.信用等级],1,0))/COUNT([2021 年供应商信用档案.供应商名称])，在表达式中输入表格中的字段，只需要选中字段双击即可，名称和表达式核对无误后，单击"确定"按钮。

（3）返回"数据斗方-供应商评级风险"页面，可以在"2021年供应商信用档案"下看到刚创建好的计算字段"供应商评级错误的风险概率"。

（4）选择图表类型为"仪表图"，将创建的"供应商评级错误的风险概率"拖拽至"指针值"。

（5）单击表盘中"分段"的编辑符号，设置刻度的起始值和结尾值分别为0和1，单击"添加分刻度"，根据风险评估标准分为5级预警，共5个分段，如图2-14所示，分别标注不同的颜色，设置完成后单击"确定"按钮。

（6）分别设置"表盘"的"刻度值格式"和"指针"的"数值格式"：小数位数均为"2"，数量单位为"百分之一（%）"，设置无误后单击"确定"按钮。

（7）选择预览尺寸为"全画面"。得到育亭机械"供应商评级错误的风险概率"风险图形，如图2-49所示，评级错误的供应商个数占供应商总数比例为14.58%，可判断供应商评级错误事件在极少情况下才发生。

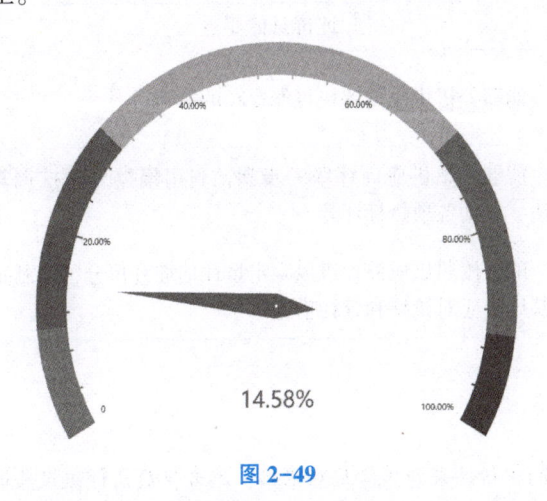

图 2-49

（8）单击"分析方案"下的"另存为"，在弹出的窗口中，输入方案名称为"供应商评级错误的风险概率"，然后单击"确定"按钮。

四、供应商评级风险评估结果

根据供应商评级错误的风险概率进行评分。最终以供应商评级风险定量评估综合得分作为评估育亭机械2021年供应商评级风险的数据依据，具体评估标准如表2-15、表2-16所示。

表 2-15　各项风险指标评分标准

风险点	评分		1	2	3	4	5
供应商评级风险	定量方法	供应商评级错误的风险	(0, 10%]	(10%, 30%]	(30%, 70%]	(70%, 90%]	(90%, 100%]
	定性方法	文字描述	极低	低	中等	高	极高

表 2-16　育亭机械供应商评级风险评估标准表

综合评分	[1, 2)	[2, 4)	[4, 5]
风险等级	低	中	高

参照以上风险指标评估标准表，对供应商评级错误的风险概率进行评分，并根据各项风险评分编制评分表得到的风险评估结果如表2-17所示。

表2-17　风险评分表

供应商评级风险	指标	数据结果	风险指标评分	风险定量评估得分
风险概率	供应商评级错误的风险概率	14.58%	2	2

根据风险评估结果，供应商评级风险定量评估综合得分为2分，具有中度风险，可以采用风险承受的应对策略，继续使用大数据对供应商进行评级，定期进行比对，建立更加完善的供应商风险评估指标体系，考虑更多与评级相关的因素如外部因素、内部因素、关联因素。

任务评价

序号	评价内容	评价具体要点	达标	未达标
1	供应商评级风险识别	能够分析供应商评级可能存在的风险		
2	供应商评级风险评估	能够熟悉供应商评级的步骤，利用聚类分析挖掘算法，根据各项指标评分		
3	供应商评级风险应对	能够按照供应商评级风险定量评估综合得分，并制定其风险应对策略和管控措施		

巩固练习

根据供应商评级风险的评估结果与风险应对策略，思考供应商评级风险的具体管控措施。

任务四　采购形式风险

采购形式风险案例背景

工作准备

一、案例背景

在实际执行中，可能存在某产品的采购为简化审批流程，将一份需要多层级审批的大批量采购订单分解成多个小订单来简化审批流程，造成企业管理层面存在风险。某产品在一定时间段内向多个供应商分散采购，价格高于市场价格，造成企业经济损失。某重要生产原料未设置安全库存，多次发生紧急采购，并产生高额运费，价格高于市场价格，造成企业经济损失。

二、风险识别与评估

风险具体参考每种采购形式的优缺点，量化风险主要看在采购成本方面与市场价格的偏离程度，在市场参考价格一定范围内的波动是被允许的。

可以根据企业的实际情况，选择适当的采购形式，允许混合采购形式，最大程度地降低企业采购成本和降低资金占用的压力即可。

根据案例背景，合理的分批采购可以减少资金的占用和库存压力，合理的分散采购可以保证原材料的供给充足与稳定，合理的紧急采购可以满足企业突发状况，但在实际执行过程中，存在分批/分散/紧急采购的订单可能存在的潜在风险是偏离市场价格过高进而影响企业利润，所以可以从分批/分散/紧急采购次数大于1的订单内，根据分批/分散/紧急采购偏离市场价格的程度来评估分批/分散/紧急采购的风险。评估分批/分散/紧急采购次数大于1且分批/分散/紧急采购成本偏离度大于企业设定的值的发生概率（即风险概率），以及偏离的采购金额对企业税前利润的影响（即风险影响），具体评估指标有以下8点。

(1) 分批采购次数；
(2) 分批采购成本偏离度；
(3) 分批采购风险概率；
(4) 分散采购次数；
(5) 分散采购成本偏离度；
(6) 分散采购风险概率；
(7) 紧急采购次数；
(8) 紧急采购风险概率。

三、知识储备

（一）分批采购相关知识

(1) 含义：从企业的层面来说，分批采购指的是同一个物料在一定时期内向同一个供应商采购多次，例如物料A在一个月内向供应商采购10次，即为分批采购。

(2) 分批采购的优缺点（见表2-18）。

表2-18 分批采购的优缺点

优点	缺点
a) 减少库存储存压力； b) 减少资金占用	a) 无法批量采购，成本方面无优势； b) 分批采购运费较高

(3) 分批采购次数：该指标旨在判断是否存在同一产品在某段时间内关联同一供应商的多个采购合同的情况。

分批采购次数≤1，即不存在分批采购风险，分批采购次数>1，即存在分批采购风险，请求计算分批采购成本偏离度与分批采购风险概率。

(4) 分批采购成本偏离度：该指标旨在判断同一商品在短时间内分批采购是否会导致成本高于该商品的市场参考单价，计算公式=(含税单价-市场参考单价)/市场参考单价，分批采购成本偏离度将作为评估分批采购风险概率的因素。

(5) 分批采购风险：该指标旨在判断同一商品在短时间内存在分批采购并且分批采购成本偏离度大于企业设定值事件的风险概率，计算公式=物料分批采购次数>1且对应的偏离度大于0.15的条目数/采购条目数。

（二）分散采购相关知识

(1) 含义：从企业的层面来说，分散采购指的是同一个物料在一定时期内向不同的供应商采购，例如物料A在一个月内向5个供应商采购，即为分散采购。

(2) 分散采购的优缺点（见表2-19）。

表 2-19　分散采购的优缺点

优点	缺点
a）各部门在采购上的积极性高； b）采购的产品能更符合各部门的需要； c）采购流程较短、采购过程简单	a）采购能力分散，难以形成规模效益，导致采购成本过高； b）缺乏对供应商的统一管理

（3）分散采购次数：该指标旨在判断是否存在在某期间内向多个供应商购买相同商品的情况。

0≤分散采购次数≤1，即不存在分散采购风险，分散采购次数>1，即存在分散采购风险，请求计算分散采购成本偏离度与分散采购风险概率。

思考：请打开"2021年9月采购订单.xlsx"，判断"蜗轮减速电机"原材料是否存在分散采购的风险，如果存在，分散采购次数是多少次？

（4）分散采购成本偏离度：该指标旨在判断同一商品在一天内分别向不同供应商采购商品的加权平均单价是否高于该商品的市场参考单价，分散采购成本偏离度将作为评估分散采购风险概率的因素（后续在轻分析平台会先计算分散采购成本偏离度后再计算分散采购风险概率）。

分散采购成本偏离度计算公式=（含税单价-市场参考单价）/市场参考单价。

（三）紧急采购相关知识点

（1）含义：从企业的层面来说，紧急采购指的是在采购计划外的紧急需求如紧急接单导致的需要紧急插单生产所需的物料，例如销售接到客户紧急销售订单，需要安排生产某产品，所需物料需要紧急采购。

（2）紧急采购的优缺点（见表2-20）。

表 2-20　紧急采购的优缺点

优点	缺点
满足紧急销售订单需求	紧急采购成本可能偏高

（3）紧急采购次数：该指标旨在判断是否存在紧急采购的情况，存在紧急采购，则需计算紧急采购成本偏离市场价格的情况以及紧急采购风险概率。

紧急采购次数=0，即不存在紧急采购风险，紧急采购次数>1，即存在紧急采购风险，请求计算紧急采购成本偏离度与紧急采购风险概率。

（4）紧急采购成本偏离度：该指标旨在判断当月紧急采购成本与市场价格的偏离度，紧急采购成本偏离度将作为评估紧急采购风险概率的因素。

紧急采购成本偏离度计算公式=（含税单价-市场参考单价）/市场参考单价。

（四）采购形式风险影响相关知识点

采购形式风险影响，该指标旨在判断分批/分散/紧急采购给企业带来的损失占税前利润的影响。

思考

思考如何根据当月的采购订单判断属于分批采购以及分批采购事件发生的风险概率，需要用到哪些数据？

（五）风险评估模型

（1）分批采购风险概率：该指标旨在评判分批采购次数大于1并且分批采购成本偏离度大

于 15%的发生概率，分批采购风险概率=（分批采购次数大于 1 且分批采购成本偏离度大于 15%的条目数/采购条目数）×100%，分批采购的风险概率预警表如表 2-21 所示。

表 2-21　分批采购的风险概率预警表

评分	1	2	3	4	5
分批采购次数大于 1 且分批采购成本偏离度大于 15% 的条目数占采购总条目数比例（Y）	$Y \leq 10\%$	$10\% < Y \leq 30\%$	$30\% < Y \leq 70\%$	$70\% < Y \leq 90\%$	$90\% < Y$
预警级别	绿色预警	蓝色预警	黄色预警	橙色预警	红色预警
说明	分批采购风险事件一般不会发生	分批采购风险事件在极少情况下才发生	分批采购风险事件在某些情况下发生	分批采购风险事件在较多情况下发生	分批采购风险事件常常会发生

（2）分散采购风险概率：该指标旨在评判分散采购次数大于 1 并且分散采购成本偏离度大于 15%的发生概率，分散采购风险概率=（分散采购次数大于 1 且分散采购成本偏离度大于 15%的条目数/采购条目数）×100%，分散采购的风险概率预警表如表 2-22 所示。

表 2-22　分散采购的风险概率预警表

评分	1	2	3	4	5
分散采购次数大于 1 且分散采购成本偏离度大于 15% 的条目数占采购总条目数比例（Y）	$Y \leq 10\%$	$10\% < Y \leq 30\%$	$30\% < Y \leq 70\%$	$70\% < Y \leq 90\%$	$90\% < Y$
预警级别	绿色预警	蓝色预警	黄色预警	橙色预警	红色预警
说明	分散采购风险事件一般不会发生	分散采购风险事件在极少情况下才发生	分散采购风险事件在某些情况下发生	分散采购风险事件在较多情况下发生	分散采购风险事件常常会发生

（3）紧急采购风险概率：该指标旨在评判紧急采购次数大于 0 且紧急采购成本偏离度大于 15%的发生概率，紧急采购风险概率=（紧急采购次数大于 0 且紧急采购成本偏离度大于 15%的条目数/采购条目数）×100%，紧急采购的风险概率预警表如表 2-23 所示。

表 2-23　紧急采购的风险概率预警表

评分	1	2	3	4	5
紧急采购次数大于 1 且紧急采购成本偏离度大于 15% 的条目数占采购总条目数比例（Y）	$Y \leq 10\%$	$10\% < Y \leq 30\%$	$30\% < Y \leq 70\%$	$70\% < Y \leq 90\%$	$90\% < Y$

续表

评分	1	2	3	4	5
预警级别	绿色预警	蓝色预警	黄色预警	橙色预警	红色预警
说明	紧急采购风险事件一般不会发生	紧急采购风险事件在极少情况下才发生	紧急采购风险事件在某些情况下发生	紧急采购风险事件在较多情况下发生	紧急采购风险事件常常会发生

（4）采购形式的风险影响：计算公式 = 一定期间内分批采购风险影响+一定期间内分散采购风险影响+一定期间内紧急采购风险影响，采购形式的风险影响预警表如表 2-24 所示。

表 2-24 采购形式的风险影响预警表

评分	1	2	3	4	5
分批采购+分散采购+紧急采购风险影响（Y）	$Y \leq 1\%$	$1\% < Y \leq 5\%$	$5\% < Y \leq 10\%$	$10\% < Y \leq 20\%$	$20\% < Y$
预警级别	绿色预警	蓝色预警	黄色预警	橙色预警	红色预警
说明	分批/分散/紧急采购偏离市场的总金额对企业基本无影响	分批/分散/紧急采购偏离市场的总金额对企业运行有轻度影响	分批/分散/紧急采购偏离市场的总金额对企业运行有中度影响	分批/分散/紧急采购偏离市场的总金额对企业运行有严重影响	分批/分散/紧急采购偏离市场的总金额对企业运行有重大影响

任务描述

企业选择不同的采购形式都存在不同的风险，通过分析了不同采购形式的优缺点进而延伸出选择采购形式可能带来的风险事项，对选择采购形式的过程做风险识别、风险评估和风险应对。

任务要求

本任务分别评估育亭机械采购形式中分批采购、分散采购、紧急采购的风险概率和风险影响，接着，根据供应商的分批/分散/紧急风险概率的评分标准评分，最后以采购形式风险概率定量评估综合得分，以及分批/分散/紧急采购各风险影响得分加总，评估育亭机械 2021 年 7 月采购形式风险。

具体任务要求：

（1）分批采购风险可视化分析。评估育亭机械 2021 年 9 月采购形式是否存在分批采购的情况，存在分批采购并不一定会给企业带来风险影响，只有当分批采购成本偏离度大于 15% 的时候，需要评估其风险概率和风险影响，2021 年 9 月底，对当月采购数据进行抽查是否存在分批采购情况，如有分批采购次数大于 1 的还需对其分批采购成本偏离度进行计算后评估分批采购风险概率和风险影响。

注：评估风险概率与影响的相关数据见附表"2021 年 9 月采购订单数据.xlsx"。

样本数据为 2021 年 7 月的采购订单信息，所以税前利润为月度税前利润值。

（2）分散采购风险可视化分析。评估育亭机械 2021 年 9 月采购形式是否存在分散采购的情况，存在分散采购并不一定会给企业带来风险影响，只有当分散采购成本偏离度大于 15% 的时候，需要评估其风险概率和风险影响，2021年9月底，对当月采购数据进行抽查是否存在分散采购情况，如有分散采购次数大于1的还需对其分散采购成本偏离度进行计算后评估分散采购风险概率和风险影响。

（3）紧急采购风险可视化分析。评估育亭机械2021年9月采购形式是否存在紧急采购的情况，存在紧急采购并不一定会给企业带来风险影响，只有当紧急采购成本偏离度大于15%的时候，需要评估其风险概率和风险影响，2021年9月底，对当月采购数据进行抽查是否存在紧急采购情况，如有紧急采购次数大于0的还需对其紧急采购成本偏离度进行计算后评估紧急采购风险概率和风险影响。

（4）采购形式风险评估结果。根据可视化分析风险概率/影响的数据结果，参考风险指标评分标准表，计算各项指标的风险概率/影响评分。按照各项风险指标对采购形式风险的影响权重，计算风险概率/影响的定量评估综合得分，根据风险矩阵图判断采购形式风险落入的风险区域，并制定其风险应对策略和管控措施。

任务实施

一、分批采购风险可视化分析

分批采购风险可视化分析具体流程如图2-50所示。

数据建模 自定义SQL 计算分批采购次数 → 数据分析 导出分批次数大于1的物料数据 → Excel内计算 分批采购成本偏离度 → Excel内计算 分批采购风险概率 → Excel内计算 分批采购风险影响

图2-50

分批采购风险

（一）计算分批采购次数

（1）进入金蝶云星空系统页面，打开功能菜单，执行"经营分析"—"轻分析"—"分析平台"—"轻分析"命令，进入轻分析页面。

（2）在大数据智能风控类别下新建业务主题，命名为"分批采购风险"，单击业务主题"分批采购风险"的"数据建模"按钮。进入数据建模后，单击"新建数据表"。在弹出的对话框中选择"当前数据中心"，单击"下一步"按钮。在"新建数据表-数据中心"窗口，选择类型为"自定义SQL"，单击"下一步"按钮。

（3）在"新建数据表-自定义SQL"窗口，填写名称为：2021年9月分批采购，输入SQL语句，名称和SQL语句填写无误后，单击"确定"按钮，完整语句见附件SQL语句。

（4）返回"数据建模-分批采购风险"页面，可以看到新建的数据表，单击工具栏的"保存"按钮。

（5）回到轻分析主界面，单击业务主题"分批采购风险"的"数据分析"。

（6）根据评估模型要求，我们需要看2021年9月是否存在分批采购次数>1的情况，前期已经通过SQL语句将分批采购次数计算出来，此处需要使用表格的方式列举同一个供应商，同一个物料，分批采购次数是否有大于1的情况，如果有，则需要申请计算分批采购成本偏离度，最后才去判断分批采购风险概率。

（7）在"数据分析-分批采购风险"页面，选择图表类型为"表格"，在"行"区域，将"2021年9月分批采购"表中的"供应商""物料编码""物料名称"依次拖动进入，在"数值区域"，将"分批采购次数"拖入，并在筛选器将"分批采购次数"拖入后单击数据筛选，筛选大于或等于2的数据，如图2-51所示。

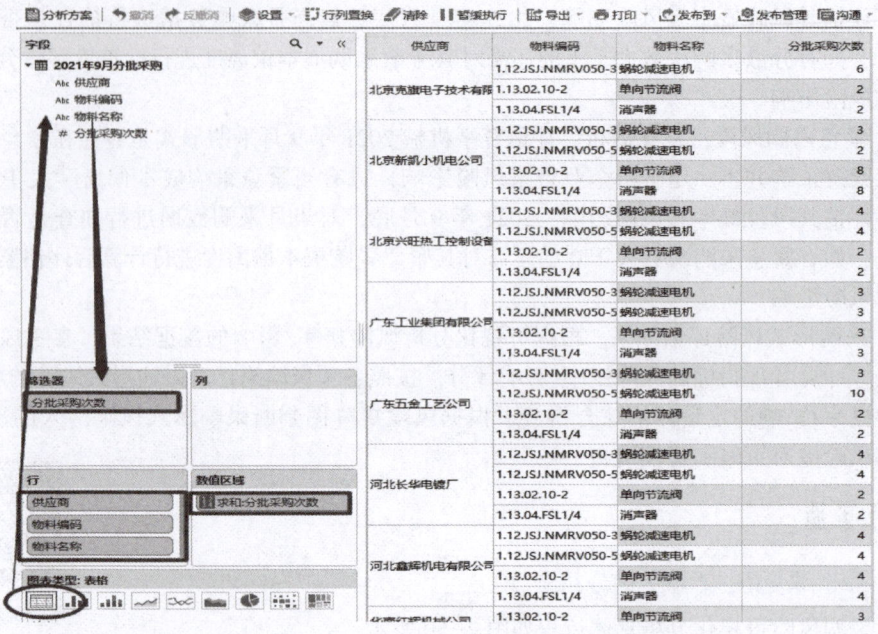

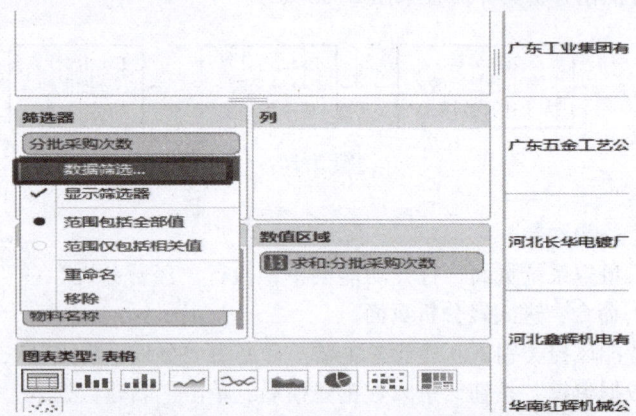

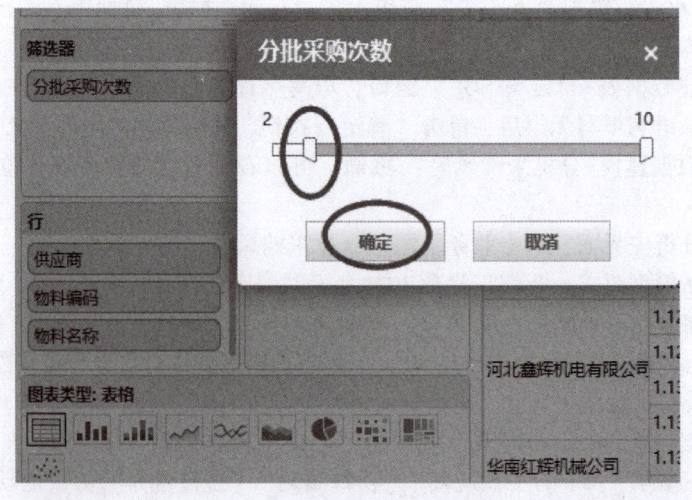

图 2-51

(8) 筛选后显示分批采购次数>1 的，存在分批采购次数大于 1 的，另存为该指标，单击"分析方案"—"另存为"，在弹出的"另存方案"窗口中，输入方案名称为"分批采购次数大于 1 的数据"，然后单击"确定"按钮。

(9) 单击工具栏的"导出"—"EXCEL"，将分批采购次数大于 1 的数据导出到 Excel 表格内，命名为分批采购次数大于 1 的数据。

打开导出的分批采购次数大于 1 的数据后，通过筛选器可以看到分批采购次数大于 1 的物料集中于"单向节流阀""蜗轮减速电机""消声器"，接下来需要对这些物料向供应商采购的订单数据进行分批采购成本偏离度的计算。

(二) 评估分批采购风险概率及影响

分批采购次数大于 1 的物料集中于"单向节流阀""蜗轮减速电机""消声器"，根据在附件表"2021 年 9 月采购订单数据.xlsx"中直接计算或导入轻分析进行计算，可得到存在风险项的数目为 63 行，占 2021 年 9 月采购订单条目数的 14.72%；分批采购偏离市场参考单价的差额共计 710763 元，占上半年税前利润的 38.77%。

二、分散采购风险可视化分析

分散采购风险可视化分析具体流程如图 2-52 所示。

```
┌──────────────┐   ┌──────────────┐   ┌──────────────┐   ┌──────────────┐   ┌──────────────┐
│ 数据建模     │   │ 数据斗方     │   │ 数据建模     │   │ 数据斗方内计算│   │ 数据斗方内计算│
│ 自定义SQL    │ → │ 筛选分散采购次数│ → │ 自定义SQL计算│ → │ 分散采购     │ → │ 分散采购     │
│ 计算分散采购次数│   │ 大于1的数据  │   │ 分散采购成本偏离度│   │ 风险概率    │   │ 风险影响    │
└──────────────┘   └──────────────┘   └──────────────┘   └──────────────┘   └──────────────┘
```

图 2-52

(一) 计算分散采购次数

(1) 进入金蝶云星空系统页面，打开功能菜单，执行"经营分析"—"轻分析"—"分析平台"—"轻分析"命令，进入轻分析页面。

(2) 在大数据智能风控类别下新建业务主题，命名为"分散采购风险"。

(3) 单击业务主题"分散采购风险"的"数据建模"按钮。进入数据建模后，单击"新建数据表"按钮。在弹出对话框中选择"当前数据中心"，单击"下一步"按钮。在"新建数据表-数据中心"窗口，选择类型为"自定义SQL"，单击"下一步"按钮。

(4) 在"新建数据表-自定义 SQL"窗口，填写名称为：2021 年 9 月分散采购，输入 SQL 语句，确认名称和 SQL 语句填写无误后，单击"确定"按钮，完整语句见附件 SQL 语句。

(5) 返回"数据建模-分散采购风险"页面，可以看到新建的数据表，单击工具栏的"保存"按钮。

(6) 回到轻分析主界面，单击业务主题"分散采购风险"的"数据斗方"。

(7) 根据评估模型要求，我们需要看 2021 年 9 月是否存在分散采购次数>1 的情况，前期已经通过 SQL 语句将分散采购次数计算出来，此处需要使用表格的方式列举同一个物料在某个时间段内是否存在多个供应商采购的情况，即分散采购次数是否有大于 1 的情况，如果有，则需要申请计算分散采购成本偏离度，最后才去判断分散采购风险概率。

在"数据斗方-分散采购风险"页面，选择图表类型为列表，将"2021 年 9 月分散采购"表中的"物料编码""物料名称""分散采购次数"依次拖动到列。

(8) 选择预览尺寸为"全画面"，可以看到按照这三个维度进行滚动显示。

(9) 将"分散采购次数"拖动到筛选器处，选择筛选分散采购次数>1 的部分显示，显示存在分散采购次数>1 的数据，请求计算分散采购成本偏离度，如图 2-53 所示。

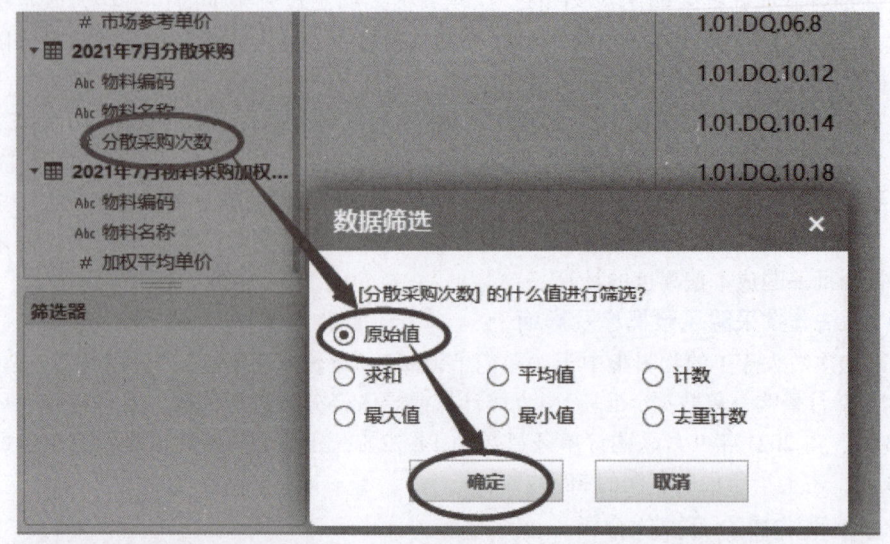

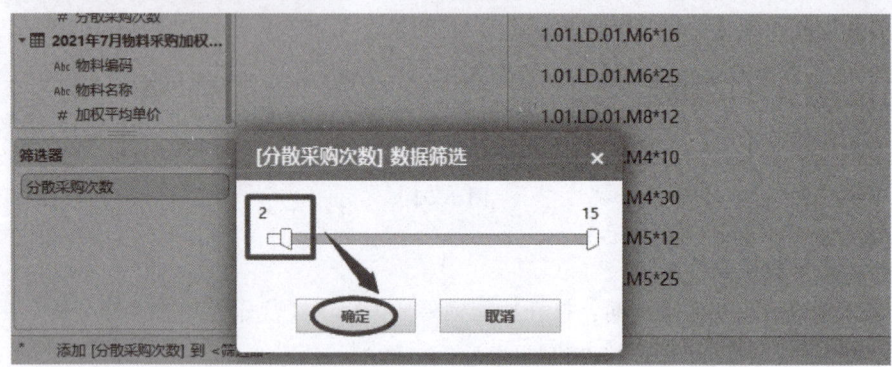

图 2-53

（10）筛选后显示分散采购次数>1 的，则存在分散采购次数大于 1 的数据，请求计算分散采购成本偏离度，另存为该指标，单击"分析方案"—"另存为"，在弹出的"另存方案"窗口中，输入方案名称为"分散采购次数大于 1 的数据"，然后单击"确定"按钮。

（二）评估分散采购风险概率

（1）单击业务主题"分散采购风险"的"数据建模"按钮。

（2）进入数据建模后，单击"新建数据表"按钮。在弹出的对话框中选择"当前数据中心"，单击"下一步"按钮。在"新建数据表-数据中心"窗口，选择类型为"表"，单击"下一步"按钮。选择"2021 年 9 月采购订单数据"和"2021 年原材料市场参考价格表"后单击"下一步"按钮。确认数据无误后，单击"完成"按钮。

（3）在"新建数据表-数据中心"窗口，选择类型为"自定义 SQL"，单击"下一步"按钮。

（4）在"新建数据表-自定义 SQL"窗口，填写名称为：分散采购成本偏离度，输入 SQL 语句，确认名称和 SQL 语句填写无误后，单击"确定"按钮，完整语句见附件 SQL 语句。

（5）返回"数据建模-分散采购风险"页面，可以看到新建的数据表，单击工具栏的"保存"按钮。

（6）切换到"关系"页签新建表关系，计算完成分散采购成本偏离度后，计算分散采购风险概率和风险影响，满足分散采购次数>1且分散采购成本偏离度>0.15占总采购情况的比率，因此需要建立"2021年9月分散采购"与"分散采购成本偏离度"的关系，由于两张表中均有"物料编码"字段，并且"2021年9月分散采购"表中的物料编码出现的次数为单次，"分散采购成本偏离度"表中的物料编码次数为单次，因此选择一对一的关系，然后单击"确定"按钮。

（7）返回新建关系页面，保存新建的关系。

（三）计算分散采购成本偏离度

（1）进入"数据斗方-分散采购成本风险"页面，单击"清除"按钮，确保页面筛选器无内容，若存在以前保留的筛选器可直接拖拽至空白处即可。

（2）单击选中数据表"2021年9月采购订单数据"，然后单击字段右侧的▼符号，单击"创建计算字段"按钮。

（3）在弹出的"创建计算字段"窗口，将创建的计算字段命名为"分散采购成本风险概率"。

表达式为：SUM(IF(and([分散采购成本偏离度.偏离度]>=0.15,[2021年9月分散采购.分散采购次数]>1),1,0))/428，在表达式中输入表格中的字段，只需要选中字段双击即可，名称和表达式核对无误后，单击"确定"按钮。

（4）返回"数据斗方-分散采购风险"页面，可以在"2021年9月采购订单数据"下看到刚创建好的计算字段"分散采购成本风险概率"。

（5）选择图表类型为"仪表图"，将创建的"分散采购风险概率"拖拽至"指针值"。

（6）单击表盘中"分段"的编辑符号，设置刻度的起始值和结尾值分别为0和1，单击"添加分刻度"，根据风险评估标准分为5级预警，共5个分段，如图2-14所示，分别标注不同的颜色，设置完成后单击"确定"按钮。

（7）分别设置"表盘"的"刻度值格式"和"指针"的"数值格式"：小数位数均为"2"，数量单位为"百分之一（%）"，设置无误后单击"确定"按钮。

（8）选择预览尺寸为"全画面"。得到育亭机械分散采购风险图形，如图2-54所示，显示其分散采购次数>1且分散采购成本偏离度>=0.15条目数占总采购条目数比例为4.67%，可判断分散采购产生风险事件一般情况下不会发生。

图2-54

（9）单击"分析方案"下的"另存为"，在弹出的窗口中，输入方案名称为"分散采购风险概率"，然后单击"确定"按钮。

（四）评估分散采购风险影响

（1）"单击选中数据表"2021年9月采购订单数据"，然后单击字段右侧的 ▼ 符号，单击"创建计算字段"按钮。

（2）在弹出的"创建计算字段"窗口，将创建的计算字段命名为"分散采购风险影响"。表达式为：SUM(IF(and([分散采购成本偏离度．偏离度]>=0.15,[2021年9月分散采购．分散采购次数]>1),[分散采购成本偏离度．采购数量]*([分散采购成本偏离度．含税单价]-[分散采购成本偏离度．市场参考单价])),0))/1833333.33，在表达式中输入表格中的字段，只需要选中字段双击即可，名称和表达式核对无误后，单击"确定"按钮。

（3）返回"数据斗方-分散采购风险"页面，可以在"2021年9月采购订单数据"下看到刚创建好的计算字段"分散采购风险影响"。

（4）选择图表类型为"仪表图"，将创建的"分散采购风险影响"拖拽至"指针值"。

（5）单击表盘中"分段"的编辑符号，设置刻度的起始值和结尾值分别为0和1，单击"添加分刻度"，根据风险评估标准分为5级预警，共5个分段，如图2-14所示，分别标注不同的颜色，设置完成后单击"确定"按钮。

分别设置"表盘"的"刻度值格式"和"指针"的"数值格式"：小数位数均为"2"，数量单位为"百分之一（%）"，设置无误后单击"确定"按钮。

（6）选择预览尺寸为"全画面"。得到育亭机械分散采购风险影响图形，显示分散采购次数大于1且分批采购成本偏离度大于15%的条目影响金额占税前利润的比例为5.56%。

（7）单击"分析方案"下的"另存为"，在弹出的窗口中，输入方案名称为"分散采购风险影响"，然后单击"确定"按钮。

三、紧急采购风险可视化分析

紧急采购风险可视化分析具体流程如图2-55所示。

数据建模 自定义SQL 计算紧急采购次数 → 数据斗方 筛选紧急采购次数大于0的数据 → 数据建模 自定义SQL计算紧急采购成本偏离度 → 数据斗方内计算紧急采购风险概率 → 数据斗方内计算紧急采购风险影响

图 2-55

（一）计算紧急采购次数

（1）进入金蝶云星空系统页面，打开功能菜单，执行"经营分析"—"轻分析"—"分析平台"—"轻分析"命令，进入轻分析页面。

（2）在大数据智能风控类别下新建业务主题，命名为"紧急采购风险"；单击业务主题"紧急采购风险"的"数据建模"按钮。进入数据建模后，单击"新建数据表"按钮。在弹出对话框中选择"当前数据中心，单击"下一步"按钮。在"新建数据表-数据中心"窗口，选择类型为"自定义SQL"，单击"下一步"按钮。

（3）在"新建数据表-自定义SQL"窗口，填写名称为：2021年9月紧急采购，输入SQL语句，名称和SQL语句填写无误后，单击"确定"按钮，完整语句见附件SQL语句。

（4）返回"数据建模-紧急采购风险"页面，可以看到新建的数据表，单击工具栏的"保存"按钮。

（5）回到轻分析主界面，单击业务主题"紧急采购风险"的"数据斗方"。

（6）根据评估模型要求，我们需要看2021年9月是否存在紧急采购次数>0的情况，前期已经通过SQL语句将紧急采购次数计算出来，此处需要使用表格的方式列举备注含"紧急采购"字样的紧急采购次数是否有大于或等于1的情况，如果有，则需要请求计算紧急采购成本偏离度。

在"数据斗方-紧急采购风险"页面，选择图表类型为列表，将"2021年9月紧急采购"表中的"物料编码""物料名称""紧急采购次数"依次拖动到列。

（7）选择预览尺寸为"全画面"，可以看到按照这三个维度进行滚动显示。

（8）将"紧急采购次数"拖动到筛选器处，选择筛选紧急采购次数>=1的部分显示，显示存在紧急采购次数>=1的数据，请求计算往年平均紧急采购比率。

（9）筛选后显示紧急采购次数>=1的，存在紧急采购次数大于或等于1的，请求计算往来平均紧急采购率，另存为该指标，单击"分析方案"—"另存为"，在弹出的"另存方案"窗口中，输入方案名称为"紧急采购次数"，然后单击"确定"按钮。

（二）计算紧急采购成本偏离度

（1）单击业务主题"紧急采购风险"的"数据建模"按钮。

（2）进入数据建模后，单击"新建数据表"按钮。在弹出对话框中选择"当前数据中心"，单击"下一步"按钮。在"新建数据表-数据中心"窗口，选择类型为"表"，单击"下一步"按钮。选择"2021年9月采购订单数据"和"2021年原材料市场参考价格表"后单击"下一步"按钮。确认数据无误后，单击"完成"按钮。

（3）在"新建数据表-数据中心"窗口，选择类型为"自定义SQL"，单击"下一步"按钮。

（4）在"新建数据表-自定义SQL"窗口，填写名称为紧急采购成本偏离度，输入SQL语句，名称和SQL语句填写无误后，单击"确定"按钮，完整语句见附件SQL语句。

（5）返回"数据建模-紧急采购风险"页面，可以看到新建的数据表，单击工具栏的"保存"按钮。

（6）切换到"关系"页签新建表关系，计算完成紧急采购成本偏离度后，计算紧急采购风险概率和风险影响，满足紧急采购次数>0且紧急采购成本偏离度>0.15占总采购情况的比率，因此需要建立"2021年9月紧急采购"与"紧急采购成本偏离度"的关系，由于两张表中均有"物料编码"字段，并且"2021年9月紧急采购"表中的物料编码出现的次数为单次，"紧急采购成本偏离度"表中的物料编码次数为单次，因此选择一对一的关系，然后单击"确定"按钮。

（7）返回新建关系页面，保存新建的关系。

（三）评估紧急采购风险概率

（1）进入"数据斗方-紧急采购成本风险"页面，单击"清除"按钮，确保页面筛选器无内容，若存在以前保留的筛选器可直接拖拽至空白处即可。

（2）单击选中数据表"2021年9月采购订单数据"，然后单击字段右侧的 ▼ 符号，单击"创建计算字段"按钮。

（3）在弹出的"创建计算字段"窗口，将创建的计算字段命名为"紧急采购风险概率"。

表达式为：SUM(IF(and([紧急采购成本偏离度.偏离度]>=0.15,[2021年9月紧急采购.紧急采购次数]>0),1,0))/428，在表达式中输入表格中的字段，只需要选中字段双击即可，名称和表达式核对无误后，单击"确定"按钮。

（4）选择图表类型为"仪表图"，将创建的"紧急采购风险概率"拖拽至"指针值"。

（5）单击表盘中"分段"的编辑符号，设置刻度的起始值和结尾值分别为0和1，单击"添加分刻度"，根据风险评估标准分为5级预警，共5个分段，如图2-14所示，分别标注不同的颜色，设置完成后单击"确定"按钮。

（6）分别设置"表盘"的"刻度值格式"和"指针"的"数值格式"：小数位数均为"2"，数量单位为"百分之一（%）"，设置无误后单击"确定"按钮。

（7）选择预览尺寸为"全画面"。得到育亭机械紧急采购风险图形，显示其紧急采购次数>=1且紧急采购成本偏离度>15%的条目数占总采购条目数的比例为4.21%，可判断紧急采购产生风险的事件一般情况下不会发生。

（8）单击"分析方案"下的"另存为"，在弹出的窗口中，输入方案名称为"紧急采购风险概率"，然后单击"确定"按钮。

（四）评估紧急采购风险影响

（1）单击选中数据表"2021年9月采购订单数据"，然后单击字段右侧的 ▼ 符号，单击"创建计算字段"按钮。

（2）在弹出的"创建计算字段"窗口，将创建的计算字段命名为"紧急采购风险影响"。表达式为：SUM(IF(and([紧急采购成本偏离度.偏离度]>=0.15,[2021年9月紧急采购.紧急采购次数]>0),[紧急采购成本偏离度.采购数量]*([紧急采购成本偏离度.含税单价]-[紧急采购成本偏离度.市场参考单价]),0))/1833333.33，在表达式中输入表格中的字段，只需要选中字段双击即可，名称和表达式核对无误后，单击"确定"按钮。

（3）选择图表类型为"仪表图"，将创建的"紧急采购风险影响"拖拽至"指针值"。

（4）单击表盘中"分段"的编辑符号，设置刻度的起始值和结尾值分别为0和1，单击"添加分刻度"，根据风险评估标准分为5级预警，共5个分段，如图2-46所示，分别标注不同的颜色，设置完成后单击"确定"按钮。

（5）分别设置"表盘"的"刻度值格式"和"指针"的"数值格式"：小数位数均为"2"，数量单位为"百分之一（%）"，设置无误后单击"确定"按钮。

（6）选择预览尺寸为"全画面"。得到育亭机械紧急采购风险影响图形，显示紧急采购次数大于0且分批采购成本偏离度大于15%的条目影响金额占税前利润的比例为5.53%。

（7）单击"分析方案"下的"另存为"，在弹出的窗口中，输入方案名称为"紧急采购风险影响"，然后单击"确定"按钮。

四、采购形式风险评估结果

根据供应商的分批/分散/紧急风险概率的评分标准评分，各项指标影响权重依次为30%、40%、30%。最终以采购形式风险概率定量评估综合得分，以及分批/分散/紧急采购各风险影响得分加总，作为评估育亭机械2021年7月采购形式风险的数据依据，具体评估标准如表2-25所示。

表2-25 各项风险指标评分标准

风险点	评分		1	2	3	4	5	影响权重
采购形式风险	定量方法	分批采购风险概率	(0, 10%]	(10%, 30%]	(30%, 70%]	(70%, 90%]	(90%, 100%]	30%
	定性方法	文字描述	极低	低	中等	高	极高	

续表

风险点	评分		1	2	3	4	5	影响权重
采购形式风险	定量方法	分散采购风险概率	(0, 10%]	(10%, 30%]	(30%, 70%]	(70%, 90%]	(90%, 100%]	40%
	定性方法	文字描述	极低	低	中等	高	极高	
	定量方法	紧急采购风险概率	(0, 10%]	(10%, 30%]	(30%, 70%]	(70%, 90%]	(90%, 100%]	30%
	定性方法	文字描述	极低	低	中等	高	极高	
	定量方法	企业财务损失占税前利润的百分比/%	1%以下	1%~5%	6%~10%	11%~20%	20%以上	—
	定性方法	文字描述	极轻微的	轻微的	中等的	重大的	灾难性的	

参照以上风险指标评估标准表,对采购形式风险的分批采购风险概率、分散采购风险概率、紧急采购风险概率按照权重进行评分,同时对采购形式风险影响进行评分,采购形式风险影响 = 分散采购风险影响 + 分批采购风险影响 + 紧急采购风险影响 = 6.93% + 5.56% + 5.53% = 18.02%,根据各项风险评分编制评分表,得到的风险评估结果如表2-26所示。

表2-26 风险评分表

采购形式风险	指标	数据结果	风险指标评分	影响权重	风险定量评估综合得分
风险概率	分批采购风险概率	4.21%	1	30%	1
	分散采购风险概率	4.67%	1	40%	
	紧急采购风险概率	4.21%	1	30%	
风险影响	采购形式风险影响	18.02%	4	—	4

根据上述计算结果及育亭机械的评估标准,采购形式的风险概率得分为1,影响得分为4,落于绿色低风险区域,如图2-56所示。

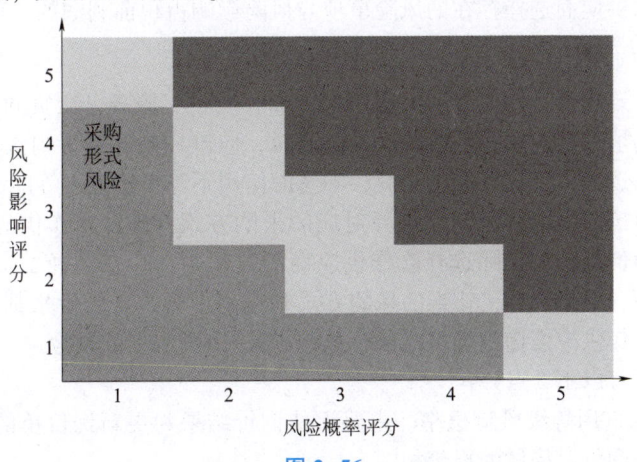

图 2-56

任务评价

序号	评价内容	评价具体要点	达标	未达标
1	采购形式风险识别	能够通过分析不同采购形式的优缺点进而延伸出选择采购形式可能带来的风险事项		
2	采购形式风险评估	能够分别评估育亭机械采购形式中分批采购、分散采购、紧急采购的风险概率和风险影响		
3	采购形式风险应对	能够以采购形式风险概率定量评估综合得分，以及分批/分散/紧急采购各风险影响得分加总，评估育亭机械2021年7月采购形式风险，并制定其风险应对策略和管控措施		

巩固练习

根据采购形式风险的评估结果与风险应对策略，思考采购形式风险的具体管控措施。

采购风险

任务五　供应商选择风险

供应商选择风险案例背景

工作准备

一、案例背景

育亭机械在每年会对合作供应商询报价情况进行风险评估，评估在提供报价相等的供应商是否选择信用等级最优的供应商，评估在提供报价的供应商信用等级相等的前提下是否选择了价格最低的供应商，评估是否按照采购管理制度正确选择采购方式，如直接采购、询价采购、招投标等，评估选择的合作供应商与市场参考价格相比是否有所偏离，案例将以2021年采购报价与采购合同数据评估供应商选择存在的风险事项与风险影响占税前利润的比率。

二、风险识别与评估

根据案例背景，选择合作供应商主要看四大方面，质量、服务、交货和价格，在保证质量、服务、交货和价格的情况下，进行询价选择供应商时，应该在同等报价内选择信用最优供应商，在同等信用供应商内选择报价最低的供应商，不考虑信用不等报价也不等的情况，除此之外，还需要评估采购时是否按照采购管理制度选择对应的采购方式，确认合作供应商后评估提供的报价是否偏离市场参考价格，在实际选择合作供应商的过程中，存在选择了提供报价的最优信用和最佳价格的供应商，但是选择了错误的采购方式和偏离市场过高的价格都会对企业带来风险，因此需要综合评估合作供应商信用等级/价格/采购方式/采购成本的风险。

主要的评估指标有以下5点。

（1）合作供应商信用等级风险概率。主要评估询价结果为更新询价单的是否选择了信用最优的供应商，前提是询价后提供的报价相同。

（2）合作供应商价格风险概率。主要评估询价结果为更新询价单的是否选择了价格最优的供应商，前提是询价供应商的信用等级一致。

（3）合作供应商采购方式风险概率。主要评估签订的采购合同是否按照企业采购管理制度选择合适的采购方式。

（4）合作供应商采购成本风险概率。主要评估选定的供应商价格是否与市场参考价格偏离过大。

（5）供应商选择风险影响。主要是评估询报价结果选择的供应商不是价格最优供应商与价格最优供应商的差额加上合作供应商采购成本偏离市场参考价格的部分，这部分的金额对企业税前利润的影响（即风险影响）。

三、知识储备

（一）选择合作供应商信用等级不合理风险相关知识

前提：询价单号相同、提供的报价相等。

该指标旨在判断询报价结果为更新询价单的供应商的信用等级是否是同个询价单内提供报价供应商内最高的。

所选供应商的信用等级>=同一个询价单提供报价的供应商的信用等级，不存在风险；所选供应商的信用等级<同一个询价单提供报价的供应商的信用等级，存在风险；以合作供应商信用等级风险概率评估风险大小。

练习：请打开2021年采购报价数据.xlsx，判断报价数据是否存在信用等级不合理的风险，如果存在，有多少个询价单存在风险项？（附表：供应商信用档案.xlsx）

（二）选择合作供应商价格不合理风险相关知识

前提：询价单号相同、提供报价的供应商信用等级相等。

该指标旨在判断相同信用等级下同一个询价单内所选供应商提供的价格是否是同个询价单内提供报价供应商内最低的。

所选供应商提供的报价≤同一个询价单相同信用等级下所有供应商提供的报价，不存在风险；所选供应商的提供的报价>同一个询价单相同信用等级下所有供应商提供的报价，存在风险；以合作供应商价格风险概率评估风险大小。

练习：请打开2021年采购报价数据.xlsx，判断报价数据是否存在价格不合理的风险，如果存在，有多少个询价单存在风险项？（附表：供应商信用档案.xlsx）

（三）选择合作供应商采购方式不合规风险相关知识

该指标旨在判断所选的采购方式是否依照了企业相关制度，主要是将本次交易金额与企业相关制度的金额规定进行对比。

（1）判断采用的采购方式是否与规定的采购方式相符，符合规定，不存在风险。

（2）判断采用的采购方式是否与规定的采购方式相符，不符合规定，存在风险，按本次交易金额采用的采购方式不符合规定的笔数与总合同笔数之比来评估风险大小，企业规定的采购方式参见育亭机械公司采购管理制度。

练习：请打开2021年采购合同数据.xlsx，判断采购合同是否存在采购方式不合规的风险，如果存在，有多少个合同存在风险项？

（四）选择合作供应商采购成本风险相关知识

该指标旨在判断商品的采购成本是否偏离市场参考价。

采购成本偏离度小于15%，符合规定，不存在风险；采购成本偏离度大于等于15%，不符合规定，存在风险；按照采购成本偏离度大于15%的条目数占采购合同总条目数评估风险大小。

采购成本偏离度计算公式=（含税单价-市场参考单价）/市场参考单价。

（五）选择合作供应商风险影响相关知识

该指标旨在判断未选择最佳供应商给企业带来的损失占税前利润的影响。

思考1

如何评估合作供应商信用等级风险概率，需要用到哪些数据？

（六）风险评估模型

（1）选择合作供应商信用不合理风险概率：计算公式为（询报价为更新询价单的供应商信用等级为非最优的数量/提供报价询价总笔数）×100%，风险评估模型如表2-27所示。

表2-27　合作供应商信用不合理的风险概率预警表

评分	1	2	3	4	5
询报价为更新询价单的供应商信用等级为非最优的数量的询价单数量占满足条件的询价单总数量比例（Y）	$Y\leqslant 10\%$	$10\%<Y\leqslant 30\%$	$30\%<Y\leqslant 70\%$	$70\%<Y\leqslant 90\%$	$90\%<Y$
预警级别	绿色预警	蓝色预警	黄色预警	橙色预警	红色预警
说明	选择合同供应商信用等级非最优事件一般不会发生	选择合同供应商信用等级非最优事件在极少情况下才发生	选择合同供应商信用等级非最优事件在某些情况下发生	选择合同供应商信用等级非最优事件在较多情况下发生	选择合同供应商信用等级非最优事件常常会发生

（2）合作供应商价格风险概率：计算公式为询报价为更新询价单的相同信用等级供应商提供报价为非最低数量/提供报价询价总笔数，风险评估模型如表2-28所示。

表2-28　合作供应商价格非最低的风险概率预警表

评分	1	2	3	4	5
询报价为更新询价单的供应商提供报价为非最低的数量的询价单数量占满足条件的询价单总数量比例（Y）	$Y\leqslant 10\%$	$10\%<Y\leqslant 30\%$	$30\%<Y\leqslant 70\%$	$70\%<Y\leqslant 90\%$	$90\%<Y$
预警级别	绿色预警	蓝色预警	黄色预警	橙色预警	红色预警
说明	选择合同供应商价格非最低事件一般不会发生	选择合同供应商价格非最低事件在极少情况下才发生	选择合同供应商价格非最低事件在某些情况下发生	选择合同供应商价格非最低事件在较多情况下发生	选择合同供应商价格非最低事件常常会发生

(3)合作供应商采购方式风险概率:计算公式为[(本次交易金额>=50万但采购方式不是"招标采购"的记录数,10万≤本次交易金额<50万但采购方式不是"询价采购"的记录数,1万≤本次交易金额<10万但采购方式不是"直接采购"的记录数)]/总采购合同笔数,如表2-29所示。

表2-29 合作供应商采购方式不符合规定风险概率预警表

评分	1	2	3	4	5
合作供应商采购方式不符合规定的采购合同单数量占采购合同总数量比例（Y）	Y≤10%	10%<Y≤30%	30%<Y≤70%	70%<Y≤90%	90%<Y
预警级别	绿色预警	蓝色预警	黄色预警	橙色预警	红色预警
说明	选择合同供应商采购方式不合规事件一般不会发生	选择合同供应商采购方式不合规事件在极少情况下才发生	选择合同供应商采购方式不合规事件在某些情况下发生	选择合同供应商采购方式不合规事件在较多情况下发生	选择合同供应商采购方式不合规事件常常会发生

(4)合作供应商采购成本风险概率:计算公式为（采购成本偏离度大于15%的条目数/采购合同总条目数）×100%,如表2-30所示。

表2-30 合作供应商采购成本偏离风险概率预警表

评分	1	2	3	4	5
合作供应商采购成本偏离度大于15%的采购合同条目数占采购合同总条目数的比例（Y）	Y≤10%	10%<Y≤30%	30%<Y≤70%	70%<Y≤90%	90%<Y
预警级别	绿色预警	蓝色预警	黄色预警	橙色预警	红色预警
说明	选择合同供应商采购成本偏离市场参考价事件一般不会发生	选择合同供应商采购成本偏离市场参考价事件在极少情况下才发生	选择合同供应商采购成本偏离市场参考价事件在某些情况下发生	选择合同供应商采购成本偏离市场参考价事件在较多情况下发生	选择合同供应商采购成本偏离市场参考价事件常常会发生

(5)合作供应商选择非最佳的风险影响:计算公式为[(一定期间内未选择最佳合作供应商的总金额与实际最佳供应商的报价总差额+一定期间内合作供应商采购成本与市场参考价偏离的总差额)/一定期间的税前利润]×100%,如表2-31所示。

表 2-31　合作供应商选择非最佳的风险影响预警表

评分	1	2	3	4	5
供应商选择非最佳与最佳的报价总差额与合作供应商采购成本与市场参考价偏离总差额占税前利润（Y）	$Y \leq 1\%$	$1\% < Y \leq 5\%$	$5\% < Y \leq 10\%$	$10\% < Y \leq 20\%$	$20\% < Y$
预警级别	绿色预警	蓝色预警	黄色预警	橙色预警	红色预警
说明	供应商选择不合规金额对企业基本无影响	供应商选择不合规金额对企业运行有轻度影响	供应商选择不合规金额对企业运行有中度影响	供应商选择不合规金额对企业运行有严重影响	供应商选择不合规金额对企业运行有重大影响

任务描述

随着信息科技的不断发展，商品的比价渠道更多，商品的成本不再是商业机密，企业的隐形利润越来越少。为了增加企业的利润，企业越来越重视采购的作用，大力发挥采购节约成本的功能，这就要提高采购管理水平，要求采购员熟悉获取与选择采购报价的流程，从而获得合适的采购价格，帮企业节约成本。熟悉企业选择合作供应商时需要综合考虑的因素，分析选择合作供应商时可能存在的风险点。

任务要求

本任务导入企业选择供应商的背景，分析育亭机械选择供应商存在的风险点，通过可视化分析分别评估合作供应商信用等级非最优的风险、合作供应商价格非最低的风险、合作供应商采购方式不合规的风险、合作供应商采购成本偏离的风险、供应商选择风险影响，最后得到供应商选择的风险评估结果。

具体任务要求：
(1) 合作供应商信用等级非最优的风险可视化分析。
(2) 合作供应商价格非最低的风险可视化分析。
(3) 合作供应商采购方式不合规的风险可视化分析
(4) 合作供应商采购成本偏离的风险可视化分析。
(5) 供应商选择风险影响。
(6) 风险评估结果。

任务实施

一、合作供应商信用等级非最优的风险可视化分析

具体流程如图 2-57 所示。

合作供应商信用等级非最优的风险可视化分析

数据建模 → 自定义SQL判断信用等级是否最优 → 数据斗方 → 新建计算字段计算选择供应商信用等级不合理的风险概率 → 仪表图展示风险概率 → 分析方案另存为

图 2-57

（一）判断选择合作供应商是否信用等级最优

（1）进入金蝶云星空系统页面，打开功能菜单，执行"经营分析"—"轻分析"—"分析平台"—"轻分析"命令，进入轻分析页面。

（2）在大数据智能风控类别下新建业务主题，命名为"供应商选择风险"。

（3）单击业务主题"供应商选择风险"的"数据建模"按钮。在"新建数据表-选择表"的页面，选择"2021年采购报价数据""2021年供应商信用档案"，然后单击"下一步"按钮。确认已选的数据库表后，单击"完成"按钮。

（4）继续新建数据表，进入数据建模后，单击"新建数据表"。在弹出对话框中选择"当前数据中心"，单击"下一步"按钮。在"新建数据表-数据中心"窗口，选择类型为"自定义SQL"，单击"下一步"按钮。

（5）在"新建数据表-自定义 SQL"窗口，填写名称为合作供应商信用等级数据，名称和SQL语句填写无误后，单击"确定"按钮，完整语句见附件SQL语句。

（二）评估合作供应商信用等级不合理的风险概率

（1）回到轻分析主界面，单击业务主题"供应商选择风险"的"数据斗方"。

（2）单击选中数据表"合作供应商信用等级数据"，然后单击字段右侧的 ▼ 符号，单击"创建计算字段"按钮。

（3）在弹出的"创建计算字段"窗口，将创建的计算字段命名为"合作供应商信用等级风险概率"。

表达式为：SUM(IF([合作供应商信用等级数据.是否信用等级最优供应商]='否',1,0))/COUNT([合作供应商信用等级数据.询价单号])，在表达式中输入表格中的字段，只需要选中字段双击即可，名称和表达式核对无误后，单击"确定"按钮。

（4）选择图表类型为"仪表图"，将创建的"合作供应商信用等级风险概率"拖拽至"指针值"。

（5）单击表盘中"分段"的编辑符号，设置刻度的起始值和结尾值分别为 0 和 1，单击"添加分刻度"，根据风险评估标准分为 5 级预警，共 5 个分段，如图 2-14 所示，分别标注不同的颜色，设置完成后单击"确定"按钮。

（6）分别设置"表盘"的"刻度值格式"和"指针"的"数值格式"：小数位数均为"2"，数量单位为"百分之一（%）"，设置无误后单击"确定"按钮。

（7）选择预览尺寸为"全画面"。得到育亭机械合作供应商信用不合理的风险图形，显示供应商信用等级非最优占满足前提条件的提供报价询价总笔数的比例为 54.55%，可判断选择合同供应商信用等级非最优事件在某些情况下发生。

（8）单击"分析方案"下的"另存为"，在弹出的窗口中，输入方案名称为"合作供应商信用等级风险概率"，然后单击"确定"按钮。

二、合作供应商价格非最低的风险可视化分析

具体流程如图 2-58 所示。

数据建模 → 自定义SQL判断报价价格是否最优 → 新建计算字段计算价格非最低损失金额 → 数据斗方 → 新建计算字段计算选择供应商价格非最低的风险概率 → 仪表图展示风险概率 → 分析方案另存为

图 2-58

（一）判断选择合作供应商是否价格最低

（1）进入金蝶云星空系统页面，打开功能菜单，执行"经营分析"—"轻分析"—"分析平台"—"轻分析"命令，进入轻分析页面。

（2）单击业务主题"供应商选择风险"的"数据建模"按钮。进入数据建模后，单击"新建数据表"。在弹出的对话框中选择"当前数据中心"，单击"下一步"按钮。

（3）选择类型为"自定义SQL"，单击"下一步"按钮。

（4）在"新建数据表-自定义SQL"窗口，填写名称为合作供应商价格数据，名称和SQL语句填写无误后，单击"确定"按钮，完整语句见附件SQL语句。

（5）根据评估模型，如果选择的合作供应商报价为非最低，则选择合作供应商价格非最低的风险影响为每单价税合计与询价单内最低价税合计金额的差额，我们可以在数据建模版块新建计算字段，计算每个询价单的价格非最低的损失金额。

（6）返回"数据建模-供应商选择风险"页面，可以看到新建的数据表，单击工具栏的"保存"按钮。

（二）评估合作供应商价格非最低的风险概率

（1）回到轻分析主界面，单击业务主题"供应商选择风险"的"数据斗方"。

（2）进入"数据斗方-供应商选择风险"页面，单击"清除"按钮，确保页面筛选器无内容，若存在以前保留的筛选器可直接拖拽至空白处即可。

（3）单击选中数据表"合作供应商价格数据"，然后单击字段右侧的 ▼ 符号，单击"新建计算字段"按钮，如图 2-59 所示。

图 2-59

（4）在弹出的"创建计算字段"窗口，将创建的计算字段命名为"合作供应商价格风险概率"。

表达式为：SUM(IF([合作供应商价格数据.是否价格最低供应商]='否',1,0))/COUNT([合作供应商价格数据.询价单号])，在表达式中输入表格中的字段，只需要选中字段双击即可，名称和表达式核对无误后，单击"确定"按钮。

（5）选择图表类型为"仪表图"，将创建的"合作供应商价格非最低风险概率"拖拽至"指针值"。

（6）单击表盘中"分段"的编辑符号，设置刻度的起始值和结尾值分别为0和1，单击"添加分刻度"，根据风险评估标准分为5级预警，共5个分段，分别标注不同的颜色，设置完成后单击"确定"按钮。

（7）分别设置"表盘"的"刻度值格式"和"指针"的"数值格式"：小数位数均为"2"，数量单位为"百分之一（%）"，设置无误后单击"确定"按钮。

（8）得到育亭机械合作供应商价格非最低的风险图形，显示供应商价格非最低占满足前提条件的提供报价询价总笔数的比例为27.27%，可判断选择合同供应商价格非最低事件在极少情况下才发生。

（9）单击"分析方案"下的"另存为"，在弹出的窗口中，输入方案名称为"合作供应商价格风险概率"，然后单击"确定"按钮。

三、合作供应商采购方式不合规的风险可视化分析

具体流程如图2-60所示。

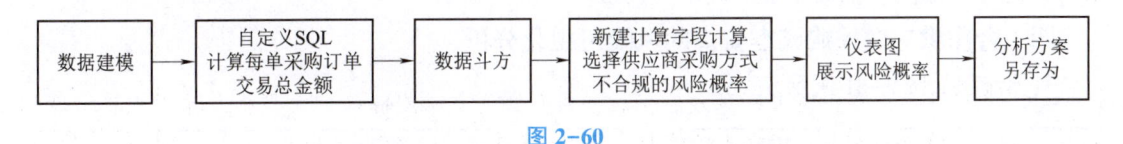

数据建模 → 自定义SQL计算每单采购订单交易总金额 → 数据斗方 → 新建计算字段计算选择供应商采购方式不合规的风险概率 → 仪表图展示风险概率 → 分析方案另存为

图2-60

（一）按合同汇总本次交易金额和采购方式

（1）进入金蝶云星空系统页面，打开功能菜单，执行"经营分析"—"轻分析"—"分析平台"—"轻分析"命令，进入轻分析页面。

（2）单击业务主题"供应商选择风险"的"数据建模"按钮。在"新建数据表-数据中心"窗口，选择类型为"自定义SQL"，单击"下一步"按钮。

（3）在"新建数据表-自定义SQL"窗口，填写名称为合作供应商采购方式数据，SQL语句填写无误后，单击"完成"按钮，完整语句见附件SQL语句。

（4）返回"数据建模-供应商选择风险"页面，可以看到新建的数据表，单击工具栏的"保存"按钮。

（二）评估合作供应商采购方式不合规的风险概率

（1）回到轻分析主界面，单击业务主题"供应商选择风险"的"数据斗方"。

（2）进入"数据斗方-供应商选择风险"页面，单击"清除"按钮，确保页面筛选器无内容，若存在以前保留的筛选器可直接拖拽至空白处即可。

（3）单击选中数据表"合作供应商采购方式数据"，然后单击字段右侧的 ▼ 符号，单击"新建计算字段"按钮。

（4）在弹出的"创建计算字段"窗口，将创建的计算字段命名为"合作供应商采购方式风险概率"。

表达式为：(SUM(IF(and([合作供应商采购方式数据．本次交易金额]>=500000,[合作供应商采购方式数据．采购方式]<>'招标采购'),1,0))+SUM(IF(and([合作供应商采购方式数据．本次交易金额]>=100000,[合作供应商采购方式数据．本次交易金额]<500000,[合作供应商采购方式数据．采购方式]<>'询价采购'),1,0))+SUM(IF(and([合作供应商采购方式数据．本次交易金额]>=10000,[合作供应商采购方式数据．本次交易金额]<100000,[合作供应商采购方式数据．采购方式]<>'直接采购'),1,0)))/COUNT([合作供应商采购方式数据．本次交易金额])，在表达式中输入表格中的字段，只需要选中字段双击即可，名称和表达式核对无误后，单击"确定"按钮。

（5）选择图表类型为"仪表图"，将创建的"合作供应商采购方式风险概率"拖拽至"指针值"。

（6）单击表盘中"分段"的编辑符号，设置刻度的起始值和结尾值分别为 0 和 0.5，单击"添加分刻度"，根据风险评估标准分为 5 级预警，共 5 个分段，如图 2-14 所示，分别标注不同的颜色，设置完成后单击"确定"按钮。

（7）分别设置"表盘"的"刻度值格式"和"指针"的"数值格式"：小数位数均为"2"，数量单位为"百分之一（%）"，设置无误后单击"确定"按钮。

（8）得到育亭机械合作供应商采购方式不合规的风险图形，显示合作供应商对应的采购方式未按照企业规定的采购合同笔数占总采购合同笔数比例为 38.89%，可判断选择合同供应商采购方式不合规事件在某些情况下发生。

（9）单击"分析方案"下的"另存为"，在弹出的窗口中，输入方案名称为"合作供应商采购方式风险概率"，然后单击"确定"按钮。

四、合作供应商采购成本偏离的风险可视化分析

具体流程如图 2-61 所示。

数据建模 → 自定义SQL计算采购成本偏离度 → 新建计算字段计算采购成本偏离损失金额 → 数据斗方 → 新建计算字段计算选择供应商采购成本偏离的风险概率 → 仪表图展示风险概率 → 分析方案另存为

图 2-61

（一）计算合作供应商普通采购成本偏离度

（1）进入金蝶云星空系统页面，打开功能菜单，执行"经营分析"—"轻分析"—"分析平台"—"轻分析"命令，进入轻分析页面。

（2）单击业务主题"供应商选择风险"的"数据建模"按钮。

（3）在"新建数据表-自定义 SQL"窗口，填写名称为合作供应商采购成本偏离数据，SQL语句填写无误后，单击"完成"按钮，完整语句见附件 SQL 语句。

（4）根据评估模型，如果选择的合作供应商采购成本偏离市场价超过 15%，则选择合作供应商价格采购成本偏离的风险影响为合同数量乘以含税单价与市场参考单价的差额总额，我们可以在数据建模版块新建计算字段，计算采购成本偏离的损失金额。

（5）返回"数据建模-供应商选择风险"页面，可以看到新建的数据表，单击工具栏的"保存"按钮。

（二）计算合作供应商普通采购成本风险概率

（1）回到轻分析主界面，单击业务主题"供应商选择风险"的"数据斗方"。

（2）进入"数据斗方-供应商选择风险"页面，单击"清除"按钮，确保页面筛选器无内容，若存在以前保留的筛选器可直接拖拽至空白处即可。

(3) 单击选中数据表"合作供应商采购成本偏离数据",然后单击字段右侧的 ▼ 符号,单击"创建计算字段",如图2-62所示。

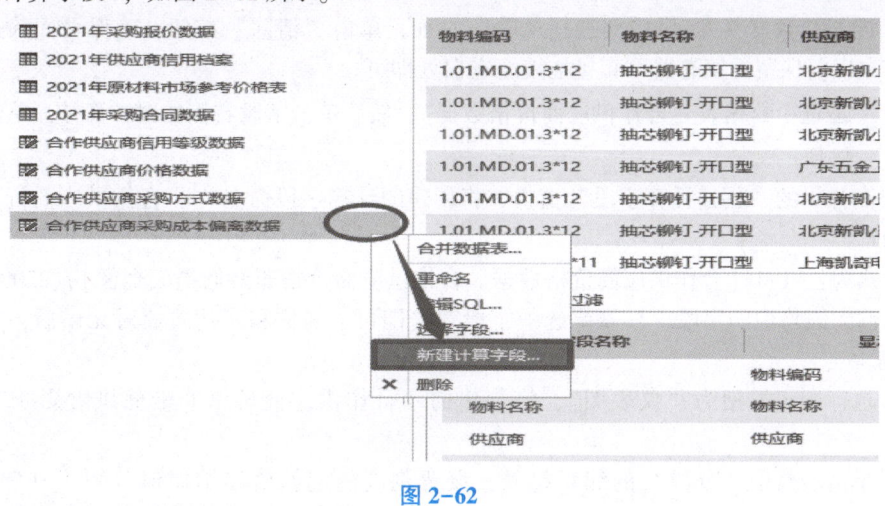

图 2-62

(4) 在弹出的"创建计算字段"窗口,将创建的计算字段命名为"合作供应商采购成本偏离风险概率"。

表达式为:SUM(IF([合作供应商采购成本偏离数据.偏离度]>0.15,1,0))/COUNT([合作供应商采购成本偏离数据.物料编码]),在表达式中输入表格中的字段,只需要选中字段双击即可,名称和表达式核对无误后,单击"确定"按钮。

(5) 选择图表类型为"仪表图",将创建的"合作供应商采购成本偏离风险概率"拖拽至"指针值"。

(6) 单击表盘中"分段"的编辑符号,设置刻度的起始值和结尾值分别为0和1,单击"添加分刻度",根据风险评估标准分为5级预警,共5个分段,如图2-14所示,分别标注不同的颜色,设置完成后单击"确定"按钮。

(7) 分别设置"表盘"的"刻度值格式"和"指针"的"数值格式":小数位数均为"2",数量单位为"百分之一(%)",设置无误后单击"确定"按钮。

(8) 选择预览尺寸为"全画面"。得到育亭机械合作供应商采购成本偏离的风险图形,显示合作供应商采购成本偏离度大于15%的采购合同条目数占询采购合同总条目数比例为3.98%,可判断选择合同供应商采购成本偏离市场参考价事件一般不会发生。

(9) 单击"分析方案"下的"另存为",在弹出的窗口中,输入方案名称为"合作供应商采购成本偏离的风险概率",然后单击"确定"按钮。

五、供应商选择风险影响

具体流程如图2-63所示。

数据斗方 → 新建计算字段计算选择供应商价格非最低的风险影响 → 新建计算字段计算选择供应商采购成本偏离的风险影响 → 汇总供应商选择风险影响 → 仪表图展示风险影响 → 分析方案另存为

图 2-63

（一）计算合作供应商价格非最低的风险影响

（1）回到轻分析主界面，单击业务主题"供应商选择风险"的"数据斗方"。

（2）进入"数据斗方-供应商选择风险"页面，单击"清除"按钮，确保页面筛选器无内容，若存在以前保留的筛选器可直接拖拽至空白处即可。

（3）单击选中数据表"合作供应商价格数据"，然后单击字段右侧的 ▼ 符号，单击"创建计算字段"按钮。

（4）在弹出的"创建计算字段"窗口，将创建的计算字段命名为"合作供应商价格非最低风险影响"。

表达式为：SUM（［合作供应商价格数据．合作供应商价格非最低损失金额］）/22000000，在表达式中输入表格中的字段，只需要选中字段双击即可，名称和表达式核对无误后，单击"确定"按钮。

（5）选择图表类型为"仪表图"，将创建的"合作供应商价格非最低风险影响"拖拽至"指针值"。

（6）单击表盘中"分段"的编辑符号，设置刻度的起始值和结尾值分别为 0 和 1，单击"添加分刻度"，根据风险评估标准分为 5 级预警，共 5 个分段，如图 2-46 所示，分别标注不同的颜色，设置完成后单击"确定"按钮。

（7）分别设置"表盘"的"刻度值格式"和"指针"的"数值格式"：小数位数均为"2"，数量单位为"百分之一（%）"，设置无误后单击"确定"按钮。

（8）选择预览尺寸为"全画面"。得到育亭机械合作供应商价格非最低的风险影响图形，合作供应商价格非最低的风险影响为 0.57%。

（9）单击"分析方案"下的"另存为"，在弹出的窗口中，输入方案名称为"合作供应商价格非最低的风险影响"，然后单击"确定"按钮。

（二）计算合作供应商采购成本偏离的风险影响

（1）回到轻分析主界面，单击业务主题"供应商选择风险"的"数据斗方"。

（2）清除筛选器的内容。单击选中数据表"合作供应商采购成本偏离数据"，然后单击字段右侧的 ▼ 符号，单击"创建计算字段"按钮。

（3）在弹出的"创建计算字段"窗口，将创建的计算字段命名为"合作供应商采购成本偏离的风险影响"。

表达式为：SUM（［合作供应商采购成本偏离数据．合作供应商采购成本偏离损失金额］）/22000000，在表达式中输入表格中的字段，只需要选中字段双击即可，名称和表达式核对无误后，单击"确定"按钮。

（4）选择图表类型为"仪表图"，将创建的"合作供应商采购成本偏离的风险影响"拖拽至"指针值"。

（5）单击表盘中"分段"的编辑符号，设置刻度的起始值和结尾值分别为 0 和 1，单击"添加分刻度"，根据风险评估标准分为 5 级预警，共 5 个分段，如图 2-46 所示，分别标注不同的颜色，设置完成后单击"确定"按钮。

（6）分别设置"表盘"的"刻度值格式"和"指针"的"数值格式"：小数位数均为"2"，数量单位为"百分之一（%）"，设置无误后单击"确定"按钮。

（7）选择预览尺寸为"全画面"。得到育亭机械合作供应商采购成本偏离的风险影响图形，合作供应商采购成本偏离的风险影响为 2.94%。

(8) 单击"分析方案"下的"另存为",在弹出的窗口中,输入方案名称为"合作供应商采购成本偏离的风险影响",然后单击"确定"按钮。

(三) 评估供应商选择风险影响

按照评估模型,合作供应商选择非最佳的风险影响=[(一定期间内未选择最佳合作供应商的总金额与实际最佳供应商的报价总差额+一定期间内合作供应商采购成本与市场参考价偏离的总差额)/一定期间的税前利润]×100%=合作供应商价格非最低的风险影响+合作供应商采购成本偏离的风险影响=0.57%+2.94%=3.51%。

六、供应商选择风险评估结果

根据选择合作供应商信用非最优/价格非最低/采购方式不合规/采购成本偏离风险概率的评分标准评分,各项指标影响权重各占25%。最终以供应商选择风险概率定量评估综合得分,以及选择合作供应商价格非最低/采购价格偏离风险影响得分加总,作为评估育亭机械2021年7月采购形式风险的数据依据,具体评估标准如表2-32所示。

表2-32 各项风险指标评分标准

风险点	评分		1	2	3	4	5	影响权重
供应商选择风险	定量方法	合作供应商信用等级非最优的风险	(0, 10%]	(10%, 30%]	(30%, 70%]	(70%, 90%]	(90%, 100%]	25%
	定性方法	文字描述	极低	低	中等	高	极高	
	定量方法	合作供应商价格非最低的风险	(0, 10%]	(10%, 30%]	(30%, 70%]	(70%, 90%]	(90%, 100%]	25%
	定性方法	文字描述	极低	低	中等	高	极高	
	定量方法	合作供应商采购方式不合规风险概率	(0, 10%]	(10%, 30%]	(30%, 70%]	(70%, 90%]	(90%, 100%]	25%
	定性方法	文字描述	极低	低	中等	高	极高	
	定量方法	合作供应商采购成本偏离风险	(0, 10%]	(10%, 30%]	(30%, 70%]	(70%, 90%]	(90%, 100%]	25%
	定性方法	文字描述	极低	低	中等	高	极高	
	定量方法	企业财务损失占税前利润的百分比/%	1%以下	1%~5%	6%~10%	11%~20%	20%以上	—
	定性方法	文字描述	极轻微的	轻微的	中等	重大的	灾难性的	

参照以上的风险指标评估标准表,对供应商选择风险的合作供应商信用等级非最优/价格非最低/采购方式不合规/采购成本偏离风险按照权重进行评分,同时对供应商选择风险影响进行评分,根据各项风险评分编制评分表,得到的风险评估结果如表2-33所示。

表 2-33 风险评分表

采购形式风险	指标	数据结果	风险指标评分	影响权重	风险定量评估综合得分
风险概率	合作供应商信用等级非最优的风险	54.55%	3	25%	2.25
	合作供应商价格非最低的风险	27.27%	2	25%	
	合作供应商采购方式不合规风险概率	38.89%	3	25%	
	合作供应商采购成本偏离风险	3.98%	1	25%	
风险影响	供应商选择风险影响	3.51%	2	—	2

根据上述计算结果及育亭机械的评估标准,供应商选择的风险概率得分为 2.25,影响得分为 2,落于绿色低风险区域。

根据风险评估结果,虽然育亭机械 2021 年选择合作供应商信用等级非最优/价格非最优/采购方式不合规/采购成本偏离风险概率比较大,一旦发生对企业的影响较大,所以可以采用风险规避的应对策略,具体包括建立科学的供应商评估和准入制度,对供应商资质信誉情况的真实性和合法性进行审查,确定合格的供应商清单,健全企业统一的供应商网络,如图 2-64 所示。

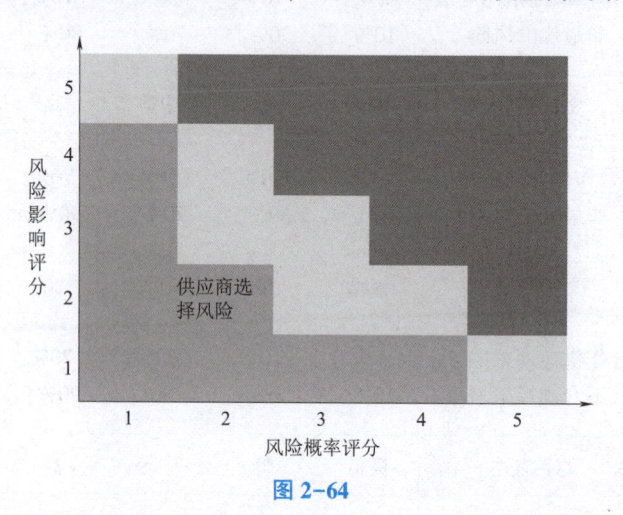

图 2-64

任务评价

序号	评价内容	评价具体要点	达标	未达标
1	供应商选择风险识别	能够分析育亭机械选择供应商存在的风险点		
2	供应商选择风险评估	能够通过可视化分析分别评估合作供应商信用等级非最优的风险、合作供应商价格非最低的风险、合作供应商采购方式不合规的风险、合作供应商采购成本偏离的风险、供应商选择风险影响		
3	供应商选择风险应对	能够根据供应商选择的风险评估结果制定其风险应对策略和管控措施		

拓展阅读

价格因素主要是指供应商所供给的原材料、初级产品或消费品组成部分的价格，供应商的产品价格决定了采购方或下游企业的产成品的价格以及整条供应链的投入产出比，对生产商和销售商的利润率有相应程度的影响。

供应商信誉是供应商与本采购企业或其他买家合作过程中积累起来的声望。它可以看作是供应企业无形资产的组成部分，优秀供应商为了维护其良好声誉，按约保质保量的履行合同的愿望要远远高于那些声名狼藉的供应企业。

巩固练习

根据供应商选择风险的评估结果与风险应对策略，思考供应商选择风险的具体管控措施。

拓展练习

在轻分析平台完成"验收入库风险""采购的付款风险"分析，具体操作指引见电子资源"验收入库风险""采购业务—付款风险"。

验收入库-抽检不合规风险概率可视化分析

验收入库-质检验收决策不合规风险概率可视化分析

验收入库-入库不及时风险概率可视化分析

任务六　采购管理风控可视化处理

任务描述

前面任务对采购计划编制、供应商履约、供应商评级、采购形式、供应商选择、验收入库、付款具体风险事项进行了识别和评估，经过风控审计部和财务部门讨论，对于评估结果存在风险的事项进行汇总陈述，并纳入企业的风险库进行管理。

任务要求

任务要求一：根据各个风险评估结果汇总统计采购管理风险，按照任务提供的采购管理风险评估数据汇总表.xlsx整理各风险事项的风险概率和风险影响评分（注：只有风险概率的风险事项按照前期的任务要求的风险评估标准表制定风险程度即可），整理后的excel作为后续制作相关汇总图表展示在看板上所用。

任务要求二：根据任务要求一整理的采购管理风险评估数据汇总情况，在轻分析中绘制合适的图表，具体要求如下。

（1）请在轻分析平台的数据建模版块导入采购管理风险评估数据汇总表。

（2）统计风险项数可使用图表类型为"业务指标"进行展示，请在轻分析平台的数据斗方版块内计算评估风险项数、高风险事项、中风险事项、低风险事项并展示。

（3）不同级别的风险事项的占比情况可使用图表类型为"饼图"进行展示，请在轻分析平台的数据斗方版块内计算不同级别风险事项的分布情况并展示。

（4）各个风险事项的风险影响和风险概率可使用图表类型为"雷达图"进行展示，请在轻分析平台的数据斗方版块内制作风险概率和风险影响雷达图并展示（请剔除采购计划编制与供应商评级风险事项，理由：无法同时评估风险概率和风险影响）。

（5）中高风险事项可通过可视化呈现在仪表盘内，通过图表类型为"仪表图"进行展示风险程度，风险程度为低风险使用"1"代表，中风险使用"2"代表，高风险使用"3"代表，请在轻分析平台的数据斗方版块内制作"采购计划编制风险""供应商评级风险""付款风险"并展示。

（6）具体风险事项的风险程度可使用图表类型为"列表"进行展示，请在轻分析平台的数据斗方版块内制作风险评估列表并展示。

任务要求三：根据任务要求二制作的图表进行仪表盘的制作，请在轻分析平台新建仪表盘通过拖动数据斗方的方式将任务要求二的"评估风险项数""高风险项数""中风险项数""低风险项数""不同级别的风险事项分布情况""风险概率与风险影响雷达图""风险评估列表""采购计划编制风险""供应商评级风险""付款风险"排列形成采购管理风险评估汇总看板。

任务实施

一、采购管理风险评估统计

根据采购管理风险评估数据汇总，汇总的结果如表2-34所示。

表2-34 采购管理风险评估表

风险环节	序号	风险事项	风险概率评分	风险影响评分	风险程度
采购活动	1	采购计划编制风险			中风险
采购活动	2	供应商履约风险	1.2	2	低风险
采购活动	3	供应商评级风险			中风险
采购活动	4	采购形式风险	1	4	低风险
采购活动	5	供应商选择风险	2.25	2	低风险
采购活动	6	验收入库风险	2	1	低风险
采购活动	7	付款风险	2.15	5	高风险

二、图表绘制

（1）进入金蝶云星空系统页面，执行"轻分析"命令，进入轻分析页面。

（2）在大数据智能风控类别下新建业务主题，命名为"采购管理风险汇总"。

（3）单击业务主题"采购管理风险汇总"的"数据建模"按钮。进入数据建模后，单击"新建数据表"按钮。在弹出对话框中选择"文件项下的Excel"，单击"下一步"按钮。

（4）单击"上传文件"，将统计好的"采购管理风险评估数据汇总表"导入，单击"下一步"按钮。

（5）在"新建数据表-选择表"的页面，勾选"采购管理风险评估数据汇总表"，确认表已选择后单击"下一步"按钮。

(6) 确保勾选"全选"后，单击"完成"按钮，如图 2-65 所示。

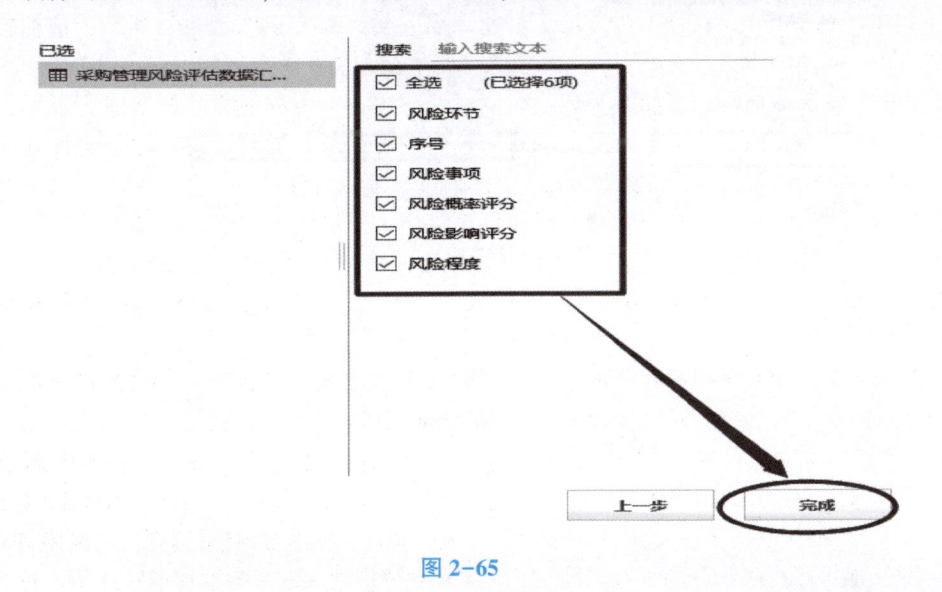

图 2-65

(7) 返回"数据建模-采购管理风险汇总"页面，可以看到新建的数据表，单击工具栏的"保存"按钮。

(8) 回到轻分析主界面，单击业务主题"采购管理风险汇总"的"数据斗方"。

(一) 风险项数指标绘制

第一步：计算评估风险项数

根据任务要求，统计采购管理风险项数需要计算风险项数的个数，同时计算高风险、中风险和低风险的风险项数，需要建立 4 个计算字段。

(1) 单击选中数据表"采购管理风险评估数据汇总表"，然后单击字段右侧的 ▼ 符号，单击"创建计算字段"按钮。

(2) 在弹出的"创建计算字段"窗口，将创建的计算字段命名为"评估风险项数"。
表达式为：COUNT([采购管理风险评估数据汇总表.风险事项])，在表达式中输入表格中的字段，只需要选中字段双击即可，名称和表达式核对无误后，单击"确定"按钮。

(3) 选择图表类型为"业务指标"，将创建的"评估风险项数"拖拽至"主指标"，如图 2-66 所示。

(4) 选择预览尺寸为"全画面"。得到育亭机械评估风险项数的图形，共计评估 7 个风险事项。单击"分析方案"下的"另存为"，在弹出的窗口中，输入方案名称为"评估风险项数"，然后单击"确定"按钮。

第二步：计算中高低风险项数

按照类似的方式新增计算字段，分别为"高风险项数""中风险项数""低风险项数"，并以业务指标图的形式展示出来，分别另存为 3 个分析方案。

"高风险项数"表达式为：SUM(IF([采购管理风险评估数据汇总表.风险程度]='高风险',1,0))，最后完成的效果如图 2-67 所示。

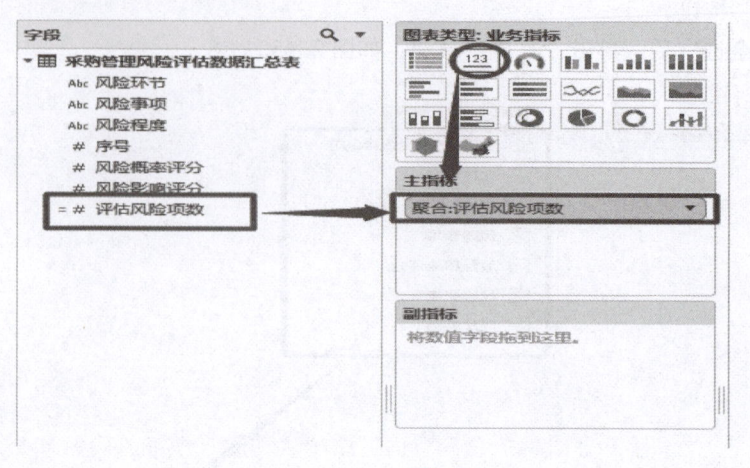

图 2-66

1.00

图 2-67

中风险项数表达式为：SUM(IF([采购管理风险评估数据汇总表.风险程度]='中风险',1,0))，最后完成的效果如图 2-68 所示。

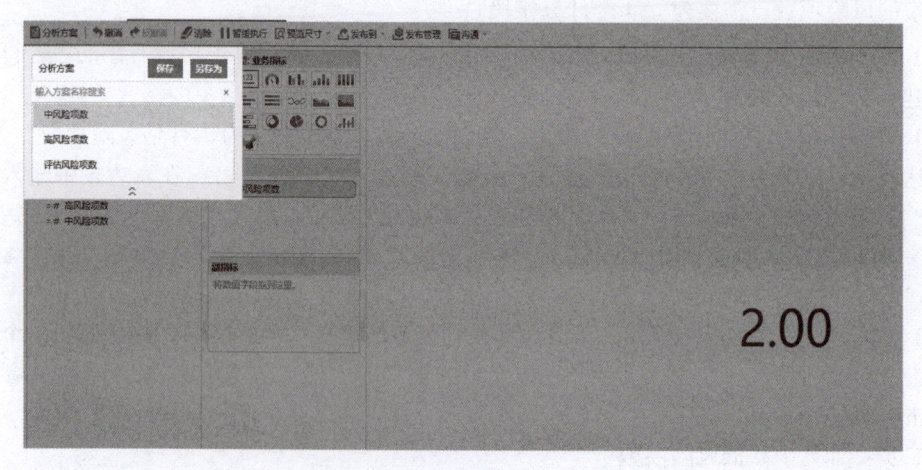

图 2-68

低风险项数表达式为：SUM(IF([采购管理风险评估数据汇总表.风险程度]='低风险',1,0))，最后完成的效果如图 2-69 所示。

图 2-69

（二）不同级别的风险事项分布情况

（1）进入"数据斗方-采购管理风险汇总"页面，单击"清除"按钮，确保页面筛选器无内容。

（2）选择图表类型为饼图，将风险事项拖拽至"角度"，注意选择度量为"计数"，将风险程度字段拖拽至"颜色"，如图 2-70 所示。

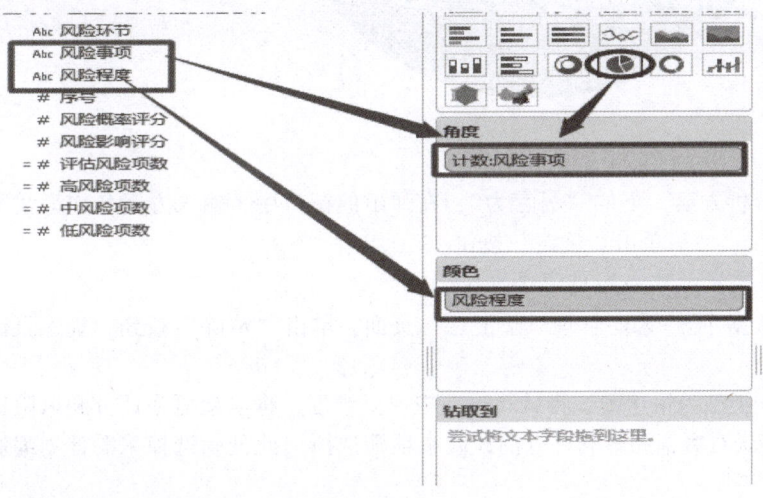

图 2-70

（3）在右边绘图区域，勾选显示"数据标签"，可得到不同级别的风险事项分布情况，如图 2-71 所示。

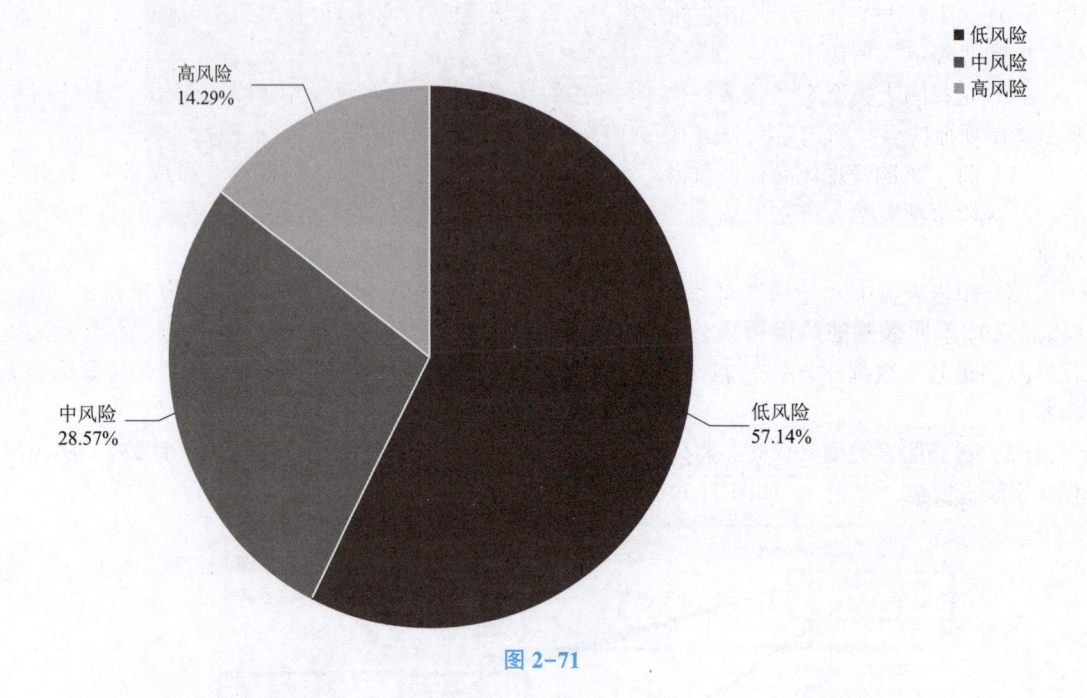

图 2-71

（4）单击"分析方案"下的"另存为"，在弹出的窗口中，输入方案名称为"不同级别的风险事项分布情况"，然后单击"确定"按钮。

<u>（三）风险概率和风险影响可视化呈现</u>

（1）进入"数据斗方-采购管理风险汇总"页面，单击"清除"按钮，确保页面筛选器无内容。

（2）选择图表类型为雷达图，将风险事项拖拽至维度，将风险概率评分和风险影响评分拖拽至度量，同时将未对概率和影响评分的风险事项筛选掉"此处筛选掉采购计划编制与供应商评级风险事项"。

（3）将"采购管理风险评估数据汇总"的"风险事项"字段，拖拽至"筛选器"，在弹出的"［风险事项］数据筛选"窗口，取消勾选风险事项"采购计划编制风险"和"供应商评级风险"，然后单击"确定"按钮。

（4）可得到风险概率与风险事项的雷达图。

（5）单击"分析方案"下的"另存为"，在弹出的窗口中，输入方案名称为"风险概率和影响雷达图"，然后单击"确定"按钮。

<u>（四）高风险事项可视化呈现</u>

（1）进入"数据斗方-采购管理风险汇总"页面，单击"清除"按钮，确保页面筛选器无内容。

（2）根据任务要求，需要将高风险事项可视化展示出来，需要按照规则，风险程度为低风险使用"1"代表，中风险使用"2"代表，高风险使用"3"代表。

（3）单击选中数据表"采购管理风险评估数据汇总表""创建计算字段"，将创建的计算字段命名为"风险程度代码"。

表达式为：CASE([采购管理风险评估数据汇总表.风险程度]='低风险',1,[采购管理风险评估数据汇总表.风险程度]='中风险',2,[采购管理风险评估数据汇总表.风险程度]='高风险',3,0)，在表达式中输入表格中的字段，只需要选中字段双击即可，名称和表达式核对无误后，单击"确定"按钮。

（4）选择图表类型为"仪表图"，将刚才的计算字段"风险程度代码"拖拽至"指针值"，将风险事项拖拽至"筛选器"，逐一筛选中高风险的事项，并保存图表。

（5）将"采购管理风险评估数据汇总"的"风险事项"字段，拖拽至"筛选器"，在弹出的"[风险事项]数据筛选"窗口，选择风险事项"采购计划编制风险"，然后单击"确定"按钮。

（6）单击表盘中"分段"的编辑符号，设置刻度的起始值和结尾值分别为 0 和 3，单击"添加分刻度"，根据风险评估标准分为 3 级预警，共 3 个分段，分别标注不同的颜色，设置完成后单击"确定"按钮，如图 2-72 所示。

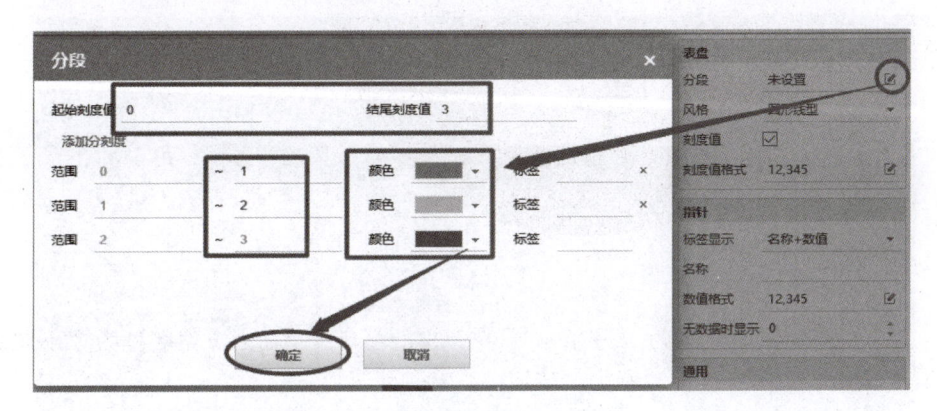

图 2-72

（7）将得到采购计划编制风险图形另存为"采购计划编制风险"，如图 2-73 所示。

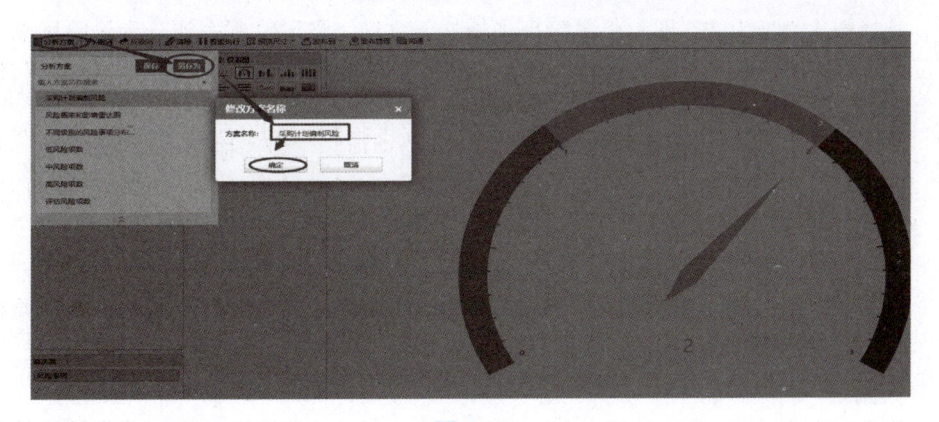

图 2-73

其他中高风险事项只需要更换筛选器中的选择，中高风险事项为"采购计划编制风险""供应商评级风险""付款风险"，筛选器只筛选这三个中高风险事项后保存为 3 个分析方案，完成的效果如图 2-74、图 2-75 所示。

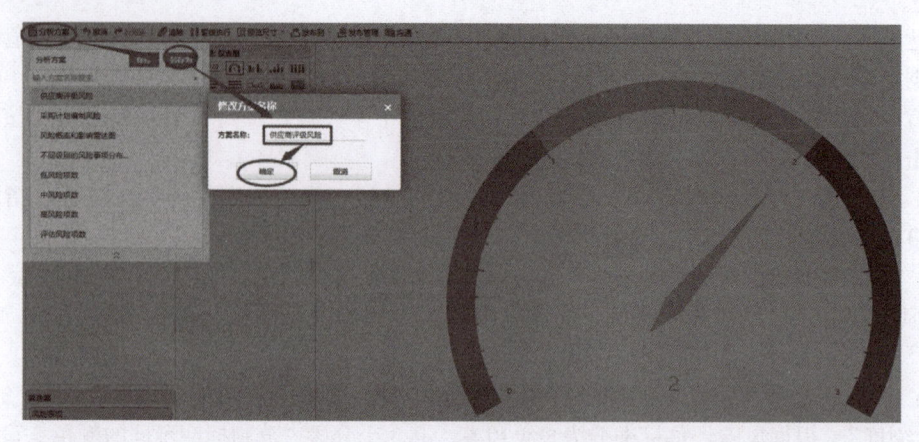

图 2-74

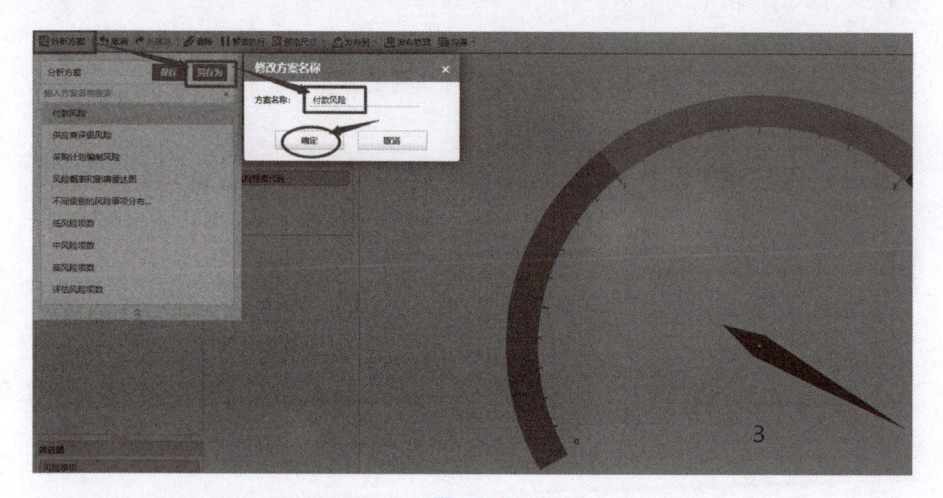

图 2-75

(五) 具体的风险事项列表

(1) 进入"数据斗方-采购管理风险汇总"页面,单击"清除"按钮,确保页面筛选器无内容。

(2) 选择图表类型为列表,将风险事项、风险程度拖拽至列,可得到风险评估列表,如图 2-76 所示。

风险事项	风险程度
采购计划编制风险	中风险
采购形式风险	低风险
付款风险	高风险
供应商履约风险	低风险
供应商评级风险	中风险
供应商选择风险	低风险
验收入库风险	低风险

图 2-76

（3）"另存为"该指标，单击"分析方案"按钮，输入方案名称为"风险评估列表"。

（六）最终完成的分析方案参考

最终完成的分析方案如图 2-77 所示。

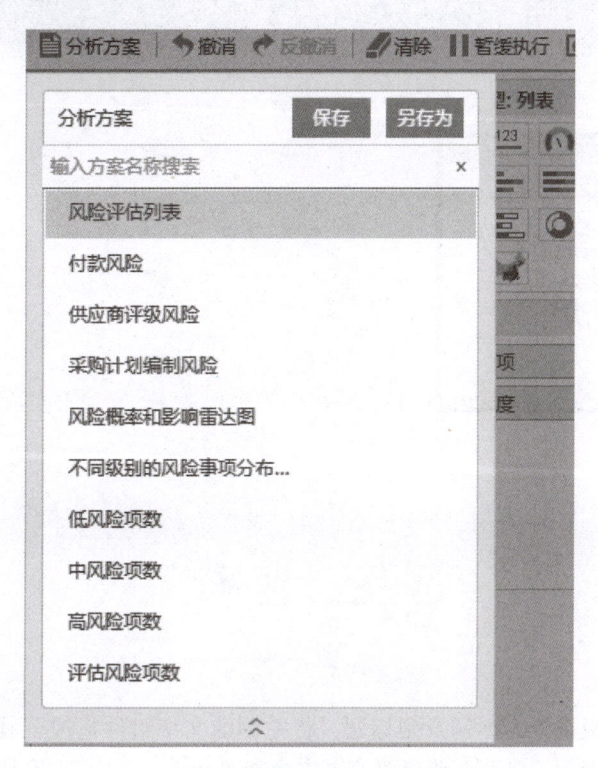

图 2-77

三、仪表板制作

（1）在轻分析主界面新建仪表板，命名为"采购管理风险"。
（2）单击进入仪表板。将数据斗方拖拽至看板，在弹出的对话框中单击"下一步"按钮。
（3）选择前面步骤绘制图表所在的业务主题"采购管理风险汇总"，如图 2-78 所示。

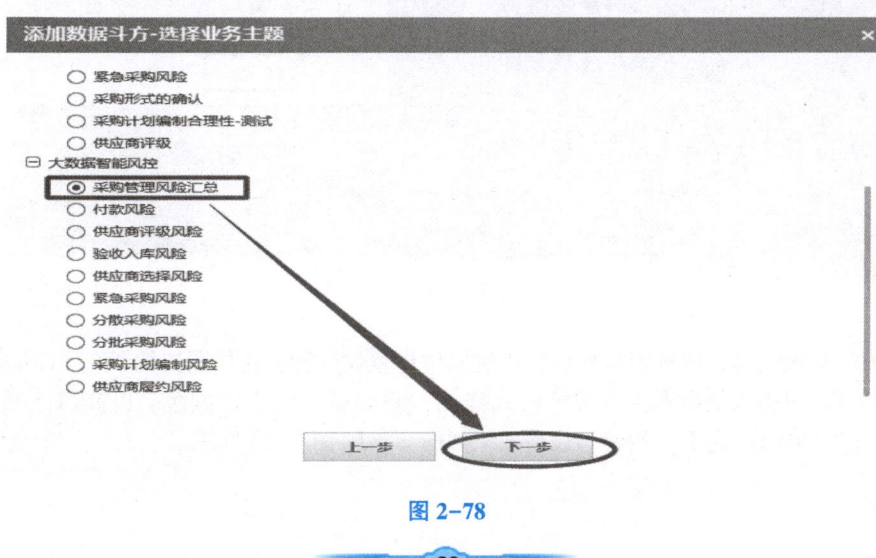

图 2-78

（4）选择绘制好的图表，单击"完成"按钮，重复前面两个步骤将所有图表拖拽至看板中，可进行排版，美观即可，要求将所有图标绘制展示在仪表盘上，如图2-79所示。

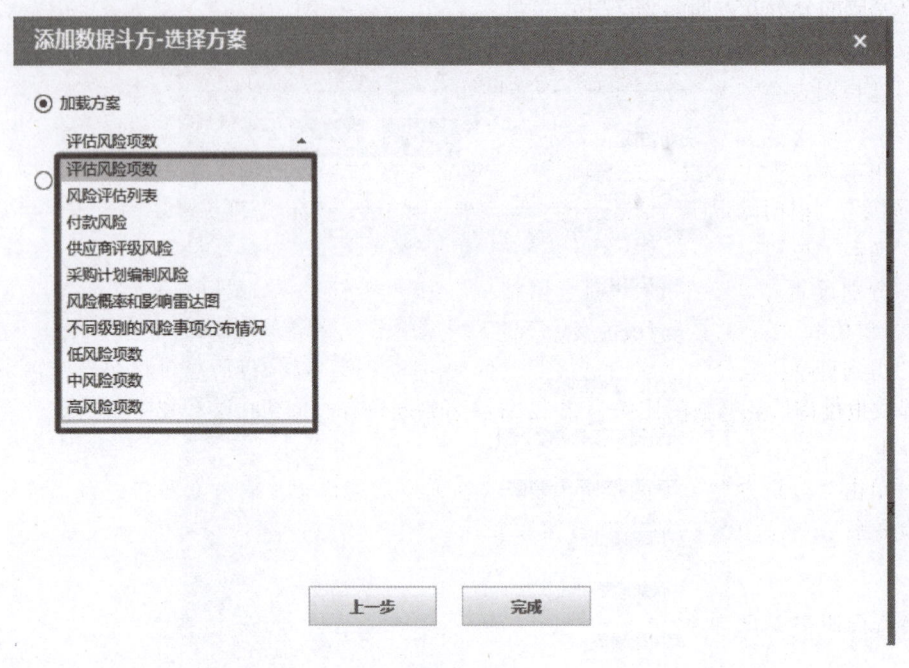

图2-79

（5）可以为仪表板设置大标题及副标题，将左侧的文字组件拖拽至看板，输入想要呈现的标题，单击"确定"按钮，可在右侧修改文字大小和对齐等，如图2-80所示。

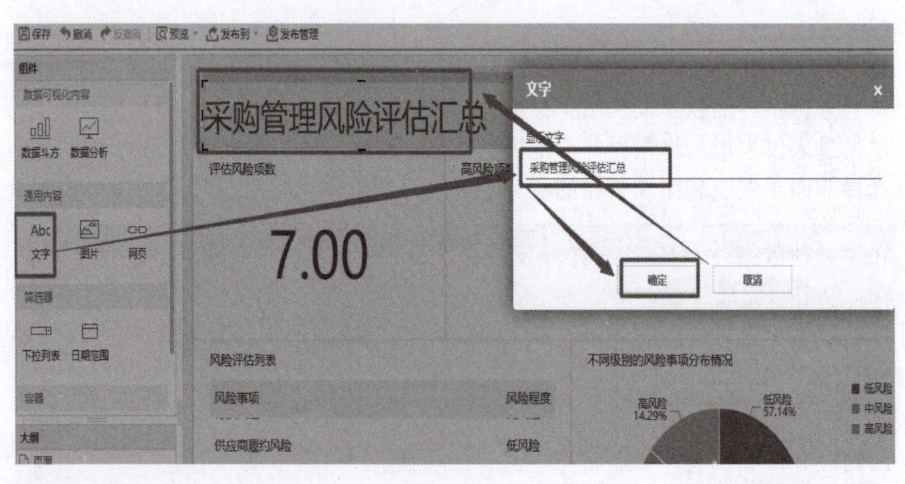

图2-80

（6）通过拖拽组件，或选定组件后，通过属性设置设计看板的构图，如图2-81所示。
（7）还可以对引入的数据斗方进行格式修改，例如显示的字体颜色，以高风险项数为例，设置完成后记得单击"完成"按钮，最终效果如图2-82~图2-84所示。

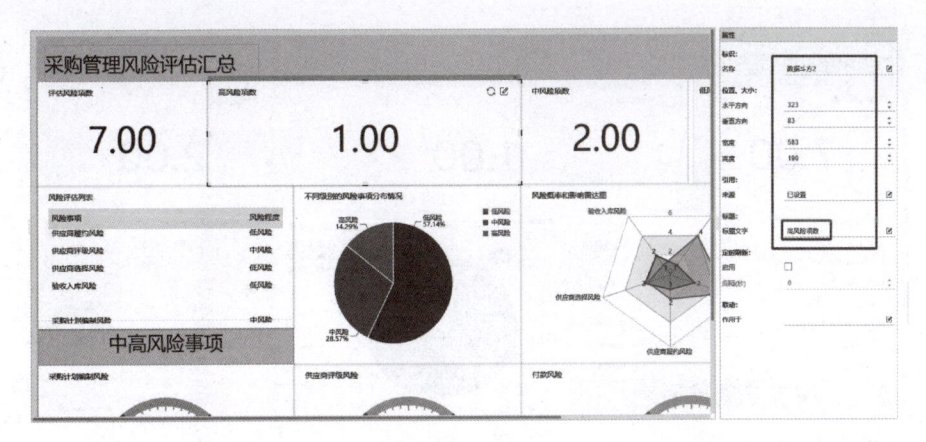

图 2-81

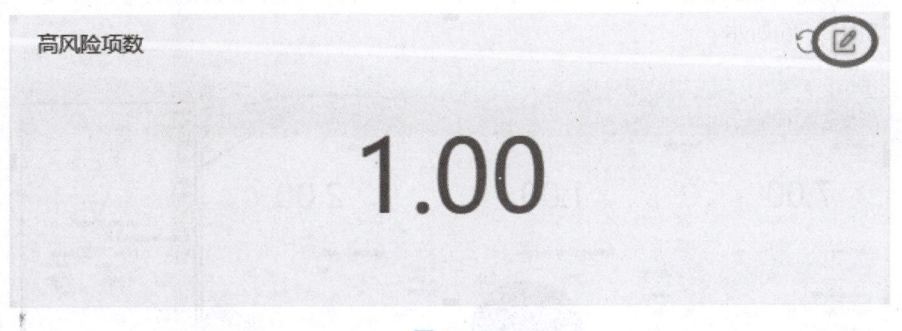

图 2-82

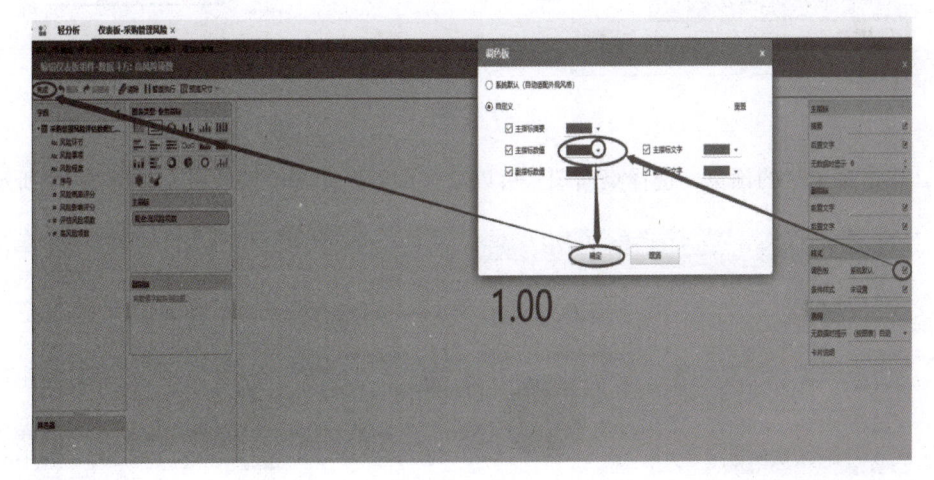

图 2-83

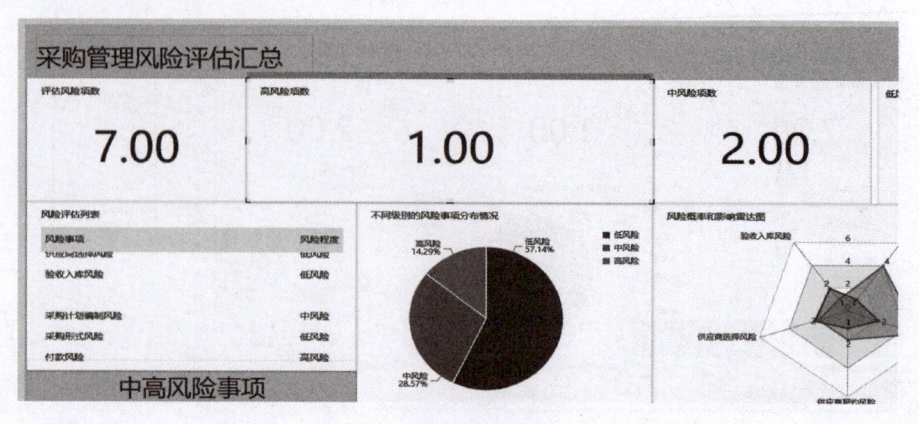

图 2-84

（8）将光标停留在看板空白处，可以设置看板的属性，选择合适的尺寸、外观、展示模式等方式，如图 2-85 所示。

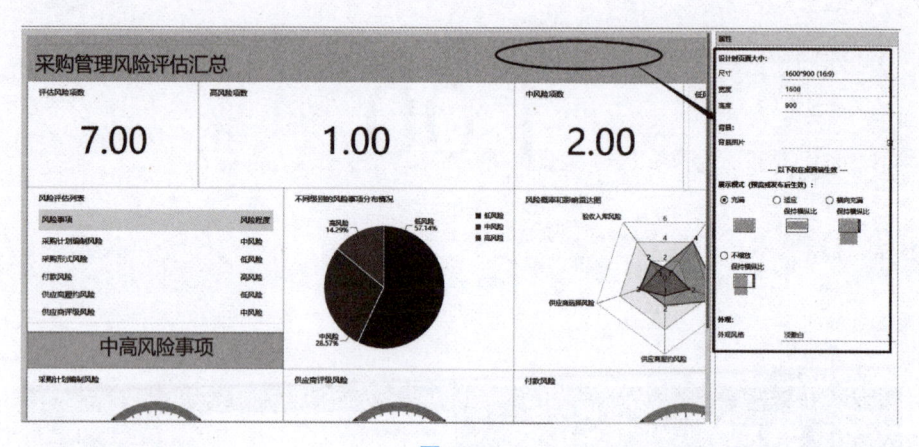

图 2-85

（9）单击菜单栏的预览，选择桌面端。可以完整预览设计好的仪表板，如图 2-86 所示。

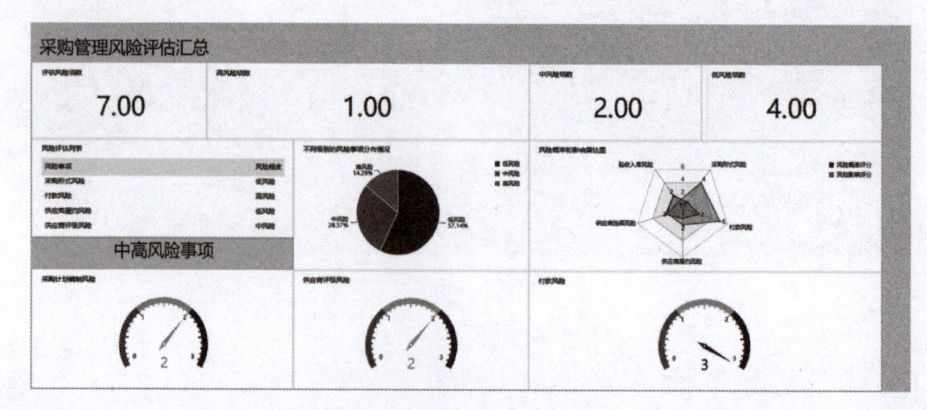

图 2-86

项目考核评价

通过实训，学生对采购管理的各项任务结果进行自评，小组评分同时，教师对学生各项任务的实训成果评分。

采购管理大数据智能风控考核评价表

考核任务	评分标准	学生自评	小组评分	教师评分
采购编制计划风险	30			
供应商履约风险	10			
供应商评级风险	10			
采购形式风险	10			
供应商选择风险	10			
验收入库风险	10			
付款风险	10			
采购管理风控可视化处理	10			
合计	100分			
权重：自评20%，小组评分30%，教师评分50%				

项目小结

本项目通过采购编制计划风险、供应商履约风险、供应商评级风险、采购形式风险、供应商选择风险、验收入库风险、付款风险、采购管理风控可视化处理八个任务，详细介绍了采购各环节的风险事项，让学生能够对采购计划编制、供应商履约、供应商评级、采购形式、供应商选择、验收入库、付款具体风险事项进行识别和评估，最后对于评估结果存在风险的事项进行汇总陈述，并纳入企业的风险库进行管理。

项目三　销售管理大数据智能风控

【学习目标】

【知识目标】
1. 了解销售管理大数据智能风控的概念。
2. 了解销售管理大数据智能风控的特征。
3. 掌握销售管理的风险评估与应对。
4. 了解风险的来源。

【技能目标】
1. 熟悉企业销售管理主要业务及流程。
2. 掌握企业销售管理风险识别的方法并应用。
3. 掌握销售产品定价风险评估、风险应对的方法并应用。
4. 能够利用线性回归算法准确预测销量，掌握销售计划风险评估、风险应对的方法并应用。
5. 掌握销售报价风险评估、风险应对的方法并应用。
6. 能够利用 K-means 算法对客户进行信用评级，掌握客户信用管理风险评估、风险应对的方法并应用。
7. 掌握销售合同完整性、合同内容合规性的风险评估、风险应对的方法并应用。
8. 掌握销售订单合规性风险评估、风险应对的方法并应用。
9. 掌握销售管理风控结果可视化仪表板的制作。

【素养目标】
1. 通过学习销售管理大数据智能风控，培养学生销售管理中风险识别能力，并能对风险进行评估与应对。
2. 通过拓展学生基础知识储备和视野，培养学生的爱国精神和创新思维。

德技并修

践行党的二十大，以德为根，以诚为本

党的二十大报告指出：提高全社会文明程度。实施公民道德建设工程，弘扬中华传统美德，加强家庭家教家风建设，加强和改进未成年人思想道德建设，推动明大德、守公德、严私德，提高人民道德水准和文明素养。统筹推动文明培育、文明实践、文明创建，推进城乡精神文明建设融合发展，在全社会弘扬劳动精神、奋斗精神、奉献精神、创造精神、勤俭节约精神，培育时代新风新貌。加强国家科普能力建设，深化全民阅读活动。弘扬诚信文化，健全诚信建设长效机制。

中国工程院院士邓中翰曾说过"如何把自己的方向定好，如何在这个奋斗中奋勇前进，找到自己擅长的东西，创造出成绩，是我们每个年轻人都应该考虑和追求的"。作为新时代的大学

生，要以遵守道德作为出发点，以诚实作为根本，将个人一技之长为社会作贡献。

思维导图

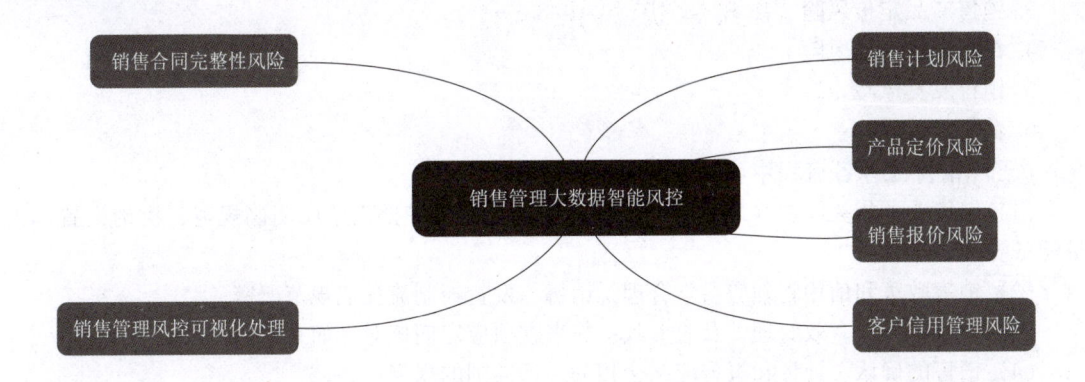

```
销售合同完整性风险 ─┐                    ┌─ 销售计划风险
                    │                    │
                    │                    ├─ 产品定价风险
                    ├── 销售管理大数据智能风控 ──┤
                    │                    ├─ 销售报价风险
                    │                    │
销售管理风控可视化处理 ─┘                    └─ 客户信用管理风险
```

项目导入

通过对销售过程各个阶段风险的评估与应对，提高企业控制风险的能力。销售业务是企业的主要经营业务之一，也是企业实现盈利和资金周转的必要环节，销售与收款的一般流程依据企业模式而有所差异，但基本流程可以统一归纳为签订销售合同、企业发货以及收款核算三项。企业的销售流程主要包括收到客户订单、对客户进行信用审批、依据订单安排发货、开具销售发票、收款并对应收账款清账等，其中每一个步骤必须相互制约，环环相扣，否则过程管理将存在一定的风险，而有效的风险管理体系可以帮助企业规避、降低销售风险。

销售业务风险管理的基本程序包括：识别销售业务风险，并进行具体描述；评估分析销售业务风险，编制销售业务风险评估表；确定销售业务风险应对策略；提出销售业务风险的管控措施。

任务一　销售计划风险

销售计划风险案例背景

工作准备

一、案例背景

育亭机械引入大数据技术，在分析影响销售因素及其历史数据的基础上，利用数据模型进行2021年下半年的销量预测，并将科学的预测结果与原有计划销量进行比对，结合公司实际产能，综合评估销售计划风险。

二、知识准备

（一）ATP检查

ATP是"Availability To Promise"的缩写，是可用性检查的基础，ATP检查会考虑进出仓的货物移动。ATP可能检查的库存有安全库存、在途库存、质检库存和冻结库存。可能检查的进出库计划有采购订单、采购申请、计划订单、生产订单、预留、销售需求、交货需求等。针对特殊库存，也会对特殊库存进行ATP检查。

（二）销售业务各流程的主要风险点

1. 销售计划风险
2. 客户开发与信用管理风险
3. 销售产品定价风险
4. 订立销售合同风险
5. 销售发货风险
6. 销售收款风险

（三）销售业务各流程中应强化的控制点

（1）销售业务相关岗位、人员职责分工、权限范围和审批程序应明确规范，机构设置和人员配备应科学合理。

（2）销售政策和信用管理应科学合理，销售与发货控制流程应规范严密。

（3）应收账款应有效管理，及时催收；往来款项应定期核对，如有差错，及时改正。

（4）销售的确认、计量和报告应符合相关会计准则的规定。

（四）任务准备

通过梳理销售业务流程，简要分析各风险的成因、后果，通过鱼骨图辅助，梳理形成销售业务的风险数据库。风险数据库的格式如表3-1所示。

表3-1　风险数据库格式

风险编号	风险名称	风险描述	风险成因	风险后果
XS01-001	风险名称1	简要描述识别的风险	1.…… 2.……	1.…… 2.……

1. 鱼骨图示例

鱼骨图如图3-1所示。

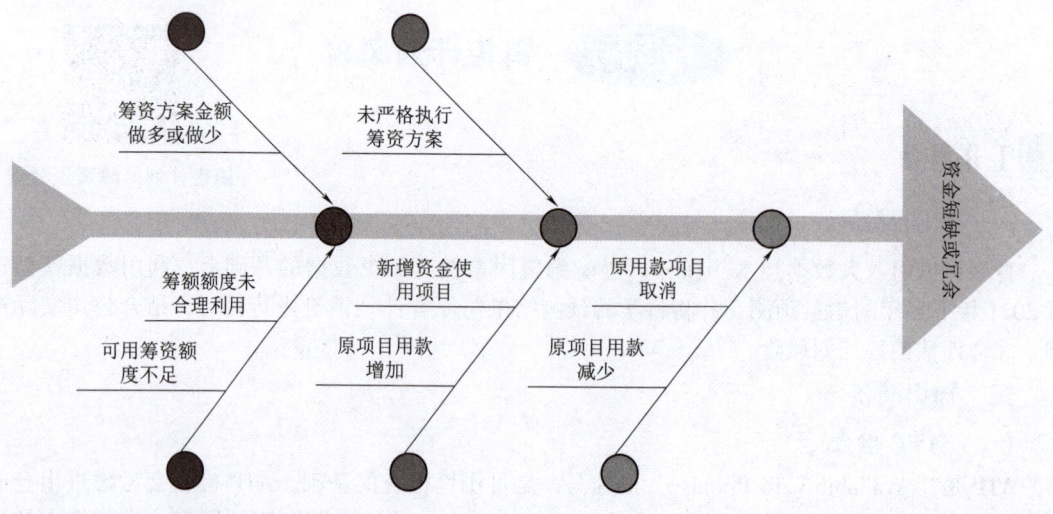

图3-1

2. 销售业务风险数据库

销售业务风险数据库如表3-2所示。

表 3-2 销售业务风险数据库

风险编号	风险名称	风险描述	风险成因	风险后果
XS01-001	销售计划风险	销售计划编制不合理	做计划缺乏数据支撑	可能导致产品结构和生产安排不合理，难以实现企业经营的良性循环；
			销售计划未经授权审批	可能导致企业目标利润无法实现
XS01-002	产品定价风险	产品价格的设定若过多地偏离历史平均售价或同类产品市场价格	定价或调价不符合价格政策，未能结合市场供需状况等进行适时调整	可能会导致产品无法获得较大的市场份额、无法进入市场或销量下降；
			定价未经恰当审批，或存在舞弊	可能导致损害企业经济利益或企业形象
XS01-003	销售报价风险	报价过多地偏离历史平均售价或同类市场价格，或未遵照企业销售政策，可能导致销量下降、利润减少等风险	未遵循销售政策进行报价	可能导致销量下降、利润减少等风险
XS01-004	客户信用管理风险	给予客户的信用评级、信用额度不恰当或账期过长	现有客户管理不足	可能导致坏账风险或资金周转困难
			客户档案不健全，缺乏合理的评级机制	
XS01-005	销售合同完整性风险	合同内容存在重大疏漏	合同内容存在重大疏漏	可能给公司带来经济损失或法律风险
			未经授权对外签订合同	
XS01-006	销售合同内容合规性风险	销售合同的合同主体无履约能力；或合同内容不符合规定等，如合同变更了数量，但对应的折扣没有更改	销售价格、收款期限等违背企业销售政策	可能导致企业经济利益受损
			无法及时获取客户的资质等信息	
			客户信息获取不对等	
XS01-007	销售订单合规性风险	订单内容与签订合同不符；或对超过信用额度的订单的控制强度设置不当等	销售人员舞弊	可能导致企业利益受损，无法按时收回应收账款，从而形成坏账；
			未经恰当的审批流程	可能导致生产计划有误，影响整体生产计划安排
			销售人员人为操作错误	

（五）销量预测的基本方法

销量预测，顾名思义是根据历史数据来预测接下来一段时间的销售数量。依赖于科学的预测理论方法和合理的预测模型，国内外学者在这方面做了大量的工作，进行了深入的理论探索，并提出了很多针对实际数据的方法，销量预测有两个大致的方向：一个是因果推断，从机理出发，基于消费者消费行为对销量的刻画，重在对市场营销进行指导，多采用基于概率的方法，虽然精度较差，但是可解释性强；另一个是数据驱动法，也即从数据角度，利用机器学习、深度学习等，主要是从海量的历史数据和相关数据中发掘信息，随着数据采集、存储难度下降，大规模计算变得越来越容易，通过模型来解决上述问题变得越来越多样。

1. 定性预测方法

一般来说，在销量预测中常用的定性预测方法有四种：高级经理意见法、销售人员意见法、购买者期望法和德尔菲法，如表 3-3 所示。

表 3-3　定性预测方法及其简述

定性预测方法	简述
高级经理意见法	依据销售经理（经营者与销售管理者为中心）或其他高级经理的经验与直觉，通过一个人或所有参与者的平均意见求出预测值的方法
销售人员意见法	利用销售人员经验对未来销量进行预测
购买者期望法	通过征询顾客或客户的潜在需求或未来购买商品计划的情况，了解顾客购买商品的活动、变化及特征等，然后在收集消费者意见的基础上分析市场变化，预测未来市场需求
德尔菲法（专家意见法）	指以不记名方式根据专家意见作出销售预测的方法

2. 定量预测方法

通常，用来进行销量预测的定量预测方法可以按照不同类型分成两大类：时间序列分析法和回归分析法。

（1）时间序列分析法：利用变量与时间存在的相关关系，通过对以前数据的分析来预测将来的数据。

（2）回归分析法：各种事物彼此之间都存在直接或间接的因果关系，同样的，销售量亦会随着某种变量的变化而变化。当销量与时间之外的其他事物存在相关性时，就可运用回归分析法进行销量预测。

1）什么是线性回归。

线性：两个变量之间的关系是一次函数关系的——图像是直线，叫做线性。

非线性：两个变量之间的关系不是一次函数关系的——图像不是直线，叫做非线性。

回归：人们在测量事物的时候因为客观条件所限，求得的都是测量值，而不是事物真实的值，为了能够得到真实值，无限次地进行测量，最后通过这些测量数据计算回归到真实值，这就是回归的由来。

通俗地说就是用一个函数去逼近这个真实值，并且通过大量的数据我们是可以预测到真实值的。

2）线性回归要解决的问题。

对大量的观测数据进行处理，从而得到比较符合事物内部规律的数学表达式。也就是说寻找到数据与数据之间的规律所在，从而就可以模拟出结果，也就是对结果进行预测，解决的就是通过已知的数据得到未知的结果。例如：对房价的预测、判断信用评价、电影票房预估等。

3）线性回归的一般模型。

可以看到图3-2所示有很多个小点点，通过这些小点点我们很难预测当 $x=$ 某个值时，y 的值是多少，我们无法得知，所以，是否能够找到一条直线来描述这些点的趋势或者分布呢？答案是肯定的。相信大家都学过这样的直线，只是当时不知道这个方程在现实中是可以用来预测很多事物的。

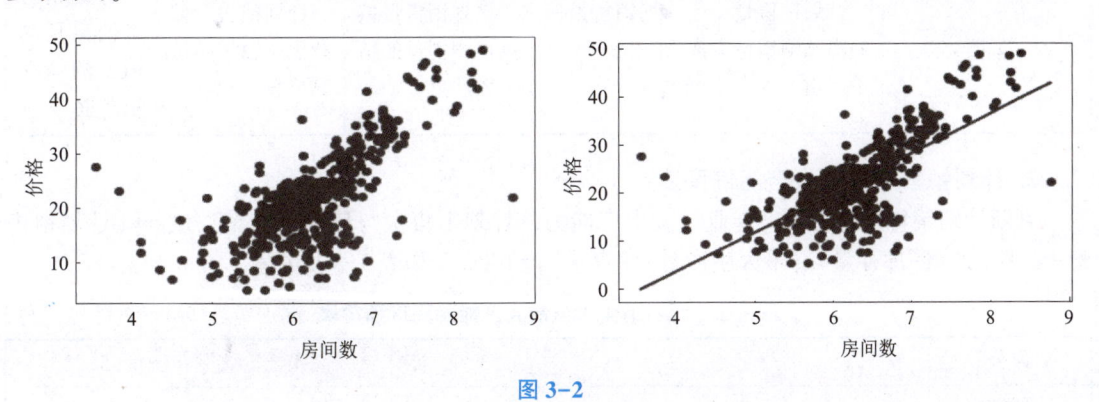

图3-2

那么什么是模型呢？先来看看如图3-3所示的这幅图。

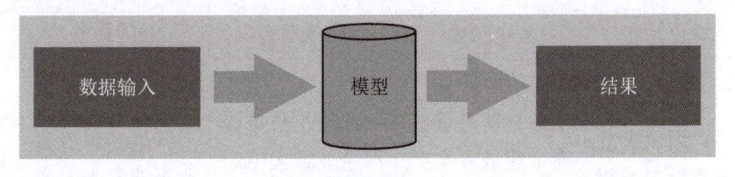

图3-3

假设数据就是 x，结果是 y，那中间的模型其实就是一个方程，这是一种片面的解释，但有助于我们去理解模型到底是什么。就像数学建模比赛到底在做些什么，理解了之后发现是从题目给的数据中找到数据与数据之间的关系，建立数学方程模型，得到结果解决现实问题。其实和机器学习中的模型是一样的意思。

那么线性回归的一般模型是什么呢？

$$h_\theta(x) = \sum_{i=0}^{n} \theta_i x_i = \theta^T x = \theta_0 x_0 + \theta_1 x_1 + \theta_2 x_2 + \cdots + \theta_n x_n$$

线性回归的一般模型就是上面这个公式，财务专业的学生只要知道模型长什么样就可以了。假设 $i=0$，表示的是一元一次方程，是穿过坐标系中原点的一条直线，以此类推。

（六）风险评估模型

1. 计划销售量与预测销量偏离度

判断计划销售量是否偏离基于大数据技术预测的销量情况，计划销售量与预测销量偏离度＝[（计划销售量−预测销量）/预测销量]×100%，如表3-4所示。

表 3-4 计划销售量与预测销量偏离度预警表

评分	1	2	3	4	5
计划销售量与预测销量偏离度（Y）	$-5\%<Y<5\%$	$5\%\leq Y<10\%$ 或 $-10\%<Y\leq -5\%$	$10\%\leq Y<20\%$ 或 $-20\%<Y\leq -10\%$	$20\%\leq Y<30\%$ 或 $-30\%<Y\leq -20\%$	$30\%\leq Y$ 或 $Y\leq -30\%$
预警级别	绿色预警	蓝色预警	黄色预警	橙色预警	红色预警
说明	计划销售量偏离预测销量不严重	计划销售量偏离预测销量略严重	计划销售量偏离预测销量的情况较严重	计划销售量偏离预测销量的情况严重	计划销售量偏离预测销量的情况很严重

2. 计划销售量与最大产能偏离度

判断计划销售量是否偏离企业最大生产能力，计划销售量与最大产能偏离度＝[（计划销售量－最大生产量－库存量）/（最大生产量＋库存量）]×100%，如表 3-5 所示。

表 3-5 计划销售量与最大产能偏离度预警表

评分	1	2	3	4	5
计划销售量与最大产能偏离度（Y）	$-5\%<Y<0$	$-10\%<Y\leq -5\%$	$-20\%<Y\leq -10\%$	$-30\%<Y\leq -20\%$	$0<Y$ 或 $Y\leq -30\%$
预警级别	绿色预警	蓝色预警	黄色预警	橙色预警	红色预警
说明	计划销售量偏离最大产能不严重	计划销售量偏离企业最大生产能力的情况略严重	计划销售量偏离企业最大生产能力的情况较严重	计划销售量偏离企业最大生产能力的情况严重	企业最大生产能力无法满足计划销售量，或计划销售量偏离企业最大生产能力的情况很严重

任务描述

销售对每个企业都非常重要，而销售计划更是重中之重。通过大数据对销售计划进行预测，从而对销售计划存在的风险进行评估和应对。

任务要求

利用数据模型进行销量预测，并将科学的预测结果与原有计划销量进行比对，结合公司实际产能，综合评估销售计划风险。

任务实施

利用线性回归技术分析市场需求量、广告投放次数、线下市场活动次数、退回率等因素对销量的影响，并建立关联模型，用于对 2021 年下半年各月的销量作出预测，具体步骤如图 3-4 所示。

图 3-4

（一）对历史数据进行清洗处理

由于线性回归封装的程序包需要使用既定的格式，不能识别"历史销量数据.xlsx"表格中前两列产品名称、日期格式的数据，因此可以在大数据平台进行字符替换和列删除的操作，由于该步骤较为简单，在数据量小的情况下可以在 Excel 表格中直接替换和删除。使用大数据平台的清洗操作如下：

（1）登录金蝶大数据平台后，选择"大数据处理"目录下的"数据清洗"功能，单击"上传文件"按钮。

（2）选择"历史销量数据.xlsx"表格文件，上传成功后在"选择数据源"框中选择刚上传的表格文件。数据显示选择"显示全部"，单击"下一步"按钮。

（3）在弹出的页面单击"添加规则"按钮，选择"全局清洗——字符替换"，将"面包片油炸机"替换为"0"。

（4）继续单击"添加规则"按钮，选择"全局清洗——字符替换"，将"漂洗机"替换为"1"。按上述方法，依次添加规则，将"提升机"替换为"2"；将"无锈宽网带传送机（机架可拆）"替换为"3"；将"圆筒式撒粉机"替换为"4"；将"中级油油炸机（20#电）"替换为"5"。

（5）继续单击"添加规则"按钮，选择"局部清洗——列删除"，单击右侧"+"号，选择不需用的字段"日期"，然后单击"选择"按钮。

（6）单击"执行清洗"按钮，执行完成可以在预览区查看，无误后单击"下一步"按钮。

（7）单击"下载"按钮下载数据清洗结果，单击"完成"按钮。

1. 构建预测模型

（1）在大数据挖掘模块下选择"回归"项下的"线性回归"，单击"导入数据"按钮，将刚才下载的"数据清洗结果.xlsx"导入。

（2）单击"模型构建"按钮，执行后可以直观地看到"市场需求量""广告投放次数""线下市场活动次数""退货率"四个指标与"销量"之间的关系，除了"退货率"指标呈负相关，其他三个指标均与目标指标存在较为明显的正相关关系（"产品名称"和"月份"与目标指标无关），在执行结果的下方，可以看到该模型的准确度为 88.41%，具有较强的可信度，如图 3-5 所示。

2. 预测 2021 年下半年各月的销量

（1）回到大数据平台，单击"数据预测"按钮，选择任务要求提供的附表"2021下半年销量预测数据.xlsx"，将进度条拉到下面，可以看到基于目前信息预测的 2021 年下半年各产品销量数据，单击"下载表格"按钮。

（2）打开下载的"线性回归预测数据.xlsx"，选中"产品名称"列，将"0"替换为"面包片油炸机"；"1"替换为"漂洗机"；"2"替换为"提升机"；"3"替换为"无锈宽网带传送机（机架可拆）"；"4"替换为"圆筒式撒粉机"；"5"替换为"中级油油炸机（20#电）"，每次均会完成 6 处替换，如图 3-6 所示。

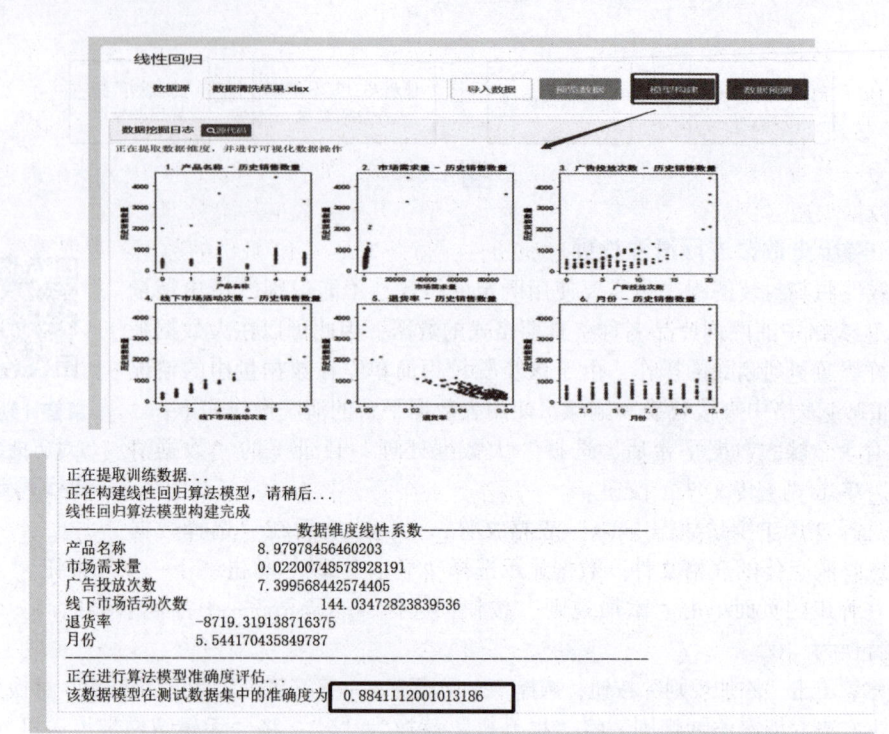

图 3-5

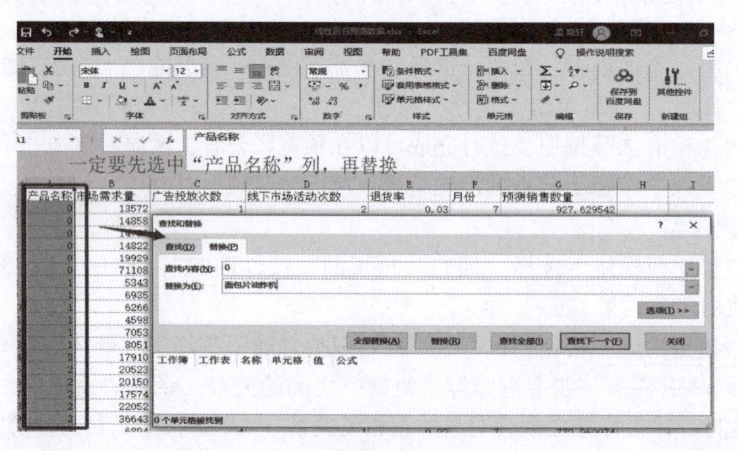

图 3-6

(3) 将"预测销售数量"列的数字修改为整数,然后保存该表即可。

(二) 作出各产品计划销售量与预测销量偏离度预警图

1. 面包片油炸机计划销量与预测销量的偏离度

(1) 进入金蝶云星空系统页面,打开功能菜单,执行"经营分析"—"轻分析"—"分析平台"—"轻分析"命令,进入轻分析页面。

(2) 在大数据智能风控类别下新建业务主题,命名为"销售计划风险"。单击业务主题"销售计划风险"的"数据建模"按钮。进入数据建模后,单击"新建数据表"按钮。

(3) 在弹出对话框中选择"当前数据中心",单击"下一步"按钮。

销售计划风险
1. 面包片油炸机计划销量与预测销量

（4）在"新建数据表-数据中心"窗口，选择类型为"表"，单击"下一步"按钮。

（5）在"新建数据表-选择表"窗口，勾选数据表"2021年销售计划汇总表"，然后单击"下一步"按钮。在"新建数据表-选择字段"窗口，勾选全部字段，然后单击"完成"按钮。

（6）逐一检查所有数据表的字段数据类型是否正确，如存在有误的，在"数据类型"下选择正确的数据类型（例如"产品名称"应为文本型，其余字段应为整数型）。

（7）切换到"过滤"页签，设置过滤条件，筛选7月至12月份的数据，数据预览无误后，单击"保存"按钮。

（8）继续单击"新建数据表"按钮。在弹出对话框中选择"Excel"，单击"下一步"按钮。

（9）在"新建数据表-上传文件"窗口，单击"上传文件"按钮，上传下载的"2021下半年预测销量数据表"，然后单击"下一步"按钮。

（10）在"新建数据表-选择表"窗口，单击"下一步"按钮。在"新建数据表-选择字段"窗口，勾选全部字段，然后单击"完成"按钮。重命名表名为"2021下半年预测销量表"。

（11）逐一检查所有数据表的字段数据类型是否正确，如存在有误的，在"数据类型"下选择正确的数据类型，核对无误后单击"保存"按钮。

（12）切换至"关系"页签，单击"新建关系"按钮，建立"2021年销售计划汇总表"和"2021下半年预测销量表"关于"产品名称"的关系，由于两张表中"产品名称"字段均为唯一值，因此选择一对一的关系，然后单击"确定"按钮。返回新建关系页面，单击"保存"按钮。

（13）回到轻分析主界面，单击业务主题"销售计划风险"的"数据斗方"。

（14）根据评估模型，计划销售量与预测销量偏离度=[（计划销售量-预测销量）/预测销量]×100%。继续创建计算字段，首先单击选中"2021年销售计划汇总表"，然后单击字段右侧的 ▼ 符号，单击"创建计算字段"按钮。

（15）在弹出的"创建计算字段"窗口，将创建的计算字段命名为"计划销量与预测销量偏离度"。

表达式为：（SUM（[2021年销售计划汇总表.计划销量]）-SUM（[2021下半年预测销量表.预测销售数量]））/SUM（[2021下半年预测销量表.预测销售数量]）

名称和表达式核对无误后，单击"确定"按钮，如图3-7所示。

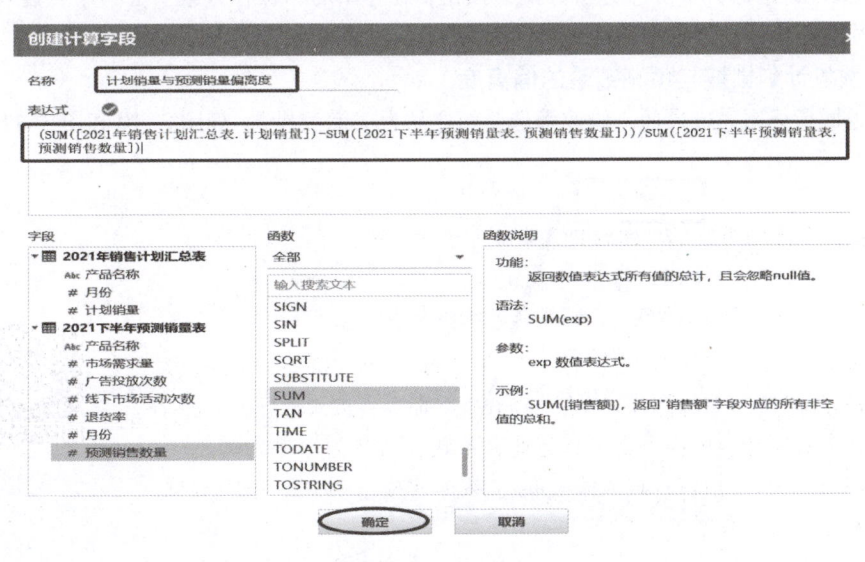

图 3-7

（16）选择图表类型为"仪表图"，将创建的"计划销量与预测销量偏离度"拖拽至"指针值"。

（17）将"2021年销售计划汇总表"的"产品名称"字段拖拽至"筛选器"，在弹出的"［产品名称］数据筛选"窗口，勾选产品"面包片油炸机"，然后单击"确定"按钮。

（18）单击表盘中"分段"的编辑符号，设置刻度的起始值和结尾值分别为-0.4和0.4，单击"添加分刻度"按钮，根据风险评估标准分为5级预警，共9个分段，分别标注不同的颜色和概率标签，设置完成后单击"确定"按钮，如图3-8和图3-9所示。

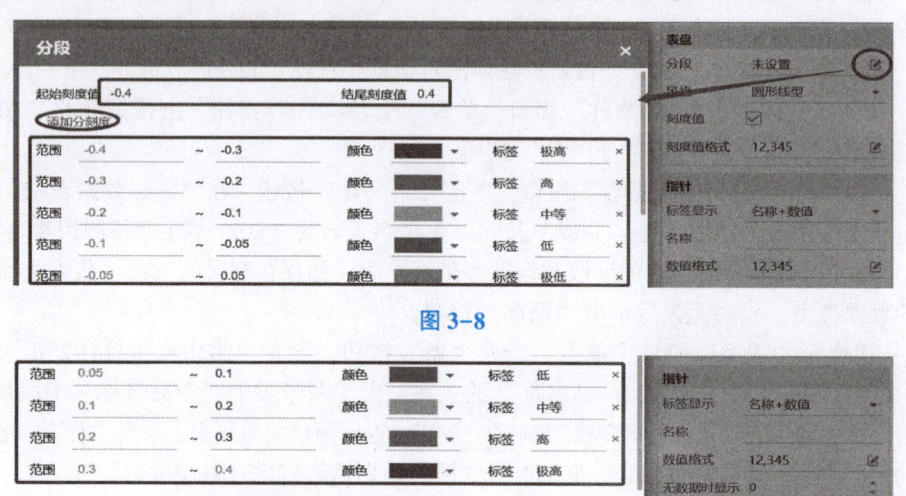

图3-8

图3-9

（19）分别设置"表盘"的"刻度值格式"和"指针"的"数值格式"：小数位数均为"2"，数量单位为"百分之一（%）"，设置无误后单击"确定"按钮。

（20）选择预览尺寸为"全画面"。得到"面包片油炸机计划销量与预测销量偏离度"为-7.04%，表示面包片油炸机的计划销售量偏离预测销量略严重。

（21）保存该指标，单击"分析方案"按钮，在弹出的"保存方案"窗口中，输入方案名称为"面包片油炸机计划销量与预测销量的偏离度"，然后单击"确定"按钮。

2. 漂洗机计划销量与预测销量的偏离度

（1）返回指标图完成页面，修改筛选器的产品为"漂洗机"，如图3-10和图3-11所示。

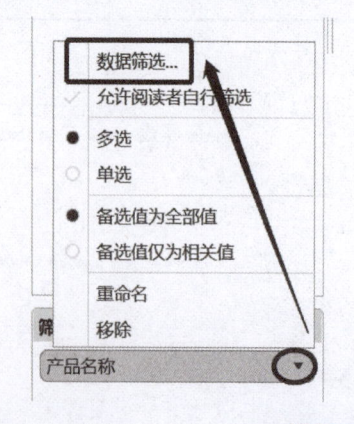

图3-10

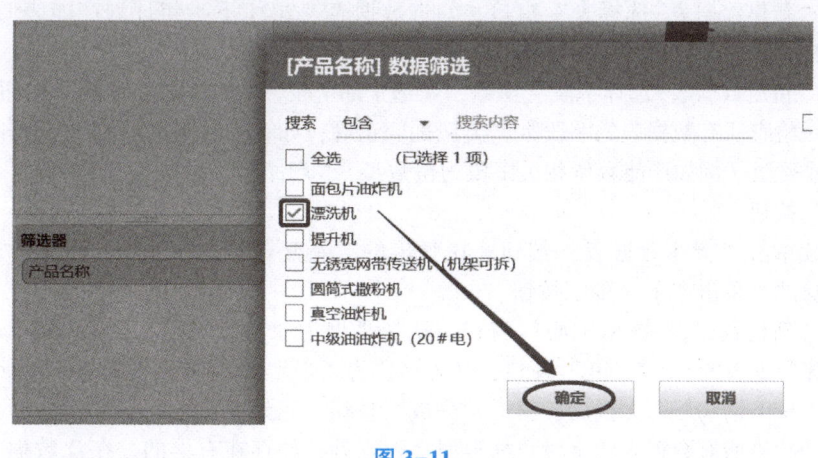

图 3-11

(2) 得到"漂洗机计划销量与预测销量偏离度"为-16.12%，表示漂洗机的计划销售量偏离预测销量的情况严重。

(3) 另存为该指标，单击"分析方案"—"另存为"，在弹出的"另存方案"窗口中，输入方案名称为"漂洗机计划销量与预测销量的偏离度"，然后单击"确定"按钮。可以看到"分析方案"内有两个不同的方案。

3. 提升机计划销量与预测销量的偏离度

仪表图和另存为分析方案"提升机计划销量与预测销量的偏离度"的操作方法同上，学生自行操作即可，此处不再赘述。得到"提升机计划销量与预测销量的偏离度"为-1.8%，表示提升机的计划销售量未偏离预测销量。

4. 无锈宽网带传送机计划销量与预测销量的偏离度

仪表图和另存为分析方案"无锈宽网带传送机计划销量与预测销量的偏离度"的操作方法类似，学生自行操作即可，此处不再赘述。得到"无锈宽网带传送机计划销量与预测销量的偏离度"为0.82%，表示无锈宽网带传送机的计划销售量未偏离预测销量。

5. 圆筒式撒粉机计划销量与预测销量的偏离度

仪表图和另存为分析方案"圆筒式撒粉机计划销量与预测销量的偏离度"的操作方法类似，学生自行操作即可，此处不再赘述。得到"圆筒式撒粉机计划销量与预测销量的偏离度"为22.45%，表示圆筒式撒粉机的计划销售量偏离预测销量的情况严重。

6. 中级油油炸机计划销量与预测销量的偏离度

仪表图和另存为分析方案"中级油油炸机计划销量与预测销量的偏离度"的操作方法类似，学生自行操作即可，此处不再赘述。得到"中级油油炸机计划销量与预测销量的偏离度"为-23.06%，表示中级油油炸机的计划销售量偏离预测销量的情况严重。

（三）作出各产品计划销售量与最大产能偏离度预警图

1. 面包片油炸机计划销量与最大产能的偏离度

(1) 执行"经营分析"—"轻分析"—"分析平台"—"轻分析"命令，进入轻分析页面，单击业务主题"销售计划风险"的"数据建模"按钮。

(2) 进入数据建模后，单击"新建数据表"按钮。在弹出的对话框中选择"当前数据中心"，单击"下一步"按钮。

(3) 在"新建数据表-数据中心"窗口，选择类型为"表"，单击"下一步"按钮。

（4）在"新建数据表-选择表"窗口，勾选数据表"2021下半年计划产能表"，然后单击"下一步"按钮。

（5）在"新建数据表-选择字段"窗口，勾选全部字段，然后单击"完成"按钮。

（6）逐一检查所有数据表的字段数据类型是否正确，如存在有误的，在"数据类型"下选择正确的数据类型（例如产能数量相关字段为整数型，"产品名称"应为文本型），核对无误后单击"保存"按钮。

（7）继续单击"新建数据表"按钮，在弹出的"新建数据表-选择数据源"窗口，选中"当前数据中心"，单击"下一步"按钮。

（8）在"新建数据表-数据中心"窗口，选择类型为"自定义SQL"，单击"下一步"按钮。在"新建数据表-自定义SQL"窗口，输入名称为各产品2021下半年期初库存量，输入SQL语句，名称和SQL语句填写无误后，单击"完成"按钮，完整语句见附件SQL语句。

（9）逐一检查所有数据表的字段数据类型是否正确，如存在有误的，在"数据类型"下选择正确的数据类型（例如库存数量相关字段为整数型，"产品名称"应为文本型），核对无误后单击"保存"按钮。

（10）继续单击"新建数据表"按钮，在弹出的"新建数据表-选择数据源"窗口，选中"当前数据中心"，单击"下一步"按钮。

（11）在"新建数据表-数据中心"窗口，选择类型为"自定义SQL"，单击"下一步"按钮。在"新建数据表-自定义SQL"窗口，输入名称为2021下半年各产品计划总销量，输入SQL语句，名称和SQL语句填写无误后，单击"完成"按钮，完整语句见附件SQL语句。

（12）逐一检查所有数据表的字段数据类型是否正确，如存在有误的，在"数据类型"下选择正确的数据类型，核对无误后单击"保存"按钮。

（13）切换至"关系"页签，单击"新建关系"按钮，建立"2021下半年预测销量表"和"2021下半年计划产能表"、"2021下半年计划产能表"和"各产品2021下半年期初库存量"、"各产品2021下半年期初库存量"和"2021下半年各产品计划总销量"关于"产品名称"的关系，由于各表中"产品名称"字段均为唯一值，因此选择一对一的关系，然后单击"确定"按钮。

（14）返回新建关系页面，单击"保存"按钮。

（15）回到轻分析主界面，单击业务主题"销售计划风险"的"数据斗方"。进入"数据斗方-销售计划风险"页面，单击"清除"按钮。

（16）根据评估模型，计划销售量与生产能力偏离度=[（计划销售量-最大生产量-库存量）/（最大生产量+库存量）]×100%。创建计算字段，单击选中"2021下半年计划产能表"，然后单击字段右侧的▼符号，单击"创建计算字段"按钮。

（17）在弹出的"创建计算字段"窗口，将创建的计算字段命名为"计划销售量与生产能力偏离度"。

表达式为：（[2021下半年各产品计划总销量.2021下半年计划总销量]-[2021下半年计划产能表.2021下半年产能合计]-[各产品2021下半年期初库存量.2021下半年期初库存量]）/（[2021下半年计划产能表.2021下半年产能合计]+[各产品2021下半年期初库存量.2021下半年期初库存量]）

名称和表达式核对无误后，单击"确定"按钮，如图3-12所示。

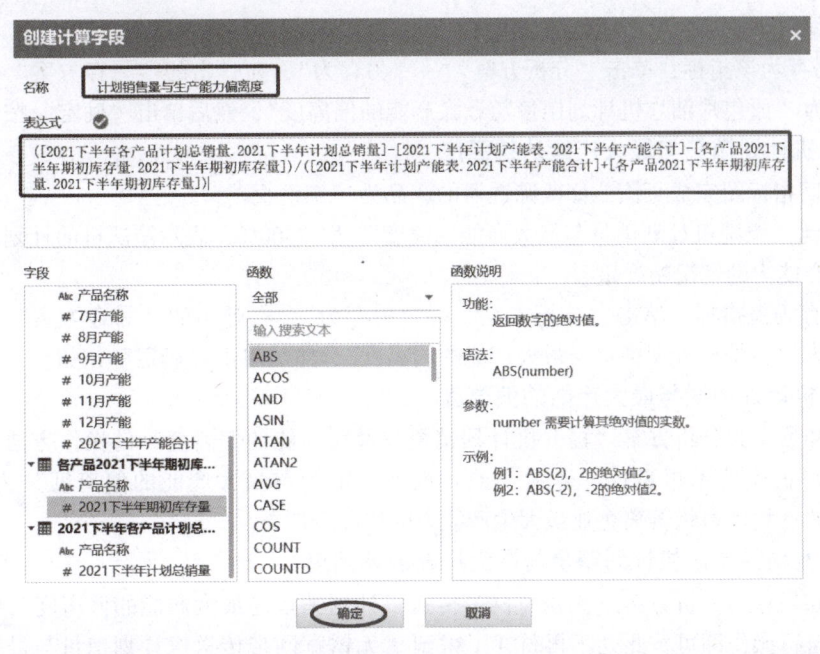

图3-12

（18）将创建的"计划销售量与生产能力偏离度"字段拖拽至"指针值"。将"2021下半年计划产能表"的"产品名称"字段，拖拽至"筛选器"，在弹出的"［产品名称］数据筛选"窗口，勾选产品"面包片油炸机"，然后单击"确定"按钮。

（19）单击表盘中"分段"的编辑符号，设置刻度的起始值和结尾值分别为-0.4 和0.4，单击"添加分刻度"，根据风险评估标准分为 5 级预警，共 9 个分段，分别标注不同的颜色和概率标签，设置完成后单击"确定"按钮，如图3-13 所示。

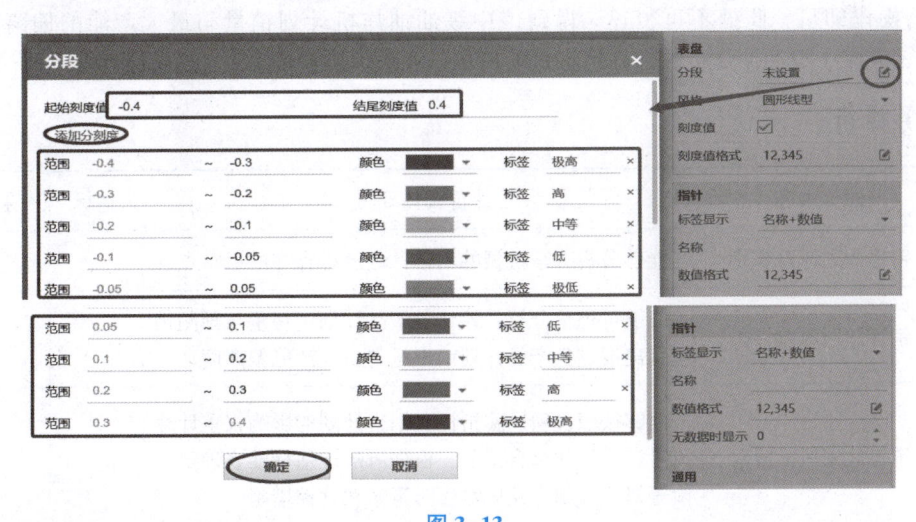

图3-13

（20）分别设置"表盘"的"刻度值格式"和"指针"的"数值格式"：小数位数均为"2"，数量单位为"百分之一（%）"，设置无误后单击"确定"按钮。

（21）得到"面包片油炸机计划销量与最大产能偏离度"为-12.66%，表示面包片油炸机的计划销售量偏离企业最大生产能力的情况较严重。

（22）另存为该指标，单击"分析方案"—"另存为"，在弹出的"另存方案"窗口中，输入方案名称为"面包片油炸机计划销量与最大产能的偏离度"，然后单击"确定"按钮。

2. 漂洗机计划销量与最大产能的偏离度

（1）返回指标图完成页面，修改筛选器的产品为"漂洗机"。

（2）得到"漂洗机计划销量与最大产能偏离度"为-8.00%，表示漂洗机的计划销售量偏离企业最大生产能力的情况略严重。

（3）另存为该指标，单击"分析方案"—"另存为"，在弹出的"另存方案"窗口中，输入方案名称为"漂洗机计划销量与最大产能的偏离度"，然后单击"确定"按钮。

3. 提升机计划销量与最大产能的偏离度

仪表图和另存为分析方案"提升机计划销量与最大产能的偏离度"的操作方法同上，学生自行操作即可，此处不再赘述。得到"提升机计划销量与最大产能的偏离度"为-11.46%，表示提升机的计划销售量偏离企业最大生产能力的情况较严重。

4. 无锈宽网带传送机计划销量与最大产能的偏离度

仪表图和另存为分析方案"无锈宽网带传送机计划销量与最大产能的偏离度"的操作方法类似，学生自行操作即可，此处不再赘述。得到"无锈宽网带传送机计划销量与最大产能的偏离度"为-8.07%，表示无锈宽网带传送机的计划销售量企业最大生产能力的情况略严重。

5. 圆筒式撒粉机计划销量与最大产能的偏离度

仪表图和另存为分析方案"圆筒式撒粉机计划销量与最大产能的偏离度"的操作方法类似，学生自行操作即可，此处不再赘述。得到"圆筒式撒粉机计划销量与最大产能的偏离度"为-2.51%，表示圆筒式撒粉机的计划销售量未偏离企业最大生产能力。

6. 中级油油炸机计划销量与最大产能的偏离度

仪表图和另存为分析方案"中级油油炸机计划销量与最大产能的偏离度"的操作方法类似，学生自行操作即可，此处不再赘述。得到"中级油油炸机计划销量与最大产能的偏离度"为-3.23%，表示中级油油炸机的计划销售量未偏离企业最大生产能力。

任务评价

序号	评价内容	评价具体要点	达标	未达标
1	销售计划风险识别	能够分析育亭机械的销售计划流程存在的风险点		
2	销售计划风险评估	能够可视化分析并评估各产品计划销售量与预测销量偏离度、各产品计划销售量与最大产能偏离度		
3	销售计划风险应对	能够按照各项风险指标对销售计划的影响权重计算风险定量评估综合得分，根据风险评估标准表确定风险等级，并制定其风险应对策略和管控措施		

巩固练习

1. 根据育亭机械的销售计划风险评估结果，判断2021年下半年销售计划风险的应对策略，并说明制定风险策略的理由。

2. 结合育亭机械的案例场景，制定销售计划风险的具体管控措施。

任务二 产品定价风险

工作准备

一、案例背景

2020年育亭机械在做产品定价时，尽管无锈宽网带传送机（机架可拆）的产品定位还处于导入期，但我司认为该产品自身带有很强的优势，并且在销量、好评、星级分数各项指标有了一些基础，同时其销量还处于上升阶段，从同行业市场上看，该类产品为热销品，结合历史平均售价，最终决定将价格设高一些，待产品的热销度退减，再逐步降价。在年底进行总结分析时发现，每个行业研发新品的速度是非常快的，从2020年年中开始，市场上陆续出现功能类似的新产品，买家的选择趋向多样化，而我司的"旧产品"对买家的吸引力开始下降，同类产品的市场价格开始下降，我司年初制定的高定价已失去了市场竞争力低，所以导致该产品市场份额急剧下降，没有完成当年的销量目标。

为了避免重蹈覆辙，我司决定从2021年起，每半年评估一次产品定价的合理性和风险性。同时，我司预计在7月推出研发新品真空油炸机，销售部遵循成本导向、市场竞争导向的定价原则，按公司规定的定价及审批流程，调研并确定了新产品真空油炸机的标准售价为31 188元，补充至2021年产品定价表中，并于6月底对各产品定价进行风险评估。

二、知识准备

（一）定价

定价是市场营销学里最重要的组成部分之一，主要研究商品和服务的价格制定和变更的策略，以求得营销效果和收益的最佳，通常，企业会按如图3-14所示的步骤确定产品的价格。

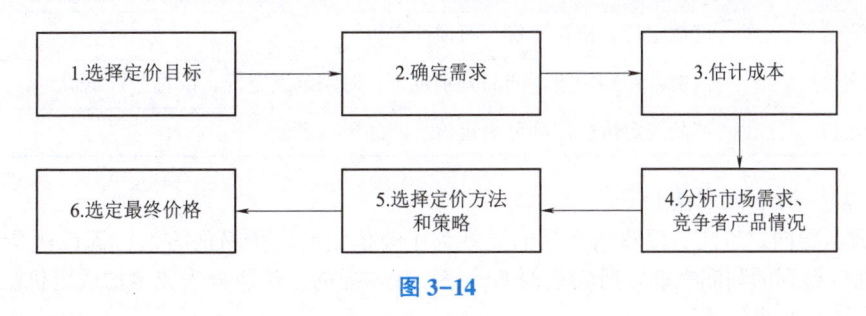

图3-14

（二）影响定价的因素

1. 产品成本

在实际工作中，产品的价格是按成本、利润和税金三部分来制定的。绝大多数产品在定价的过程中都要考虑产品的成本问题，企业产品定价以成本为最低界限，产品价格只有高于成本，企业才能补偿生产上的耗费，从而获得一定盈利。但这并不排斥一段时期在个别产品上，价格低于成本。

2. 市场需求

产品价格除受成本影响外，还受市场需求的影响，即受商品供给与需求的相互关系的影响。

当商品的市场需求大于供给时，价格应高一些；当商品的市场需求小于供给时，价格应低一些。因此，企业制定价格就必须了解价格变动对市场需求的影响程度。

在经济、网络和交通高速发展的如今，各行各业的竞争都非常激烈，部分市场整体处于供远大于求的状态，所以会有部分企业去人为控制市场供需关系来提升产品价格，比如奢侈品品牌常用的限购、限量等手段来控制供应产品数量，该种方式无形中放大市场需求，导致产品价格会水涨船高。也有其他不可控的原因导致需求关系发生特别大的改变，比如疫情初期，市场上对口罩的需求空前旺盛，导致口罩供不应求，价格在一段时间内高涨，经过一段时间后，很多企业开始进行口罩生产，加上疫情得到控制，大量口罩产品滞销，价格也随之下降。

3. 市场价格

市场上同类产品的价格，即竞争对手产品价格会在一定程度上影响产品的定价，尤其是现在的线上渠道销售，消费者对比价格变得特别容易，甚至会有专门用来比价的 APP 和服务。对于价格敏感的消费者来说，比竞品贵一块钱都可能是他们不购买的理由。

4. 产品定位

企业给予一款产品的定位区分为高端和低端，即便产品在成本、功能和效果上不存在任何的差异，价格也会相差很大。同时，企业自身的品牌作为企业的无形资产，具备较强的市场影响力，也是消费者建立信任感的基础，需要企业从各个方面去持续的维护和打造，推出与品牌高端定位相符的高价位产品，就是其中的手段之一。

（三）常见的定价策略

企业常见的定价类型有六种，其对应的定价策略如表 3-6 所示。

表 3-6 定价类型及定价策略

定价类型	定价策略
新产品定价	撇脂定价、渗透定价、中间定价
折扣定价	现金折扣、数量折扣、功能折扣、季节折扣
地区定价	产地价格、统一价格、分区价格、基点城市价格
心理定价	尾数定价、招徕定价、习惯性定价
差别定价	消费者差别定价、产品差别定价、时间差别定价、位置差别定价
组合定价	产品线定价、产品分组定价、产品单一定价

（四）常见的定价方法

（1）成本导向定价法：以营销产品的成本为主要依据制定价格的方法，即以进货成本为依据，加上期望得到的利润来确定所卖东西的价格。成本导向定价法分为成本加成定价法、目标收益定价法、盈亏平衡定价法。

（2）需求导向定价法：根据市场需求状况和消费者对产品的感觉差异来确定价格的定价方法，即按买家们的承受能力来确定价格。需求导向定价法分为理解价值定价法、需求差异定价法、反向定价法。

（3）竞争导向定价法：以市场上竞争者的类似产品的价格作为该企业产品定价的参照系的一种定价方法，即参考市场同类产品的卖家定价来确定定价。竞争导向定价法分为随行就市定价法、产品差别定价法、招标投标定价法。

（五）定价风险

定价风险是指企业为产品所制定的价格不当导致市场竞争加剧，或用户利益受损，或企业利润受损的状态，如表3-7所示。

表3-7　定价风险类型及可能存在的风险事项

定价风险类型	可能存在的风险事项
低价风险	①使消费者怀疑产品质量； ②使企业营销活动中价格降低的空间缩小，销售难度增加
高价风险	①导致市场竞争白热化，从而导致高价目标失效； ②高价对产品营销造成困难，低消费群体会望而却步； ③易使消费者利益受损，尤其会影响前期消费者的积极性
价格变动风险	①企业自身降价行为，可能会引发竞争对手的恶性价格战； ②企业自身提价行为，可能会流失部分客户； ③市场竞争产品价格发生变动，本企业产品价格不变，可能会影响企业自身的利益

定价风险产生的原因可能有以下两个方面：

1. 选定错误的定价目标

企业的定价目标通常包括实现预期的投资收益率、追求最高利润、保持或提高市场占有率、保持竞争优势和维护企业形象等。然而，许多企业并不能很清楚地认识自己所处的状况，不能很好地确定产品定价的目标。由于不能有效地识别企业的定价目标而导致为产品所定的价格并不适合，进而造成市场的失败。

2. 缺乏调研

企业必须通过调研了解自己的品牌价值、相对成本、竞争者价格和消费者心理，只有这样才能制定出适当的价格。如现在很多企业实施价格跟随策略，根本就不考虑自己在运营成本方面与竞争者的差异等因素，如果运营成本远远高于竞争对手的话，那么运用跟随战略制定的价格就会毫无竞争力。

（六）风险评估模型

此处以定价与历史平均售价、同类产品市场价格的偏离度为例进行评估。

1. 定价与历史平均售价偏离度

判断产品定价是否偏离历史平均售价，定价与历史平均售价偏离度=[（产品定价-历史平均售价）/历史平均售价]×100%，如表3-8所示。

表3-8　定价与历史平均售价偏离度预警表

评分	1	2	3	4	5
产品定价与历史平均售价偏离度（Y）	$-5\% \leq Y \leq 5\%$	$5\% < Y \leq 10\%$ 或 $-10\% \leq Y < -5\%$	$10\% < Y \leq 15\%$ 或 $-15\% \leq Y < -10\%$	$15\% < Y \leq 20\%$ 或 $-20\% \leq Y < -15\%$	$20\% < Y$ 或 $Y < -20\%$
预警级别	绿色预警	蓝色预警	黄色预警	橙色预警	红色预警
说明	产品定价偏离历史平均售价不严重	产品定价偏离历史平均售价的情况略严重	产品定价偏离历史平均售价的情况较严重	产品定价偏离历史平均售价的情况严重	产品定价偏离历史平均售价的情况很严重

2. 定价与同类产品市场价格偏离度

判断产品定价是否偏离同类产品市场价格，定价与同类产品市场价格偏离度=〔（产品定价-市场同类产品价格）/市场同类产品价格〕×100%，如表3-9所示。

表3-9 定价与同类产品市场价格偏离度预警表

评分	1	2	3	4	5
产品定价与同类产品市场价格偏离度（Y）	$-5\% \leq Y \leq 5\%$	$5\% < Y \leq 10\%$ 或 $-10\% \leq Y < -5\%$	$10\% < Y \leq 15\%$ 或 $-15\% \leq Y < -10\%$	$15\% < Y \leq 20\%$ 或 $-20\% \leq Y < -15\%$	$20\% < Y$ 或 $Y < -20\%$
预警级别	绿色预警	蓝色预警	黄色预警	橙色预警	红色预警
说明	产品定价偏离同类产品市场价格不严重	产品定价偏离同类产品市场价格的情况略严重	产品定价偏离同类产品市场价格的情况较严重	产品定价偏离同类产品市场价格的情况严重	产品定价偏离同类产品市场价格的情况很严重

任务描述

在销售四大因素中，价格与产品、渠道和促销相比，是最活跃、变化最频繁的一个策略，是企业促进销售，获取效益的关键因素。价格是否合理直接影响产品的销售，是竞争的主要手段，关系到企业销售目标的实现。虽然目前市场竞争不再是纯粹的价格竞争，但仍然是影响消费者的一个重要因素，定价策略是刺激消费需求的一个重要手段，是促销的重要工具。

任务要求

（1）掌握影响定价的因素。
（2）定价策略和定价方法。
（3）知道定价风险。
（4）能分析定价与历史平均售价偏离度。
（5）能分析定价与同类产品市场价格偏离度。

产品定价风险
1. 面包片油炸机定价与历史平均售价

任务实施

（一）作出各产品定价与历史平均售价偏离度预警图

1. 面包片油炸机定价与历史平均售价的偏离风险

（1）进入金蝶云星空系统页面，打开功能菜单，执行"经营分析"—"轻分析"—"分析平台"—"轻分析"命令，进入轻分析页面。

（2）在大数据智能风控类别下新建业务主题，命名为"产品定价风险"。单击业务主题"产品定价风险"的"数据建模"按钮。

（3）进入数据建模后，单击"新建数据表"按钮。

（4）在弹出的对话框中选择"当前数据中心"，单击"下一步"按钮。

（5）在"新建数据表-数据中心"窗口，选择类型为"自定义SQL"，单击"下一步"按钮。在"新建数据表-自定义SQL"窗口，填写名称为2021上半年各产品销售出库汇总表，输入 SQL 语句，完整语句见附件 SQL 语句。

其含义为：将原有"2021 上半年销售出库汇总报表"中的数据，按产品统计其各自的出库数量总和、出库价税合计总额。

名称和 SQL 语句填写无误后，单击"完成"按钮，如图 3-15 所示。

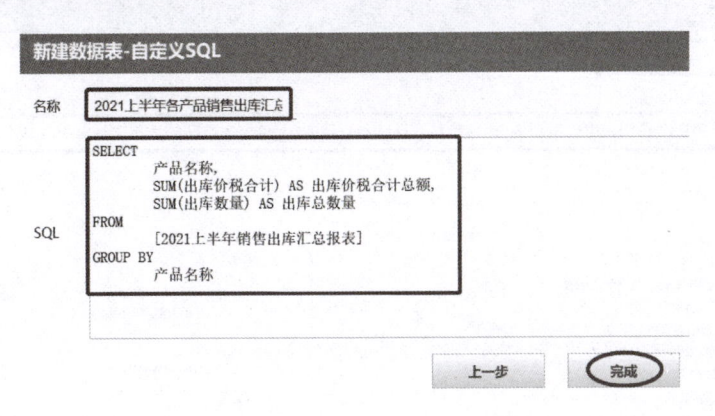

图 3-15

（6）返回数据建模页面，逐一检查所有数据表的字段数据类型是否正确，如存在有误的，在"数据类型"下选择正确的数据类型（例如"产品名称"应为文本型，"出库价税合计总额"应为数值型，"出库总数量"为整数型），核对无误后单击"保存"按钮。

（7）在数据建模页面，继续单击"新建数据表"按钮，添加 2021 年各产品销售定价数据。

（8）在弹出的对话框中选择"当前数据中心"，单击"下一步"按钮。

（9）在"新建数据表-数据中心"窗口，选择类型为"表"，单击"下一步"按钮。

（10）在"新建数据表-选择表"窗口，勾选数据表"2021 年产品定价表"，然后单击"下一步"按钮。

（11）在"新建数据表-选择字段"窗口，勾选全部字段，然后单击"完成"按钮。

（12）逐一检查所有数据表的字段数据类型是否正确，如存在有误的，在"数据类型"下选择正确的数据类型（例如"产品编码、产品名称、计价单位"应为文本型，"价格"应为数值型），核对无误后单击"保存"按钮。

（13）切换至"关系"页签，单击"新建关系"按钮，建立"2021 上半年各产品销售出库汇总表"和"2021 年产品定价表"关于"产品名称"的关系，由于两张表中"产品名称"字段均为唯一值，因此选择一对一的关系，然后单击"确定"按钮。

（14）返回新建关系页面，单击"保存"按钮。

（15）回到轻分析主界面，单击业务主题"产品定价风险"的"数据斗方"。

（16）根据要求，我们需要对比各产品历史平均售价与 2021 年产品定价的偏差度，但是在表格中并无现成的历史平均售价数据，因此需要计算，并根据结果来进一步计算偏离度，首先创建计算历史平均售价的字段。

（17）在"数据斗方-产品定价风险"页面，单击选中数据表"2021 上半年各产品销售出库汇总表"，然后单击字段右侧的 ▼ 符号，单击"创建计算字段"按钮。

（18）在弹出的"创建计算字段"窗口，将创建的计算字段命名为"历史平均售价"。

表达式为：[2021 上半年各产品销售出库汇总表．出库价税合计总额]/[2021 上半年各产品销售出库汇总表．出库总数量］

表达式含义为：用"2021上半年各产品销售出库汇总表"中的"出库价税合计总额"除以"出库总数量"。在表达式中输入表格中的字段，只需要选中字段双击即可，名称和表达式核对无误后，单击"确定"按钮，如图3-16所示。

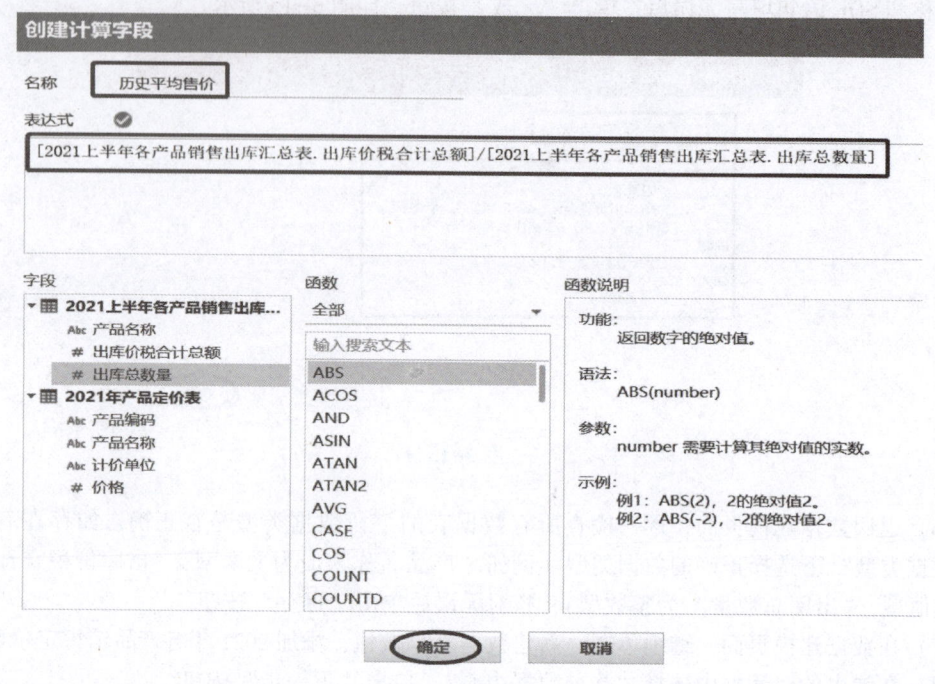

图 3-16

（19）返回"数据斗方-产品定价风险"页面，可以在"2021上半年各产品销售出库汇总表"下看到刚创建好的计算字段"历史平均售价"。

（20）根据评估模型，定价与同类产品价格偏离度=[（产品定价-同类产品价格）/同类产品价格]×100%。继续创建计算字段，首先单击选中"2021年产品定价表"，然后单击字段右侧的▼符号，单击"创建计算字段"按钮。

（21）在弹出的"创建计算字段"窗口，将创建的计算字段命名为"定价与历史平均售价偏离度"。

表达式为：（[2021年产品定价表．价格]-[2021上半年各产品销售出库汇总表．历史平均售价]）/[2021上半年各产品销售出库汇总表．历史平均售价]。名称和表达式核对无误后，单击"确定"按钮，如图3-17所示。

（22）选择图表类型为"仪表图"，将创建的"定价与历史平均售价偏离度"拖拽至"指针值"。

将"2021上半年各产品销售出库汇总表"的"产品名称"字段，拖拽至"筛选器"，在弹出的"[产品名称]数据筛选"窗口，勾选产品"面包片油炸机"，然后单击"确定"按钮。

（23）单击表盘中"分段"的编辑符号，设置刻度的起始值和结尾值分别为-0.3和0.3，单击"添加分刻度"，根据风险评估标准分为5级预警，共9个分段，分别标注不同的颜色和概率标签，设置完成后单击"确定"按钮，如图3-18所示。

图 3-17

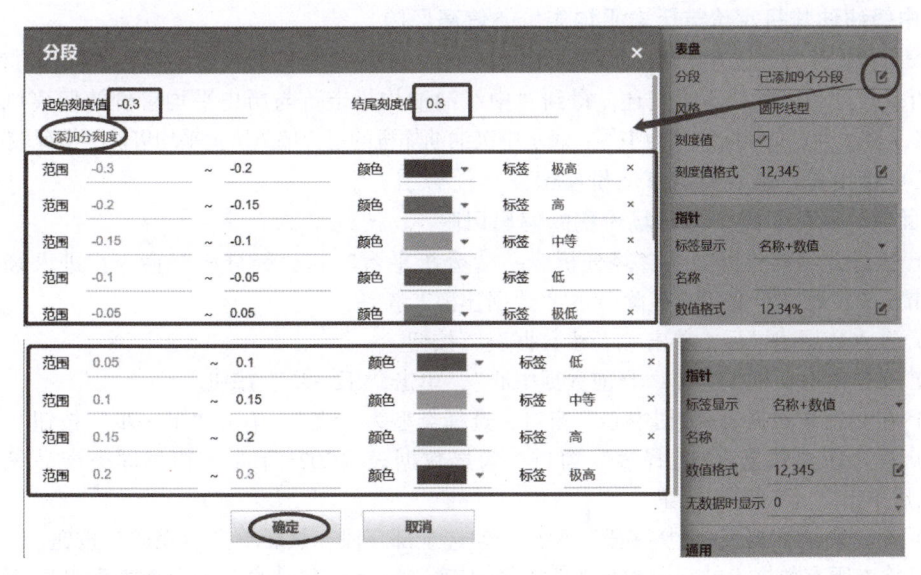

图 3-18

（24）分别设置"表盘"的"刻度值格式"和"指针"的"数值格式"：小数位数均为"2"，数量单位为"百分之一（%）"，设置无误后单击"确定"按钮。

（25）选择预览尺寸为"全画面"。得到"面包片油炸机定价与历史平均售价偏离度"为8.31%，显示其定价风险级别为低，表示面包片油炸机的定价偏离历史平均售价的情况略严重。

（26）保存该指标，单击"分析方案"按钮，在弹出的"保存方案"窗口中，输入方案名称为"面包片油炸机定价与历史平均售价的偏离风险"，然后单击"确定"按钮。

2. 漂洗机定价与历史平均售价的偏离风险

返回指标图完成页面，修改筛选器的产品为"漂洗机"。得到"漂洗机定价与历史平均售价偏离度"为-2.68%，显示其定价风险级别为极低，表示漂洗机的定价与历史平均售价相比，是合理的。

另存为该指标，单击"分析方案"——"另存为"，在弹出的"另存方案"窗口中，输入方案名称为"漂洗机定价与历史平均售价的偏离风险"，然后单击"确定"按钮。

可以看到"分析方案"内有两个不同的方案。

3. 提升机定价与历史平均售价的偏离风险

仪表图和另存为分析方案"提升机定价与历史平均售价的偏离风险"的操作方法同上，学生自行操作即可，此处不再赘述。得到"提升机定价与历史平均售价的偏离风险"为8.61%，显示其定价风险级别为低，表示提升机的定价偏离历史平均售价的情况略严重。

4. 无锈宽网带传送机定价与历史平均售价的偏离风险

仪表图和另存为分析方案"无锈宽网带传送机定价与历史平均售价的偏离风险"的操作方法类似，学生自行操作即可，此处不再赘述。得到"无锈宽网带传送机定价与历史平均售价的偏离风险"为4.78%，显示其定价风险级别为极低，表示无锈宽网带传送机的定价与历史平均售价相比，是合理的。

同理，得到"圆筒式撒粉机定价与历史平均售价的偏离风险"为11.90%，显示其定价风险级别为中等，表示圆筒式撒粉机的定价偏离历史平均售价的情况较严重。

5. 中级油油炸机定价与历史平均售价的偏离风险

仪表图和另存为分析方案"中级油油炸机定价与历史平均售价的偏离风险"的操作方法类似，学生自行操作即可，此处不再赘述。得到"中级油油炸机定价与历史平均售价的偏离风险"为-13.91%，显示其定价风险级别为中等，表示中级油油炸机的定价偏离历史平均售价的情况较严重。

（二）作出各产品定价与市场价格偏离度预警图

1. 面包片油炸机定价与市场价格的偏离风险

（1）执行"经营分析"——"轻分析"——"分析平台"——"轻分析"命令，进入轻分析页面，单击业务主题"产品定价风险"的"数据建模"按钮。

（2）进入数据建模后，单击"新建数据表"按钮。

（3）在弹出对话框中选择"当前数据中心"，单击"下一步"按钮。

（4）在"新建数据表-数据中心"窗口，选择类型为"表"，单击"下一步"按钮。

（5）在"新建数据表-选择表"窗口，勾选数据表"2021下半年市场同类产品参考价格表"，然后单击"下一步"按钮。

（6）在"新建数据表-选择字段"窗口，勾选全部字段，然后单击"完成"按钮。

逐一检查所有数据表的字段数据类型是否正确，如存在有误的，在"数据类型"下选择正确的数据类型（例如"序号"为整数型，"产品名称、规格型号"应为文本型，"市场均价"应为数值型），核对无误后单击"保存"按钮。

（7）切换至"关系"页签，单击"新建关系"按钮，建立"2021年产品定价表"和"2021下半年市场同类产品参考价格表"关于"产品名称"的关系，由于两张表中"产品名称"字段均为唯一值，因此选择一对一的关系，然后单击"确定"按钮。

（8）返回新建关系页面，单击"保存"按钮。

（9）回到轻分析主界面，单击业务主题"产品定价风险"的"数据斗方"。

（10）进入"数据斗方-产品定价风险"页面，单击"清除"按钮。

（11）根据评估模型，定价与同类产品价格偏离度＝[（产品定价－市场同类产品价格）/市场同类产品价格]×100%。创建计算字段，首先单击选中"2021年产品定价表"，然后单击字段右侧的 ▼ 符号，单击"创建计算字段"按钮。

（12）在弹出的"创建计算字段"窗口，将创建的计算字段命名为"定价与市场价格偏离度"。

表达式为：（[2021年产品定价表．价格]-[2021下半年市场同类产品参考价格表．市场均价]）/[2021下半年市场同类产品参考价格表．市场均价]

名称和表达式核对无误后，单击"确定"按钮，如图3-19所示。

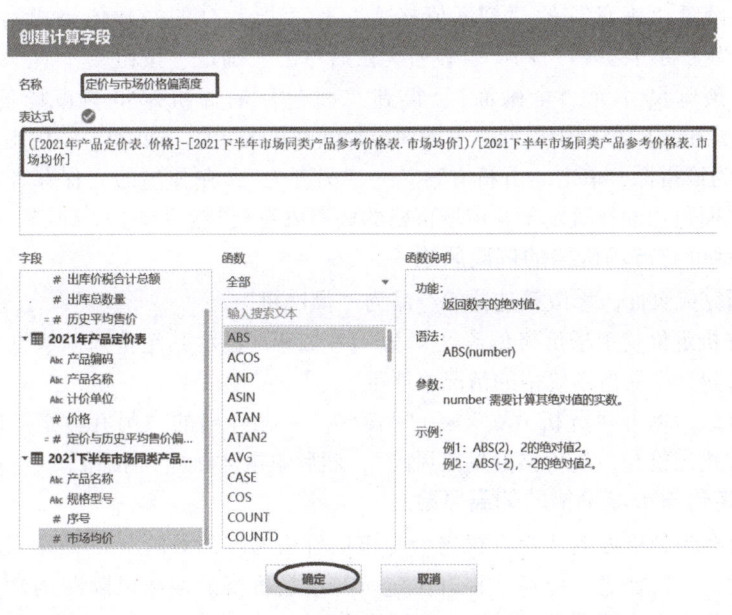

图 3-19

（13）选择图表类型为"仪表图"，将创建的"定价与市场价格偏离度"拖拽至"指针值"。将"2021年产品定价表"的"产品名称"字段，拖拽至"筛选器"，在弹出的"[产品名称]数据筛选"窗口，勾选产品"面包片油炸机"，然后单击"确定"按钮。

（14）单击表盘中"分段"的编辑符号，设置刻度的起始值和结尾值分别为-0.3和0.3，单击"添加分刻度"，根据风险评估标准分为5级预警，共9个分段，分别标注不同的颜色和概率标签，设置完成后单击"确定"按钮，如图3-20和图3-21所示。

图 3-20

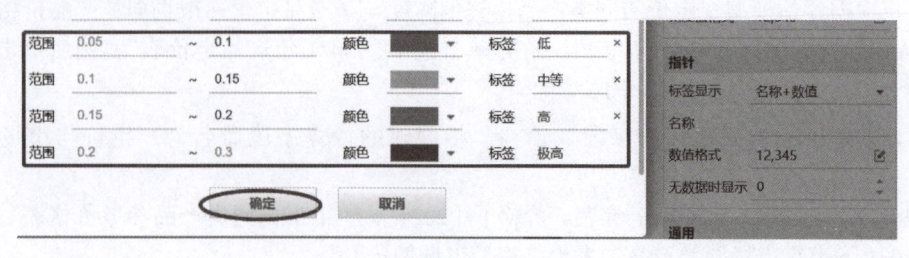

图 3-21

（15）分别设置"表盘"的"刻度值格式"和"指针"的"数值格式"：小数位数均为"2"，数量单位为"百分之一（%）"，设置无误后单击"确定"按钮。

（16）选择预览尺寸为"全画面"。得到"面包片油炸机定价与市场价格偏离度"为0.29%，显示其定价风险级别为极低，表示面包片油炸机的定价与市场价格相比，是合理的。

（17）另存为该指标，单击"分析方案"—"另存为"，在弹出的"保存方案"窗口中，输入方案名称为"面包片油炸机定价与市场价格的偏离风险"，然后单击"确定"按钮。

2. 漂洗机定价与市场价格的偏离风险

返回指标图完成页面，修改筛选器的产品为"漂洗机"。

得到"漂洗机定价与市场价格偏离度"为-11.02%，显示其定价风险级别为中等，表示漂洗机的定价偏离同类产品市场价格的情况略严重。

另存为该指标，单击"分析方案"—"另存为"，在弹出的"另存方案"窗口中，输入方案名称为"漂洗机定价与市场价格的偏离风险"，然后单击"确定"按钮。

3. 提升机定价与市场价格的偏离风险

仪表图和另存为分析方案"提升机定价与市场价格的偏离风险"的操作方法同上，学生自行操作即可，此处不再赘述。得到"提升机定价与市场价格的偏离风险"为0.10%，显示其定价风险级别为极低，表示提升机的定价与市场价格相比，是合理的。

4. 无锈宽网带传送机定价与市场价格的偏离风险

仪表图和另存为分析方案"无锈宽网带传送机定价与市场价格的偏离风险"的操作方法类似，学生自行操作即可，此处不再赘述。得到"无锈宽网带传送机定价与市场价格的偏离风险"为0.04%，显示其定价风险级别为极低，表示无锈宽网带传送机的定价与市场价格相比，是合理的。

5. 圆筒式撒粉机定价与市场价格的偏离风险

仪表图和另存为分析方案"圆筒式撒粉机定价与市场价格的偏离风险"的操作方法类似，学生自行操作即可，此处不再赘述。得到"圆筒式撒粉机定价与市场价格的偏离风险"为7.37%，显示其定价风险级别为低，表示圆筒式撒粉机的定价偏离市场价格的情况略严重。

6. 中级油油炸机定价与市场价格的偏离风险

仪表图和另存为分析方案"中级油油炸机定价与市场价格的偏离风险"的操作方法类似，学生自行操作即可，此处不再赘述。得到"中级油油炸机定价与市场价格的偏离风险"为-2.36%，显示其定价风险级别为极低，表示中级油油炸机的定价与市场价格相比，是合理的。

7. 真空油炸机定价与市场价格的偏离风险

仪表图和另存为分析方案"真空油炸机定价与市场价格的偏离风险"的操作方法类似，学生自行操作即可，此处不再赘述。得到"真空油炸机定价与市场价格的偏离风险"为24.45%，显示其定价风险级别为极高，表示真空油炸机的定价偏离市场价格的情况很严重。

任务评价

序号	评价内容	评价具体要点	达标	未达标
1	产品定价风险识别	能够分析育亭机械的产品定价过程中存在的风险点		
2	产品定价风险评估	能够可视化分析并评估定价与历史平均售价偏离度、定价与同类产品市场价格偏离度		
3	产品定价风险应对	能够按照各项风险指标对产品定价的影响权重计算风险定量评估综合得分，根据风险评估标准表确定风险等级，并制定其风险应对策略和管控措施		

任务三　销售报价风险

工作准备

一、案例背景

在销售过程中，客户往往会要求卖方进行报价，随着市场竞争环境日益激烈，销售人员为了获取订单完成业绩要求，很容易采用低价策略进行竞争，长此以往，会贬低产品在客户心中的价值，从而影响产品市场定位，并且有损企业未来增长的可持续性，严重时可能会使企业自身利润受损。为了防止该种情况，育亭机械于每年年初制定当年各产品的销售定价（基准价），销售人员在销售过程中，可以根据实际销量给予一定的折扣，并且要按规定的审批制度进行报价审批，同时，公司限价规定，对外报价不得低于销售政策价格（即定价扣除规定折扣金额后的价格），如有特殊情况，需经总经理审批，具体职责和制度要求如下。

销售员：负责接受客户报价需求，验证客户是否有合作意向，提出报价申请，报价申请审核通过后向客户提供报价；

销售经理：负责销售报价的审核；

总经理：负责审批低于销售政策价格的报价申请。

在实际执行过程中，为了防止出现销售人员为完成业绩，给予客户过高的销售折扣，且未经正确审批获得通过，使公司利润受损的情况发生，需要定期对销售人员的报价单进行抽查，抽查发现问题的，需要进一步评估该员工半年内的销售报价风险。

思考产品报价过高或过低，可能会给企业带来什么影响？

二、知识准备

（一）企业常用的报价方法

1. 顺向报价方法

顺向报价方法是一种传统的报价方法，即卖方首先报出最高价格或买方报出低价。这种报价方法，价格中的虚报成分一般较多，为买卖双方的进一步磋商留下了空间。

卖方报出高价后，如果买方认为卖方价格过高时，会立即拒绝或怀疑卖方的诚意，并要求卖方降低价格。而当买方认为卖方的价格较为合理时，买方依然会坚持要求卖方继续降低价格，一且卖方降价，买方就会产生一定的满足心理，这时只要卖方能够把握时机，往往能够促使交易成功。如果卖方所报价格水分过多，超出对方可预见的最小收益，就变成了乱开价，买卖双方的谈判也就无法继续进行。

2. 逆向报价方法

逆向报价方法是一种反传统的报价方法，具体做法是，卖方首先报出低价或买方报出高价，以达到吸引客户、诱发客户谈判兴趣的目的，然后，再从其他交易条件寻找突破口，逐步抬高或压低价格，最终在预期价位成交。

运用此种报价方法，对首先报价一方风险较大，在报价一方的谈判地位不是很有利的情况下，在报出令对方出乎意料的价格后，虽然有可能将其他竞争对手排斥在外，但也会承担难以使价位回到预期水平的风险，对商务谈判人员的要求较高。

3. 先报价方法

先报价方法是指争取己方首先报价。这种报价方法使己方掌握主动，为双方提供了一个价格谈判范围，如当买方先报低价时，则双方的预期成交价格是买方价位与卖方预期价格之间。相反，当卖方首先报出高价时，双方预计的成交价位则应在卖方所报价位与买方预期价格之间。

4. 尾数报价方法

尾数报价方法即利用具有某种特殊意义的尾数或人们的"心理尾数"定价，尽量避免整数报价。采用尾数报价方法一方面是针对人们对数字的心理，另一方面也是出于商业谈判技巧的需要。

如前所述，某种商品的价格一般是按实际成本加上利润计算的，较少出现整数，因此，当一方采用整数报价方法时，往往难以使对方信服。又比如利用一些民族或地方的风俗习惯，在报价或还价中使用当地人们特别偏好的数字，投其所好等。

（二） 风险评估模型

1. 销售报价与销售政策价格偏离度

判断销售人员每笔订单是否正确按照销售政策进行报价，销售报价与销售政策价格偏离度＝[（每笔订单总报价－该笔订单销售政策总价）/该笔订单销售政策总价]×100%。

报价不低于销售折扣表中销售数量对应的价格，即销售人员报价时遵守了销售政策，绿色预警；

报价低于销售折扣表中销售数量对应的价格，即销售人员报价时未遵守销售政策；

相关公式：

1）销售政策单价＝每个产品基准定价×(1－折扣率)；
2）销售政策总价＝销售政策单价×销售数量。

2. 销售报价合规性的风险概率

判断销售报价不合规事件的发生概率风险，销售报价合规性的风险概率＝（报价不合规的报价单数量/销售报价单总数量）×100%，如表3－10所示。

表3－10 销售报价合规性的风险概率预警表

评分	1	2	3	4	5
销售报价不合规的报价单数量占销售报价单总数比例（Y）	$Y \leqslant 10\%$	$10\% < Y \leqslant 30\%$	$30\% < Y \leqslant 70\%$	$70\% < Y \leqslant 90\%$	$90\% < Y$

续表

评分	1	2	3	4	5
预警级别	绿色预警	蓝色预警	黄色预警	橙色预警	红色预警
说明	销售报价不合规事件一般不会发生	销售报价不合规事件在极少情况下才发生	销售报价不合规事件在某些情况下发生	销售报价不合规事件在较多情况下发生	销售报价不合规事件常常会发生

3. 销售报价合规性的风险影响

（1）判断报价不合规的销售报价单损失金额对公司税前利润的影响，销售报价合规性的风险影响＝（报价不合规的报价单损失金额/该期间的税前利润）×100%，如表3-11所示。

表3-11 销售报价合规性的风险影响预警表

评分	1	2	3	4	5
报价不合规的损失总金额占税前利润比例（Y）	$Y \leq 1\%$	$1\% < Y \leq 5\%$	$5\% < Y \leq 10\%$	$10\% < Y \leq 20\%$	$20\% < Y$
预警级别	绿色预警	蓝色预警	黄色预警	橙色预警	红色预警
说明	报价不合规的损失总金额对企业基本无影响	报价不合规的损失总金额对企业运行有轻度影响	报价不合规的损失总金额对企业运行有中度影响	报价不合规的损失总金额对企业运行有严重影响	报价不合规的损失总金额对企业运行有重大影响

任务描述

企业的定价目标有"追求利润""提高市场占有率""应付市场竞争""维持营业"等目标。对这些目标企业必须要作选择，对外报价的确立建立在客观、准确的定价依据上。一般来说，报价高，单件利润大，但市场占有率会低；反之，报价低，虽然单件利润低，但市场占有率高。所以企业要选一个合适的报价。

任务要求

（1）企业常见的报价方法。
（2）能分析销售报价与销售政策价格偏离度。
（3）能分析销售报价合规性的风险概率。
（4）能分析销售报价合规性的风险影响。

销售报价风险
1. 向北京桃李食品公司的实际报价与销售政策价格偏离度

任务实施

（一）销售报价与销售政策价格偏离度

1. 向北京桃李食品公司的实际报价与销售政策价格偏离度

（1）进入金蝶云星空系统页面，打开功能菜单，执行"经营分析"—"轻分析"—"分析平台"—"轻分析"命令，进入轻分析页面。

（2）在大数据智能风控类别下新建业务主题，命名为"销售报价风险"。

（3）单击业务主题"销售报价风险"的"数据建模"按钮。

（4）进入数据建模后，单击"新建数据表"按钮。

（5）在弹出的对话框中选择"当前数据中心"，单击"下一步"按钮。

（6）在"新建数据表-数据中心"窗口，选择类型为"自定义SQL"，单击"下一步"按钮。

在"新建数据表-自定义SQL"窗口，填写名称为实际报价与销售政策价格对比表，输入SQL语句，名称和SQL语句填写无误后，单击"完成"按钮，完整语句见附件SQL语句。

（7）返回数据建模页面，逐一检查所有数据表的字段数据类型是否正确，如存在有误的，在"数据类型"下选择正确的数据类型，核对无误后单击"保存"按钮。

（8）回到轻分析主界面，单击业务主题"销售报价风险"的"数据斗方"。

（9）根据要求，我们需要对比销售报价与销售政策价格的偏差度，但是在表格中并无现成的销售政策价格数据，因此需要计算，并根据结果来进一步计算偏离度，首先创建计算销售政策单价、销售政策总价的字段。

（10）在"数据斗方-销售报价风险"页面，单击选中数据表"实际报价与销售政策价格对比表"，然后单击字段右侧的▼符号，单击"创建计算字段"按钮。

（11）在弹出的"创建计算字段"窗口，将创建的计算字段命名为"销售政策单价"。

表达式为：[实际报价与销售政策价格对比表.基准价]*(1-[实际报价与销售政策价格对比表.折扣率])

名称和表达式核对无误后，单击"确定"按钮。

（12）返回"数据斗方-销售报价风险"页面，可以在"实际报价与销售政策价格对比表"下看到刚创建好的计算字段"销售政策单价"。

（13）继续单击选中数据表"实际报价与销售政策价格对比表"，然后单击字段右侧的▼符号，单击"创建计算字段"按钮。

（14）在弹出的"创建计算字段"窗口，将创建的计算字段命名为"销售政策总价"。

表达式为：[实际报价与销售政策价格对比表.销售政策单价]×[实际报价与销售政策价格对比表.销售数量]

名称和表达式核对无误后，单击"确定"按钮。

（15）返回"数据斗方-销售报价风险"页面，可以在"实际报价与销售政策价格对比表"下看到刚创建好的计算字段"销售政策总价"。

（16）根据评估模型，销售报价与销售政策价格偏离度=[（每笔订单总报价-该笔订单销售政策总价）/该笔订单销售政策总价]×100%。继续创建计算字段，首先单击选中"实际报价与销售政策价格对比表"，然后单击字段右侧的▼符号，单击"创建计算字段"按钮。

（17）在弹出的"创建计算字段"窗口，将创建的计算字段命名为"销售报价与销售政策价格偏离度"。

表达式为：(SUM([实际报价与销售政策价格对比表.价税合计])-SUM([实际报价与销售政策价格对比表.销售政策总价]))/SUM([实际报价与销售政策价格对比表.销售政策总价])

名称和表达式核对无误后，单击"确定"按钮。

（18）选择图表类型为"仪表图"，将创建的"销售报价与销售政策价格偏离度"拖拽至"指针值"。

将"实际报价与销售政策价格对比表"的"日期"字段，拖拽至"筛选器"，在弹出的"数据筛选"窗口，勾选"年月"，然后单击"确定"按钮。

在弹出的"[年月：日期]数据筛选"窗口，勾选"2021年6月"，然后单击"确定"按钮。

（19）将"实际报价与销售政策价格对比表"的"客户"字段，拖拽至"筛选器"，在弹出的"[客户]数据筛选"窗口，勾选"北京桃李食品公司"，然后单击"确定"按钮。

将"实际报价与销售政策价格对比表"的"销售员"字段，拖拽至"筛选器"，在弹出的"[销售员]数据筛选"窗口，勾选"王华"，然后单击"确定"按钮。

（20）单击表盘中"分段"的编辑符号，设置刻度的起始值和结尾值分别为-0.3和0.3，单击"添加分刻度"，根据风险评估标准分为2级预警，分别标注不同的颜色，设置完成后单击"确定"按钮，如图3-22所示。

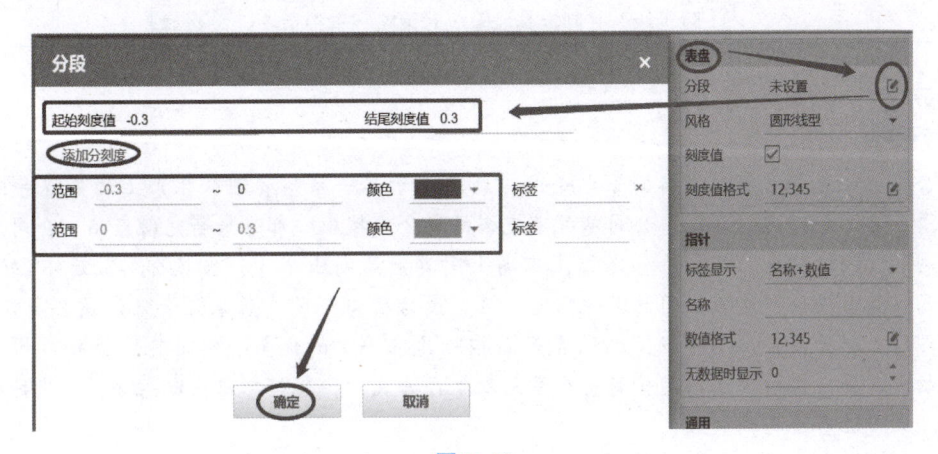

图3-22

（21）分别设置"表盘"的"刻度值格式"和"指针"的"数值格式"：小数位数均为"2"，数量单位为"百分之一（%）"，设置无误后单击"确定"按钮。

（22）选择预览尺寸为"全画面"，得到"向北京桃李食品公司的实际报价与销售政策价格偏离度"风险图形，2021年6月，王华给北京桃李食品公司的报价低于销售政策价格26.91%，其报价存在较高风险。

（23）保存该指标，单击"分析方案"按钮，在弹出的"保存方案"窗口中，输入方案名称为"向北京桃李食品公司的实际报价与销售政策价格偏离度"，然后单击"确定"按钮。

2. 向鸿泰食品公司的实际报价与销售政策价格偏离度

返回指标图完成页面，修改筛选器的客户为"鸿泰食品公司"。

得到"向鸿泰食品公司的实际报价与销售政策价格偏离度"风险图形，2021年6月，王华给鸿泰食品公司的报价低于销售政策价格0.15%，表明其报价存在风险。

另存为该指标，单击"分析方案"—"另存为"，在弹出的"另存方案"窗口中，输入方案名称为"向鸿泰食品公司的实际报价与销售政策价格偏离度"，然后单击"确定"按钮。

可以看到"分析方案"内有两个不同的方案。

3. 向绿悠源食品公司的实际报价与销售政策价格偏离度

仪表图和另存为分析方案"向绿悠源食品公司的实际报价与销售政策价格偏离度"的操作方法同上，学生自行操作即可，此处不再赘述。

结果表明，2021年6月，王华给绿悠源食品公司的报价低于销售政策价格2.80%，表明其报价存在风险。

任务评价

序号	评价内容	评价具体要点	达标	未达标
1	销售报价风险识别	能够分析企业销售报价过程中存在的风险点		
2	销售报价风险评估	能够可视化分析并评估销售报价与销售政策价格偏离度、销售报价合规性的风险概率		
3	销售报价风险应对	能够按照各项风险指标对销售报价的影响权重计算风险定量评估综合得分，根据风险评估标准表确定风险等级，并制定其风险应对策略和管控措施		

拓展阅读

某公司曾经是一家声名显赫的家电企业，然而由于其一系列管理和生产上的失误导致市场份额下滑。为了挽回这种状况，公司从并不充裕的资金中拨出一部分来研究新产品。公司急于获取最大利润，因此把新产品的价格定得比市场上同类产品高出不少，当然公司最后不但没有获得应有的收益，而且还连累公司的其他家电产品，最后公司倒闭。后来记者采访该公司前经理，其前经理认为新产品虽然与市场上的同类产品相比具有一定的优势，然而其优势并不如价格显现出来的那么多。当时公司的定价目标应该是以生存为主，但公司却以获取高额利润为目标，最后导致了新产品和公司的失败。

巩固练习

如何计算2021下半年定价与历史平均售价、市场价格的偏离度？若要计算需要用到哪些数据？

任务四　客户信用管理风险

工作准备

一、案例背景

随着市场竞争的不断加剧，育亭机械更多的使用应收账款作为交易模式，同时它也是一种特殊的商业信用方式。起初，通过给予客户一定额度的应收款项，育亭机械的销售额有效提升，同时减少了自身产品存货压力，逐渐成为产品销售中不可缺少的优势。但随着应收账款的不断增加，客户信用风险日益凸显出来，应收坏账、死账问题不断增加，导致企业资产受到一定损失。因此，育亭机械意识到必须加强客户信用风险管理，保障公司的经济效益。

育亭机械的总体思路是对客户进行信用评级，并针对不同评级的客户采用适当的信用政策，在兼顾销售效率效果的同时将账款回收风险降低至可接受水平。其政策包括信用额度、信用标准（不同信用等级的客户所取得具体信用额度、期限等）、账款回收等几个方面。客户信用评级标准表如表 3-12 所示。客户信用政策说明表如表 3-13 所示。

表 3-12　客户信用评级标准表

一级评价指标（得分占比）	二级评级指标（得分占比）	评分标准
企业基本评价（10%）	公司经营资质（60%）	具备：10 分；不具备：0 分
	行业地位（5%）	市场占有率处于前三位：9 分；市场占有率处于前十位：7 分；有一定销售规模，但排名靠后：5 分；处于起步阶段：3 分
	企业关系持续期（10%）	与我司业务关系持续 5 年以上：9 分；持续 2~5 年：7 分；持续半年至 2 年：5 分；业务关系小于半年：3 分
	业务关系强度（10%）	以本公司为主供应商：9 分；以本公司为次供应商：6 分；偶尔提货：3 分
	合作诚意度（15%）	合作态度好，愿意向本公司提供必要资料：9 分；合作态度一般，向其索要必要资料有一定难度：5 分；合作态度差，不愿向本公司提供必要资料：0 分
企业资本状况（10%）	注册资本（30%）	≥1 000 万元：9 分；≥500 万元<1 000 万元：7 分；≥100 万元<500 万元：5 分；<100 万元：3 分
	年营业额（30%）	≥5 000 万元：9 分；≥1 000 万元<5 000 万元：7 分；≥500 万元<1 000 万元：5 分；<500 万元：3 分
	营业额增长率（40%）	≥10%：9 分；≥10%<5：6 分；<5%：3 分
企业管理能力（10%）	员工素质（30%）	硕士以上学历（含）≥50%：9 分；本科以上学历（含）≥50%：6 分；专科以上学历（含）≥50%：3 分；高中及以下学历（含）≥50%：1 分
	员工人数规模（20%）	≥10 000 人：9 分；≥5 000 人<10 000 人：7 分；≥1 000 人<5 000 人：5 分；≥500 人<1 000 人：3 分；<500 人：1 分
	员工流动性（20%）	弱：9 分；中：6 分；强：3 分
	管理层水平及素质（30%）	工作 10 年以上且品德、管理素质好：9 分；工作 5 年以上且品德、管理素质一般：6 分；工作 3 年以上且品德、管理素质差：3 分
信用履约评价（40%）	企业信用公示情况（20%）	信用好且无信用不良记录：9 分；信用一般且较少、金额小的违约记录：5 分；信用差且信用不良记录较多：1 分；存在强制执行且限制消费记录：0 分
	呆、坏账次数（10%）	无呆、坏账记录：10 分；有呆、坏账记录：0 分

续表

一级评价指标（得分占比）	二级评级指标（得分占比）	评分标准
信用履约评价（40%）	逾期应收比率（15%）	≥0%<10%：9分；≥10%<20%：7分；≥20%<30%：5分；≥30%<40%：3分；≥50%：0分
	逾期金额（10%）	≥0<10万元：9分；≥10万元<40万元：7分；≥40万元<70万元：5分；≥70万元<100万元：3分；≥100万元：0分
	逾期频次（15%）	≥0次<3次：9分；≥3次<5次：7分；≥5次<7次：5分；≥7次<10次：3分；≥10次：0分
	账期（10%）	≥0天<10天：9分；≥10天<20天：7分；≥20天<30天：5分；≥30天<40天：3分；≥50天：0分
	付款能力（10%）	高：9分；中：6分；低：3分
	贷款偿还期限（10%）	提前还款：9分；按揭还款：6分；拖欠：3分
偿债能力评价（15%）	应收账款周转天数（30%）	≥0天<45天：9分；≥45天<90天：6分；>90天：3分
	流动比率（40%）	≥200%：9分；≥100%<200%：6分；<100%：3分
	资产负债比率（30%）	≤50%：9分；>50%≤100%：7分；>100%≤150%：5分；>150%：3分
营利能力评价（15%）	销售毛利率（50%）	≥30%：9分；≥10%<30%：7分；≥10%<5%：5分；<5%：3分
	销售净利率（50%）	≥10%：9分；≥5%<10%：6分；≥0%<5%：3分；<0%：0分

表 3-13 客户信用政策说明表

客户信用等级	分值范围从	分值范围至	信用等级说明	信用额度	账期
AA	9	10	信用极好，企业信用程度高，清偿能力强	1 500 000	90
A	8	9	信用优良，企业信用程度较高，有较强的清偿能力与支付能力	1 000 000	60
BB	7	8	信用较好，企业信用程度良好，清偿能力与支付能力尚可	500 000	30
B	6	7	信用一般，企业信用程度一般，有一定风险	200 000	10
CC	4	6	信用欠佳，企业信用程度较差，清偿能力与支付能力欠佳，有一定偿债风险	50 000	3

客户信用等级	分值范围从	分值范围至	信用等级说明	信用额度	账期
C	0	4	信用较差，企业信用程度差，偿债能力较弱，尚有能力偿还债务	0	0

育亭机械的销售部和财务部一起对现有客户按评分标准，收集相关业务人员手中的资料，结合以往的交易情况进行评级，并按公司规定的信用政策执行一段时间后，进行跟踪反馈后发现，仍有部分客户有坏账情况，并且应收账款的回款率并未得到明显提升，经过对比发现，部分客户的实际履约情况，与其信用评级并不相符，深入调查发现销售人员还存在徇私行为，一销售人员私下收受客户礼金，擅自更改客户信用等级，给予其更多的信用额度及账期，最终该客户自身资金链断裂，无法偿还欠公司大量货款，导致公司利益受损。

二、知识准备

（一）客户信用评级

客户信用评级是指企业为有效控制客户信用风险，实现货款的安全性、可收回性和收益性，从客户经营能力、营利能力、偿债能力，以及客户素质和信用状况等方面，对客户进行综合评价和信用等级的确定。

1. 客户信用评级方法——K-means 聚类算法

利用 K-means 算法，可以基于收集的客户信用相关指标数据，按信用评分标准、信用政策，将客户自动划分为 AA、A、BB、B、CC、C 等级。

（1）聚类与分类的区别。

分类：类别是已知的，通过对已知分类的数据进行训练和学习，找到这些不同类的特征，再对未分类的数据进行分类。

聚类：事先不知道数据会分为几类，通过聚类分析将数据聚合成几个群体。聚类不需要对数据进行训练和学习。

（2）了解 K-means 聚类算法。

聚类算法有很多种，K-means 是聚类算法中的最常用的一种，算法最大的特点是简单、好理解、运算速度快，在聚类前需要手工指定要分成几类，大致意思可以理解为"物以类聚，人以群分"。

K-means 聚类算法中有一个著名的解释，就是牧师-村民模型：

有四个牧师去郊区布道，一开始牧师们随意选了几个布道点，并且把这几个布道点的情况公告给了郊区所有的村民，于是每个村民到离自己家最近的布道点去听课。听课之后，大家觉得距离太远了，于是每个牧师统计了一下自己的课上所有的村民的地址，搬到了所有地址的中心地带，并且在海报上更新了自己的布道点的位置。牧师每一次移动不可能离所有人都更近，有的人发现 A 牧师移动以后自己还不如去 B 牧师处听课更近，于是每个村民又去了离自己最近的布道点……就这样，牧师每个礼拜更新自己的位置，村民根据自己的情况选择布道点，最终稳定了下来。

根据故事，解析 K-means 聚类算法步骤：

假设样本的数量为 N，聚类中心的数量为 K，则 K-means 的算法步骤分为以下 4 步：

1）初始化布道点：牧师们随意选了 K 个布道点，也就是从 N 个样本中选取 K 个样本作为初始聚类中心（簇中心）。

2）每个村民选择离自己家最近的布道点去听课，也就是每个样本计算出与 K 个聚类中心的距离并且分配到距离最近的聚类中心所在的类。

3）布道点进行更新：每个牧师统计了一下自己的课上所有的村民的地址，搬到了所有地址的中心地带。作为新的布道点。也就是分别计算 K 个类中所有样本的均值，作为第二次迭代的聚类中心。

4）牧师每个礼拜更新自己的位置，村民根据自己的情况选择布道点，最终稳定了下来。也就是重复上述的步骤2）、步骤3），直到满足某个终止条件，例如达到最大迭代次数、最小误差小于预设的阈值等。

2. 客户信用风险

客户信用风险是指客户因为违约而导致产生损失的可能性，或者是因评级变动和履约能力变化而导致其偿债能力变化而产生损失的可能性，一旦发生，企业必将因为未能得到预期的收益而承担财务上的损失，如表3-14所示。

表3-14 客户信用风险原因

客户信用风险的外部原因	1. 交易双方产生的贸易纠纷； 2. 交易对象经营管理不善，无力偿还到期债务； 3. 交易对象有意占用企业资金； 4. 交易对象蓄意欺诈
客户信用风险的内部原因	1. 所掌握的交易对象的信息不全面、不真实； 2. 对交易对象的信用状况没有准确判断； 3. 对交易对象信用状况的变化缺乏了解； 4. 财务部门与销售部门缺少有效的沟通； 5. 企业内部人员与交易对象相互勾结； 6. 没有正确地选择结算方式和结算条件； 7. 企业内部资金和项目审批不严格； 8. 对应收账款监控不严； 9. 对拖欠账款缺少有效的追讨手段； 10. 企业缺少科学的信用管理制度

（二）风险评估模型

1. 客户信用管理的风险概率

判断客户现有的信用评级、信用额度、账期是否准确，客户信用管理的风险概率=[（信用评级不符的客户数+信用额度不符的客户数+账期不符的客户数）/客户总数量]×100%，如表3-15所示。

表3-15 客户信用管理的风险概率预警表

评分	1	2	3	4	5
信用评级、信用额度、账期不准确的客户数占客户总数比例（Y）	$Y\leq 10\%$	$10\%<Y\leq 30\%$	$30\%<Y\leq 70\%$	$70\%<Y\leq 90\%$	$90\%<Y$
预警级别	绿色预警	蓝色预警	黄色预警	橙色预警	红色预警

续表

评分	1	2	3	4	5
说明	客户信用评级、信用额度、账期不准确事件一般不会发生	客户信用评级、信用额度、账期不准确事件在极少情况下才发生	客户信用评级、信用额度、账期不准确事件在某些情况下发生	客户信用评级、信用额度、账期不准确事件在较多情况下发生	客户信用评级、信用额度、账期不准确事件常常会发生

2. 客户信用管理的风险影响

判断客户信用评级、信用额度、账期不准确的可能损失金额对公司税前利润的影响，客户信用管理的风险影响=(|信息不准确的客户在正确信用等级下的信用额度−信息不准确的客户现有的信用额度|/2021上半年的税前利润)×100%，如表3-16所示。

表3-16 客户信用管理的风险影响预警表

评分	1	2	3	4	5
客户信用评级、信用额度、账期不准确的可能损失金额总金额占税前利润比例（Y）	$Y \leq 1\%$	$1\% < Y \leq 5\%$	$5\% < Y \leq 10\%$	$10\% < Y \leq 20\%$	$20\% < Y$
预警级别	绿色预警	蓝色预警	黄色预警	橙色预警	红色预警
说明	客户信用评级、信用额度、账期不准确的损失总金额对企业基本无影响	客户信用评级、信用额度、账期不准确的损失总金额对企业运行有轻度影响	客户信用评级、信用额度、账期不准确的损失总金额对企业运行有中度影响	客户信用评级、信用额度、账期不准确的损失总金额对企业运行有严重影响	客户信用评级、信用额度、账期不准确的损失总金额对企业运行有重大影响

任务描述

在市场经济条件下，企业信用尤为重要，既是企业业务正常往来的基础，又是保证市场经济健康运行的关键。但从现实情况来看，企业因信用风险而产生的纠纷越来越多，信用风险问题日益突出，信用危机逐渐成为企业运行中必须关注的问题。

加强企业信用风险管理，不仅能够避免客户拖欠账款、违反合约现象的出现，而且还能通过加强合同签订审查，确保合同效力，保证企业资产不受损失。同时，通过企业信用风险管理，能够为企业建立良好的信誉，规避企业与客户在生意往来中的信用风险，提升企业在市场竞争中的优势地位，进而能够及时抓住市场机遇，促进企业良性发展。

任务要求

（1）客户信用评级的内容。
（2）客户信用风险的内容。

(3) 能分析客户信用管理的风险概率。

(4) 能分析客户信用管理的风险影响。

任务实施

(一) 利用 K-means 聚类算法对客户进行信用评级

基于收集好的客户信用评级指标数据（见附件 2021 年 6 月底最新客户信用评级数据.xlsx），利用 K-means 聚类算法按六级评级标准对客户进行准确评级，具体步骤如图 3-23 所示。

预览最新客户评级指标数据 → K-means算法模型构建 → 调整客户信用评级结果表

图 3-23

(1) 登录大数据处理实践平台，在大数据挖掘模块下选择"聚类"项下的"K-means"，单击"导入数据"按钮，将"2021 年 6 月底最新客户信用评级数据.xlsx"导入。

(2) 根据"客户信用政策说明表"可知，育亭机械的客户信用评级标准为 6 级：AA、A、BB、B、CC、C。

所以 K 值选择为"6"，即把客户分为 6 类；显示名称选择"是"，表示得出的分类结果可以显示客户名称；类别名称填写"AA，A，BB，B，CC，C"，表示不同类别客户的信用等级。

(3) 确认填写无误后，单击"模型构建"按钮。

向下滑动滚动条，可以看到可视化的模型构建结果，依据左下角的图例，可以看到每级客户的各个指标得分情况，例如 B 等级客户（红色折线），从图中可以看出，B 等级客户的企业信用公示情况较好，整体信用情况一般。

(4) 页面最下面可以看到客户的具体评级结果，单击"下载表格"按钮，可将其保存至本地路径，便于后期风险评估使用。

(5) 打开刚刚下载的表格"kmeans 预测数据.xlsx"，将最后一列的名称"label"改成"信用评级"。

(6) 修改页签名称为"最新客户信用评级结果"，确认无误后保存即可。

(二) 评估客户信用管理的风险概率

(1) 进入金蝶云星空系统页面，打开功能菜单，执行"经营分析"—"轻分析"—"分析平台"—"轻分析"命令，进入轻分析页面。

(2) 在大数据智能风控类别下新建业务主题，命名为"客户信用管理风险"。

(3) 单击业务主题"客户信用管理风险"的"数据建模"按钮。

(4) 进入数据建模后，单击"新建数据表"按钮。

(5) 在弹出对话框中选择"当前数据中心"，单击"下一步"按钮。

(6) 在"新建数据表-数据中心"窗口，选择类型为"表"，单击"下一步"按钮。

(7) 在"新建数据表-选择表"窗口，勾选选中数据表"2021 年客户信用档案"，单击"下一步"按钮。

(8) 在"新建数据表-选择字段"页面，勾选全部字段，单击"完成"按钮。

返回"数据建模-客户信用管理风险"页面，核对 2021 年客户信用档案表的内容、字段数据类型无误后（信用额度、账期的数据类型为"数值"，其他字段的数据类型均为"文本"），单击"保存"按钮。

（9）依旧在数据建模界面，单击"新建数据表"按钮。在弹出对话框中选择"文件"中的"Excel"，单击"下一步"按钮。

（10）在"新建数据表-上传文件"窗口，单击"上传文件"按钮，将第一步利用K-means聚类算法得到的客户评级结果："kmeans预测数据.xlsx"上传，上传成功后，单击"下一步"按钮，如图3-24所示。

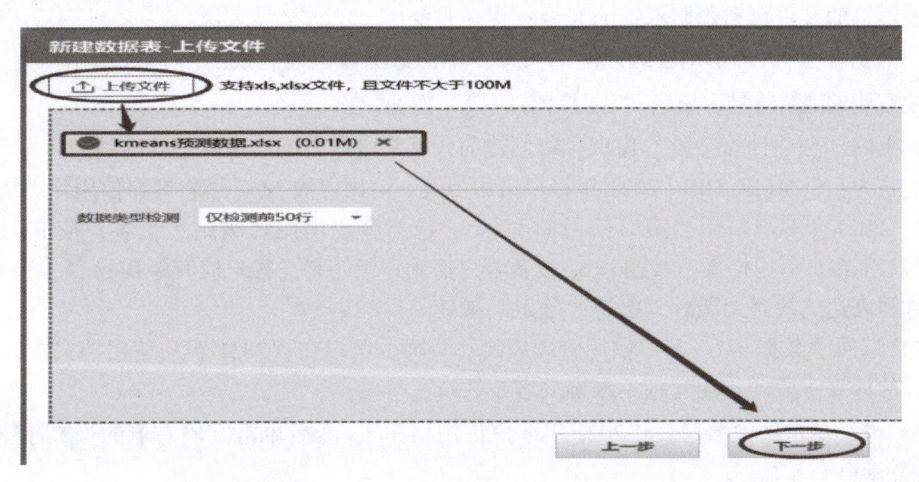

图3-24

（11）在"新建数据表-选择表"窗口，预览"最新客户信用评级结果"数据，无误后单击"下一步"按钮。

（12）在"新建数据表-选择字段"页面，勾选全部字段，单击"完成"按钮。

（13）返回"数据建模-客户信用管理风险"页面，核对"最新客户信用评级结果"表的内容、字段数据类型。

（14）在"最新客户信用评级结果"内新建计算字段。

（15）输入计算字段名称为客户应有的信用额度。

表达式为：IF（[信用评级]="AA",1500000,IF（[信用评级]="A",1000000,IF（[信用评级]="BB",500000,IF（[信用评级]="B",200000,IF（[信用评级]="CC",50000,0)))))

名称和表达式设置完毕并核对无误后，单击"确定"按钮。

（16）返回数据建模界面，可以看到刚刚新建的计算字段"客户应有的信用额度"，以及预览到每个客户在正确评级下应有的信用额度。

（17）继续在"最新客户信用评级结果"内新建计算字段。

输入计算字段名称为客户应有账期。

表达式为：IF（[信用评级]="AA",90,IF（[信用评级]="A",60,IF（[信用评级]="BB",30,IF（[信用评级]="B",10,IF（[信用评级]="CC",3,0)))))

名称和表达式设置完毕并核对无误后，单击"确定"按钮。

（18）返回数据建模界面，可以看到刚刚新建的计算字段"客户应有账期"，以及预览到每个客户在正确评级下应有的账期天数。

（19）两个计算字段设置完毕并核对无误后，单击"保存"按钮。

（20）切换至"关系"页签，单击"新建关系"按钮，建立"2021年客户信用档案"和"最新客户信用评级结果"关于"信用对象"和"客户名称"的"一对一"关系，然后单击

"确定"按钮。

（21）返回新建关系页面，单击"保存"按钮。

（22）回到轻分析主界面，单击业务主题"客户信用管理风险"的"数据斗方"。

（23）根据风险评估模型，客户信用管理的风险概率＝[（信用评级不符的客户数+信用额度不符的客户数+账期不符的客户数）/客户总数量]×100%，首先要计算信用评级不符的客户数、信用额度不符的客户数和账期不符的客户数共有多少。

在"数据斗方–客户信用管理风险"页面，单击选中数据表"2021年客户信用档案"，然后单击字段右侧的▼符号，单击"创建计算字段"按钮。

在弹出的"创建计算字段"窗口，将创建的计算字段命名为信用管理不准确的客户数。

表达式为：SUM(IF(OR([2021年客户信用档案.信用等级]<>[最新客户信用评级结果.信用评级],[2021年客户信用档案.信用额度]<>[最新客户信用评级结果.客户应有的信用额度],[2021年客户信用档案.账期]<>[最新客户信用评级结果.客户应有账期]),1,0))

名称和表达式核对无误后，单击"确定"按钮。

（24）返回"数据斗方–客户信用管理风险"页面，可以在"2021客户信用档案"表下看到刚创建好的计算字段"信用管理不准确的客户数"。

（25）继续单击选中数据表"2021年客户信用档案"，然后单击字段右侧的▼符号，单击"创建计算字段"按钮。

在弹出的"创建计算字段"窗口，将创建的计算字段命名为客户信用管理的风险概率。

表达式为：[2021年客户信用档案.信用管理不准确的客户数]/COUNT([2021年客户信用档案.信用对象])

名称和表达式核对无误后，单击"确定"按钮。

（26）返回"数据斗方–客户信用管理风险"页面，可以在"2021年客户信用档案"下看到刚创建好的计算字段"客户信用管理的风险概率"。

（27）选择图表类型为"仪表图"，将创建的"客户信用管理的风险概率"拖拽至"指针值"。

单击表盘中"分段"的编辑符号，设置刻度的起始值和结尾值分别为0和1，单击"添加分刻度"，根据风险评估标准分为5级预警，分别标注不同的颜色，设置完成后单击"确定"按钮。

（28）分别设置"表盘"的"刻度值格式"和"指针"的"数值格式"：小数位数均为"2"，数量单位为"百分之一（%）"，设置无误后单击"确定"按钮。

（29）选择预览尺寸为"全画面"，得到"客户信用管理的风险概率"预警图形，2021年6月底评估后得出信用管理信息不准确的客户数，占总数的8.33%。

（30）保存该指标，单击"分析方案"，在弹出的"保存方案"窗口中，输入方案名称为客户信用管理的风险概率，然后单击"确定"按钮。

（三）评估客户信用管理的风险影响

（1）根据风险评估模型，客户信用管理的风险影响＝(|信息不准确的客户在正确信用等级下的信用额度–信息不准确的客户现有的信用额度|/2021上半年的税前利润)×100%，首先要计算信息不准确的客户可能损失的金额。

（2）在"数据斗方–客户信用管理风险"页面，单击选中数据表"2021年客户信用档案"，然后单击字段右侧的▼符号，单击"创建计算字段"按钮。

（3）在弹出的"创建计算字段"窗口，将创建的计算字段命名为信用评级不准确的客户可能造成的损失金额。

表达式为：IF(OR([2021年客户信用档案.信用等级]<>[最新客户信用评级结果.信用评级],[2021年客户信用档案.信用额度]<>[最新客户信用评级结果.客户应有的信用额度],[2021年客户信用档案.账期]<>[最新客户信用评级结果.客户应有账期]),ABS([最新客户信用评级结果.客户应有的信用额度]-[2021年客户信用档案.信用额度]),0)

名称和表达式核对无误后，单击"确定"按钮。

（4）返回"数据斗方-客户信用管理风险"页面，可以在"2021客户信用档案"表下看到刚创建好的计算字段"信用评级不准确的客户可能造成的损失金额"。

（5）继续单击选中数据表"2021年客户信用档案"，然后单击字段右侧的 ▼ 符号，单击"创建计算字段"按钮。

在弹出的"创建计算字段"窗口，将创建的计算字段命名为客户信用管理的风险影响。

表达式为：[2021年客户信用档案.信用评级不准确的客户可能造成的损失金额]/11000000

名称和表达式核对无误后，单击"确定"按钮。

（6）返回"数据斗方-客户信用管理风险"页面，可以在"2021年客户信用档案"下看到刚创建好的计算字段"客户信用管理的风险影响"。

（7）选择图表类型为"仪表图"，将创建的"客户信用管理的风险影响"拖拽至"指针值"。

（8）单击表盘中"分段"的编辑符号，设置刻度的起始值和结尾值分别为0和0.25，单击"添加分刻度"，根据风险评估标准分为5级预警，分别标注不同的颜色，设置完成后单击"确定"按钮，如图3-25所示。

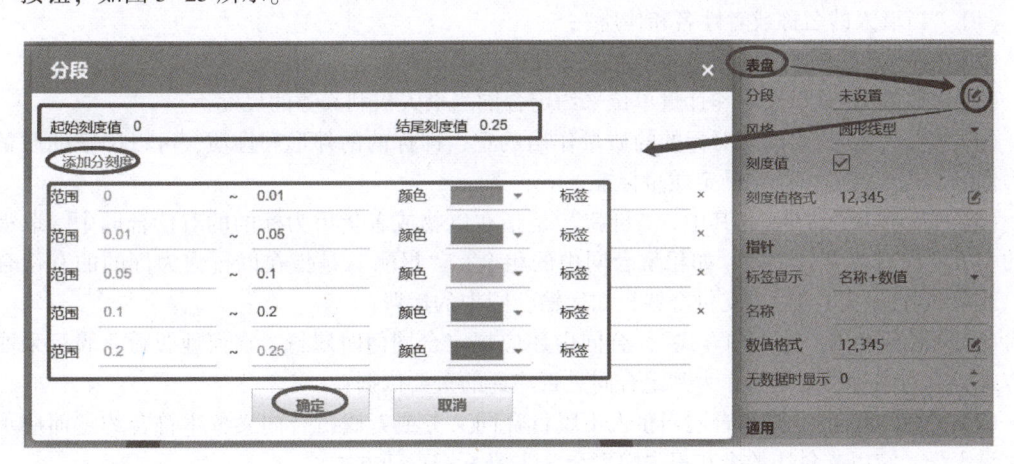

图3-25

（9）分别设置"表盘"的"刻度值格式"和"指针"的"数值格式"：小数位数均为"2"，数量单位为"百分之一（%）"，设置无误后单击"确定"按钮。

（10）选择预览尺寸为"全画面"，得到"客户信用管理的风险影响"预警图形，2021年6月底评估后得出信用管理信息不准确的客户可能损失的金额占上半年税前利润的26.82%。

（11）另存为该指标，单击"分析方案"按钮，在弹出的"另存方案"窗口中，输入方案名称为客户信用管理的风险影响，然后单击"确定"按钮。

任务评价

序号	评价内容	评价具体要点	达标	未达标
1	客户信用管理风险识别	能够分析客户信用管理中存在的风险点		
2	客户信用管理风险评估	能够可视化分析并评估客户信用管理的风险概率		
3	客户信用管理风险应对	能够根据风险评估标准表确定风险等级，并制定其风险应对策略和管控措施		

巩固练习

结合育亭机械的客户信用管理场景，制定客户信用管理风险的具体管控措施。

任务五　销售合同完整性风险

工作准备

一、案例背景

合同的内容就是对合同当事人权利义务的具体规定，一般包括以下内容：

（1）"当事人的名称或者姓名和住所"；

（2）"标的"，是指合同当事人权利义务共同指向的对象；

（3）"数量"，是以数字和计量单位来约定合同当事人权利义务的尺度；

（4）"质量"，当事人应对标的的质量作出约定，即标的的外形和性质，可以国家的质量标准为依据，也可经双方约定确定质量标准；

（5）"价款或者报酬"，其中，"价款"是指在以物或者货币为标的的有偿合同中，取得利益的一方要向对方支付金钱，如租赁合同中的租金；"报酬"是指在以行为为标的的有偿合同中，获得利益的一方向对方支付金钱，如运输合同中的运费；

（6）"履行期限、地点和方式"，合同中还应规定合同何时履行，在何地履行，履行采取什么方式，这些内容的约定将作为判定合同是否违约的重要依据；

（7）"违约责任"，是指合同当事人不履行合同义务或者履行合同义务不符合约定而应承担的民事责任，它以支付违约金和损失赔偿金为主要承担责任方式；

（8）"解决争议的方法"是指合同当事人约定，一旦出现争议，将用什么手段，在何处解决争议。

如果合同内容和条款不完整、表述不严谨准确，或存在重大疏漏和欺诈，很可能导致企业合法利益受损。育亭机械规定销售合同签订后，需要将合同信息维护在系统内，进行信息化统一管理，其中合同的客户、销售员、产品名称、单位、销售数量、日期、含税单价、结算方式、收款条件信息为重要且必填信息，在发生销售数量变更后，销售合同变更单的产品名称、单位、销售数量、价税合计信息为重要且必填信息，需要补录合同条款进行销售合同变更时，条款名称、条款内容为重要且必填信息。但在一次与广州中顺食品厂签订销售合同后，由于客户特殊要求需要修改订购数量,销售人员在做合同变更时,忘记录入提升机修改后的订购数量,使合同执行时引起争议。

思考销售合同的信息不完整,可能会给企业带来哪些风险?

二、知识准备

(一)签订销售合同需要关注的风险点

签订销售合同需要关注的风险点主要有以下几个方面:

(1)如买方指定送货到第三方仓库的,应在合同中注明。防止出现第三方收货,买方不认可的情况,在接收货物的第三方出具入库单的情况下,应让买方经办人出具货已到买方指定仓库的证明。

(2)明确约定货物验收的期限,约定买方提出质量异议的期限。超过时限,视为合格,防止事后买方以质量问题为借口,拖延付款。

(3)明确约定买方在验收期间,完好保存卖方货物。如买方使用卖方货物的,视为合格。

(4)明确约定付款期限。约定如逾期不付款,货物所有权归属卖方。

(5)对于分期分批付款的,约定任何一期不如期付款的,视为全部货款到期,卖方有权要求支付合同全部货款。

(6)违约责任,写明逾期付款违约金,如采用每逾期一日罚款金额,或者每日按照应付款比例支付逾期付款违约金的方式。

(二)风险评估模型

1. 销售合同完整性的风险概率

判断销售合同信息不完整的发生概率风险,销售合同完整性的风险概率=(信息不完整的合同数量/合同总数量)×100%,如表3-17所示。

表3-17 销售合同完整性的风险概率预警表

评分	1	2	3	4	5
合同信息不完整的数量占合同总数比例(Y)	$Y \leq 10\%$	$10\% < Y \leq 30\%$	$30\% < Y \leq 70\%$	$70\% < Y \leq 90\%$	$90\% < Y$
预警级别	绿色预警	蓝色预警	黄色预警	橙色预警	红色预警
说明	销售合同信息不完整事件一般不会发生	销售合同信息不完整事件在极少情况下才发生	销售合同信息不完整事件在某些情况下发生	销售合同信息不完整事件在较多情况下发生	销售合同信息不完整事件常常会发生

2. 销售合同完整性的风险影响

判断信息不完整的销售合同金额对公司税前利润的影响,销售合同完整性的风险影响=(一定期间内信息不完整的合同总金额/一定期间的税前利润)×100%,如表3-18所示。

表3-18 销售合同完整性的风险影响预警表

评分	1	2	3	4	5
信息不完整的合同总金额占税前利润比例(Y)	$Y \leq 1\%$	$1\% < Y \leq 5\%$	$5\% < Y \leq 10\%$	$10\% < Y \leq 20\%$	$20\% < Y$

续表

评分	1	2	3	4	5
预警级别	绿色预警	蓝色预警	黄色预警	橙色预警	红色预警
说明	信息不完整的销售合同金额对企业基本无影响	信息不完整的销售合同金额对企业运行有轻度影响	信息不完整的销售合同金额对企业运行有中度影响	信息不完整的销售合同金额对企业运行有严重影响	信息不完整的销售合同金额对企业运行有重大影响

任务描述

育亭机械规定销售合同签订后,需要将合同信息维护在系统内,进行信息化统一管理,其中合同的客户、销售员、产品名称、单位、销售数量、日期、含税单价、结算方式、收款条件信息为重要且必填信息,在发生销售数量变更后,销售合同变更单的产品名称、单位、销售数量、价税合计信息为重要且必填信息,需要补录合同条款进行销售合同变更时,条款名称、条款内容为重要且必填信息。

任务要求

(1) 销售合同需要关注的风险点。
(2) 能计算销售合同完整性的风险概率。
(3) 能分析销售合同完整性的风险影响。
(4) 能进行销售合同完整性风险评估。

任务实施

(一) 销售合同完整性风险评估

(1) 进入金蝶云星空系统页面,打开功能菜单,执行"经营分析"—"轻分析"—"分析平台"—"轻分析"命令,进入轻分析页面。

(2) 在大数据智能风控类别下新建业务主题,命名为"销售合同完整性风险"。

(3) 单击业务主题"销售合同完整性风险"的"数据建模"按钮。

(4) 进入数据建模后,单击"新建数据表"按钮。在弹出对话框中选择"当前数据中心",单击"下一步"按钮。

(5) 在"新建数据表-数据中心"窗口,选择类型为"自定义SQL",单击"下一步"按钮。

在"新建数据表-自定义SQL"窗口,填写名称为销售合同信息不完整情况统计,输入SQL语句,名称和SQL语句填写无误后,单击"完成"按钮,完整语句见附件SQL语句。

(6) 返回数据建模页面,逐一检查所有数据表的字段数据类型是否正确,如存在有误的,在"数据类型"下选择正确的数据类型,核对无误后单击"保存"按钮。

(7) 继续单击"新建数据表"按钮,在弹出对话框中选择"当前数据中心",单击"下一步"按钮。

(8) 在"新建数据表-数据中心"窗口,选择类型为"自定义SQL",单击"下一步"按钮。

在"新建数据表-自定义SQL"窗口,填写名称为销售合同变更信息不完整情况统计,输入

SQL 语句，名称和 SQL 语句填写无误后，单击"完成"按钮，完整语句见附件 SQL 语句。

（9）返回数据建模页面，逐一检查所有数据表的字段数据类型是否正确，如存在有误的，在"数据类型"下选择正确的数据类型，核对无误后单击"保存"按钮。

（10）继续单击"新建数据表"按钮，在弹出对话框中选择"当前数据中心"，单击"下一步"按钮。

（11）在"新建数据表-数据中心"窗口，选择类型为"表"，单击"下一步"按钮。

（12）在"新建数据表-选择表"窗口，勾选"2021 年 6 月销售合同表"，然后单击"下一步"按钮。

（13）在"新建数据表-选择字段"窗口，勾选全部字段，然后单击"完成"按钮。

（14）返回数据建模页面，逐一检查所有数据表的字段数据类型是否正确，如存在有误的，在"数据类型"下选择正确的数据类型，核对无误后单击"保存"按钮。

（15）切换至"关系"页签，单击"新建关系"按钮，建立"销售合同信息不完整情况统计"和"销售合同变更信息不完整情况统计""销售合同信息不完整情况统计"和"2021 年 6 月销售合同表"关于"产品名称"的"一对一"关系，由于各表中不一定均包含所有产品，所以必须勾选"保留无法关联的行"，然后单击"确定"按钮。

（16）返回新建关系页面，单击"保存"按钮。

（17）回到轻分析主界面，单击业务主题"销售合同完整性风险"的"数据斗方"。

（18）根据要求，我们需要计算信息不完整的销售合同数量占总合同数量比重，以及信息不完整合同的总金额占税前利润的比重，但是在表格中并无现成的信息不完整的销售合同数量、总合同数量、信息不完整合同的总金额，因此需要计算，并根据结果来进一步计算风险概率和风险影响。

（19）在"数据斗方-销售合同完整性风险"页面，单击选中数据表"销售合同信息不完整情况统计"，然后单击字段右侧的▼符号，单击"创建计算字段"按钮。

在弹出的"创建计算字段"窗口，将创建的计算字段命名为信息不完整的合同数量。

表达式为：COUNTD（[销售合同信息不完整情况统计.单据编号]）+COUNTD（[销售合同变更信息不完整情况统计.单据编号]）

名称和表达式核对无误后，单击"确定"按钮。

（20）返回"数据斗方-销售合同完整性风险"页面，可以在"销售合同信息不完整情况统计"下看到刚创建好的计算字段"信息不完整的合同数量"。

（21）继续单击选中数据表"销售合同信息不完整情况统计"，然后单击字段右侧的▼符号，单击"创建计算字段"按钮。

在弹出的"创建计算字段"窗口，将创建的计算字段命名为信息不完整的合同总金额。

表达式为：SUM（[销售合同信息不完整情况统计.价税合计]）+SUM（[销售合同变更信息不完整情况统计.价税合计]）

名称和表达式核对无误后，单击"确定"按钮。

（22）返回"数据斗方-销售合同完整性风险"页面，可以在"销售合同信息不完整情况统计"下看到刚创建好的计算字段"信息不完整的合同总金额"。

单击选中数据表"2021 年 6 月销售合同表"，然后单击字段右侧的▼符号，单击"创建计算字段"按钮。

在弹出的"创建计算字段"窗口，将创建的计算字段命名为"2021 年 6 月销售合同总数"。

表达式为：COUNTD（[2021年6月销售合同表．单据编号]）

名称和表达式核对无误后，单击"确定"按钮。

（23）返回"数据斗方-销售合同完整性风险"页面，可以在"2021年6月销售合同表"下看到刚创建好的计算字段"2021年6月销售合同总数"。

（24）根据评估模型，销售合同完整性的风险概率=（信息不完整的合同数量/合同总数量）×100%。继续创建计算字段，首先单击选中"销售合同信息不完整情况统计"，然后单击字段右侧的▼符号，单击"创建计算字段"按钮。

在弹出的"创建计算字段"窗口，将创建的计算字段命名为销售合同完整性的风险概率。

表达式为：[销售合同信息不完整情况统计．信息不完整的合同数量]/[2021年6月销售合同表．2021年6月销售合同总数]

名称和表达式核对无误后，单击"确定"按钮。

（25）选择图表类型为"仪表图"，将创建的"销售合同完整性的风险概率"拖拽至"指针值"。

（26）单击表盘中"分段"的编辑符号，设置刻度的起始值和结尾值分别为0和1，单击"添加分刻度"，根据风险评估标准分为5级预警，分别标注不同的颜色，设置完成后单击"确定"按钮。

（27）分别设置"表盘"的"刻度值格式"和"指针"的"数值格式"：小数位数均为"2"，数量单位为"百分之一（%）"，设置无误后单击"确定"按钮。

（28）选择预览尺寸为"全画面"，得到销售合同完整性的风险概率图形，合同信息不完整的数量占合同总数比例为4.82%，可判断销售合同信息不完整的事件一般不会发生。

（29）保存该指标，单击"分析方案"按钮，在弹出的"保存方案"窗口中，输入方案名称为"销售合同完整性的风险概率"，然后单击"确定"按钮。

（30）根据评估模型，销售合同完整性的风险影响=一定期间内信息不完整的合同总金额/一定期间的税前利润×100%。继续创建计算字段，首先单击选中"销售合同信息不完整情况统计"，然后单击字段右侧的▼符号，单击"创建计算字段"按钮。

在弹出的"创建计算字段"窗口，将创建的计算字段命名为"销售合同完整性的风险影响"。

表达式为：[销售合同信息不完整情况统计．信息不完整的合同总金额]/1833333.33

名称和表达式核对无误后，单击"确定"按钮。

（31）选择图表类型为"仪表图"，单击"清除"按钮，将创建的"销售合同完整性的风险影响"拖拽至"指针值"。

（32）单击表盘中"分段"的编辑符号，设置刻度的起始值和结尾值分别为0和0.4，单击"添加分刻度"，根据风险评估标准分为5级预警，分别标注不同的颜色，设置完成后单击"确定"按钮，如图3-26所示。

（33）分别设置"表盘"的"刻度值格式"和"指针"的"数值格式"：小数位数均为"2"，数量单位为"百分之一（%）"，设置无误后单击"确定"按钮。

（34）得到销售合同完整性的风险影响图形，信息不完整的合同总金额占税前利润比例为31.47%，可判断信息不完整的销售合同金额对企业运行有重大影响。

（35）另存为该指标，单击"分析方案"-"另存为"，在弹出的"保存方案"窗口中，输入方案名称为销售合同完整性的风险影响，然后单击"确定"按钮。

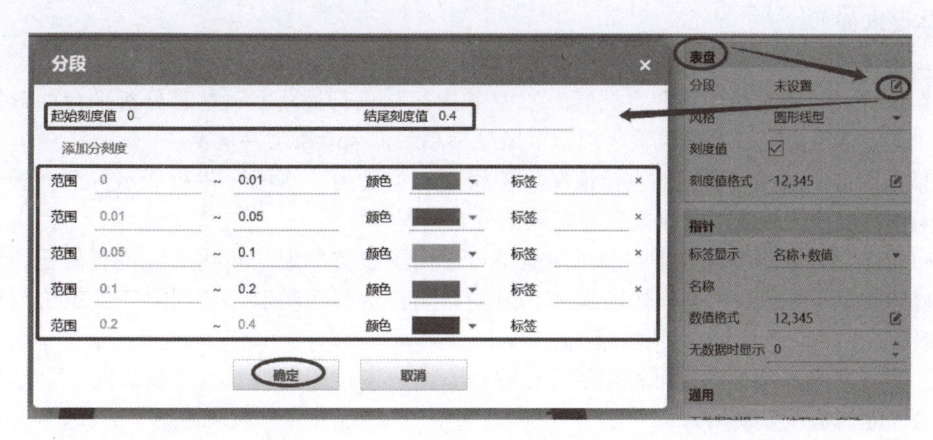

图 3-26

任务评价

序号	评价内容	评价具体要点	达标	未达标
1	销售合同完整性风险识别	能够分析企业销售合同存在的风险点		
2	销售合同完整性风险评估	能够可视化分析并评估销售合同完整性风险概率		
3	销售合同完整性风险应对	能够根据风险评估标准表确定风险等级,并制定其风险应对策略和管控措施		

拓展练习

在轻分析平台完成"销售合同内容合规性风险""销售订单合规性风险"分析,具体操作指引见电子资源"销售合同内容合规性风险""销售订单合规性风险"。

任务六 销售管理风控可视化处理

销售合同内容合规性风险

任务描述

本任务主要对销售各个环节的风险进行学习,包括风险基础概念的了解、各风险概率的计算、各风险影响的分析,最后用计算机语言展示出来。

任务要求

(一)根据案例一至案例七的风险评估结果,汇总统计销售管理风险,按照任务提供的附加销售管理风险评估数据汇总表.xlsx整理各风险事项的风险概率和风险影响评分(注:只有风险概率的风险事项按照前期的任务要求的风险评估标准表制定风险程度即可),整理后的Excel作为后续制作相关汇总图表展示在看板上所用。

(二)根据任务要求一整理的销售管理风险评估数据汇总情况,在轻分析中绘制合适的图表，具体要求如下。

（1）请在轻分析平台的数据建模版块导入销售管理风险评估数据汇总表。

（2）统计风险项数可使用图表类型为"业务指标"进行展示，请在轻分析平台的数据斗方版块内计算评估风险项数、高风险事项、中风险事项、低风险事项并展示。

（3）不同级别的风险事项的占比情况可使用图表类型为"饼图"进行展示，请在轻分析平台的数据斗方版块内计算不同级别风险事项的分布情况并展示。

（4）各个风险事项的风险影响和风险概率可使用图表类型为"雷达图"进行展示，请在轻分析平台的数据斗方版块内制作风险概率和风险影响雷达图并展示（请剔除产品定价与销售计划风险事项，理由：无法同时评估风险概率和风险影响）。

（5）中高风险事项可通过可视化呈现在仪表盘内，通过图表类型为"仪表图"展示风险程度，风险程度为低风险使用"1"代表，中风险使用"2"代表，高风险使用"3"代表，请在轻分析平台的数据斗方版块内制作"产品定价风险""销售计划风险""客户信用管理风险""销售合同完整性风险""销售订单合规性风险"并展示。

（6）具体风险事项的风险程度可使用图表类型为"列表"进行展示，请在轻分析平台的数据斗方版块内制作风险评估列表并展示。

（三）根据任务要求二制作的图表进行仪表盘的制作，请在轻分析平台新建仪表盘通过拖动数据斗方的方式将任务要求二的"评估风险项数""高风险项数""中风险项数""低风险项数""不同级别的风险事项分布情况""风险概率与风险影响雷达图""风险评估列表""产品定价风险""销售计划风险""客户信用管理风险""销售合同完整性风险""销售订单合规性风险"排列形成销售管理风险评估汇总看板。

（四）以看板为基础，制作销售管理风控总结 PPT，上台展示成果（最终展示结果合理即可）。

任务实施

一、风险评估统计

根据销售管理风险评估数据汇总，汇总的结果如表 3-19 所示。

表 3-19　评估数据汇总

风险环节	序号	风险事项	风险概率评分	风险影响评分	风险程度
销售活动	1	产品定价风险			中风险
销售活动	2	销售计划风险			中风险
销售活动	3	销售报价风险	1	2	低风险
销售活动	4	客户信用管理风险	1	5	中风险
销售活动	5	销售合同完整性风险	1	5	中风险
销售活动	6	销售合同内容合规性风险	1	1	低风险
销售活动	7	销售订单合规性风险	14	5	高风险

二、图表绘制

（1）进入金蝶云星系统页面，打开功能菜单，执行"经营分析"—"轻分析"—"分析平台"—"轻分析"命令，进入轻分析页面。

（2）第一步：在大数据智能风控类别下新建业务主题，命名为"销售管理风险汇总"。

（3）单击业务主题"销售管理风险汇总"的"数据建模"按钮。

（4）进入数据建模后，单击"新建数据表"。在弹出的对话框中选择"文件项下的 Excel"，单击"下一步"按钮。

（5）单击"上传文件"按钮，将统计好的"销售管理风险评估数据汇总表.xlsx"导入，单击"下一步"按钮，如图3-27所示。

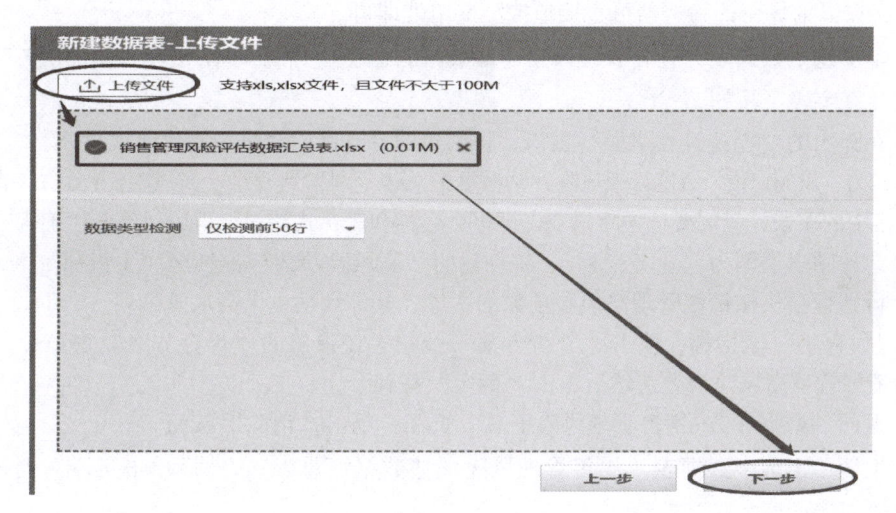

图3-27

（6）在"新建数据表-选择表"的页面，勾选"销售管理风险评估数据汇总表"，确认表已选择后单击"下一步"按钮。

（7）确保勾选"全选"后，单击"完成"按钮。

（8）返回"数据建模-销售管理风险汇总"页面，可以看到新建的数据表，单击工具栏的"保存"按钮。

（9）回到轻分析主界面，单击业务主题"销售管理风险汇总"的"数据斗方"。

（一）风险项数指标绘制

1. 计算评估风险项数

（1）根据任务要求，统计销售管理风险项数需要计算风险项数的个数，同时计算高风险、中风险和低风险的风险项数，需要建立4个计算字段。

（2）单击选中数据表"销售管理风险评估数据汇总表"，然后单击字段右侧的▼符号，单击"创建计算字段"按钮。

（3）在弹出的"创建计算字段"窗口，将创建的计算字段命名为评估风险项数。

表达式为：COUNT（[销售管理风险评估数据汇总表．风险事项]），在表达式中输入表格中的字段，只需要选中字段双击即可，名称和表达式核对无误后，单击"确定"按钮。

（4）返回"数据斗方-销售管理风险汇总"页面，可以在"销售管理风险评估数据汇总表"下看到刚创建好的计算字段"评估风险项数"。

（5）选择图表类型为"业务指标"，将创建的"评估风险项数"拖拽至"主指标"。

（6）选择预览尺寸为"全画面"，得到育亭机械销售评估风险项数的图形，共计评估7个风险事项。

（7）"另存为"该指标，单击"分析方案"按钮，在弹出的"保存方案"窗口中，输入方案名称为"销售评估风险项数"，然后单击"确定"按钮。

2. 计算中高低风险项数

按照类似的方式新增计算字段，分别为"高风险项数""中风险项数""低风险项数"，并以业务指标图的形式展示出来，分别另存为3个分析方案。

（1）进入"数据斗方-销售管理风险汇总"页面，单击"清除"按钮，确保页面筛选器无内容，若存在以前保留的筛选器可直接拖拽至空白处即可。

（2）单击选中数据表"销售管理风险评估数据汇总表"，然后单击字段右侧的 ▼ 符号，单击"创建计算字段"按钮。

（3）在弹出的"创建计算字段"窗口，将创建的计算字段命名为高风险项数。

表达式为：SUM(IF([销售管理风险评估数据汇总表.风险程度]='高风险',1,0))，在表达式中输入表格中的字段，只需要选中字段双击即可，名称和表达式核对无误后，单击"确定"按钮。

（4）选择图表类型为"业务指标"，将创建的"高风险项数"拖拽至"主指标"。

（5）得到育亭机械销售管理高风险项数的图形，共计评估1个高风险事项。

（6）"另存为"该指标，单击"分析方案"按钮，在弹出的"保存方案"窗口中，输入方案名称为销售管理高风险项数，然后单击"确定"按钮。

（7）返回"数据斗方-销售管理风险汇总"页面，单击"清除"按钮。

（8）继续单击选中数据表"销售管理风险评估数据汇总表"，然后单击字段右侧的 ▼ 符号，单击"创建计算字段"按钮。

在弹出的"创建计算字段"窗口中，将创建的计算字段命名为中风险项数。

表达式为：SUM(IF([销售管理风险评估数据汇总表.风险程度]='中风险',1,0))，在表达式中输入表格中的字段，只需要选中字段双击即可，名称和表达式核对无误后，单击"确定"按钮。

（9）选择图表类型为"业务指标"，将创建的"中风险项数"拖拽至"主指标"。

（10）得到育亭机械销售管理中风险项数的图形，共计评估4个高风险事项。

（11）"另存为"该指标，单击"分析方案"按钮，在弹出的"保存方案"窗口中，输入方案名称为销售管理中风险项数，然后单击"确定"按钮。

（12）返回"数据斗方-销售管理风险汇总"页面，单击"清除"按钮。

（13）继续单击选中数据表"销售管理风险评估数据汇总表"，然后单击字段右侧的 ▼ 符号，单击"创建计算字段"按钮。

在弹出的"创建计算字段"窗口中，将创建的计算字段命名为低风险项数。

表达式为：SUM(IF([销售管理风险评估数据汇总表.风险程度]='低风险',1,0))，在表达式中输入表格中的字段，只需要选中字段双击即可，名称和表达式核对无误后，单击"确定"按钮。

（14）选择图表类型为"业务指标"，将创建的"低风险项数"拖拽至"主指标"。

（15）得到育亭机械销售管理低风险项数的图形，共计评估2个高风险事项。

（16）"另存为"该指标，单击"分析方案"按钮，在弹出的"保存方案"窗口中，输入方案名称为销售管理低风险项数,然后单击"确定"按钮。

(二)不同级别的风险事项分布情况

(1)进入"数据斗方-销售管理风险汇总"页面,单击"清除"按钮,确保页面筛选器无内容,若存在以前保留的筛选器可直接拖拽至空白处即可。

(2)选择图表类型为饼图,将风险事项拖拽至"角度",注意选择度量为"计数",将风险程度字段拖拽至"颜色"。

(3)在右边绘图区域,勾选显示"数据标签",可得到不同级别的风险事项分布情况,如图3-28所示。

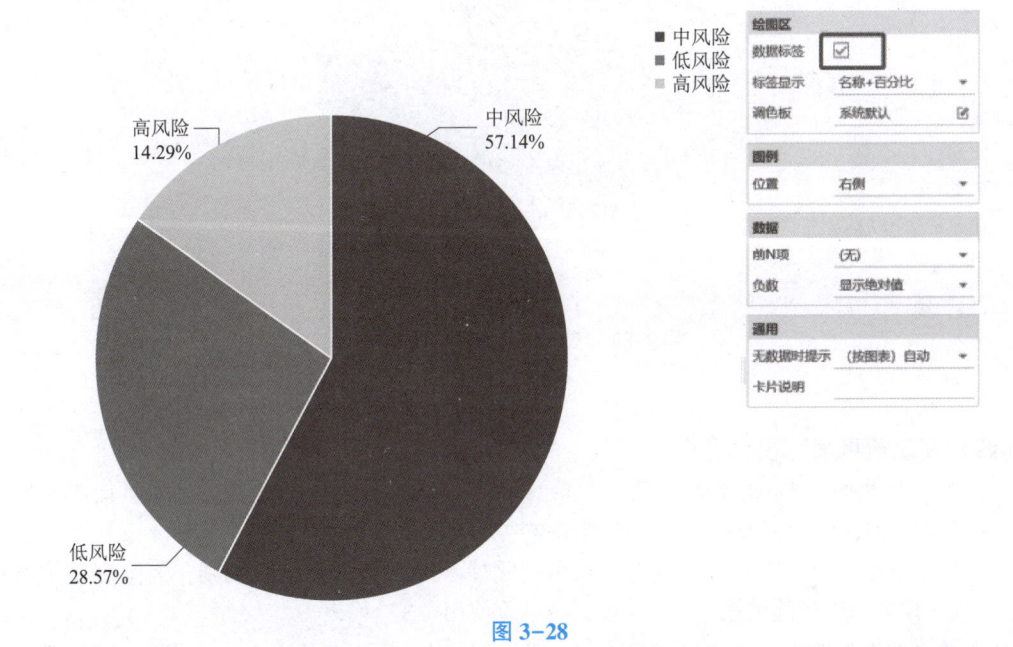

图 3-28

(4)"另存为"该指标,单击"分析方案"按钮,在弹出的"保存方案"窗口中,输入方案名称为不同级别的销售管理风险事项分布情况,然后单击"确定"按钮。

(三)风险概率和风险影响可视化呈现

(1)进入"数据斗方-销售管理风险汇总"页面,单击"清除"按钮,确保页面筛选器无内容,若存在以前保留的筛选器可直接拖拽至空白处即可。

(2)选择图表类型为"雷达图",将风险事项拖拽至"维度",将风险概率评分和风险影响评分拖拽至"度量"。

(3)同时将未对概率和影响评分的风险事项筛选掉"此处筛选掉产品定价与销售计划风险事项",即将"销售管理风险评估数据汇总"的"风险事项"字段,拖拽至"筛选器",在弹出的"[风险事项]数据筛选"窗口,取消勾选风险事项"产品定价风险"和"销售计划风险",然后单击"确定"按钮。

(4)可得到风险概率与风险事项的雷达图,如图3-29所示。

(5)"另存为"该指标,单击"分析方案"按钮,在弹出的"保存方案"窗口中,输入方案名称为风险概率和影响雷达图,然后单击"确定"按钮。

图 3-29

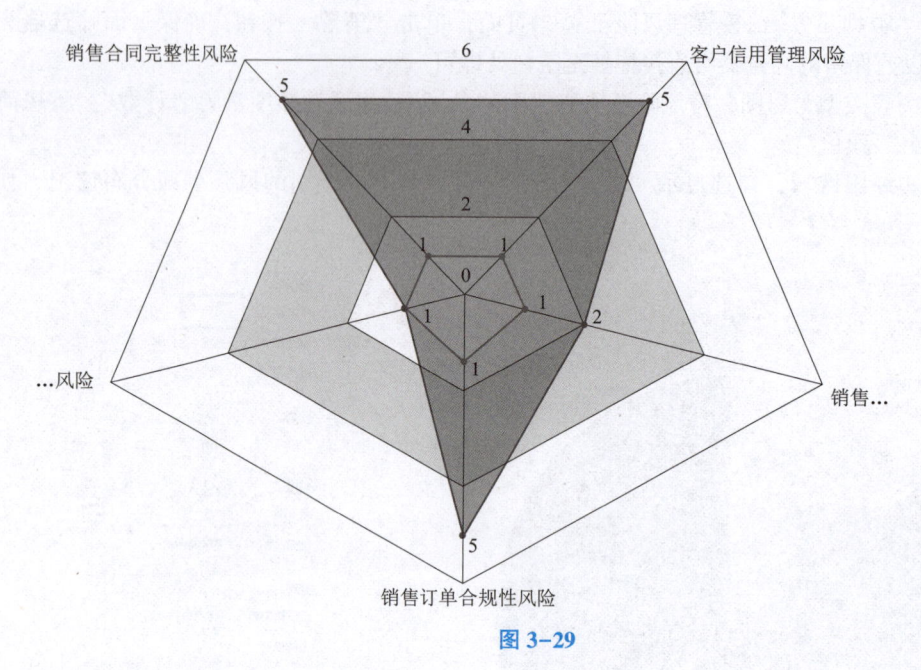

（四）高风险事项可视化呈现

（1）进入"数据斗方-销售管理风险汇总"页面，单击"清除"按钮，确保页面筛选器无内容，若存在以前保留的筛选器可直接拖拽至空白处即可。

（2）根据任务要求，需要将高风险事项可视化展示出来，需要按照规则，风险程度为低风险使用"1"代表，中风险使用"2"代表，高风险使用"3"代表。

（3）单击选中数据表"销售管理风险评估数据汇总表"，然后单击字段右侧的 ▼ 符号，单击"创建计算字段"按钮。

（4）在弹出的"创建计算字段"窗口，将创建的计算字段命名为风险程度代码。表达式为：CASE（[销售管理风险评估数据汇总表.风险程度]='低风险',1,[销售管理风险评估数据汇总表.风险程度]='中风险',2,[销售管理风险评估数据汇总表.风险程度]='高风险',3,0），在表达式中输入表格中的字段，只需要选中字段双击即可，名称和表达式核对无误后，单击"确定"按钮。

（5）选择图表类型为"仪表图"，将刚才的计算字段"风险程度代码"拖拽至"指针"，将风险事项拖拽至"筛选器"，逐一筛选中高风险的事项，并保存图表。

（6）将"销售管理风险评估数据汇总"的"风险事项"字段，拖拽至"筛选器"，在弹出的"[风险事项]数据筛选"窗口，选择风险事项"产品定价风险"，然后单击"确定"按钮。

（7）单击表盘中"分段"的编辑符号，设置刻度的起始值和结尾值分别为 0 和 3，单击"添加分刻度"，根据风险评估标准分为 3 级预警，共 3 个分段，分别标注不同的颜色和概率标签，设置完成后单击"确定"按钮，如图 3-30 所示。

（8）将得到仪表图另存为"产品定价风险程度"，如图 3-31 所示。

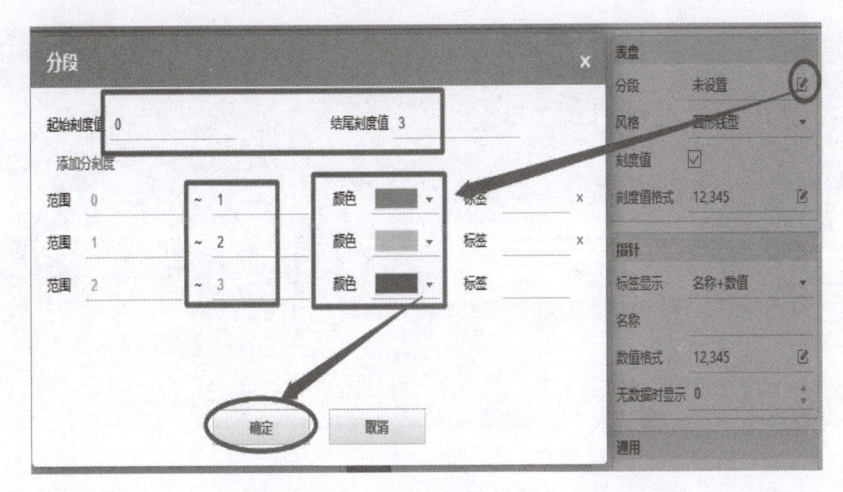

图 3-30

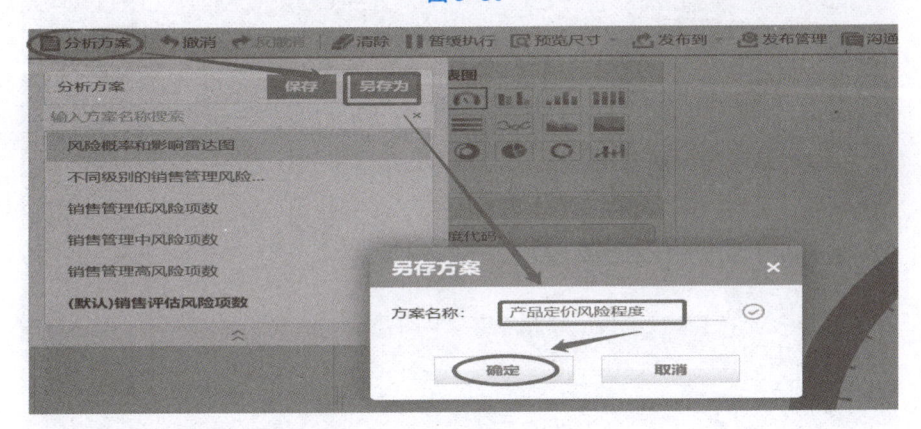

图 3-31

其他中高风险事项只需要更换筛选器中的选择，中高风险事项为"销售计划风险""客户信用管理风险""销售合同完整性风险""销售订单合规性风险"，筛选器只依次筛选这 4 个中高风险事项后另存为 4 个分析方案，完成的效果如图 3-32~图 3-35 所示。

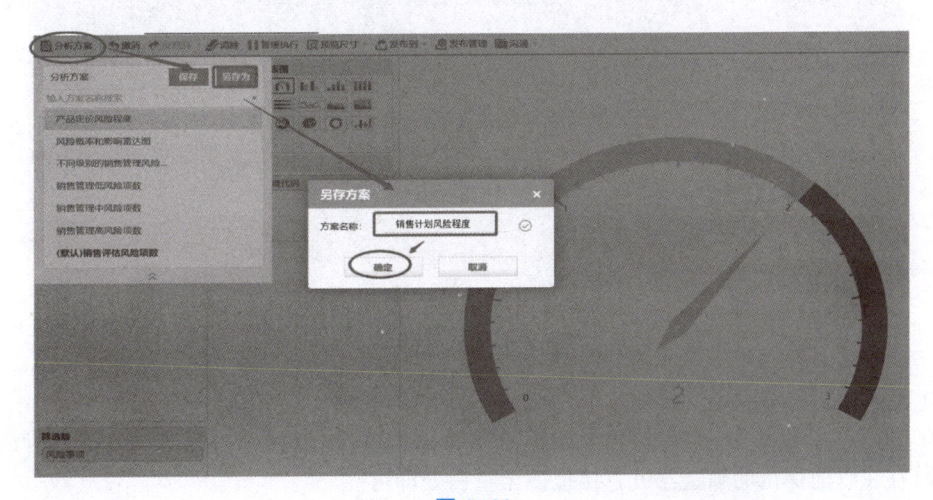

图 3-32

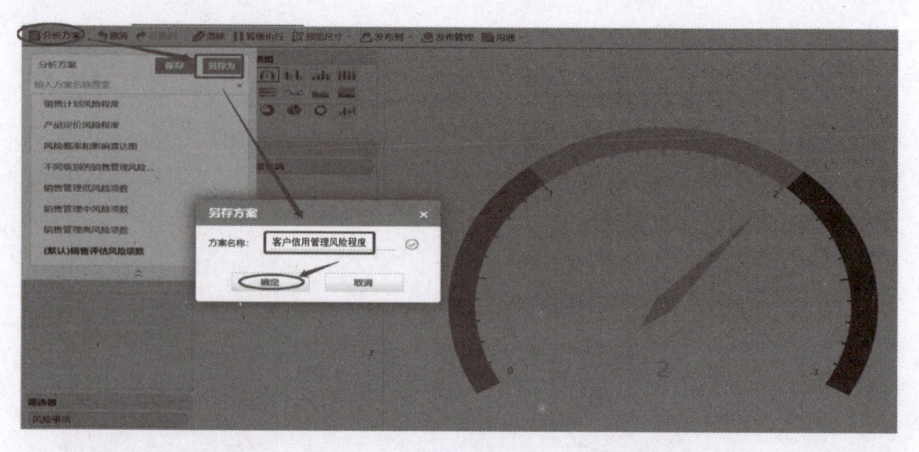

图 3-33

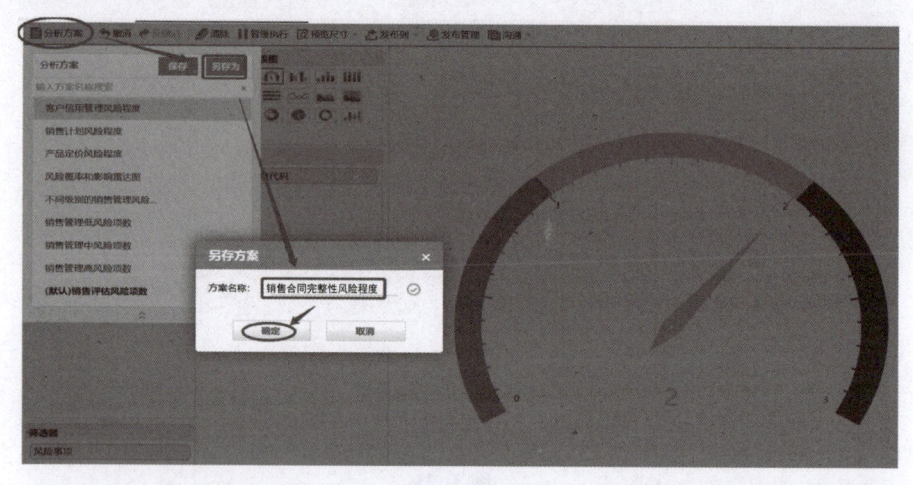

图 3-34

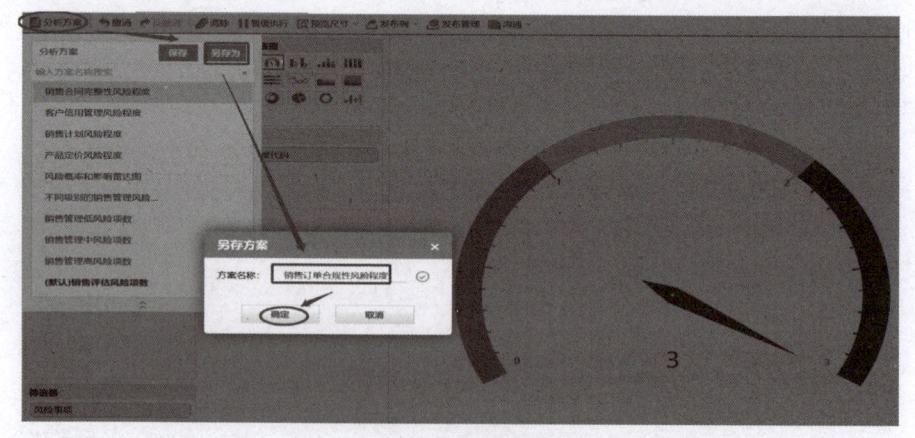

图 3-35

（五）具体的风险事项列表

（1）进入"数据斗方-销售管理风险汇总"页面，单击"清除"按钮，确保页面筛选器无内容，若存在以前保留的筛选器可直接拖拽至空白处即可。

(2) 选择图表类型为"列表",将风险事项、风险程度拖拽至列。

(3) 可得到风险评估列表,如图 3-36 所示。

风险事项	风险程度
产品定价风险	中风险
客户信用管理风险	中风险
销售报价风险	低风险
销售订单合规性风险	高风险
销售合同内容合规性风险	低风险
销售合同完整性风险	中风险
销售计划风险	中风险

图 3-36

(4) "另存为"该指标,单击"分析方案"按钮,在弹出的"保存方案"窗口中,输入方案名称为销售管理风险评估列表,然后单击"确定"按钮。

(六) 最终完成的分析方案参考

1. 仪表板制作

(1) 在轻分析主界面新建仪表板,命名为销售管理风险。

(2) 单击进入仪表板。将数据斗方拖拽至看板,在弹出对话框单击"下一步"按钮,如图 3-37 所示。

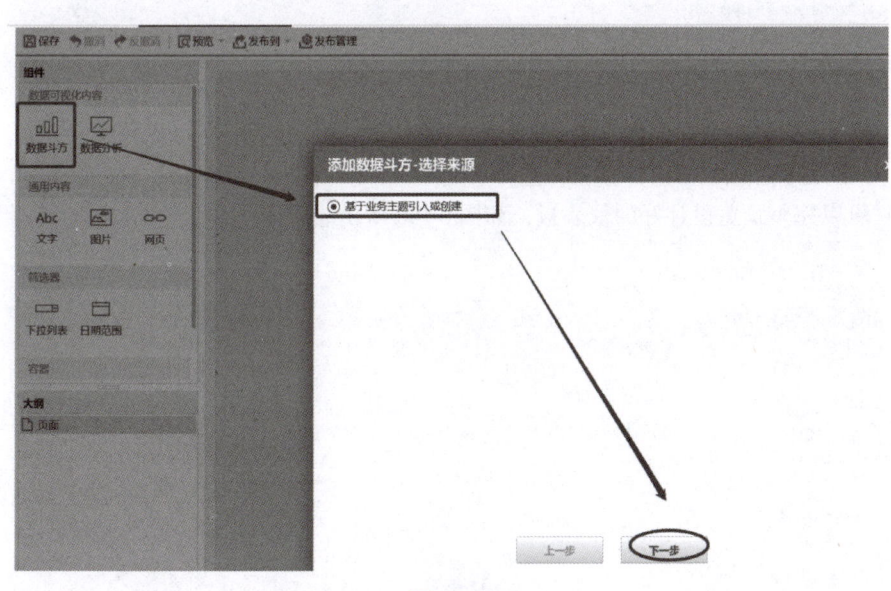

图 3-37

(3) 选择前面步骤绘制图表所在的业务主题"销售管理风险汇总"。

(4) 选择绘制好的图表,单击"完成"按钮,重复前面两个步骤将所有图表拖拽至看板中,可进行排版,美观即可,要求将所有图标绘制展示在仪表盘上。

(5) 可以为仪表板设置大标题及副标题,将左侧的文字组件拖拽至看板,输入想要呈现的标题,单击"确定"按钮,可在右侧修改文字大小和对齐等。

(6) 通过拖拽组件,或选定组件后,通过属性设置设计看板的构图。

（7）还可以对引入的数据斗方进行格式修改，例如显示的字体颜色，以高风险项数为例，效果如图3-38和图3-39所示。设置完成后记得单击"完成"按钮。

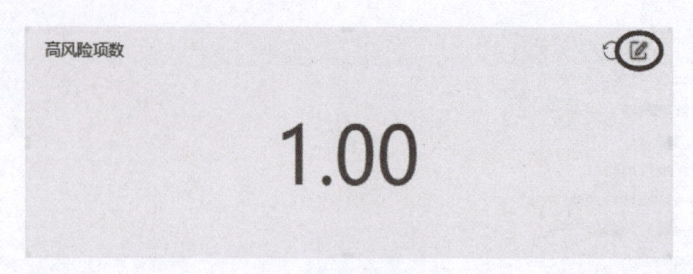

图3-38

图3-39

（8）单击"保存"按钮，保存设计好的仪表板。
（9）单击菜单栏的"预览"按钮，选择桌面端。
（10）可以完整预览设计好的仪表板，如图3-40所示。

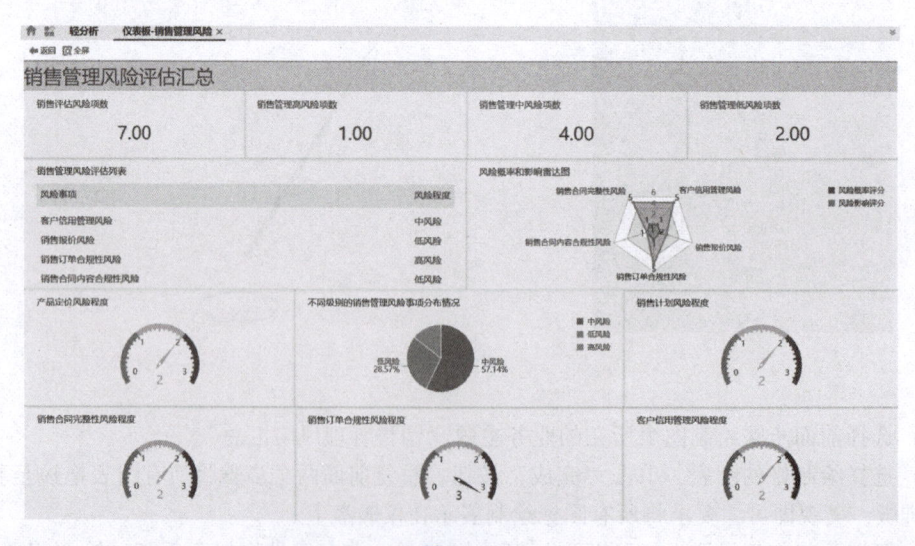

图3-40

项目考核评价

通过实训，学生对销售管理的各项任务结果进行自评，小组评分的同时，教师对学生各项任务的实训成果评分。

销售管理大数据智能风控考核评价表

考核任务	评分标准	学生自评	小组评分	教师评分
销售计划风险	20			
产品定价风险	20			
销售报价风险	10			
客户信用管理风险	10			
销售合同完整性风险	10			
销售合同内容合规性风险	10			
销售订单合规性风险	10			
销售管理风控可视化处理	10			
合计	100分			
权重：自评20%，小组评分30%，教师评分50%				

项目小结

本项目主要识别销售计划风险、产品定价风险、销售报价风险、客户信用管理风险、销售合同完整性风险、销售合同内容合规性风险、销售订单合规性风险，并进行具体描述；评估分析销售业务风险，编制销售业务风险评估表以及销售管理风控可视化处理；确定销售业务风险应对策略；提出销售业务风险的管控措施。

项目四　固定资产管理大数据智能风控

学习目标

【知识目标】

1. 熟悉企业固定资产管理总体流程。
2. 熟悉固定资产各环节的基本控制要求及各环节潜在的风险因素。
3. 掌握针对固定资产管理不同风险点的风险评估指标设计方法。
4. 掌握典型的固定资产管理业务大数据风控实施的流程、步骤与具体内容。

【技能目标】

1. 掌握固定资产投资、固定资产请购风险评估、风险应对的方法并应用。
2. 掌握固定资产验收、固定资产处置年限合规性风险评估、风险应对的方法并应用。
3. 掌握固定资产账实不符风险评估、风险应对的方法并应用。
4. 掌握固定资产管理风控结果可视化仪表板的制作。

【素养目标】

1. 通过模拟智能风控的实训，培养风险分析能力，为日后从事风险管理工作打下基础。
2. 拓展财会人员在轻分析平台完成资产指标计算、风险评估以及指标应用结果的可视化。

德技并修

全生命周期资产管理促进企业可持续发展

习近平总书记在党的二十大报告中指出，我们坚持可持续发展，坚持节约优先、保护优先、自然恢复为主的方针，坚定不移走生产发展、生活富裕、生态良好的文明发展道路，实现中华民族永续发展。

面对近年来石油行业资源接替不足、稳产难度加大、成本逐渐加重等诸多挑战，中国石油开始采取一系列措施来提升资产的运营效益，在这些措施中最核心的就是全生命周期资产管理体系。全生命周期资产管理是基于全生命周期成本管理理论发展起来的管理模式。全生命周期资产管理体系的实施，全面提升了中国石油的资产管理水平，提高了公司价值创造的能力。基于此，中国石油正在进一步深化全生命周期资产管理理念，借助统一的资产管理信息平台，强化部门间的协作与业务融合，构建资产管理考核指标体系，着力形成全生命周期资产管理长效机制，促进公司可持续健康发展。

作为新时代大学生，我们不仅要学习一些资产管理理念，还要不断创新与实践，为企业可持续发展出谋策划。

思维导图

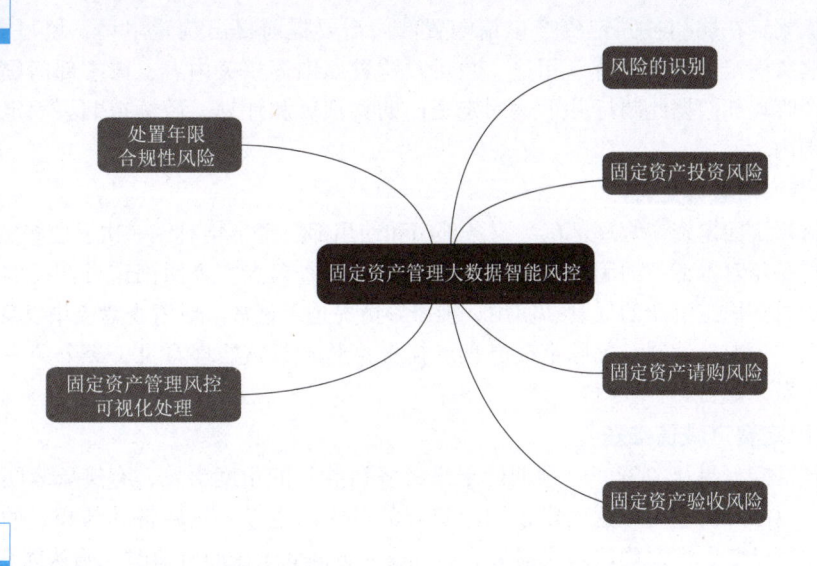

- 固定资产管理大数据智能风控
  - 风险的识别
  - 固定资产投资风险
  - 固定资产请购风险
  - 固定资产验收风险
  - 固定资产管理风控可视化处理
  - 处置年限合规性风险

项目导入

固定资产是企业开展正常的生产经营活动必要的物质条件,其价值随着企业生产经营活动逐渐转移到产品成本中,固定资产的安全、完整直接影响企业生产经营的可持续发展能力。育亭机械对固定资产的管理运用全面与全程管理相结合的管理模式,全程管理即是指对固定资产从外部进入企业到最终退出企业的全过程,所经历的所有环节上实行的由始至终、环环相扣的管理行为,通常包含进入、存续和退出三个环节。

任务一 风险的识别

工作准备

一、案例背景

固定资产进入阶段包括购置预算、投资和购入验收等,其目标是满足内部需求的同时兼顾物美价廉原则,并通过验收和领用环节,将固定资产合理地分配到需求部门。固定资产的存续阶段包括登记使用、运行维护、调拨置换、出租出借和清查盘点等,其目标是保证固定资产的合理高效使用和有序流动,并通过清查盘点等环节,确保固定资产的数量、状况、分布等信息完整准确、账实相符。固定资产退出阶段包括损毁遗失、出让出售和资产清理等,其目标是保证固定资产清理收益实现最大化,防止企业资产流失,保证资产信息和会计核算的及时准确。

育亭机械在固定资产管理过程中,常见的业务流程,包括以下5点。

固定资产购置流程图　　固定资产清查和盘点流程图　　计提固定资产减值准备流程图　　固定资产报废流程图　　固定资产出售流程图

1. 固定资产购置

育亭机械规定在期初各固定资产申请购置部门需要提前提出购置申请，填写资产申请单，详细填写拟购买固定资产的名称、用途、数量及购置原因等相关内容，需求部门领导审核通过后，固定资产管理部门据此制订并下达固定资产购置预算和计划，后续拟购买固定资产必须在部门预算范围内。

2. 固定资产清查和盘点

育亭机械规定固定资产管理部门、财务部门和使用部门每半年对账一次，使账实、账卡、账账保持一致。每年对本部门的固定资产进行一次全面清查盘点，查明固定资产的实有数与账面结存数是否相符，固定资产的保管、使用、维修等情况是否正常。对清查盘点中发现的问题，应查明原因，说明情况，编制有关固定资产盘点报告，形成差异处理意见，经公司主管领导批准后，调整固定资产账目。

3. 计提固定资产减值准备

育亭机械规定如果从"资产是预期的未来经济利益"的角度出发，有迹象表明固定资产可能发生减值，财务部门应当计算确定该固定资产的可收回金额，然后将其与相应的账面价值进行比较，据以判断是否需要确认减值损失。当可收回金额低于账面价值时，确认固定资产发生了减值，要计提固定资产减值准备，编制减值资产汇总清单，联合固定资产管理部门和采购部门计算减值金额，经测试、审批后，调整固定资产的账面价值，更新固定资产卡片与台账，以使账面价值能够真实、客观地反映该资产在当前市场上的实际价值。

4. 固定资产报废

作为固定资产使用部门要时刻掌握资产使用情况，有下列情况之一的，可以向资产管理部门提出报废申请。资产管理部门派专业技术人员对资产进行检测、评估，确定符合报废条件的，向财务部提交详细的报废资产清单。财务部通过资产管理信息系统向审计监察部门或公司管理层提交资产报废报告，经审批后在审计监察部门的监督之下及时进行账务处理，资产管理部门及时更新固定资产卡片，使用部门处置实物。

符合下列条件之一的固定资产可申请报废：

①使用年限过长，功能丧失，完全失去使用价值，或不能使用并无修复价值的；

②产品技术落后，质量差，耗能高，效率低，已属淘汰且不适于继续使用，或技术指标已达不到使用要求的；

③严重损坏，无法修复的或虽能修复，但累计修理费已接近或超过市场价值的；

④主要附件损坏，无法修复，而主体尚可使用的，可作部分报废。

5. 固定资产出售

育亭机械规定资产的出售应按规定程序审批，由固定资产管理部门提出出售申请，公司管理层进行审核，必要时由财务部门对高价值资产进行价值评估，资产管理部门在法务部和财务部门的参与下，确定出售价格、签订合同并处置资产。

二、知识储备

(一) 固定资产管理风险

关于固定资产风险，企业常分为以下几类：

（1）经营风险，包括因保管不善、使用不当，发生被盗、损毁、事故等造成的固定资产损失；或因长期闲置造成资产毁损，失去使用价值；或未及时完整办理保险，给公司带来巨大经济损失；或因固定资产处置不规范，人为造成资产流失等。

（2）财务风险，包括因分类编码错误，不能如实反映固定资产现状；或因会计核算不规范，账目记录有误，造成财务数据不正确；或因计提折旧错误，造成成本费用失真等。

（3）合规风险，包括因违反国家有关安全、消防、环保等规定，遭受经济处罚；或因收购和出售合同违反合同法等国家法律、法规及股份公司内部规章制度的要求，造成损失等。

（二）企业在固定资产管理过程中常存在的问题

1. 缺乏健全的固定资产管理制度

部分企业存在固定资产管理不提折旧或者少提折旧的现象，导致企业的固定资产管理存在严重的账实不符问题，难以真实客观地体现企业的财务状况，还有一些企业没有制定科学的固定资产处置方式，导致废弃的固定资产长期闲置，使企业的资源得不到充分的利用，造成了企业固定资产的流失。

2. 缺乏固定资产投资风险防范意识

部分企业在进行固定资产投资项目决策时，没有制定科学的风险应对机制就盲目进行投资，在这种情况下就有可能导致固定资产投资失误。由于固定资产投资所需占用的资金数额巨大，投资回收期限较长，一旦出现失误，往往会给企业带来严重的经济损失。

3. 存在较为严重的固定资产浪费现象

部分企业，特别是一些规模较大的集团企业，由于企业经营范围比较广泛，所投资的固定资产项目也比较多，往往对固定资产的管理缺乏规范的机制。具体说来，主要包括重复购置、固定资产底册记录不明晰、提前报废等问题。在有些大型企业中，由于企业部门或者分公司比较多，对固定资产的管理级次也比较多，更易产生固定资产账目不明问题。

4. 缺乏针对固定资产管理的有效监督

部分企业认为那些已经达到使用年限的固定资产已经不具备什么使用价值了，因此就放松了对报废固定资产的管理，认为开展报废固定资产的管理不仅不能取得一定的经济收益，反而还会占用一定的人力、财力，不利于企业成本的控制。这种观点具有一定的科学性，但是对于那些价值比较大的固定资产来说，在其达到报废标准之后所能够实现的残值收入也是比较可观的。因此，对此类固定资产的处理，企业应当予以充分的重视。

任务描述

本任务解析了企业固定资产购置、固定资产清查和盘点、计提固定资产减值准备、固定资产报废、固定资产出售流程，重点分析了固定资产管理业务风险控制点并确定固定资产业务的风险事项。

任务要求

对育亭机械的固定资产管理流程进行梳理，确定固定资产管理过程中容易存在的具体风险事项。

任务实施

分组讨论，组内讨论时间10分钟。小组成果展示方式：每组推选代表轮流发言。

固定资产管理过程中容易存在的具体风险事项有：

（1）固定资产购置不符合单位购置计划，违规审批可能导致影响公司的资金利用效益；

（2）固定资产申请购置环节审批不严，造成浪费、闲置现象发生；

（3）验收环节把关不严，品种、规格、数量、技术要求及其他内容可能与合同不符；

（4）固定资产登记内容不完整，导致资产流失、信息失真等；

（5）财务部门未按规定入账，入账价格与事实不符；

（6）未按规定审批程序批准出售资产，可能发生隐瞒、截留、挤占、挪用、坐支或者擅自减收、免收、缓收，固定资产处置收入事件；

（7）固定资产处置方式不合理、不合规，可能造成固定资产流失，给公司带来经济损失。

任务评价

序号	评价内容	评价具体要点	达标	未达标
1	固定资产管理流程	能够熟悉企业固定资产购置、固定资产清查和盘点、计提固定资产减值准备、固定资产报废、固定资产出售流程		
2	固定资产风险识别	能够确定固定资产业务的风险事项		

拓展阅读

固定资产的弃置费用通常是指根据国家法律和行政法规、国际公约等规定，企业承担的环境保护和生态恢复等义务所确定的支出，如核电站核设施等的弃置和恢复环境义务等。企业应当根据《企业会计准则第13号——或有事项》的规定，按照现值计算确定应计入固定资产成本的金额和相应的预计负债。油气资产的弃置费用，应当按照《企业会计准则第27号——石油天然气开采》及其应用指南的规定处理。

不属于弃置义务的固定资产报废清理费，应当在发生时作为固定资产处置费用处理。

巩固练习

固定资产在增加的过程中，不同增加方式的管理风险有何不同？

任务二　固定资产投资风险

工作准备

一、案例背景

根据2021年度固定资产投资计划，育亭机械采购部已经采购并入库相关固定资产，采购的固定资产包括生产设备、办公设备等。部分固定资产已经被领用并用于生产和办公。

根据公司风险管控的要求，财务部需要定期对固定资产的使用情况进行核查，评估固定资产发挥的价值，以尽量减少固定资产闲置情况的发生。

（1）按照公司统一制定的固定资产管理政策，闲置的固定资产是指已采购入库3个月以上但未领用的固定资产，或者已建立固定资产档案但处于闲置状态的资产。这些类型的固定资产都应重点管控。

（2）生产设备的价值一般比较大，财务部需要定期对生产设备的使用情况进行评估，判断这些生产经营设备的利用率，以评判设备所发挥的价值。

（3）在掌握了资产闲置的相关信息后，财务部需要评估资产闲置对企业造成的后果和影响。因资产处于可利用状态，资产价值及其可发挥的作用仍存在，故重点评估资产闲置对公司的资金成本的影响。在评估时，需要参考银行给企业的贷款利率。

（4）财务部需要评估生产设备利用率不足对企业造成的影响，故需要采集每类生产设备创造价值的相关数据。

思考 1

根据（1）的相关信息，如果你是财务部的负责人，应如何评估已投资的固定资产的闲置情况？

思考 2

根据（2）的信息，思考生产设备的利用率如何进行评估？

思考 3

根据（3）的信息，如果你是财务部的负责人，应如何评估已投资的固定资产的闲置所造成的资金成本的影响？

思考 4

根据（4）的信息，如果你是财务部的负责人，应如何评估生产设备产能利用率不足对企业造成的影响？

二、知识储备

根据 2021 年度固定资产投资计划，育亭机械采购部已经采购并入库相关固定资产，采购的固定资产包括生产设备、办公设备等。部分固定资产已经被领用并用于生产和办公。

（一）固定资产投资

建造和购置固定资产的经济活动，一般固定资产投资包括房产、建筑物、机器、机械、运输工具，以及企业用于基本建设、更新改造、大修理和其他固定资产投资等。固定资产投资额是以货币表现的建造和购置固定资产活动的工作量，它是反映固定资产投资规模、速度、比例关系和使用方向的综合性指标。

（二）固定资产投资的资金来源

固定资产投资的资金来源如图 4-1 所示。

1 国家预算内资金
2 国内贷款
3 利用外资
4 自筹资金
5 其他资金来源

图 4-1

（三）固定资产投资具体分类

固定资产投资分类如图 4-2 所示。

```
                                                    ┌ 新建企业投资
                          ┌ 按投资在生产过程中的作用 ┤ 简单再生产投资
                          │                         └ 扩大再生产投资
                          │
                          │                         ┌ 战术性投资
                          ├ 按对企业前途的影响     ┤
                          │                         └ 战略性投资
                          │
    ┌─────────────┐       │                         ┌ 相关性投资
    │ 固定资产投资分类 ├──┼ 按投资项目之间的关系 ┤
    └─────────────┘       │                         └ 非相关性投资
                          │
                          │                         ┌ 扩大收入投资
                          ├ 按增加利润的途径       ┤
                          │                         └ 降低成本投资
                          │
                          │                         ┌ 采纳与否投资
                          └ 按决策的分析思路       ┤
                                                    └ 互斥选择投资
```

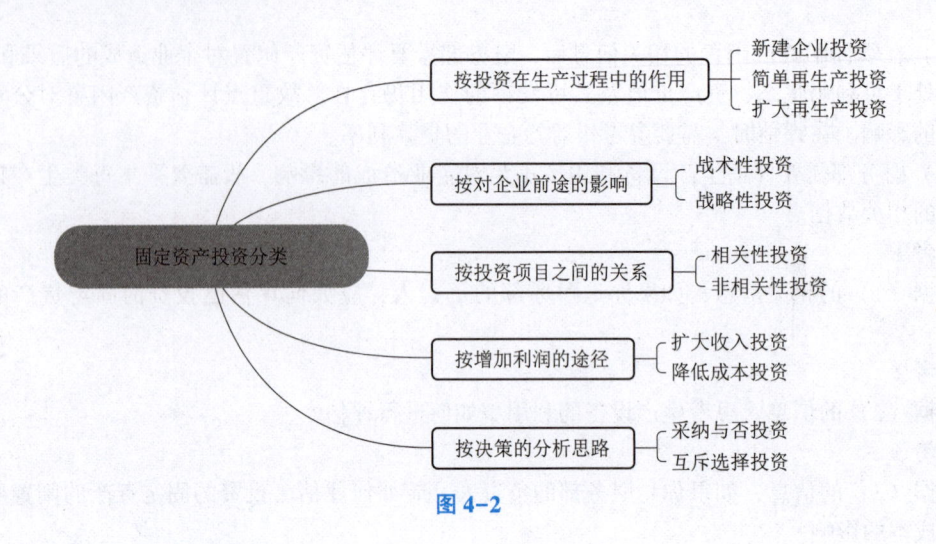

图 4-2

(四) 固定资产投资的特点

1. 固定资产的回收时间较长

固定资产投资决策一经作出，便会在较长时间内影响企业，一般的固定资产投资都需要几年甚至十几年才能收回。

2. 固定资产投资的变现能力较差

固定资产投资的实物形态主要是厂房和机器设备等固定资产，这些资产不易改变用途，出售困难，变现能力较差。

3. 固定资产投资的资金占用数量相对稳定

固定资产投资一经完成，在资金占用数量上便保持相对稳定，而不像流动资产投资那样经常变动。

4. 固定资产投资的实物形态与价值形态可以分离

固定资产投资完成，投入使用以后，随着固定资产的磨损，固定资产价值便有一部分脱离其实物形态，转化为货币准备金，而其余部分仍存在于实物形态中。在使用年限内，保留在固定资产实物形态上的价值逐年减少，而脱离实物形态转化为货币准备金的价值却逐年增加。直到固定资产报废，其价值才得到全部补偿，实物也得到更新。

5. 固定资产投资的次数相对较少

与流动资产相比，固定资产投资一般较少发生，特别是大规模的固定资产投资，一般要几年甚至十几年才发生一次。

(五) 风险评估模式

(1) 固定资产投资风险概率：判断固定资产闲置和设备利用率不足事件发生概率风险，固定资产投资的风险概率=[0.5×资产闲置率+0.5×(1-设备利用率)]×100%。固定资产投资的风险概率预警表如表 4-1 所示。

表 4-1 固定资产投资的风险概率预警表

评分	1	2	3	4	5
固定资产投资风险概率（Y）	$Y \leqslant 10\%$	$10\% < Y \leqslant 30\%$	$30\% < Y \leqslant 70\%$	$70\% < Y \leqslant 90\%$	$90\% < Y$

续表

评分	1	2	3	4	5
预警级别	绿色预警	蓝色预警	黄色预警	橙色预警	红色预警
说明	固定资产闲置和设备利用率不足事件一般不会发生	固定资产闲置和设备利用率不足事件在极少情况下才发生	固定资产闲置和设备利用率不足事件在某些情况下发生	固定资产闲置和设备利用率不足事件在较多情况下发生	固定资产闲置和设备利用率不足事件常常会发生

（2）固定资产投资风险影响程度：判断资产闲置和设备利用不足损失的总金额对公司营业利润的影响，固定资产投资的风险影响=[（资产闲置造成的损失+设备利用不足造成的损失）/营业利润]×100%=资产闲置影响程度+设备利用不足影响程度。固定资产投资的风险影响预警表如表4-2所示。

表4-2 固定资产投资的风险影响预警表

评分	1	2	3	4	5
资产闲置与设备利用率不足的固定资产损失总金额占营业利润比例（Y）	$Y \leq 1\%$	$1\% < Y \leq 5\%$	$5\% < Y \leq 10\%$	$10\% < Y \leq 20\%$	$20\% < Y$
预警级别	绿色预警	蓝色预警	黄色预警	橙色预警	红色预警
说明	资产闲置与设备利用率不足的固定资产损失金额对企业基本无影响	资产闲置与设备利用率不足的固定资产损失金额对企业运行有轻度影响	资产闲置与设备利用率不足的固定资产损失金额对企业运行有中度影响	资产闲置与设备利用率不足的固定资产损失金额对企业运行有严重影响	资产闲置与设备利用率不足的固定资产损失金额对企业运行有重大影响

任务要求

（1）当前时间为2021年9月，财务部对固定资产的采购、入库、建档、领用等信息进行统计，并记录了固定资产的状态。其中，采购并入库的固定资产的具体信息可参照表2021固定资产收料记录，已经建立固定资产档案的资产状态和相关信息可参照表2021固定资产状态。每类固定资产的采购金额可在表2021固定资产应付单中查询到。

根据上面表格所提供的数据，评估固定资产的闲置情况。财务部制定了量化评估标准，对固定资产闲置率指标分段进行监控和预警，若：在0~0.1，闲置率极低；0.1~0.3，闲置率低；0.3~0.7，闲置率较高；0.7~0.9，闲置率高；0.9以上，闲置率极高，需要特别关注。

（2）财务部需要收集生产部的每台生产设备每个月的实际工时，以便与额定工时进行对比，分析设备的利用率，以评判设备是否充分发挥其价值。该指标涉及两个数据表在用设备产能额定工时、2021年在用设备产能利用统计。其中，2021年在用设备产能利用统计统计了每台生产设备2021年1月到8月的月度实际工时。

财务部制定的量化评估标准为：在 0～0.1，属于极低；0.1～0.3，低；0.3～0.7，较高；0.7～0.9，高；0.9 以上，极高。

（3）财务部评估资产闲置对企业造成的价值影响。该部分评估涉及的企业贷款利率为 5.5%，涉及的数据表格为 2021 固定资产收料记录、2021 固定资产状态、2021 固定资产应付单。另外，到 8 月底公司营业利润为 1 467 万。

财务部制定的量化评估标准为：1% 以下，极轻微；1%～5%，轻微；6%～10%，中等；11%～20%，重大；20%，灾难性。

（4）财务部评估生产设备利用率不足对企业造成的价值影响。其中到 8 月底公司营业利润为 1467 万，涉及的数据表格为 2021 年在用设备产能价值表。

财务部制定的量化评估标准为：1% 以下，极轻微；1%～5%，轻微；6%～10%，中等；11%～20%，重大；20%，灾难性。

（5）若资产闲置率、设备利用率的影响权重相同，请根据资产闲置率、设备利用率、资产闲置的影响、设备利用率不足造成的影响这 4 个因素，对固定资产投资的风险进行综合评估，确定其风险程度，并进行分析。

思考 1

根据（1）的相关信息，如果你是财务部的负责人，应如何评估已投资的固定资产的闲置情况？

思考 2

根据（2）的信息，思考生产设备的利用率如何进行评估？

思考 3

根据（3）的信息，如果你是财务部的负责人，应如何评估已投资的固定资产的闲置所造成的资金成本的影响？

思考 4

根据（4）的信息，如果你是财务部的负责人，应如何评估生产设备产能利用率不足对企业造成的影响？

任务实施

一、评估资产闲置率

第一步：对采集的相关数据表进行初步分析。

查询所提供的数据表，对其进行分析，可以初步分析出相关信息：

表 2021 固定资产收料记录记录了到 2021 年 9 月的年度固定资产收料信息。

表 2021 固定资产状态记录了在 2021 年采购的且已经建立固定资产档案的资产信息。

具体实现步骤如下：

打开金蝶云星空主界面，选择"金蝶云星空账号"，选择老师指定的数据中心，输入用户名、密码，登录。单击主菜单图标，选择"经营分析"-"轻分析"-"分析平台"-"轻分析"，单击"轻分析"按钮进入轻分析页面。

单击"分类"旁边的"+"，新增分类，参照图 4-3 输入"资产管理风险管控"分类。

单击右边的"新建"按钮，弹出新建窗口，选择"业务主题"。在"新建业务主题"窗口中输入"固定资产投资计划"的相关信息，单击"确定"按钮返回，如图 4-4 所示。

评估资产闲置率

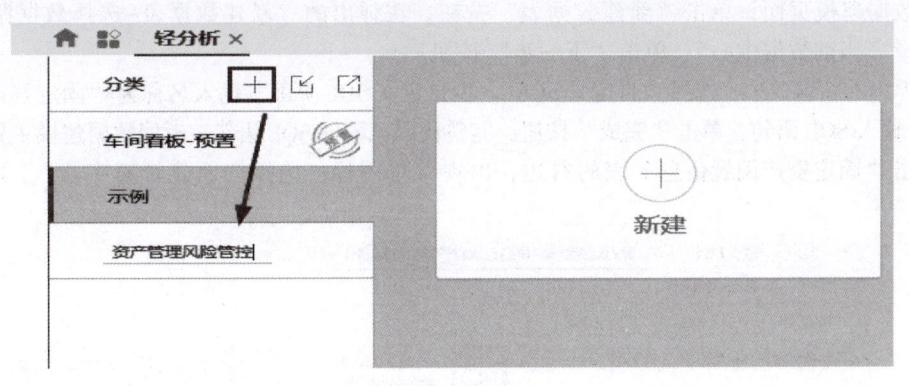

图 4-3

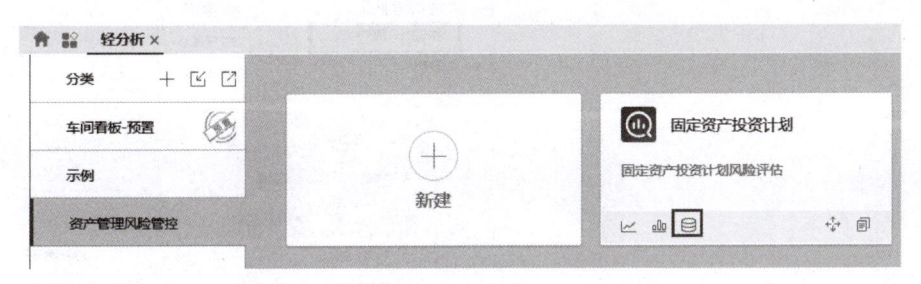

图 4-4

在"固定资产投资计划"卡片中，单击"数据建模"的图标，进入数据建模页面。

在数据建模页面，单击"新建数据表"按钮。在弹出的"新建数据表-选择数据源"窗口中，选择"当前数据中心"，单击"下一步"按钮。

在弹出的窗口中，选择"类型"为"表"。在搜索框中输入"2021固定资产"，勾选"2021固定资产收料记录"表，查看该表中的数据为2021年的收料记录。

勾选"2021固定资产状态"表，可看到表中记录了固定资产的使用状态，有部分为"闲置"。

单击本窗口右上角的"×"按钮，关闭该窗口，返回数据建模主页面。

单击"轻分析"页签，返回轻分析主页面。

第二步：分析如何获取处于闲置状态的资产。

对上面的表的记录进行对比分析，可以查找出处于闲置状态的固定资产：

（1）在固定资产收料记录中有，但在固定资产状态表中并没有的资产，属于已经收货但并没有领用并建立资产档案的闲置资产。

（2）在固定资产状态表中，如果资产状态不为"正常使用"，就属于闲置状态的固定资产。

第三步：构建资产闲置率指标。

当筛选出处于闲置状态的每类资产的数量后，再从表2021固定资产应付单中获取该资产的单价，得到2021年度闲置资产的金额。将该金额与年度固定资产总金额进行对比，就可得到资产闲置率。

具体实现步骤如下：

在"固定资产投资计划"卡片中，单击"数据建模"的图标，进入数据建模页面。

在数据建模页面,单击"新建数据表"按钮。在弹出的"新建数据表-选择数据源"窗口中,选择"当前数据中心",单击"下一步"按钮。

在弹出的新窗口中,选择"自定义SQL"。在自定义SQL页面,输入名称为"固定资产闲置信息",并输入SQL语句,单击"完成"按钮,完整代码见附件SQL语句。返回数据建模主界面。

单击"固定资产闲置信息"表的右边,出现菜单图标,选择"新建计算字段",如图4-5所示。

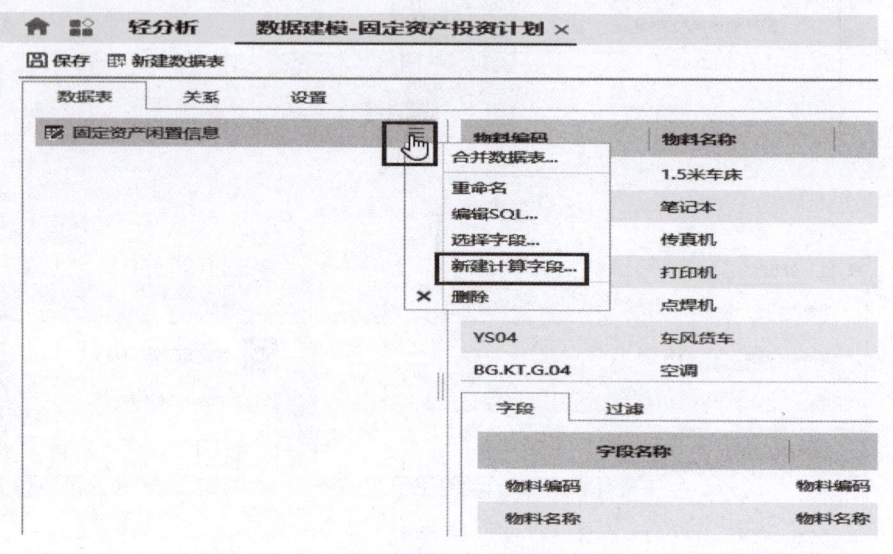

图4-5

新建计算字段"闲置资产数量"。参照图4-6,在名称中输入"闲置资产数量",表达式为"[收货数量]-[资产数量]"。

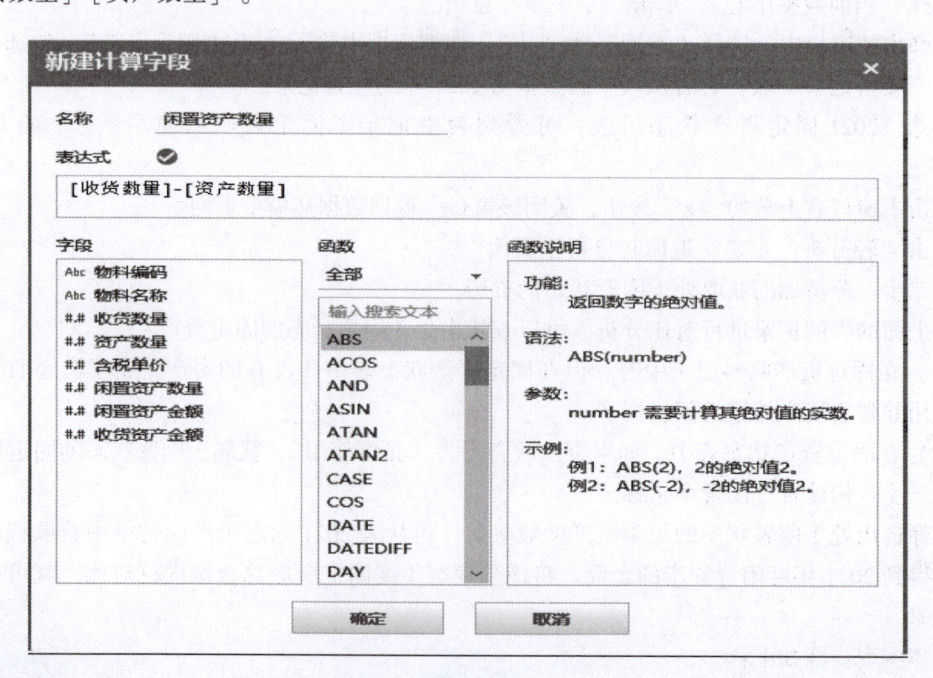

图4-6

同样的方式，新建计算字段"闲置资产金额"，如图4-7所示。

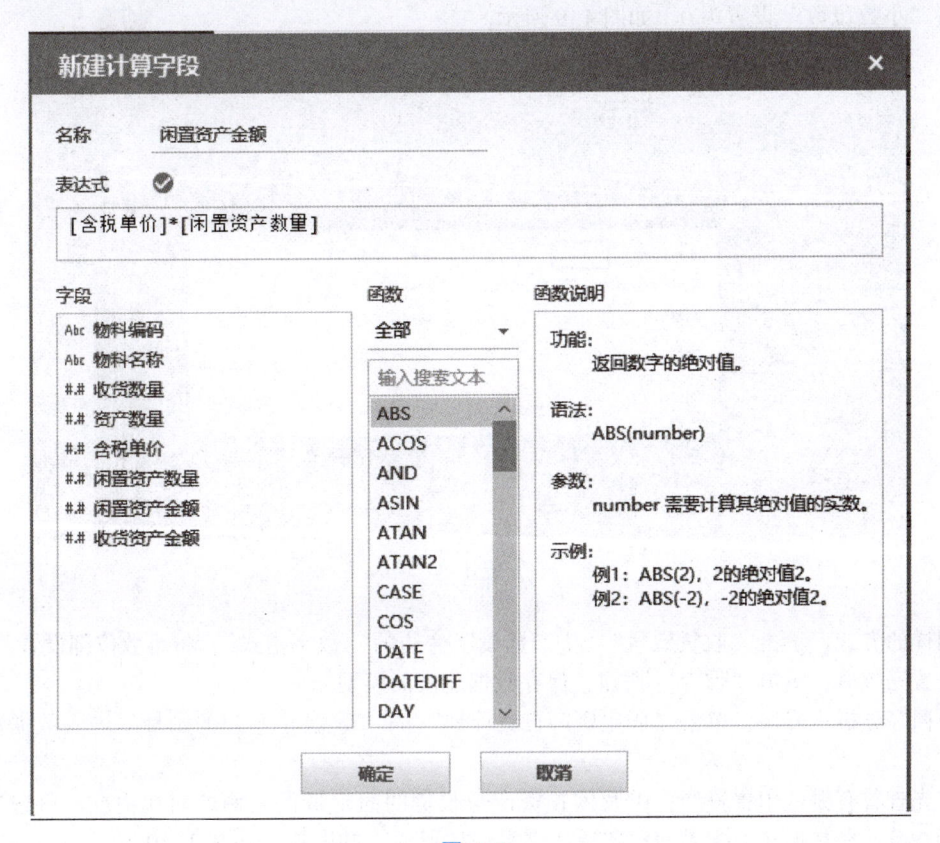

图 4-7

再新建计算字段"收货资产金额"，如图4-8所示。

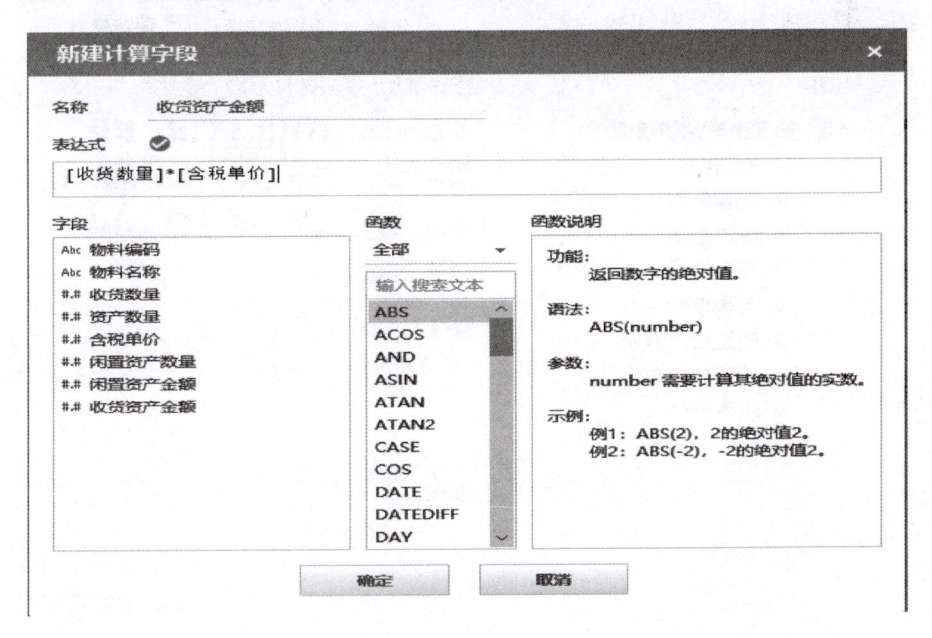

图 4-8

返回数据建模主界面,单击"闲置资产数量"的"数字格式"的编辑图标,在弹出的窗口中,将"小数位数"设置为0,如图4-9所示。

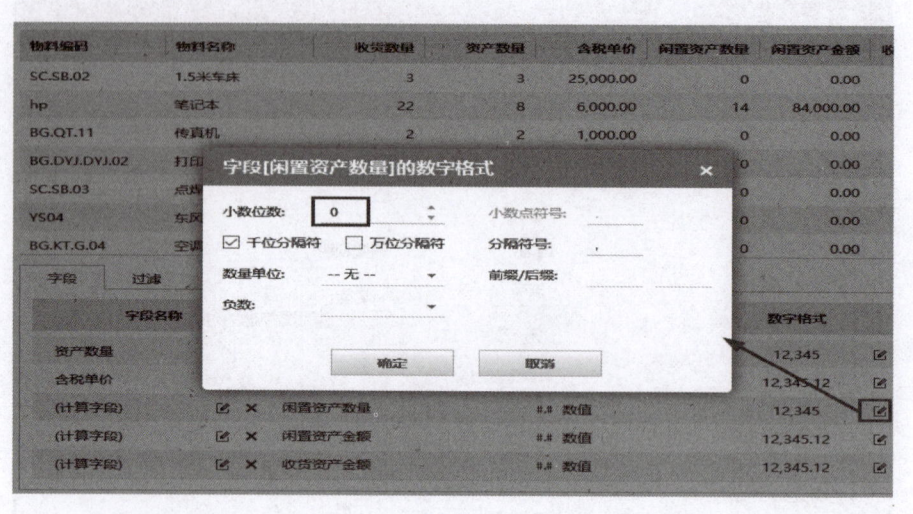

图4-9

同样的方式,单击"收货数量""资产数量"旁边的"数字格式",将小数位都设置为0。设置完成后,单击"保存"按钮,保存数据建模的模型。

返回轻分析主界面,单击"固定资产投资计划"的"数据斗方"的图标,进入数据斗方的页面。

首先查看有哪些闲置资产,以及闲置资产与收货的固定资产金额的对比情况,可选用柱形图进行查看。在数据斗方主界面,选择"多系列柱形图"的图标,如图4-10所示。

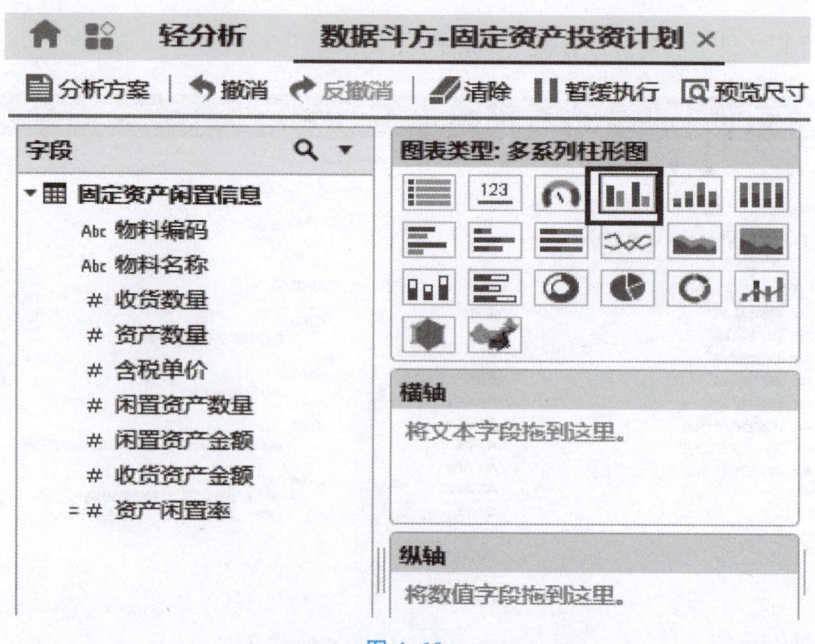

图4-10

将"物料名称"拖拽到"横轴"中,将"闲置资产金额"拖拽到"纵轴"中,"收货资产金额"也拖拽到"纵轴"中,便于进行对比,如图4-11所示。

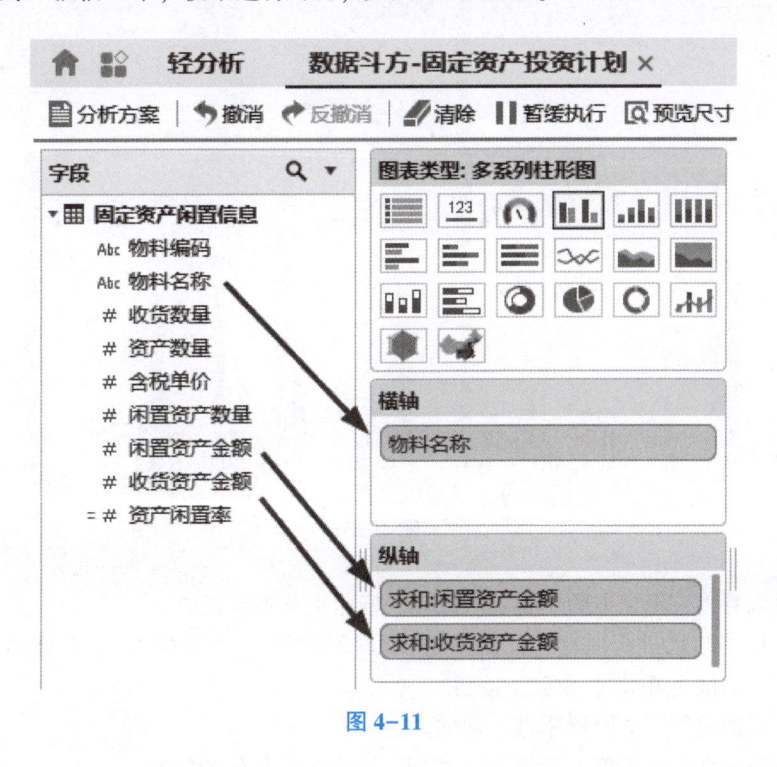

图 4-11

柱形图的对比色不够突出,因此调整一下颜色。单击右边属性框中"调色板"的编辑图标,在弹出的"调色板"窗口中,将第一个蓝色调整为红色,单击"确定"按钮返回,如图4-12所示。

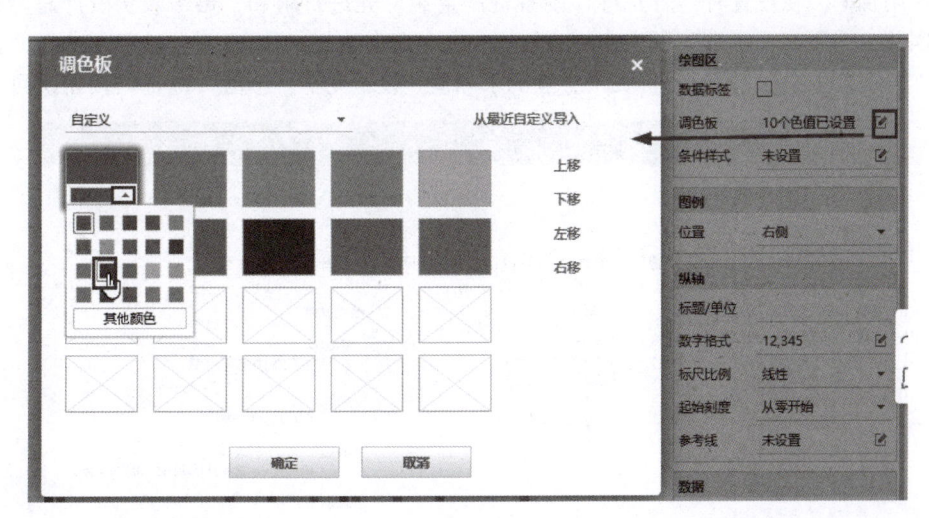

图 4-12

可以看到闲置资产与收货资产的金额对比图形如图4-13所示

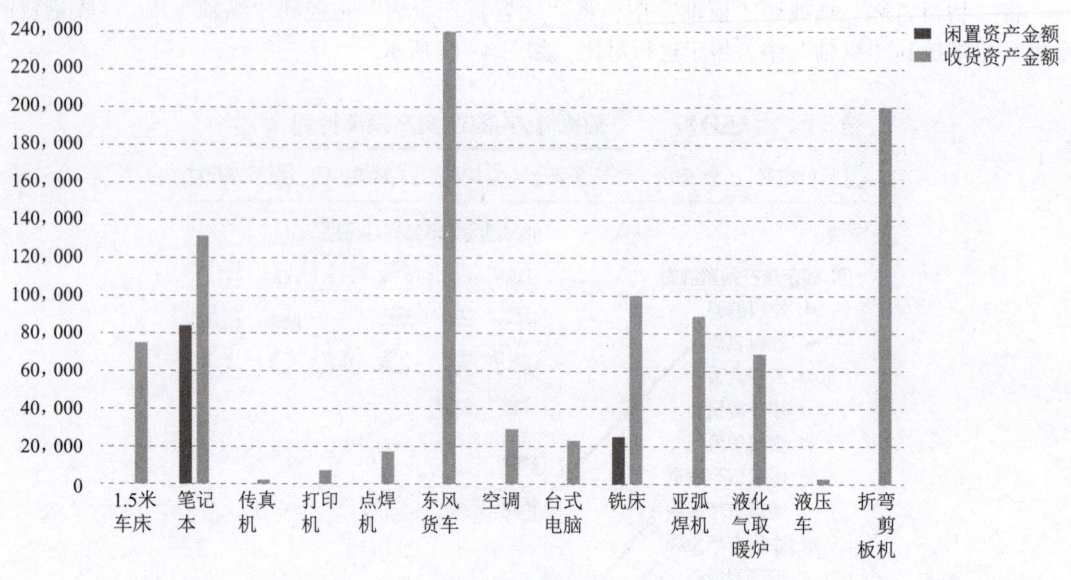

图 4-13

从图中可以看出，笔记本的闲置资产较多，铣床也有闲置资产。

将初步分析的结果进行保存。依次单击"分析方案"-"另存为"，在弹出的窗口中输入"闲置固定资产对比"。单击"确定"按钮。

接下来，对固定资产的闲置率进行评估。

在数据斗方主界面，先单击"清除"按钮，清除当前分析的结果。

单击左边"字段"旁的倒三角符号，选择"创建计算字段"。

在"创建计算字段"窗口，在"名称"中输入"资产闲置率"。在表达式中，参照图 4-14 设置资产闲置率。在设置时，需要将"闲置资产金额"先进行求和，再与收货资产总金额进行对比，因此，需要在"函数"的文本框中输入 sum，双击选择 SUM 函数，然后再选择"闲置资产金额"。同样的方式，设置收货资产金额的求和值。设置完毕，单击"确定"按钮返回。

图 4-14

在轻分析主界面，选择"仪表图"的图标。然后，将"字段"下的"资产闲置率"拖拽到"指针值"里，如图4-15所示。

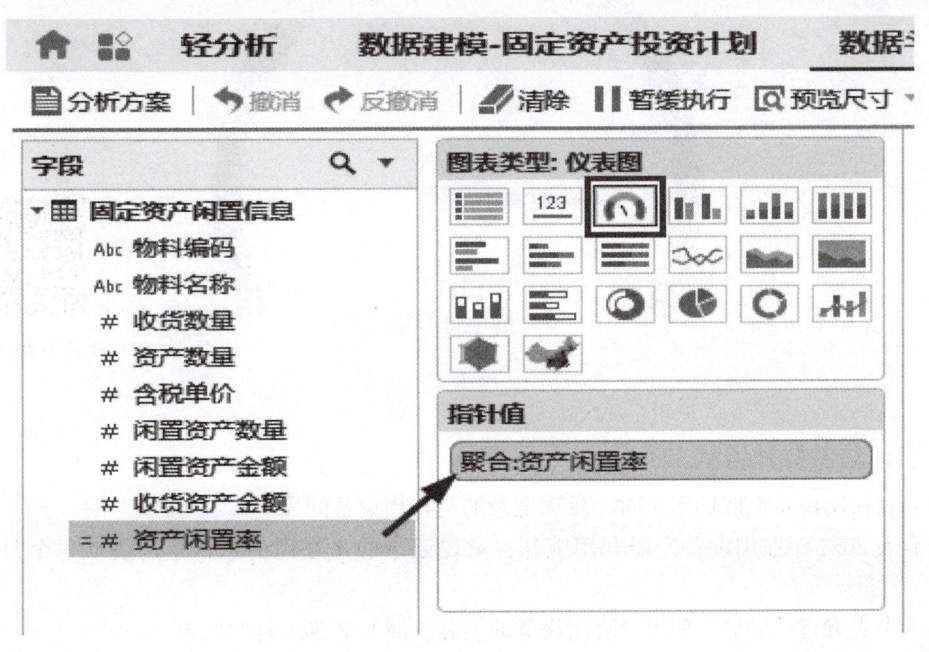

图 4-15

在右边的属性框中，单击"表盘"下的"分段"的编辑图标，在弹出的窗口中，设置"起始刻度值"为"0"，"结尾刻度值"为"1"。然后，单击"添加分刻度"，参照任务要求中的分段方式进行设置。0~0.1为绿色，标签为"极低"；0.1~0.3为蓝色，标签为"低"；0.3~0.7为黄色，标签为"中等"；0.7~0.9为橙色，标签为"高"；0.9~1为红色，标签为"极高"。单击"确定"按钮返回。

返回数据斗方主页面，在右边"表盘"属性框中，单击"刻度值格式"的编辑图标，在弹出的"数字格式"的窗口中，将"小数位数"设置为0，"数量单位"设置为"百分之一（%）"。单击"确定"按钮返回。

在右边"指针"属性框中，输入"名称"为"资产闲置率"。接下来设置比率显示格式。单击"数值格式"旁的编辑图标，在弹出的窗口中，设置"小数位数"为"2"，"数量单位"为"百分之一（%）"。单击"确定"按钮返回。

在数据斗方主界面，单击"预览尺寸"按钮，选择"全画面"，将仪表盘放大。

以上属性设置完成后，可得到资产闲置率的预警指标的显示结果，如图4-16所示。

从图中可以看出，到2021年9月，育亭机械的资产闲置率为11.01%，处于低的状态，可适当关注。

保存分析结果。依次单击"分析方案"-"另存为"，输入"资产闲置率"，单击"确定"按钮。

11.01%
资产闲置率

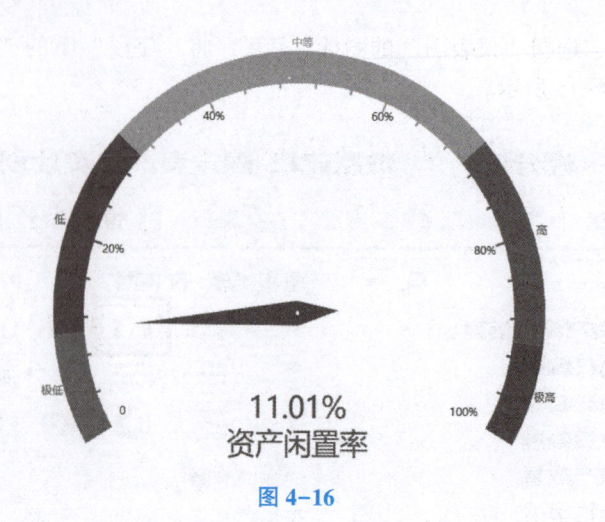

图 4-16

评估设备利用率

二、评估设备利用率

查看表在用设备产能额定工时，发现记录的是在用设备的最大额定工时。

查看表 2021 年在用设备产能利用统计，发现记录的是在用的每台生产设备每个月的实际工时。

将两个表进行关联后，就可计算出设备的实际工时与额定工时的比率。

在轻分析主界面，单击卡片"固定资产投资计划"的"数据建模"图标。

在数据建模主界面，单击"新建数据表"按钮，在弹出的窗口中，选择"当前数据中心"，单击"下一步"按钮。

在"新建数据表-数据中心"的窗口中，选择"表"，单击"下一步"按钮。在搜索框中输入"设备"，显示出 2021 年在用设备产能利用率、在用设备产能额定工时两个表，勾选这两个表，单击"下一步"按钮，如图 4-17 所示。

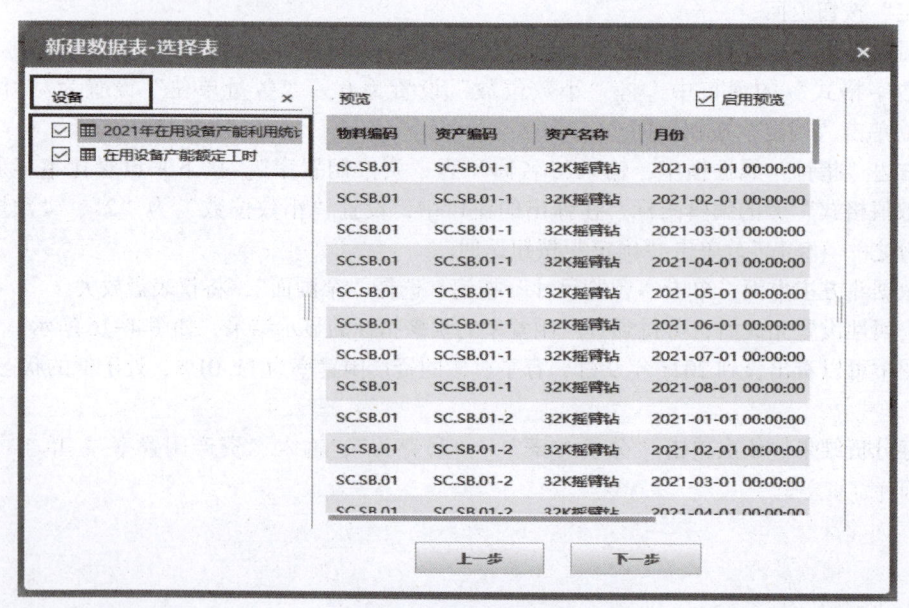

图 4-17

在"新建字段-选择数据表"窗口,选择两个表的所有字段,单击"完成"按钮。

返回数据建模主界面,选择"关系"页签,单击"新建关系"按钮。在弹出的窗口中,选择两个数据表 2021 年在用设备产能利用统计、在用设备产能额定工时,两者关联关系的字段均为"物料编码"。因表在用设备产能额定工时为基础数据表,记录的是每类资产的额定工时,而表 2021 年在用设备产能利用统计记录的是每台资产设备的实际工时,因此两者的关系为"多对一"关系,故选择"多对一"。单击"确定"按钮返回,如图 4-18 和图 4-19 所示。

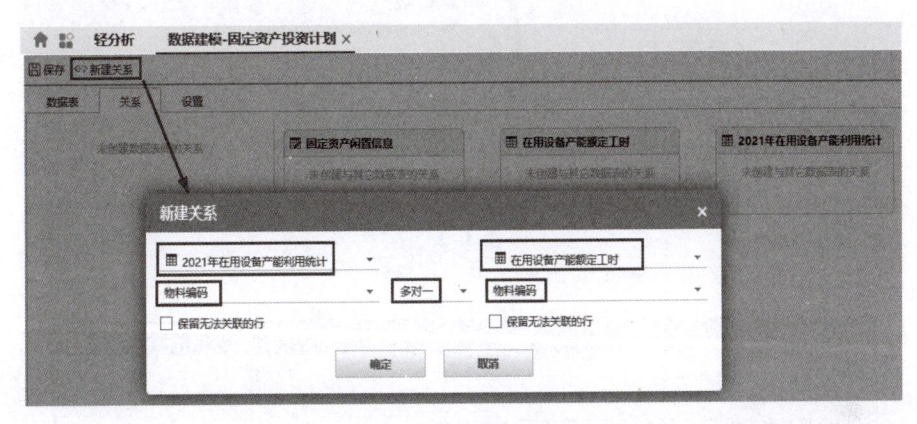

图 4-18

图 4-19

单击"保存"按钮,保存数据模型。数据模型建好后,就可进行设备利用率评估。

在轻分析主界面,单击"数据斗方"图标,进入数据斗方主界面。单击"清除"按钮,清除之前建立的分析内容。

先选中左边的"在用设备产能额定工时",再单击上面"字段"右边的倒三角图标,选择菜单中的"创建计算字段",如图 4-20 所示。

因为在表在用设备产能额定工时中记录的是设备年度 12 个月的额定工时(即最大可运行工时),而在表 2021 年在用设备产能利用统计中记录的是 1~8 月的实际工时,两者需要统一时段标准,因此在此处建立 8 个月的额定工时。

在"创建计算字段"窗口中,"名字"中输入"总额定工时",表达式输入"[在用设备产能额定工时.年度总额定工时]*8/12",表示将年度 12 个月的额定工时折算成 8 个月的额定工时,单击"确定"按钮返回,如图 4-21 所示。

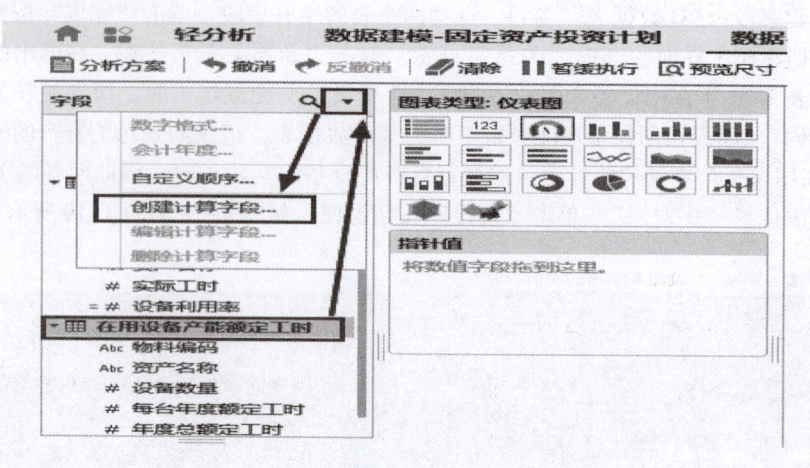

图 4-20

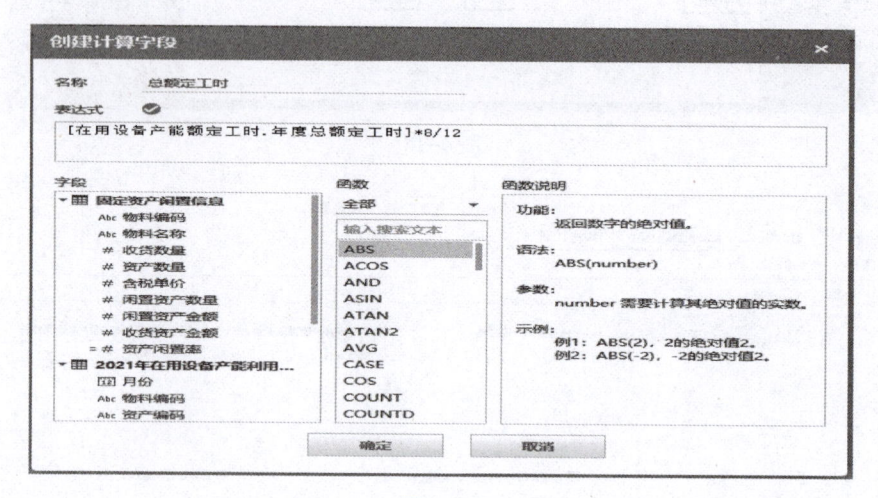

图 4-21

接着建立设备利用率计算字段。先选中表 2021 年在用设备产能利用统计，单击上面"字段"右边的倒三角符号，选中菜单中的"创建计算字段"。

在弹出的"创建计算字段"窗口中，"名称"输入"设备利用率"，表达式输入"SUM（[2021年在用设备产能利用统计．实际工时]）/SUM（[在用设备产能额定工时．总额定工时]）"，分别从两个表中获取数据。选择函数 SUM 的目的是查看总的设备利用率，也可以单独查看某一个设备的利用率，单击"确定"按钮，如图 4-22 所示。

选中"仪表图"的图标，用于构建设备利用率的指标图。将"设备利用率"拖拽到"指针值"的框中。系统显示仪表图的图形。

此时显示的是所有设备的利用率，如果需要观察某个设备的利用率，需要添加过滤字段。将"资产名称"拖拽到"筛选器"中，先选择所有资产设备，如图 4-23 所示。

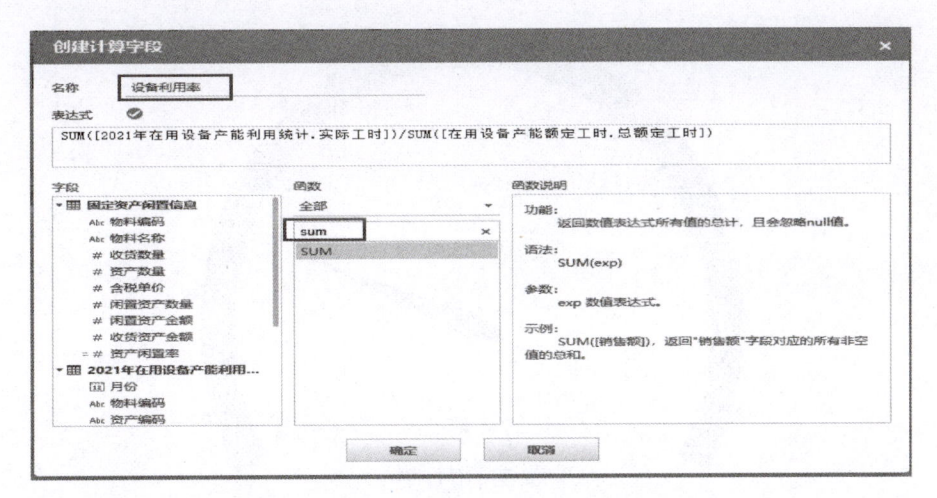

图 4-22

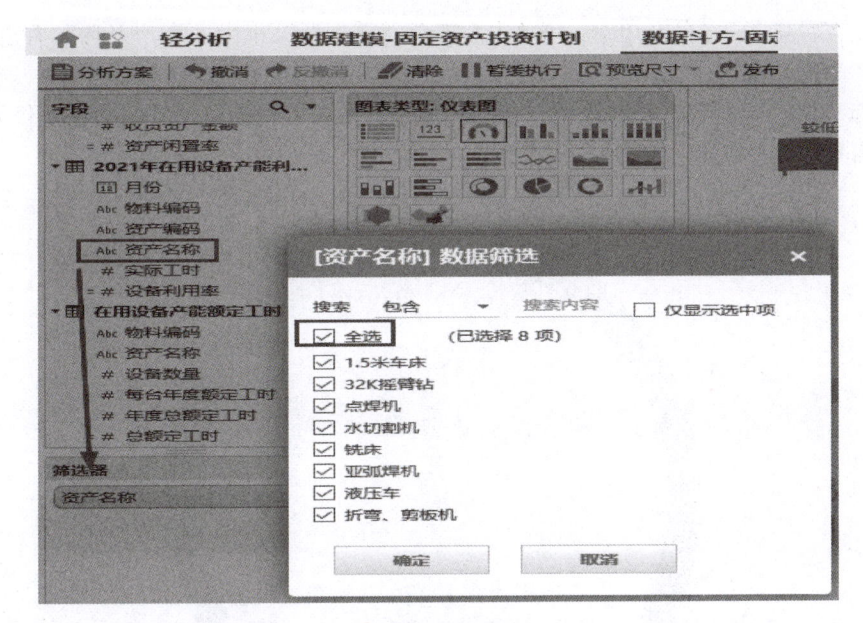

图 4-23

需要再设置表盘的显示样式。在右边的"表盘"属性框中，单击"分段"的编辑图标，在弹出的窗口中，"起始刻度值"设置为"0"，结尾刻度值设置为"1"。单击"添加分刻度"，0~0.1 为红色，标签为"极低"；0.1~0.3 为橙色，标签为"低"；0.3~0.7 为黄色，标签为"中等"；0.7~0.9 为蓝色，标签为"高"；0.9~1 为绿色，标签为"极高"。

单击"刻度值格式"的编辑图标，在弹出窗口中，将"小数位数"设置为 0；"数量单位"设置为"百分之一（%）"。

在"指针"属性框中，输入"名称"为"设备利用率"。单击"数值格式"的编辑图标，在弹出的窗口中，将"小数位数"设置为"1"，"数量单位"设置为"百分之一（%）"。设置完成后，可以看到总的设备利用率为 78.8%，还算比较高，如图 4-24 所示。

78.8%
设备利用率

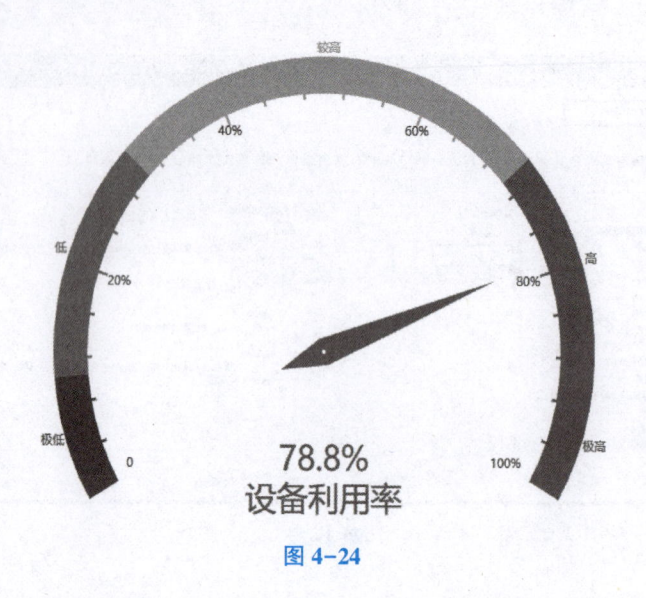

图 4-24

如果想查看某个设备的利用率，可单击左下角"筛选器"框中"资产名称"右边的三角符号，选择"数据筛选"。

仅勾选"1.5 米车床"，查看该类设备的利用率。可以看到该类设备的利用率仅为 51.3%，偏低，是需要重点关注的，如图 4-25 所示。

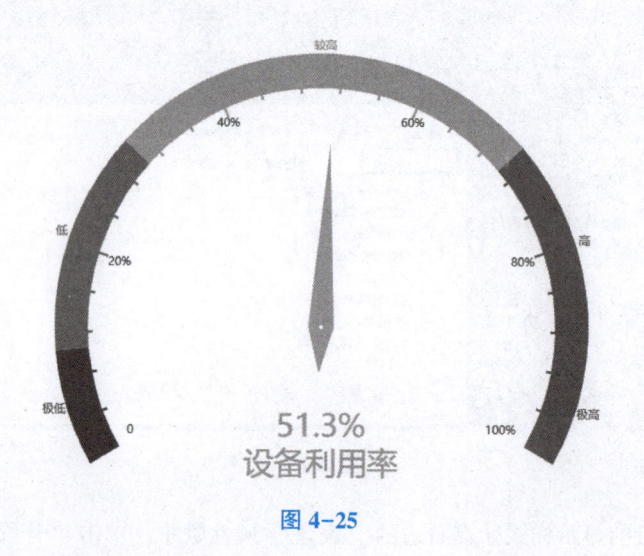

51.3%
设备利用率

图 4-25

参照同样的方式，可以查看其他生产设备的利用率。此处不再一一描述。

依次单击"分析方案"-"另存为"，在方案名称中输入"设备利用率"。单击"确定"按钮。

三、评估资产闲置影响

根据任务背景中的讨论，需要先获取闲置资产的金额。查看前面指标一在数据建模时已经构建的数据模型表"固定资产闲置信息"，可以看到该表中已经包含闲置的固定资产的金额，故可以直接利用该表的结果进行分析。

在轻分析界面，单击"固定资产投资计划"卡片中的"数据建模"图标，进入数据建模主界面。在数据建模主界面，选择"固定资产闲置信息"表，可看到已经有"闲置资产金额"的数据。

因此，可直接用固定资产闲置信息表的信息进行分析。

返回轻分析主界面，单击"固定资产投资计划"卡片中的"数据斗方"图标，进入数据斗方的主界面。

在数据斗方主界面，单击"清除"图标，清除已有的图形。

选择"固定资产闲置信息"，然后单击"字段"右边的倒三角，在下拉菜单中选择"创建计算字段"。

在创建计算字段窗口中，名称输入为"资产闲置影响"，表达式为：SUM([固定资产闲置信息.闲置资产金额])*0.055/14670000，其中 0.055 为贷款利率，14670000 为营业利润，如图 4-26 所示。

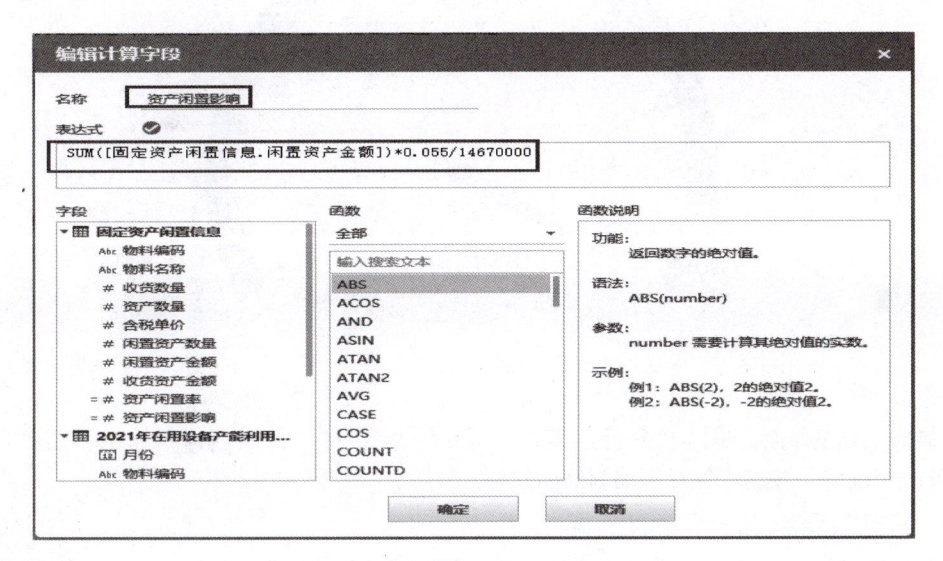

图 4-26

单击"确定"按钮，返回数据斗方页面。选择"仪表图"图标，然后将"资产闲置影响"字段拖拽到"指针值"中。

在右边的"表盘"属性框中，单击"分段"右边的编辑图标，在弹出的窗口中，按照"1%以下，极轻微，绿色；1%~5%，轻微，蓝色；6%~10%，中等，黄色；11%~20%，重大，橙色；20%，灾难性，红色"进行设置，如图 4-27 所示。

图 4-27

返回数据斗方主界面,在右边的"表盘"属性框中,单击"刻度值格式"右边的编辑图标,将"小数位数"设置为"0","数量单位"设为"百分之一(%)"。单击"确定"按钮返回。

返回数据斗方主界面,在右边的"表盘"属性框中,在"指针"的"名称"中输入"资产闲置影响",单击"数值格式"右边的编辑图标,将"小数位数"设置为"2","数量单位"设为"百分之一(%)"。单击"确定"按钮返回。

返回数据斗方主界面,可看到资产闲置造成的影响如图4-28所示,属于极轻微状态。

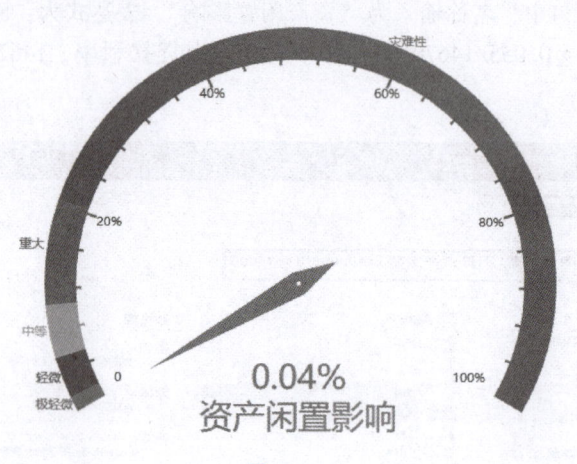

图 4-28

在数据斗方主界面,单击"分析方案"-"另存为",在"方案名称"输入"资产闲置影响",单击"确定"按钮,保存刚编制好的指标。

四、评估设备利用率不足的影响

该指标将用到2021年在用设备产能价值表,因此需要先建立数据模型。

在轻分析主界面,单击"固定资产投资计划"卡片中的"数据建模"图标,进入数据建模主界面。

在数据建模主界面,单击"新建数据表",在弹出的窗口中,选择"当前数据中心",单击"下一步"按钮。在"新建数据表-数据中心"窗口,选择"表",单击"下一步"按钮。

在"新建数据表-选择表"的窗口中,输入"设备"进行搜索,在显示出的表中勾选"2021年在用设备产能价值表",单击"下一步"按钮。

在"新建数据表-选择字段"的窗口中,不作修改,单击"完成"按钮,完成数据建模。在本页面,可看到"总可创价值"是生产设备可创造的最大价值,"实创价值"是生产设备实际创造的价值,"缺失价值"是两者之差,可用于分析设备利用率不足造成的影响。

返回数据建模主页面,单击"保存"按钮,保存数据模型。

在轻分析主界面,单击"固定资产投资计划"的"数据斗方"图标。在数据斗方主界面,单击"清除"图标,清除当前的图形。

选择"2021年在用设备产能价值"表,单击"字段"右边的倒三角图标,在下拉菜单中选择"创建计算字段"。

在"创建计算字段"窗口,在名称中输入"设备利用率不足的影响",在表达式中输入表达式为SUM([2021年在用设备产能价值表.缺失价值])/14670000,其中14670000为营业利润。单击"确定"按钮。

在数据斗方主页面，选择"仪表图"图标，将"设备利用率不足的影响"字段拖拽到"指针值"中。

在右边"表盘"属性框中，单击"分段"右边的编辑图标，在"分段"窗口中，"起始刻度值"为"0"，"结束刻度值"为"1"。单击"添加分刻度"，参考前面的任务要求，设置内容如下："0~0.01，绿色，极轻微；0.01~0.05，蓝色，轻度；0.05~0.1，黄色，中等；0.1~0.2，橙色，重大；0.2~1，红色，灾难性"。单击"确定"按钮。

在数据斗方主界面，单击右边"表盘"属性框中的"刻度值格式"右边的编辑图标，在"数字格式"窗口中，将"小数位数"设置为"0"，"数量单位"设置为"百分之一（％）"。

在"指针"属性框中，"名称"输入"设备利用率不足影响"。单击"数值格式"右边的编辑图标，在"数字格式"窗口中，"小数位数"输入"2"，"数量单位"为"百分之一（％）"。

设置完成后的指标如图4-29所示。

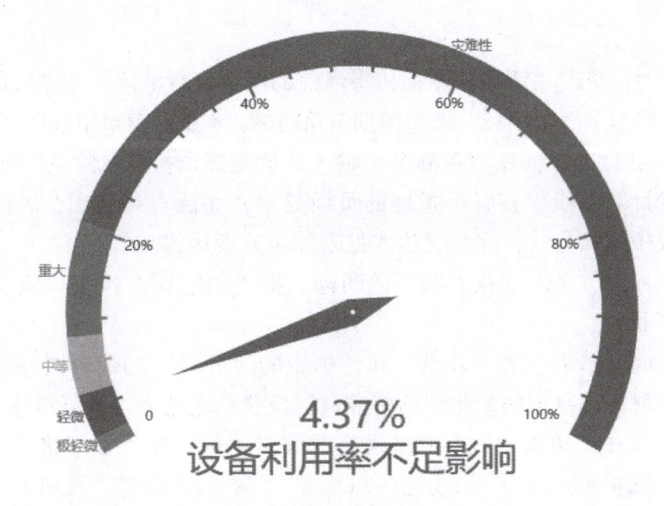

图4-29

单击"分析方案"-"另存为"，在"方案名称"中输入"设备利用率不足影响"，单击"确定"按钮，保存指标。

五、评估固定资产投资风险发生的概率

根据前面的任务要求，资产闲置率、设备利用率的影响权重相同，即两者均为0.5，因此固定资产投资的风险发生概率为：0.5×资产闲置率+0.5×（1-设备利用率）。

为在轻分析中计算该指标，需要构建数据模型，建立表"固定资产闲置信息"和"2021年在用设备产能统计"之间的关系，便于提取数据进行计算。

在轻分析主页面，单击"固定资产投资计划"卡片的数据建模图标，进入数据建模主界面。

选择"关系"页签，进入关系主页面。单击顶部的"新建关系"。

在"新建关系"窗口，选择"固定资产闲置信息""2021年在用设备产能利用统计"表，均以"物料编码"作为关联，两者的关系为"一对多"。"一对多"表示"固定资产闲置信息"为一条物料编码记录，在"2021年在用设备产能利用统计"中为多条物料编码记录。为保证数据完成，勾选两个"保留无法关联的行"，单击"确定"按钮，保存关系，如图4-30所示。

在轻分析主界面，单击"固定资产投资计划"卡片上的数据斗方图标，进入数据斗方界面。

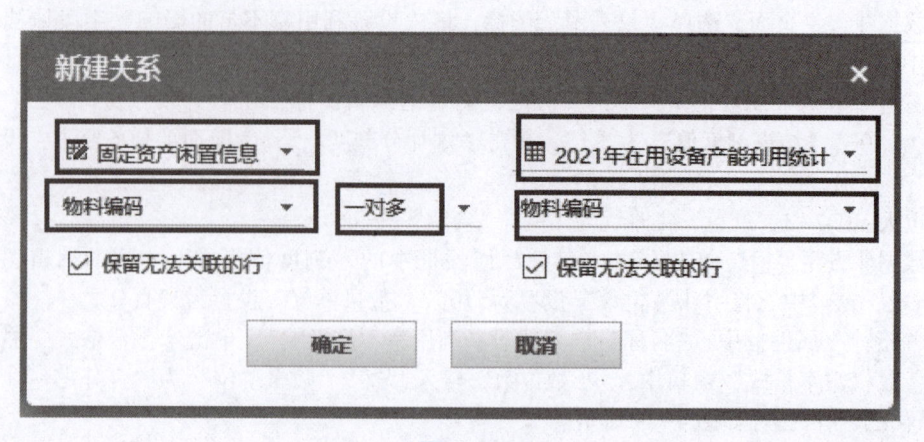

图 4-30

在数据斗方主界面，单击"清除"图标，将当前的图形设置清除。在左边的框中选择"固定资产闲置信息"表，单击上面"字段"右边的倒三角图标，在下拉菜单中选择"创建计算字段"。

在"创建计算字段"窗口，在"名称"中输入"固定资产投资风险发生概率"。

因各指标定义的计算字段仅在各个指标的页面显示，无法直接引用，因此需要重新定义各计算字段。在表达式中输入公式，完整表达式见附件函数表达式。

返回数据斗方主界面，单击"仪表图"的图标，将"固定资产投资风险发生概率"的字段拖拽到"指针值"界面。

在数据斗方主界面，单击右边"表盘"属性框中的"分段"的编辑图标，在"分段"窗口中，按照任务要求中财务部制定的量化评估标准进行设置，此处不再重复描述。

在"表盘"属性框中，单击"刻度值格式"的编辑图标，在"数字格式"窗口中，"小数位数"输入"0"，"数量单位"为"百分之一（%）"。单击"确定"按钮。

在"指针"属性框中，在"名称"中输入"固定资产投资风险概率"。单击"数值格式"右边的编辑图标，在弹出窗口中将"小数位"设置为"2"，"数量单位"设置为"百分之一（%）"。单击"确定"按钮。

返回数据斗方主界面，可看到固定资产投资风险发生概率如图 4-31 所示。

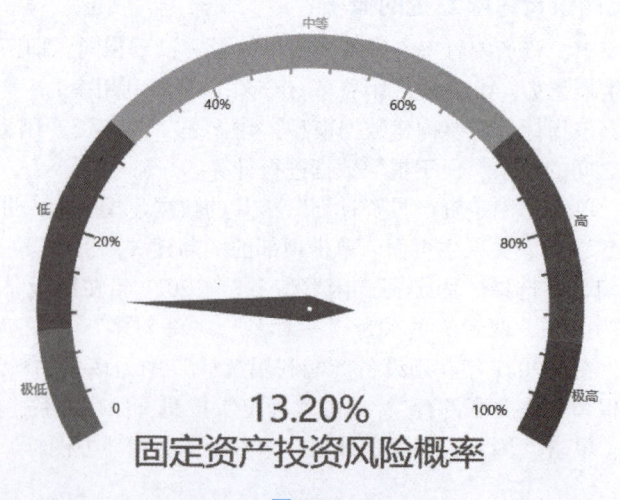

图 4-31

在数据斗方主界面,依次单击"分析方案"-"另存为",输入"方案名称"为"固定资产投资风险概率",单击"确定"按钮。

六、评估固定资产投资风险影响程度

根据前面的任务要求,固定资产投资风险的影响程度由资产闲置率造成的影响、设备利用率不足造成的影响两者决定。因此,影响程度由两者造成的损失与营业利润比较来评估,计算公式为:

$$（资产闲置造成的损失+设备利用不足造成的损失）/营业利润=$$
$$资产闲置影响程度+设备利用不足影响程度$$

在轻分析中构建监控指标。首先建立数据模型。在轻分析主界面,单击"固定资产投资计划"卡片的数据建模图标。

在数据建模主界面,选择"关系"页签,进入关系主界面。单击顶部的"新建关系"。

在"新建关系"窗口,选择"固定资产闲置信息""2021年在用设备产能价值表"两张表进行关联,字段选择"物料编码",关系选择为"一对一"。为保证数据的完整,勾选两个"保留无法关联的行",单击"确定"按钮,如图4-32所示。

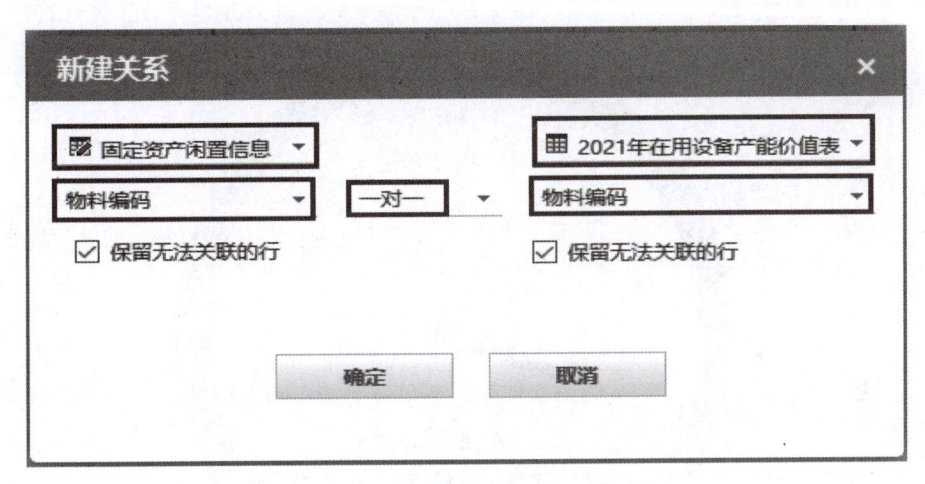

图 4-32

在数据建模主界面,单击"保存"按钮,保存数据模型。

在轻分析主界面,单击"固定资产投资计划"卡片的数据斗方图标,进入数据斗方主界面。在数据斗方主界面,单击"清除"图标,清除当前的指标。

选中"固定资产闲置信息"表,单击"字段"右边的倒三角图标,选择"创建计算字段"。

在"创建计算字段"窗口中,名称输入"固定资产投资风险影响程度",表达式输入:

(SUM([固定资产闲置信息.闲置资产金额])×0.055+SUM([2021年在用设备产能价值表.缺失价值]))/14670000

在数据斗方主界面,单击"仪表图"图标,将"固定资产投资风险影响程度"字段拖拽到"指针值"框中。

在数据斗方主界面,右边"表盘"属性框中,单击"分段"右边的编辑图标。在弹出的窗口中,按照财务部制定的量化标准进行设置,参照图4-33,此处不再重复描述。

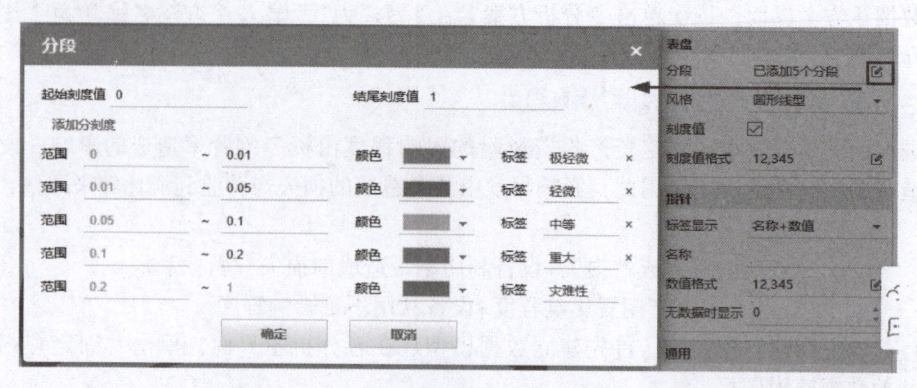

图 4-33

在"表盘"属性框中,单击"刻度值格式"右边的编辑图标,在"数字格式"窗口中,将"小数位数"设置为"0",数量单位设置为"百分之一(%)"。单击"确定"按钮。返回数据斗方主界面,可看到显示的结果如图 4-34 所示。

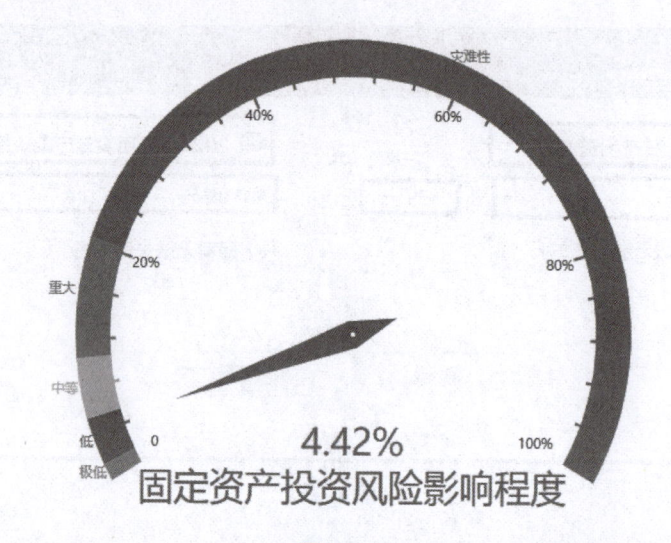

图 4-34

在数据斗方主界面,单击"分析方案"-"另存为","方案名称"输入"固定资产投资风险影响程度",单击"确定"按钮,保存编制的指标。

七、风险评估结果

根据固定资产投资风险发生概率计算的结果,其值为 13.2%,按照风险概率等级的评价标准,为 2 级。

根据固定资产投资风险影响程度计算的结果,其值为 4.42%。按照风险影响程度的评价标准,为 2 级。

参照风险矩阵评价标准,可在 Excel 中画出固定资产投资的风险矩阵,如图 4-35 所示。

图 4-35

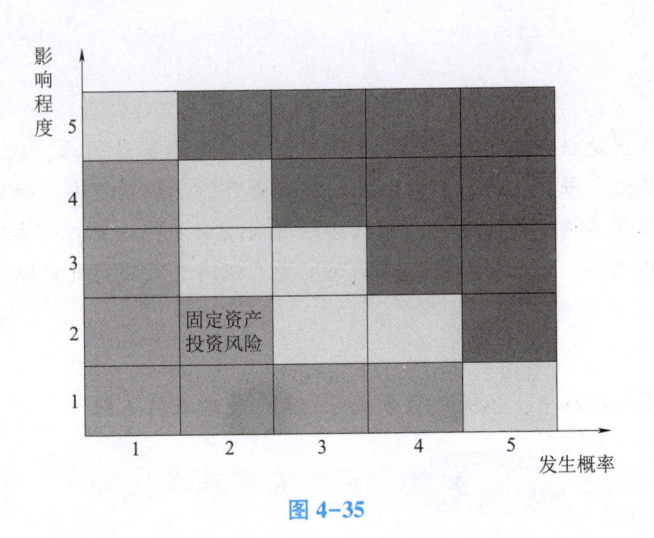

八、风险应对策略

练习

根据育亭机械的固定资产投资风险评估结果落入的评估矩阵区间，结合图 4-36，判断 2021 年固定资产投资风险的应对策略，并说明制定风险策略的理由。

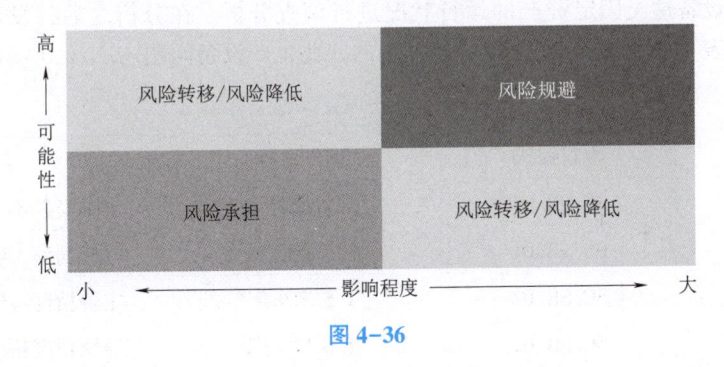

图 4-36

九、风险管控措施

练习

根据固定资产投资风险的评估结果与风险应对策略，思考固定资产投资风险的具体管控措施。

任务评价

序号	评价内容	评价具体要点	达标	未达标
1	固定资产投资风险识别	能够分析企业固定资产投资中存在的风险点		
2	固定资产投资风险评估	能够可视化分析并评估固定资产投资的风险概率		
3	固定资产投资风险应对	能够根据风险评估标准表确定风险等级，并制定其风险应对策略和管控措施		

拓展阅读

　　融资租入固定资产是指企业由于资金不足，或因资金周转暂时困难，或为了减少投资风险，借助于租赁公司或其他金融机构的资金而租入的固定资产。在租赁期内，融资租入的设备，虽然从法律形式上讲企业并不拥有其所有权，但从其经济实质来看，企业能够控制并创造经济利益；根据实质重于形式的原则，企业将融资租入的固定资产视同自有固定资产核算。

巩固练习

　　固定资产在处置的过程中，不同处置方式下的风险处理有何不同？

任务三　固定资产请购风险

工作准备

一、案例背景

　　在日常工作中，财务部有时会听到生产部反馈生产设备出故障，对生产产生了不少的影响，因此决定对生产设备这类固定资产的运行状况进行调查分析。在分析之后，发现设备的运行确实有不少问题。表4-3所示是2021年曾经发生的一些生产设备问题。

表4-3　生产设备问题汇总

发生时间	物料编码	资产名称	问题
2021/3/1	SC.SB.01	32K 摇臂钻	主轴安装不上
2021/1/14	SC.SB.01	32K 摇臂钻	电机功率不够
2021/4/12	SC.SB.02	1.5 米车床	主轴精度不够
2021/4/19	SC.SB.02	1.5 米车床	导轨精度超出误差范围
2021/5/8	SC.SB.02	1.5 米车床	电机烧毁
2021/3/9	SC.SB.03	点焊机	变压器过载
2021/4/14	SC.SB.04	折弯、剪板机	上辊挠度过大
2021/5/12	SC.SB.04	折弯、剪板机	蜗杆精度不够
2021/6/7	SC.SB.05	折弯、剪板机	控制系统不匹配
2021/3/13	SC.SB.05	铣床	伺服电机精度不够
2021/3/26	SC.SB.05	铣床	主轴强度不够
2021/4/7	SC.SB.05	铣床	导轨精度不达要求
2021/5/11	SC.SB.05	铣床	滚珠丝杠精度不够
2021/6/16	SC.SB.05	铣床	润滑油泵密封性不好
2021/5/13	SC.SB.06	水切割机	增压泵压力不足
2021/7/16	SC.SB.06	水切割机	切割头损坏

续表

发生时间	物料编码	资产名称	问题
2021/3/20	SC.HJ.02	亚弧焊机	钨极易损坏
2021/6/15	SC.HJ.02	亚弧焊机	水冷泵冷却效果差
2021/7/6	SC.QT.01	液压车	液压缸漏油

对这些问题进行进一步分析后,发现最核心的问题是生产设备维修保养所需的零部件采购环节没有明确的管理规范。有不少零配件是由工程维护部的人员自行采购,导致更换的零配件不符合原厂设备的规格型号和参数要求,设备在运行中不断发生各种异常现象,对加工制造也产生了较大的影响,出现加工的零件不能达到产品质量要求,给公司造成了一定的损失。

为此,财务部对2021年采购的所有生产设备的零部件记录、设备更换零配件记录、设备发生的问题进行了仔细的排查,并对问题产生的影响进行了初步的估算,汇总的数据记录在固定资产配件请购问题记录表中。另外,为了评估零配件请购不当造成的影响,还需要参考表生产设备产能价值表、生产设备供应商。

当前时间为2021年9月,截止到8月底公司营业利润为1 467万元。

二、知识储备

(一) 固定资产请购流程

固定资产请购流程如图4-37所示。

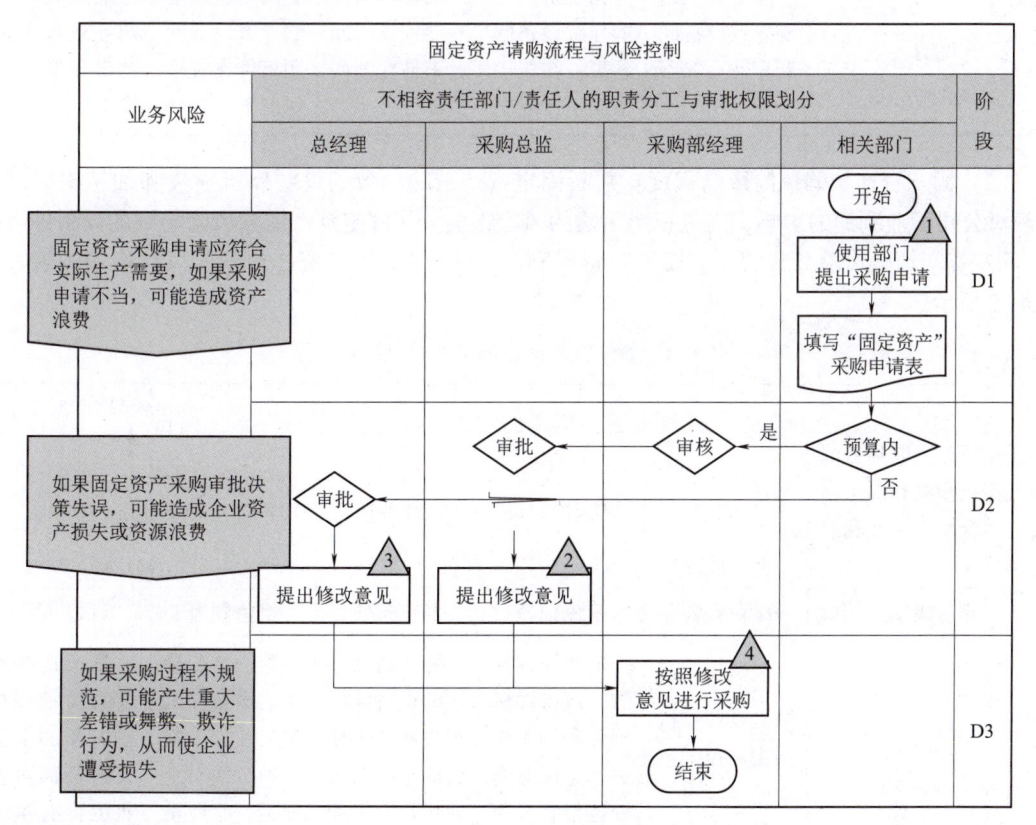

图 4-37

思考 1

根据案例背景及相关记录表，如果你是财务部的负责人，应如何评估固定资产请购环节风险发生的概率？

思考 2

根据案例背景及相关记录表，如果你是财务部的负责人，应如何评估固定资产请购环节风险可能产生的影响？

（二）风险评估模型

（1）固定资产请购风险概率：判断固定资产请购导致设备问题事件发生概率风险，固定资产请购的风险概率=（固定资产请购零部件导致设备问题的次数/固定资产请购零部件数）×100%。固定资产请购的风险概率预警表如表4-4所示。

表4-4 固定资产请购的风险概率预警表

评分	1	2	3	4	5
固定资产请购零部件导致设备问题的次数/固定资产请购零部件数（Y）	$Y \leq 10\%$	$10\% < Y \leq 30\%$	$30\% < Y \leq 70\%$	$70\% < Y \leq 90\%$	$90\% < Y$
预警级别	绿色预警	蓝色预警	黄色预警	橙色预警	红色预警
说明	固定资产请购导致设备问题事件一般不会发生	固定资产请购导致设备问题事件在极少情况下才发生	固定资产请购导致设备问题事件在某些情况下发生	固定资产请购导致设备问题事件在较多情况下发生	固定资产请购导致设备问题事件常常会发生

（2）固定资产请购风险影响程度：判断固定资产请购导致的设备停机损失和加工损失的总金额对公司营业利润的影响，固定资产请购的风险影响=[（固定资产请购风险导致的设备停机损失+固定资产请购风险导致的加工损失）/营业利润]×100%。固定资产请购的风险影响预警表如表4-5所示。

表4-5 固定资产请购的风险影响预警表

评分	1	2	3	4	5
固定资产请购导致的设备停机损失和加工损失的总金额占营业利润比例（Y）	$Y \leq 1\%$	$1\% < Y \leq 5\%$	$5\% < Y \leq 10\%$	$10\% < Y \leq 20\%$	$20\% < Y$
预警级别	绿色预警	蓝色预警	黄色预警	橙色预警	红色预警
说明	资产请购导致的设备停机损失和加工损失的金额对企业基本无影响	资产请购导致的设备停机损失和加工损失的金额对企业运行有轻度影响	资产请购导致的设备停机损失和加工损失的金额对企业运行有中度影响	资产请购导致的设备停机损失和加工损失的金额对企业运行有严重影响	资产请购导致的设备停机损失和加工损失的金额对企业运行有重大影响

任务描述

根据所提供的固定资产请购背景信息以及相关的问题记录数据，对固定资产请购环节中风险发生的概率进行评估，并提出风险应对方法和风控措施。

任务要求

（1）根据所提供的固定资产请购背景信息以及相关的问题记录数据，对固定资产请购环节中，风险发生的概率进行评估。

（2）根据所提供的信息，对固定资产请购环节中，风险发生可能产生的影响程度进行评估。

（3）根据风险评价矩阵，对固定资产请购风险进行评估，并进行分析。

任务实施

首先了解相关表的信息，便于进行分析。

在轻分析主界面，单击"新建"按钮，在弹出的窗口中选择"业务主题"。在弹出的窗口中，"名称"中输入"固定资产请购"，单击"确定"按钮。

单击"固定资产请购"卡片上的"数据建模"图标。在弹出的窗口中单击"新建数据表"，选择"当前数据中心"，单击"下一步"按钮。

在"新建数据表-数据中心"窗口，选择"表"。

在弹出的窗口中，搜索框输入"请购"，勾选"2021年固定资产配件请购问题记录"表。可以查看此表中记录了采购的零部件名称、采购数量、安装时间、导致的问题、影响的设备数、对设备停机的影响时长、造成的加工损失等信息，因此可以作为固定资产请购风险的概率和影响程度评估的主要数据来源。

在搜索框中输入"生产设备"，勾选"生产设备产能价值表"，可以看到该表记录了生产设备产能价值的相关数据，可以用于评估设备停机造成的损失。

勾选"生产设备供应商"，可以看到该表记录了生产设备的原厂供应商，可以用于对比分析生产设备零部件供应商与原厂供应商，看问题发生的来源。

分析和了解了相关的数据，就可以进行资产请购风险概率和风险影响程度的评估了。

一、评估资产请购风险概率

在搜索框输入"请购"，勾选"生产设备产能价值表"。在搜索框输入"生产设备"，勾选"生产设备产能价值表""生产设备供应商"。可以看到右边显示已选择三个表，单击"下一步"按钮。

在"新建数据表-选择字段"窗口，查看每个表的字段，了解表结构，不做修改。单击"完成"按钮。

在数据建模主界面，单击"关系"页签，进入关系主界面。单击顶部的"新建关系"。在弹出的窗口中，选择"2021年固定资产配件请购问题记录""生产设备产能价值表"，关联的字段分别选择"资产物料码""物料编码"，关系选择"多对一"。在"2021年固定资产配件请购问题记录"表中，一类资产设备有多条记录，而"生产设备产能价值表"有一条记录，故选择"多对一"，单击"确定"按钮，如图4-38所示。

固定资产请购风险

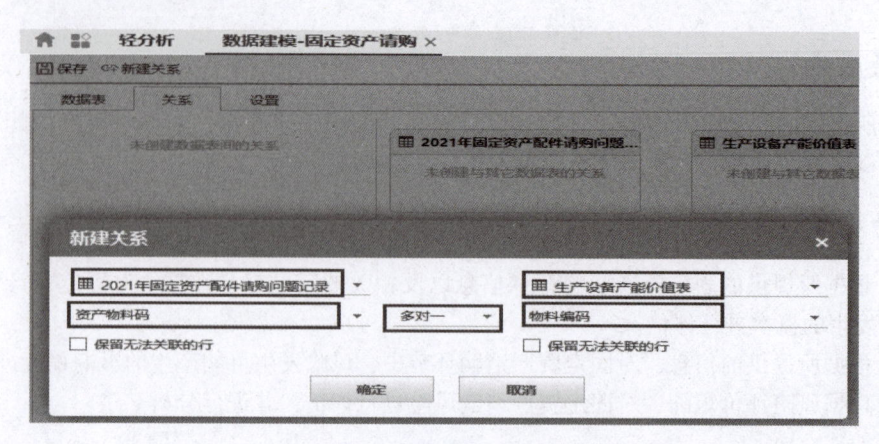

图 4-38

在"关系"主页面,单击"新建关系",选择"2021年固定资产配件请购问题记录""生产设备供应商"两个表,关联字段分别选择"资产物料码""物料编码",关系选择"多对一",单击"确定"按钮,如图4-39所示。

图 4-39

最后得到的关系如图 4-40 所示。

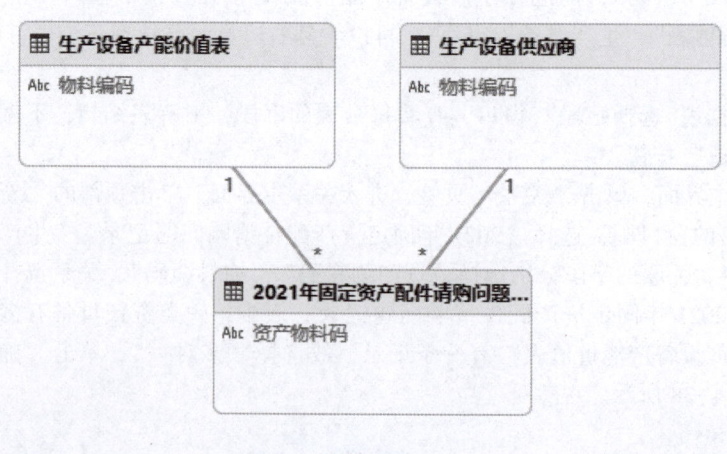

图 4-40

在数据建模主界面，单击左上角的"保存"按钮。

在轻分析主页面，单击"固定资产请购"卡片的"数据斗方"图标。

在数据斗方主界面，选择"2021年固定资产配件请购问题记录"，单击上面"字段"右边的倒三角，在下拉菜单中选择"创建计算字段"。在弹出的窗口中，名称输入"固定资产请购风险概率"，表达式输入：

SUM（[2021年固定资产配件请购问题记录.影响设备数]）/SUM（[2021年固定资产配件请购问题记录.数量]）

单击"确定"按钮，如图4-41所示。

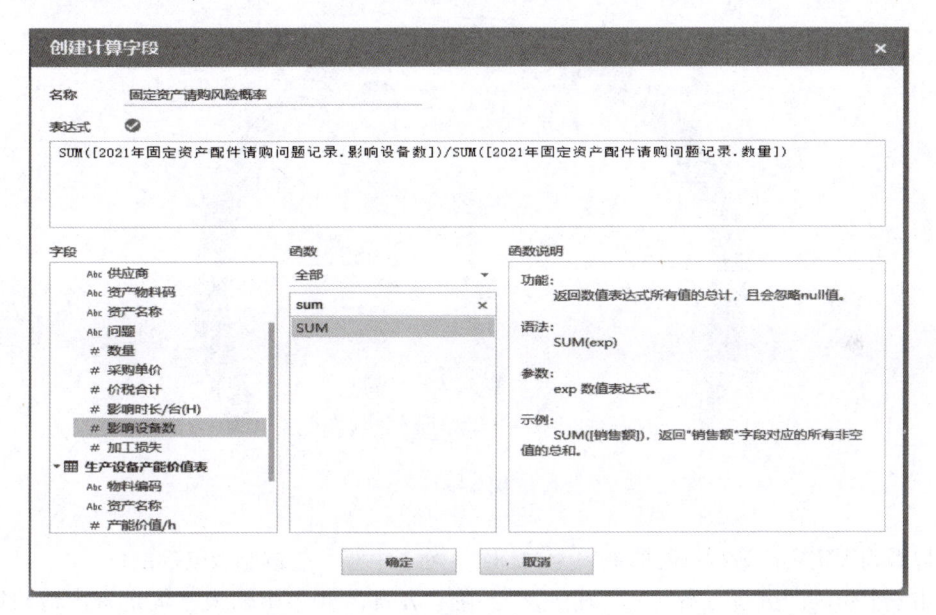

图 4-41

在数据斗方主界面，选择"仪表图"图形控件，将"固定资产请购风险概率"拖拽到"指针值"框中。

在右边"表盘"属性框中，单击"分段"右边的编辑图标，在弹出的框中，按照财务的量化评估标准设置分段，与之前内容相同，此处不再重复描述，完成设置后，单击"确定"按钮，如图4-42所示。

图 4-42

单击"刻度值格式"右边的编辑图标，在"数字格式"窗口中，选择"数量单位"为"百分之一（%）"。

在"指针"属性框，"名称"中输入"固定资产请购风险概率"。单击"数值格式"右边的编辑图标，在弹出的窗口中，"小数位数"输入"2"，"数量单位"输入"百分之一（%）"。单击"确定"按钮。

在数据斗方主界面，单击顶部的"预览尺寸"，选择"全画面"。设置完毕后，得到的指标图如图4-43所示。

图 4-43

可以看到固定资产请购风险的概率为52.8%，处于中等，应该要加以重视。

单击左上角的"分析方案"-"另存为"，在"方案名称"中输入"固定资产请购风险概率"，单击"确定"按钮。

二、评估资产请购风险影响程度

对任务背景提供的信息和数据进行分析，可以看到资产请购风险影响主要包括生产设备停机造成的损失、因设备问题导致的生产加工过程中产生的废品损失。

其中，设备停机造成的损失＝设备数＊设备单位时间创造价值＊设备停机时间。

因设备问题导致的生产加工过程中产生的废品损失在数据表中已有。

指标的具体编制过程如下：在轻分析主页面，单击"固定资产请购"卡片的数据斗方图标。在数据斗方主页面，单击"清除"图标，将当前的指标清除。选择"2021年固定资产配件请购问题记录"，单击上面"字段"右边的倒三角，在下拉菜单中选择"创建计算字段"。

在"创建计算字段"窗口，在"名称"中输入"固定资产请购风险影响程度"，输入表达式，完整表达式见附件函数表达式。

在数据斗方主页面，右边"表盘"属性框，单击"分段"右边的编辑图标，在弹出的窗口中，按照财务部的量化评估标准进行分段，参照图4-27，此处不再重复描述。

单击"刻度值格式"右边的编辑图标，在弹出的窗口中，设置"数量单位"为"百分之一（%）"。

在"指针"属性框中，"名称"中填写"固定资产请购风险影响"。单击"数值格式"右边的编辑图标，在弹出的窗口中，将"小数位数"设置为"2"，"数量单位"设置为"百分之一（%）"。

最后得到的指标图如图4-44所示。

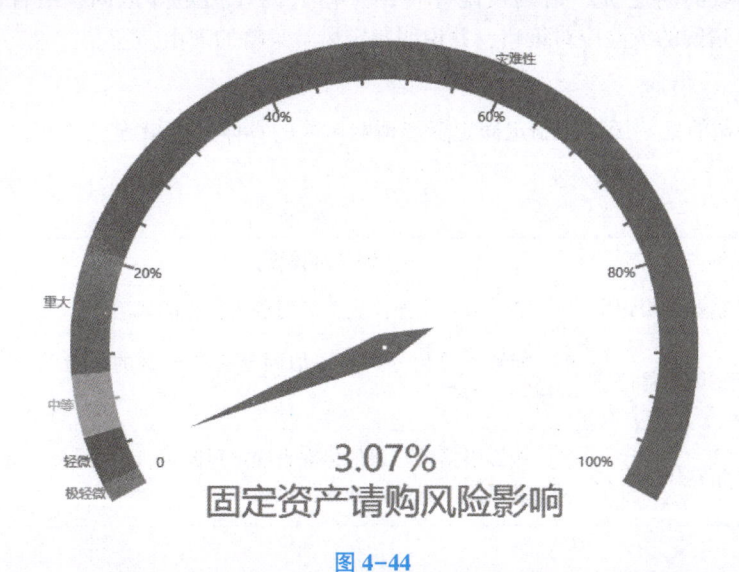

图 4-44

计算的结果表明，资产请购风险的影响程度属于轻微。

三、风险评估结果

固定资产请购风险概率的计算结果为52.8%，属于第3级。

固定资产请购风险的影响程度的计算结果为3.07%，属于第2级。

因此，根据风险矩阵，可以得到固定资产请购风险的评估结果如图4-45所示。

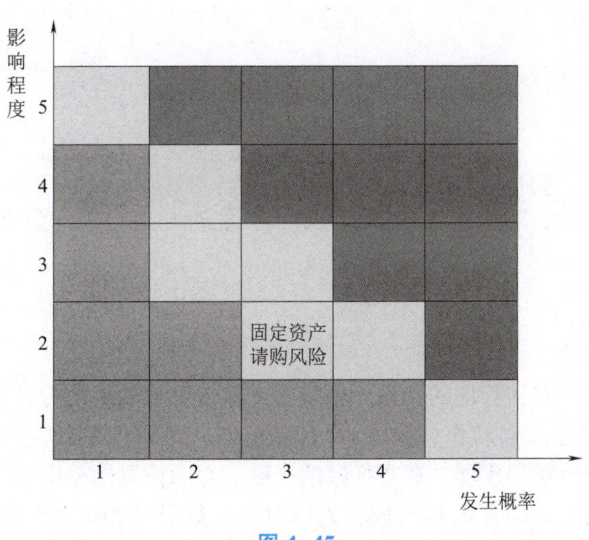

图 4-45

可以看到，位于中风险区域。因此，对于资产请购中反馈的问题应该要加强重视，要想办法消除这些问题所产生的影响，避免带来更为严重的后果。

四、风险应对策略

根据育亭机械的固定资产请购风险评估结果落入的评估矩阵区间，结合图4-36，判断2021年固定资产请购的风险应对策略，并说明制定风险策略的理由。

五、风险管控措施

结合育亭机械的案例场景，制定固定资产请购风险的具体管控措施。

任务评价

序号	评价内容	评价具体要点	达标	未达标
1	固定资产请购风险识别	能够分析企业固定资产请购中存在的风险点		
2	固定资产请购风险评估	能够可视化分析并评估固定资产请购的风险概率		
3	固定资产请购风险应对	能够根据风险评估标准表确定风险等级，并制定其风险应对策略和管控措施		

拓展阅读

《企业所得税法实施条例》第五十八条规定：融资租入的固定资产，以租赁合同约定的付款总额和承租人在签订租赁合同过程中发生的相关费用为计税基础，租赁合同未约定付款总额的，以该资产的公允价值和承租人在签订租赁合同过程中发生的相关费用为计税基础。

任务四　固定资产验收风险

固定资产验收风险案例背景

工作准备

一、案例背景

思考1

根据上面两个文件，如果你是财务部的负责人，能否列出在固定资产验收环节可能存在的各种问题？

二、知识储备

（一）固定资产验收

验收入库是固定资产实物管理的开始，也是资产日常管理的一部分，从严格意义上讲，固定资产的验收入库实际上是两个动作，验收+入库。验收环节涉及实物清点、信息核对、数据采集，入库过程涉及资产台账的建立、资产标签的张贴、仓库位置的分配等。企业一般会组织有关人员（业务、财务、技术）对照购销合同，先核对有关数量及相关附件是否一致，技术人员对设备有关技术指标进行核对，需要调试的还要供方派员一同调试，有的设备需要安装的对方应来人组织安装，并出具"固定资产验收单"交财务部门作为入账依据，如图4-46所示。

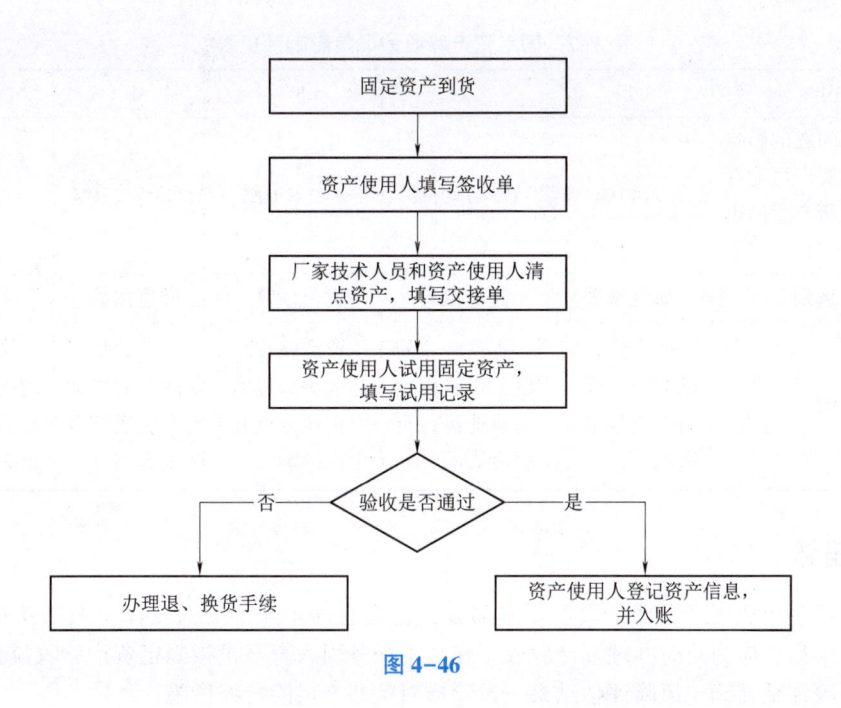

```
           ┌─────────────────┐
           │   固定资产到货   │
           └────────┬────────┘
                    ↓
           ┌─────────────────┐
           │ 资产使用人填写签收单 │
           └────────┬────────┘
                    ↓
           ┌─────────────────┐
           │厂家技术人员和资产使用人清│
           │   点资产，填写交接单  │
           └────────┬────────┘
                    ↓
           ┌─────────────────┐
           │ 资产使用人试用固定资产，│
           │    填写试用记录    │
           └────────┬────────┘
                    ↓
         否  ◇ 验收是否通过 ◇  是
         ↓                    ↓
  ┌────────────┐      ┌─────────────────┐
  │办理退、换货手续│      │ 资产使用人登记资产信息，│
  └────────────┘      │       并入账      │
                      └─────────────────┘
```

图 4-46

思考 1

针对固定资产验收过程中出现的问题，如何计算其可能出现的风险概率？

思考 2

针对固定资产验收过程中出现的问题，如何计算其可能产生后果的影响程度？

（二）风险评估模型

（1）固定资产验收的风险概率：判断固定资产验收不合规的发生概率风险，固定资产验收的风险概率=（已发生的资产验收问题次数/所有资产验收可能出问题的次数）×100%。固定资产验收的风险概率预警表如表 4-6 所示。

表 4-6　固定资产验收的风险概率预警表

评分	1	2	3	4	5
已发生的资产验收问题次数占所有资产验收可能出问题的次数比例（Y）	$Y \leq 10\%$	$10\% < Y \leq 30\%$	$30\% < Y \leq 70\%$	$70\% < Y \leq 90\%$	$90\% < Y$
预警级别	绿色预警	蓝色预警	黄色预警	橙色预警	红色预警
说明	固定资产验收不合规事件一般不会发生	固定资产验收不合规事件在极少情况下才发生	固定资产验收不合规事件在某些情况下发生	固定资产验收不合规事件在较多情况下发生	固定资产验收不合规事件常常会发生

（2）固定资产验收的风险影响：固定资产验收的风险影响 = SUM（该类资产影响权重 *（该类资产验收问题的影响程度/该类资产所有验收问题的影响程度））×100%。固定资产验收的风险影响预警表如表 4-7 所示。

表 4-7 固定资产验收的风险影响预警表

评分	1	2	3	4	5
资产验收问题的影响程度占所有资产可能存在验收问题所产生的影响程度比例（Y）	$Y \leqslant 1\%$	$1\% < Y \leqslant 5\%$	$5\% < Y \leqslant 10\%$	$10\% < Y \leqslant 20\%$	$20\% < Y$
预警级别	绿色预警	蓝色预警	黄色预警	橙色预警	红色预警
说明	资产验收问题的影响程度对企业基本无影响	资产验收问题的影响程度对企业运行有轻度影响	资产验收问题的影响程度对企业运行有中度影响	资产验收问题的影响程度对企业运行有严重影响	资产验收问题的影响程度对企业运行有重大影响

任务描述

固定资产是企业资产管理中很重要的部分，企业通过购入、换入、有（无）偿捐赠等方式取得固定资产后，应当及时办理资产验收工作，本任务引入育亭机械固定资产验收流程，对固定资产验收风险评估并确定风险评估结果、风险应对策略、风险管控措施。

任务要求

（1）在进行本任务的实验前，请仔细阅读《育亭机械固定资产管理制度》，以及《固定资产验收流程》这两个政策文件。

（2）根据财务部整理的数据，对固定资产验收过程中可能出现的问题和风险概率进行评估。

（3）根据财务部整理的数据，对固定资产验收过程中出现的问题可能会产生的后果的影响程度进行评估。

（4）根据风险概率、影响程度，对固定资产验收过程中的风险进行综合评估，并给出分析结论。

任务实施

一、评估固定资产验收风险概率

单击"固定资产验收"卡片中的"数据建模"图标。

在数据建模主界面，单击"新建数据表"。在弹出的窗口中，选择"当前数据中心"。单击"下一步"按钮。选择"表"，先查看本节所涉及的表的相关内容。

在"新建数据表-选择表"窗口中，输入"验收"，勾选"2020—2021 年固定资产验收问题记录表"，可查看该表中记录了每类固定资产的设备数量、发生问题的次数、问题的类别等信息。

勾选"固定资产验收问题分类"，可看到有验收问题分类的说明，以及该类问题的严重程度的定义。

在搜索框中输入"资产重要性"，勾选"固定资产重要性分类"，可看到表中对每类资产的重要性进行了定义。

固定资产验收风险概率

在搜索框中输入"资产数量",勾选"2020—2021年固定资产数量",可看到在这两年中的固定资产的数量。

了解上述相关信息后,基于上面几张表就可以评估固定资产验收的风险概率。

具体的指标编制工作如下:

在搜索框中输入"验收",勾选"2020—2021年固定资产验收问题记录表",单击"下一步"按钮,将表引入数据模型中。

在"新建数据表-选择字段"页面,选择所有的字段,单击"完成"按钮。返回数据建模页面。

再将固定资产数量表引入,便于进行概率分析的计算。单击"新建数据表",选择"当前数据中心",单击"下一步"按钮。

在"新建数据表-数据中心"窗口中,选择"表",单击"下一步"按钮。在新弹出的窗口中,搜索框中输入"固定资产数量",勾选"2020—2021年固定资产数量"表,单击"下一步"按钮。

在"新建数据表-选择字段"中,勾选所有字段,单击"完成"按钮,返回数据建模主界面。

按照同样的方式,引入表"固定资产验收问题分类""固定资产重要性分类"。

在搜索框中输入"固定资产",勾选"固定资产验收问题分类""固定资产重要性分类"两个表,单击"下一步"按钮,如图4-47所示。

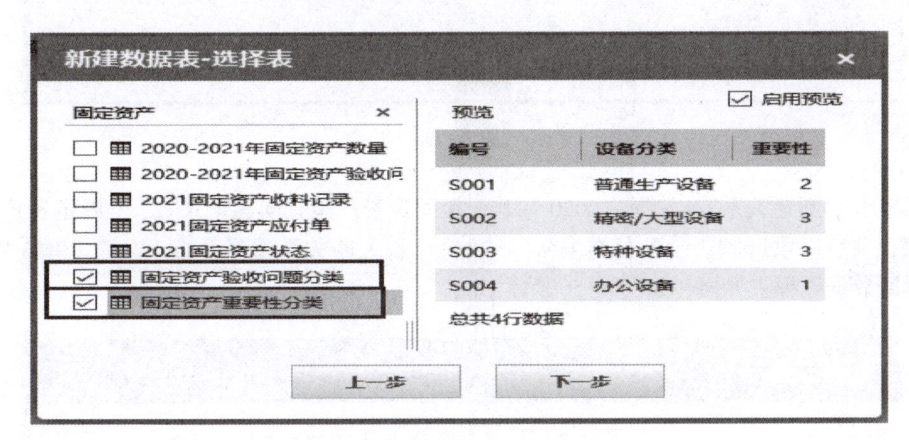

图 4-47

在"新建数据表-选择字段"窗口,选择两个表的所有字段,单击"完成"按钮,返回数据建模主界面。

在数据建模主界面,选择"关系"页签,单击顶部的"新建关系"。在弹出的窗口中,选择两个数据表,数据字段均选择"物料编码",关联关系选择"多对一"。对一个固定资产而言,因固定资产验收记录表是多条记录,而固定资产数量是一条,故选择"多对一",单击"确定"按钮,如图4-48所示。

继续单击"新建关系",在弹出的窗口中,选择"2020—2021年固定资产验收问题记录表""固定资产验收问题分类"表。关联字段分别选择"问题分类编号""编号",关联关系选择"多对一",单击"确定"按钮,如图4-49所示。

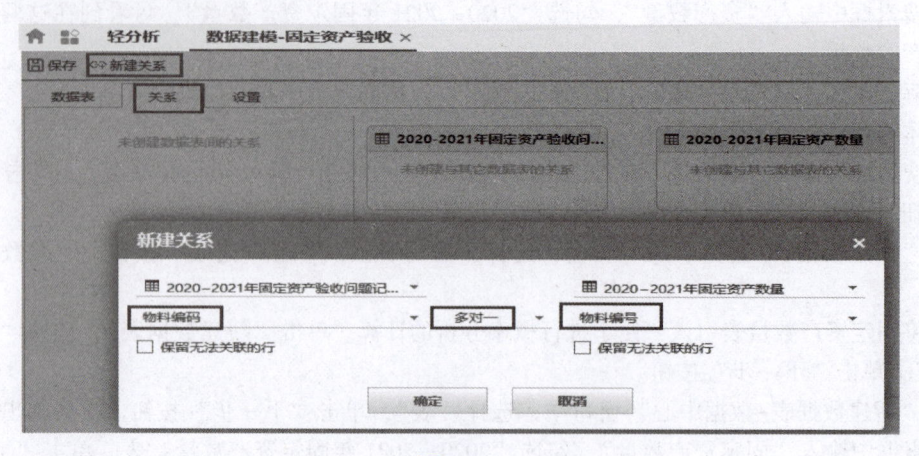

图 4-48

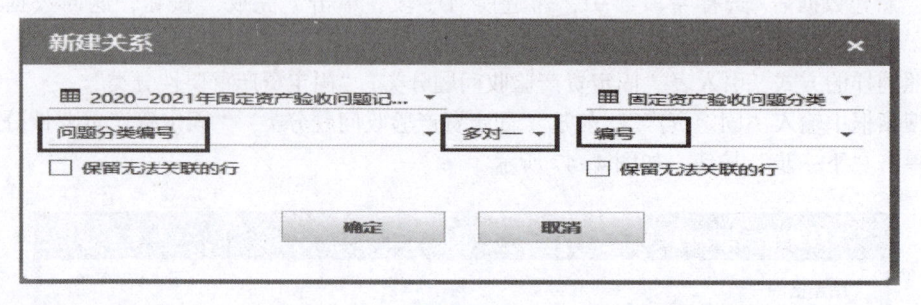

图 4-49

继续单击"新建关系",选择"2020—2021 年固定资产验收问题记录表""固定资产重要性分类"表,关联字段选择"设备分类编号""编号",关联关系选择"多对一",单击"确定"按钮,返回数据建模主界面,如图 4-50 所示。

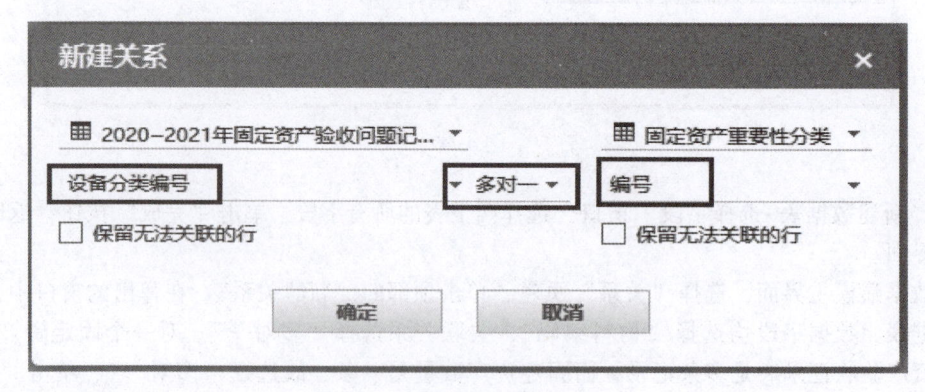

图 4-50

此时,所构建的数据模型如图 4-51 所示。

返回轻分析主页面,单击"固定资产验收"卡片上的数据斗方图标,进入数据斗方主界面。

在数据斗方主界面,单击选择左边的"2020—2021 年固定资产验收问题记录表",单击上面字段右边的倒三角,在下拉的菜单中选择"创建计算字段"。

图 4-51

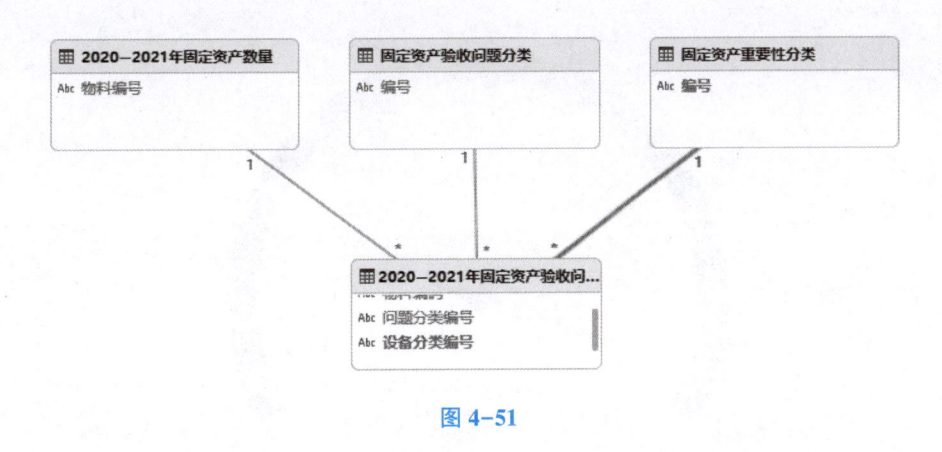

在"创建计算字段"窗口中,"名称"输入"固定资产验收风险概率",输入表达式,完整表达式见附件函数表达式。

表达式说明如下:

分子 SUM([2020—2021年固定资产验收问题记录表.发生次数]):表示所有发生的验收问题的统计次数。

分母 SUM([2020—2021年固定资产数量.数量]*15):15 是指"固定资产验收问题分类"表中列出的 15 类验收问题。因此,分母就是所有资产数量*问题分类数。

在数据斗方主界面,选择"仪表图"图标。将"固定资产验收风险概率"拖拽到"指针值"中。

在右边的"表盘"属性框中,单击"分段"右边的编辑图标,按照财务部的量化评估等级设置刻度范围,如图 4-52 所示,此处不再重复描述。

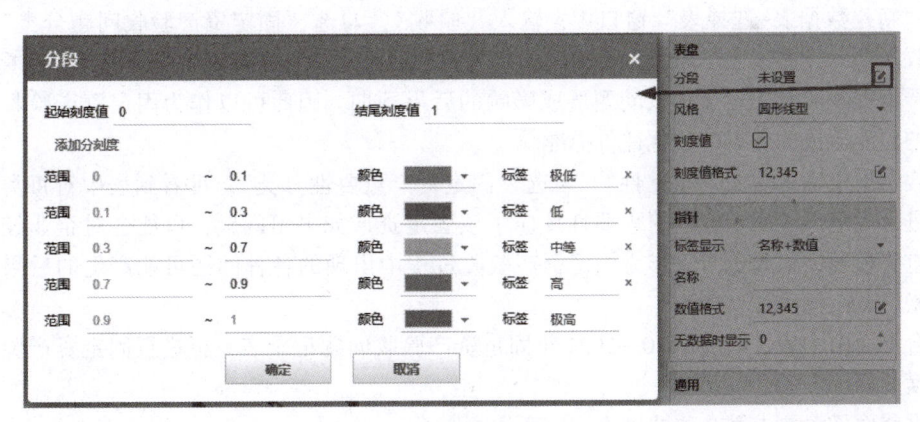

图 4-52

在右边"表盘"属性框中,单击"刻度值格式"右边的编辑图标,在"数字格式"的窗口中,"小数位数"设置为"0","数量单位"设置为"百分之一(%)"。

在"指针"属性框中,"名称"填写为"固定资产验收风险概率",单击"数值格式"右边的编辑图标,在弹出的窗口中,将"小数位数"设置为"2","数量单位"设置为"百分之一(%)"。

单击顶部的"预览尺寸"-"全画面",将指标图放大,最后得到的指标图如图 4-53 所示。

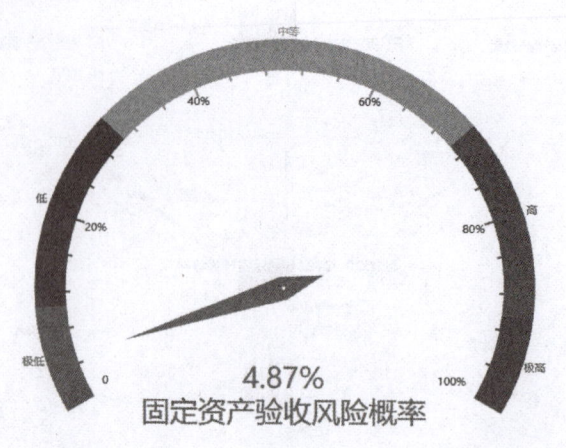

图 4-53

可以看到固定资产验收风险概率相对还比较低。

单击左上角的"分析方案"-"另存为",在"方案名称"中输入"固定资产验收风险概率",单击"确定"按钮。

二、评估固定资产验收风险影响程度

首先查看与本节实验相关的数据表,便于确定评估思路。

在轻分析主界面,单击"固定资产验收"卡片中的"数据建模"图标。

在数据建模主界面,单击"新建数据表"。在弹出的窗口中,选择"当前数据中心"。单击"下一步"按钮。选择"表",先查看本节所涉及的表的相关内容。

固定资产验收风险影响程度指引

在"新建数据表-选择表"窗口中,输入"验收",勾选"固定资产验收问题分类",可看到有验收问题分类的说明,以及该类问题的严重程度的定义。通过对该表的分析,可以看到每个问题的严重程度实际上定义了该问题造成影响的后果预期,因此可以作为固定资产验收过程中各种问题可能造成的后果的量化评价标准。

在搜索框中输入"资产重要性",勾选"固定资产重要性分类",可看到表中对每类资产的重要性进行了定义。固定资产的重要性反应了该固定资产如果出问题,可能会对企业经营产生影响的重要程度,因此也可以作为固定资产验收过程中出现的各种问题可能产生的后果的量化评判因素。

结合上面两个表,以及2020—2021年固定资产验收问题记录表,可进行固定资产验收风险影响程度的评估。

根据前面任务要求第3项的讨论,计算公式如下:

SUM(该类资产影响权重＊(该类资产验收问题的影响程度/该类资产所有验收问题的影响程度))

因计算公式比较复杂,需要用SQL语句进行数据建模才能完成。

单击"上一步"按钮,直至返回"新建数据表-数据中心"界面,选择"自定义SQL",单击"下一步"按钮。

在"新建数据表-自定义SQL"中,名称输入"固定资产验收风险影响",SQL中输入相应的语句,完整语句见附件SQL语句,如图4-54所示。

```
新建数据表-自定义SQL                                                    ×
名称    固定资产验收风险影响                                         插入系统变量

        select a.物料编码,a.资产名称,a.影响程度,b.总影响程度,c.权重因子
        from (select a.物料编码,a.资产名称,sum(a.发生次数*b.重要性*c.严重程度) as 影响程度
              from [2020-2021年固定资产验收问题记录表] a, [固定资产验收问题分类] c
SQL          where a.设备分类编号=b.编号 and a.问题分类编号=c.编号
              group by a.物料编码, a.资产名称) a,
        (select distinct a.物料编码, a.数量*b.重要性*32 as 总影响程度
              from [2020-2021年固定资产数量] a, [固定资产重要性分类] b,[2020-2021年固定资产验收问题记录表] d
              where a.物料编码=d.物料编码 and d.设备分类编号=b.编号) b,
        (select distinct a.物料编码, b.重要性/d.总权重 as 权重因子
              from [2020-2021年固定资产数量] a, [固定资产重要性分类] b,
              [2020-2021年固定资产验收问题记录表] c,
              (select sum(b.重要性) as 总权重
              from [2020-2021年固定资产数量] a, [固定资产重要性分类] b,[2020-2021年固定资产验收问题记录表] c
              where a.物料编码=c.物料编码 and c.设备分类编号=b.编号) c
        where a.物料编码=b.物料编码 and a.物料编码=c.物料编码

                              上一步      完成
```

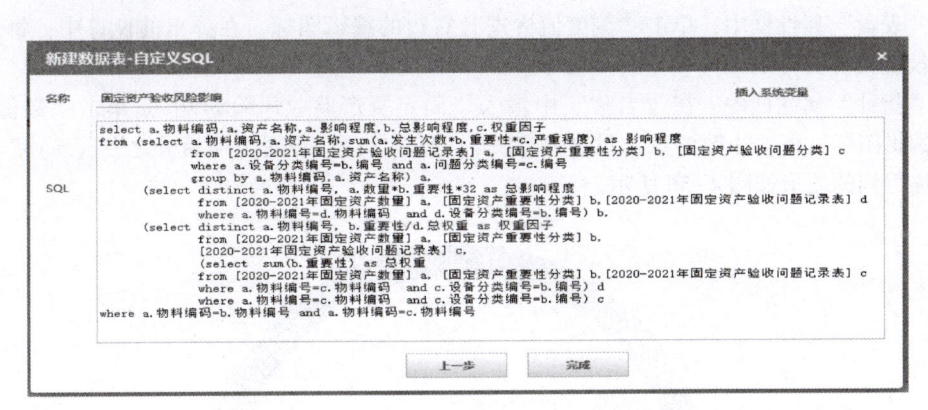

图 4-54

将完整的语句输入后，单击"完成"按钮，将显示出每类资产的影响程度、总影响程度、权重因子，如图 4-55 所示。

物料编码	资产名称	影响程度	总影响程度	权重因子
BG.KT.G.04	空调	15.00	160.00	0.01
BG.QT.11	传真机	2.00	64.00	0.01
BG.QT.12	液化气取暖炉	18.00	192.00	0.02
hp	惠普笔记本	44.00	704.00	0.01
hp.ts	台式电脑	8.00	128.00	0.01
Lenovo	联想笔记本	44.00	704.00	0.01
SC.HJ.02	亚弧焊机	38.00	2,304.00	0.01

图 4-55

单击"保存"按钮，保存数据模型。返回轻分析主界面，单击"固定资产验收"卡片上的数据斗方图标。

在数据斗方主界面，单击"清除"图标，清除当前的数据指标。选择"固定资产验收风险影响"表，单击上面字段右边的倒三角图标，在下拉菜单中选择"创建计算字段"。

在弹出的窗口中，在名称中输入"固定资产验收风险影响"，在表达式中新建计算表达式，如下：

[固定资产验收风险影响.权重因子]*[固定资产验收风险影响.影响程度]/[固定资产验收风险影响.总影响程度]

单击"确定"按钮。

注意，上面的表达式中没有用 SUM 函数，是因为需要计算每类固定资产的影响程度后，再在图形指标中用求和得到各资产影响程度的累加值。

选择"仪表图"图标，将新建的计算字段"固定资产验收风险影响"拖拽到"指针值"框中。可以看到，该数值前面自动出现"求和"字样，表示该字段是将每类固定资产的结果计算后再累加得到。

在右边"表盘"属性框，单击"分段"右边的编辑按钮，在弹出窗口中按照财务部的量化评估标准进行设置，参照图 4-27，此处不再重复描述。

在"表盘"属性框中,单击"刻度值格式"右边的编辑图标。在弹出的窗口中,将"数量单位"设置为"百分之一(%)"。

在"指针"属性框中,在"名称"中输入"固定资产验收风险影响"。单击"数值格式"右边的编辑图标,将"小数位数"设置为"2","数量单位"设置为"百分之一(%)"。

最终得到的图形如图 4-56 所示。

图 4-56

单击左上角的"分析方案"-"另存为",在"方案名称"中输入"固定资产验收风险影响",单击"确定"按钮。

三、风险评估结果

根据前面计算的结果,可以得到:

固定资产验收风险概率为 4.87%,位于第 1 级。

固定资产验收风险影响程度为 2.34%,位于第 2 级。

因此,根据风险矩阵,可以得到评估结果如图 4-57 所示,位于低风险区域。

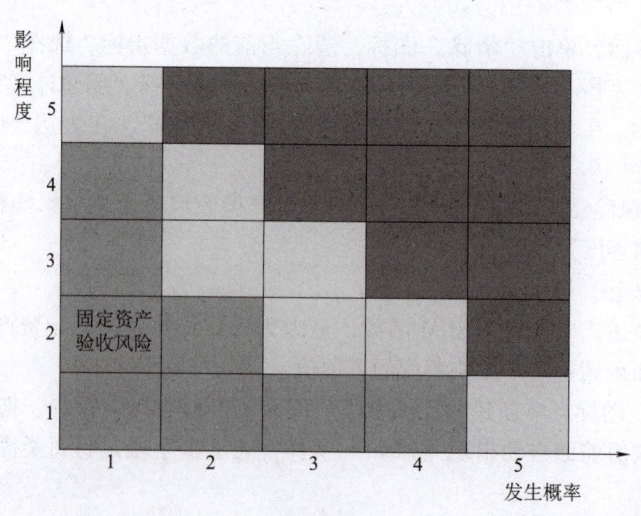

图 4-57

不过，对于固定资产验收中出现的一些问题，仍需要关注，避免由于制度不完善而让小问题逐步演化成大问题。

四、风险应对策略

练习

根据固定资产验收风险落入的评估矩阵区间，结合图4-36，参考风险策略矩阵判断风险应对策略，并说明制定风险策略的理由。

五、风险管控措施

根据上述结论，固定资产验收风险发生的可能性极小，风险影响也较小，采用风险承担的处理策略，所以暂时可以不采取进一步控制措施进行风险管控。

任务评价

序号	评价内容	评价具体要点	达标	未达标
1	固定资产验收风险识别	能够分析企业固定资产验收中存在的风险点		
2	固定资产验收风险评估	能够可视化分析并评估固定资产验收的风险概率		
3	固定资产验收风险应对	能够根据风险评估标准表确定风险等级，并制定其风险应对策略和管控措施		

拓展阅读

《固定资产》第三章第十四条规范了各种渠道取得的固定资产的验收管理；企业应当建立严格的固定资产交付使用验收制度，确保固定资产数量、质量等符合要求。固定资产交付使用的验收工作由固定资产管理部门、使用部门及相关部门共同实施。

任务五 处置年限合规性风险

处置年限合规性风险案例背景

工作准备

一、案例背景

思考

假如你是育亭机械的财务人员，结合上述案例背景，会如何评估公司的固定资产处置年限合规性风险？

二、知识储备

（一）固定资产处置

固定资产的处置是指企业对其占有、使用的固定资产进行产权转让及注销产权的一种行为，包括的主要内容有固定资产报废、固定资产报损和报失、固定资产出售、固定资产捐赠。

（二）固定资产处置方法

固定资产的处置方法有无偿调出、出售、报废、报损。

（1）无偿调出，指固定资产在变更所有权的前提下，以无偿转让的方式变更固定资产占有、使用权的资产处置。

（2）出售，指固定资产以有偿转让的方式变更所有权或占有、使用权，并收取相应处置收益的资产处置。

（3）报废，指经科学鉴定或按有关规定，已不能继续使用，必须进行产权注销的资产处置。

（4）报损，指对发生的固定资产呆账损失、非正常损失等，必须按有关规定进行产权注销的资产处置。

（三）企业常见的固定资产处置风险

（1）在固定资产处置流程审批中，可能审核人员对申请处置的固定资产审查不严谨，导致无须处置的固定资产被处置，损害公司利益。

（2）公司业务人员在处置固定资产时不符合流程，自行处置固定资产，导致固定资产流失。

（3）固定资产处置方法不合理，例如将有剩余价值尚可使用，但不适合我司继续使用的固定资产作报废处理。

（4）固定资产处置价格不合理，未实现固定资产处置收益最大化。

思考 1

育亭机械规定，固定资产处置年限不合规可能损失的金额=（固定资产重置成本或历史成本/剩余应用年限）/营业利润，假如你是育亭机械的财务人员，你会选用重置成本还是历史成本计算损失金额？为什么？

思考 2

思考若要计算固定资产处置年限合规性的风险概率需要用到哪些数据？

（四）风险评估模型

（1）处置年限合规性的风险概率：判断固定资产处置年限不合规的发生概率风险，处置年限合规性的风险概率=（处置年限不合规的固定资产数量/处置的固定资产总数量）×100%。处置年限合规性的风险概率预警表如表4-8所示。

表4-8 处置年限合规性的风险概率预警表

评分	1	2	3	4	5
处置年限不合规的数量占处置的固定资产总数比例（Y）	$Y \leq 10\%$	$10\% < Y \leq 30\%$	$30\% < Y \leq 70\%$	$70\% < Y \leq 90\%$	$90\% < Y$
预警级别	绿色预警	蓝色预警	黄色预警	橙色预警	红色预警
说明	固定资产处置年限不合规事件一般不会发生	固定资产处置年限不合规事件在极少情况下才发生	固定资产处置年限不合规事件在某些情况下发生	固定资产处置年限不合规事件在较多情况下发生	固定资产处置年限不合规事件常常会发生

（2）处置年限合规性的风险影响：判断处置年限不合规的固定资产损失总金额对公司营业利润的影响，处置年限合规性的风险影响=（处置年限不合规的固定资产重置成本/营业利润）×100%。处置年限合规性的风险影响预警表如表4-9所示。

表 4-9 处置年限合规性的风险影响预警表

评分	1	2	3	4	5
处置年限不合规的固定资产损失总金额占营业利润比例（Y）	$Y\leq 1\%$	$1\%<Y\leq 5\%$	$5\%<Y\leq 10\%$	$10\%<Y\leq 20\%$	$20\%<Y$
预警级别	绿色预警	蓝色预警	黄色预警	橙色预警	红色预警
说明	处置年限不合规的固定资产损失金额对企业基本无影响	处置年限不合规的固定资产损失金额对企业运行有轻度影响	处置年限不合规的固定资产损失金额对企业运行有中度影响	处置年限不合规的固定资产损失金额对企业运行有严重影响	处置年限不合规的固定资产损失金额对企业运行有重大影响

任务描述

本任务引入育亭机械固定资产处置要求，以及固定资产处置中存在的问题，进而需要评估固定资产处置年限合规性的风险。通过可视化分析确定固定资产管理的风险评估结果、风险应对策略、风险管控措施。

任务要求

（1）请在轻分析页内计算育亭机械 2021 年处置的固定资产，其处置年限的合规率：

处置年限合规率=(固定资产处置与购入的年限差÷固定资产预计使用年限)×100%；

（2）根据公司规定，固定资产处置年限合规率在 70% 以下则认定为存在风险，请在轻分析页内判断育亭机械 2021 年每笔固定资产处置单的处置年限是否存在风险；

（3）请在轻分析页内结合任务要求（1）和（2）的数据结果，按评估模型进一步评估 2021 年固定资产处置年限合规性的风险概率，并作出风险预警图；

（4）请在轻分析页内针对任务要求（2）的结果，计算育亭机械 2021 年存在处置年限合规性风险的固定资产的可能损失金额：

可能损失金额=存在处置年限合规性风险的固定资产重置成本/剩余应用年限；

（5）请在轻分析页内结合任务要求（4）的数据结果，按评估模型进一步评估 2021 年固定资产处置年限合规性的风险影响，并作出风险预警图（育亭机械 2021 年营业利润为 25 000 000 元）；

（6）结合任务要求（3）、（5）的风险概率和风险影响结果，综合评估育亭机械 2021 年固定资产处置年限合规性风险。

注：后台数据表"2017—2021 年固定资产卡片"中记录的预计使用期间是按月表示，所以在计算相关数据时，需要进行年、月的换算。

任务实施

一、评估固定资产处置年限合规性的风险概率

在资产管理风险管控类别下新建业务主题，命名为"处置年限合规性风险"。单击业务主题"处置年限合规性风险"的"数据建模"按钮。进入数据建模后，单击"新建数据表"。

处置年限合规性风险

在弹出对话框中选择"当前数据中心",单击"下一步"按钮。在"新建数据表-数据中心"窗口,选择类型为"自定义SQL",单击"下一步"按钮。在"新建数据表-自定义SQL"窗口,填写名称为2021年固定资产处置相关信息表,输入SQL语句,名称和SQL语句填写无误后,单击"完成"按钮。完整语句见附件SQL语句。

返回数据建模页面,逐一检查所有数据表的字段数据类型是否正确,修改字段"预计使用期间"和"处置数量"数字格式的小数位数为"0",如图4-58所示。

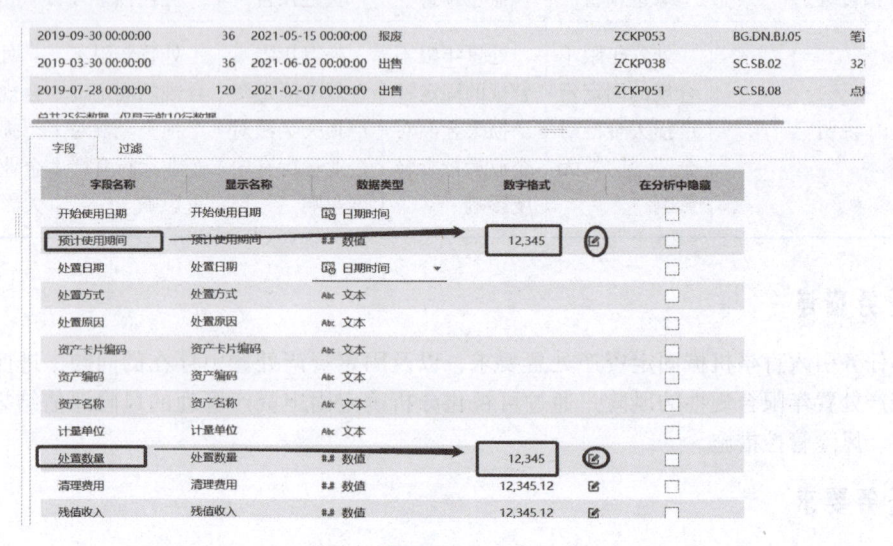

图 4-58

在"2021年固定资产处置相关信息表"内新建计算字段。

输入计算字段名称为:总重置成本。

表达式为:[单位重置成本]*[处置数量],其含义为当次处置的固定资产总重置成本。名称和表达式设置完毕并核对无误后,单击"确定"按钮。

返回数据建模界面,可以看到刚刚新建的计算字段"总重置成本"。

继续在"2021年固定资产处置相关信息表"内新建计算字段。

输入计算字段名称为:处置年限合规率。

表达式为:DATEDIFF([开始使用日期],[处置日期],"M")/[预计使用期间]。

其含义为:处置年限合规率=固定资产处置与购入的日期差÷固定资产规定的预计使用期间。名称和表达式设置完毕并核对无误后,单击"确定"按钮。

返回数据建模界面,可以看到刚刚新建的计算字段"处置年限合规率"。

继续在"2021年固定资产处置相关信息表"内新建计算字段。

输入计算字段名称为:存在风险项。

表达式为:IF([处置年限合规率]<0.7,1,0)。

其含义为:按育亭机械规定,固定资产处置年限合规率在70%以下,即可能存在风险。名称和表达式设置完毕并核对无误后,单击"确定"按钮。

返回数据建模界面,可以看到刚刚新建的计算字段"存在风险项",1代表存在风险,0代表不存在风险,将数字格式的小数位修改为"0"。

回到轻分析主界面,单击业务主题"处置年限合规性风险"的"数据斗方"。

根据评估模型,处置年限合规性的风险概率=(处置年限不合规的固定资产数量/处置的固定资产总数量)×100%，在"数据斗方-处置年限合规性风险"页面，单击选中数据表"2021年固定资产处置相关信息表"，然后单击字段右侧的倒三角符号，单击"创建计算字段"。

在弹出的"创建计算字段"窗口，将创建的计算字段命名为"处置年限合规性的风险概率"，输入表达式，名称和表达式核对无误后，单击"确定"按钮，完整表达式见附件函数表达式，如图4-59所示。

图 4-59

返回"数据斗方-处置年限合规性风险"页面，可以在"2021年固定资产处置相关信息表"下看到刚创建好的计算字段"处置年限合规性的风险概率"。

选择图表类型为"仪表图"，将创建的"处置年限合规性的风险概率"拖拽至"指针值"。

单击表盘中"分段"的编辑符号，设置刻度的起始值和结尾值分别为0和1，单击"添加分刻度"，根据风险评估标准分为5级预警，如图4-60所示，分别标注不同的颜色，设置完成后单击"确定"按钮。

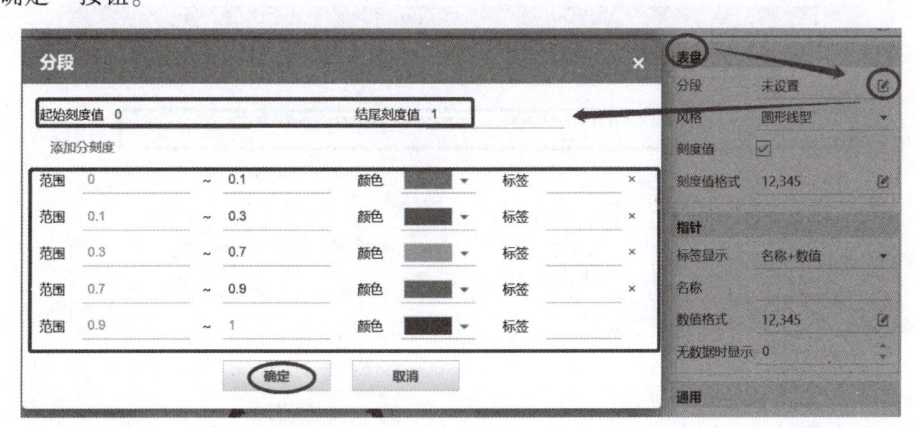

图 4-60

分别设置"表盘"的"刻度值格式"和"指针"的"数值格式"：小数位数均为"2"，数量单位为"百分之一（%）"，设置无误后单击"确定"按钮。

选择预览尺寸为"全画面"。得到 2021 年固定资产处置年限合规性的风险概率图形,如图 4-61 所示,处置年限不合规的固定资产数量占处置的固定资产总数量比例为 24%,可判断固定资产处置年限不合规的事件极少情况下才发生。

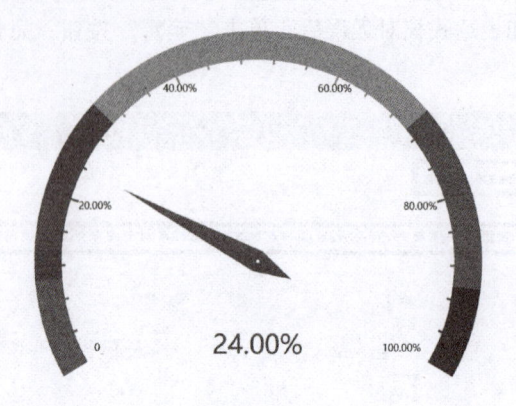

图 4-61

保存该指标,单击"分析方案",在弹出的"保存方案"窗口中,输入方案名称为"处置年限合规性的风险概率",然后单击"确定"按钮。

二、评估固定资产处置年限合规性的风险影响

进入金蝶云星空系统页面,执行"轻分析"命令,进入轻分析页面。

单击业务主题"处置年限合规性风险"的"数据建模"按钮。进入数据建模后,在"2021 年固定资产处置相关信息表"内新建计算字段。

输入计算字段名称为:可能损失金额。

表达式为:IF([存在风险项]=1,(([总重置成本]/([预计使用期间]-DATEDIFF([开始使用日期],[处置日期],"M")))*12),0)

其含义为如果固定资产的处置年限存在风险,则其损失金额为重置成本÷剩余年限。

名称和表达式设置完毕并核对无误后,单击"确定"按钮,如图 4-62 所示。

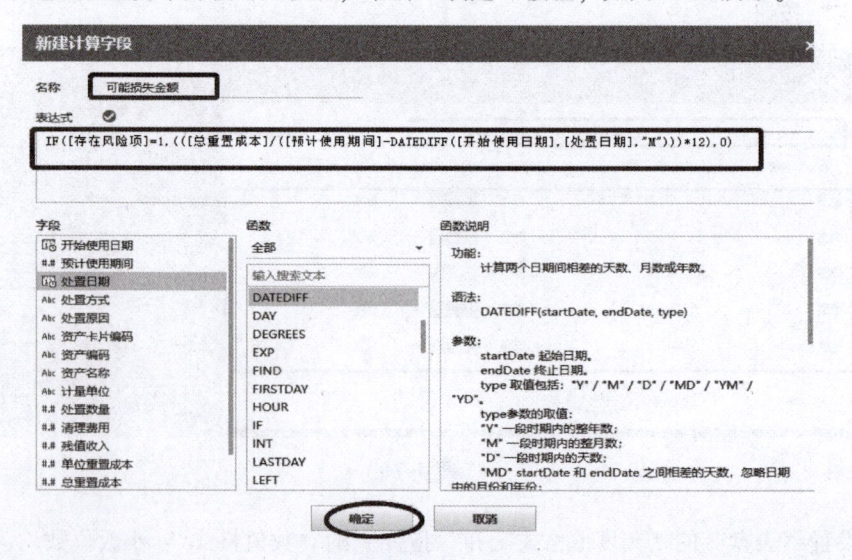

图 4-62

返回数据建模界面,可以看到刚刚新建的计算字段"可能损失金额",如图 4-63 所示。

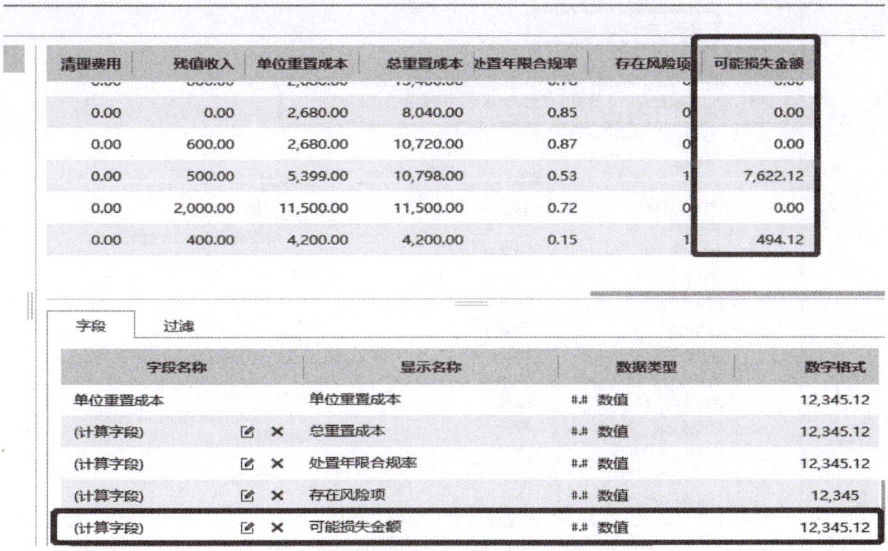

清理费用	残值收入	单位重置成本	总重置成本	处置年限合规率	存在风险项	可能损失金额
0.00	500.00	2,680.00	13,400.00	0.78	0	0.00
0.00	0.00	2,680.00	8,040.00	0.85	0	0.00
0.00	600.00	2,680.00	10,720.00	0.87	0	0.00
0.00	500.00	5,399.00	10,798.00	0.53	1	7,622.12
0.00	2,000.00	11,500.00	11,500.00	0.72	0	0.00
0.00	400.00	4,200.00	4,200.00	0.15	1	494.12

字段名称			显示名称	数据类型	数字格式
单位重置成本			单位重置成本	#.# 数值	12,345.12
(计算字段)	✎	✕	总重置成本	#.# 数值	12,345.12
(计算字段)	✎	✕	处置年限合规率	#.# 数值	12,345.12
(计算字段)	✎	✕	存在风险项	#.# 数值	12,345
(计算字段)	✎	✕	可能损失金额	#.# 数值	12,345.12

图 4-63

计算字段设置无误后,单击"保存"按钮。

回到轻分析主界面,单击业务主题"处置年限合规性风险"的"数据斗方"。

单击"清除"图标,清除第一步的处置年限合规性的风险概率预警图。根据评估模型,处置年限合规性的风险影响=[(处置年限不合规的固定资产重置成本/剩余应用年限)/营业利润]×100%,在"数据斗方-处置年限合规性风险"页面,单击选中数据表"2021年固定资产处置相关信息表",然后单击字段右侧的倒三角符号,单击"创建计算字段"。

在弹出的"创建计算字段"窗口,将创建的计算字段命名为"处置年限合规性的风险影响"。表达式为:SUM([2021年固定资产处置相关信息表.可能损失金额])/25000000,名称和表达式核对无误后,单击"确定"按钮,如图 4-64 所示。

返回"数据斗方-处置年限合规性风险"页面,可以在"2021年固定资产处置相关信息表"下看到刚创建好的计算字段"处置年限合规性的风险影响"。

选择图表类型为"仪表图",将创建的"处置年限合规性的风险影响"拖拽至"指针值"。

单击表盘中"分段"的编辑符号,设置刻度的起始值和结尾值分别为 0 和 0.25,单击"添加分刻度",根据风险评估标准分为 5 级预警,如图 4-65 所示,分别标注不同的颜色,设置完成后单击"确定"按钮。

分别设置"表盘"的"刻度值格式"和"指针"的"数值格式":小数位数均为"2",数量单位为"百分之一(%)",设置无误后单击"确定"按钮。

选择预览尺寸为"全画面",得到 2021 年固定资产处置年限合规性的风险影响图形,如图 4-66 所示,处置年限不合规的固定资产损失总金额占营业利润比例为 0.09%,可判断处置年限不合规的固定资产损失总金额对企业基本无影响。

另存为该指标,单击"分析方案",在弹出的"另存方案"窗口中,输入方案名称为"处置年限合规性的风险影响",然后单击"确定"按钮。

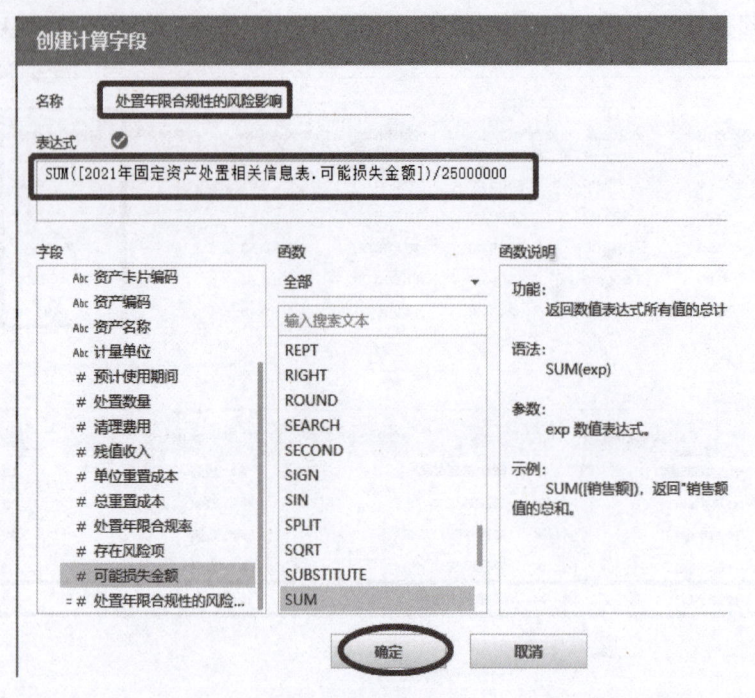

图 4-64

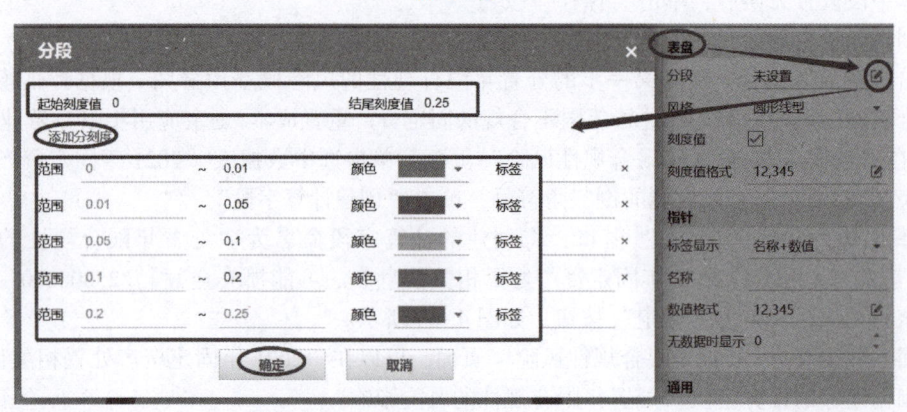

图 4-65

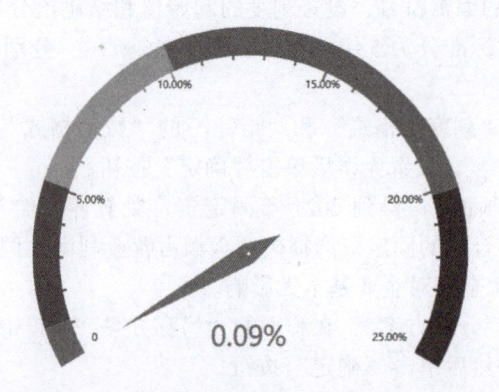

图 4-66

三、风险评估结果

根据上述计算结果及育亭机械的评估标准，2021年固定资产处置年限合规性的风险概率得分为2，影响得分为1，落于绿低风险区域，如图4-67所示。

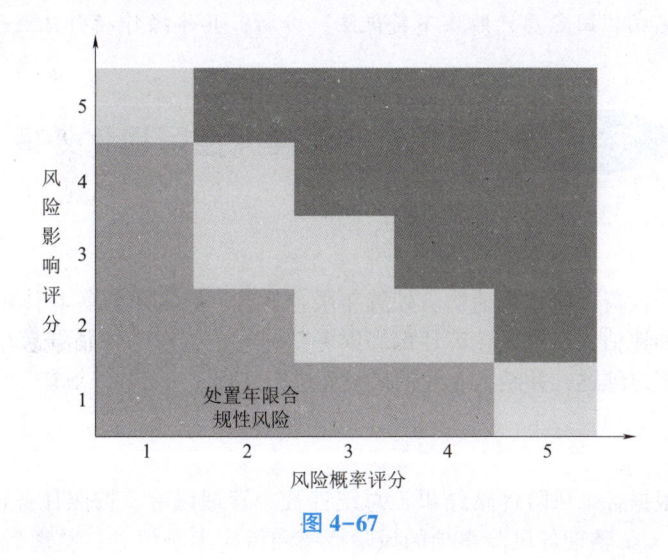

图 4-67

四、风险应对策略

根据2021年固定资产处置年限合规性风险落入的评估矩阵区间，结合图4-36，参考风险策略矩阵判断风险应对策略，并说明制定风险策略的理由。

五、风险管控措施

根据上述结论，2021年固定资产处置年限合规性风险发生的可能性较小，风险影响也极小，采用风险承担的处理策略，所以暂时可以不采取进一步控制措施进行风险管控。

任务评价

序号	评价内容	评价具体要点	达标	未达标
1	处置年限合规性风险识别	能够分析企业处置年限合规性中存在的风险点		
2	处置年限合规性风险评估	能够可视化分析并评估处置年限合规性的风险概率		
3	处置年限合规性风险应对	能够根据风险评估标准表确定风险等级，并制定其风险应对策略和管控措施		

拓展阅读

企业内部控制应用指引第8号——资产管理财会〔2010〕11号第三章固定资产第十四条企业应当严格执行固定资产日常维修和大修理计划，定期对固定资产进行维护保养，切实消除安全隐患。

企业应当强化对生产线等关键设备运转的监控，严格操作流程，实行岗前培训和岗位许可制度，确保设备安全运转。

拓展练习

在轻分析平台完成"固定资产账实不符风险"分析，具体操作指引见电子资源"固定资产账实不符风险"。

任务六　固定资产管理风控可视化处理

固定资产账实不符风险

任务描述

前面对固定资产投资、验收、请购、处置年限合规性、账实不符等具体风险事项进行了识别和评估，经过风控审计部和财务部门讨论，对于评估结果存在风险的事项进行汇总陈述，并纳入企业的风险库进行管理。

任务要求

任务要求一：根据各个风险评估结果汇总统计资产管理风险，按照任务提供的资产管理风险评估数据汇总表.xlsx整理各风险事项的风险概率和风险影响评分，整理后的Excel作为后续制作相关汇总图表展示在看板上使用。

任务要求二：根据任务要求一整理的资产管理风险评估数据汇总情况，在轻分析中绘制合适的图表，具体要求如下。

（1）请在轻分析平台的数据建模版块导入资产管理风险评估数据汇总表。

（2）统计风险项数可使用图表类型为"业务指标"进行展示，请在轻分析平台的数据斗方版块内计算评估风险项数、高风险事项、中风险事项、低风险事项并展示。

（3）不同级别的风险事项的占比情况可使用图表类型为"饼图"进行展示，请在轻分析平台的数据斗方版块内计算不同级别风险事项的分布情况并展示。

（4）各个风险事项的风险影响和风险概率可使用图表类型为"雷达图"进行展示，请在轻分析平台的数据斗方版块内制作风险概率和风险影响雷达图并展示。

（5）具体风险事项的风险程度可使用图表类型为"列表"进行展示，请在轻分析平台的数据斗方版块内制作风险评估列表并展示。

任务要求三：根据任务要求二制作的图表进行仪表盘的制作，请在轻分析平台新建仪表盘，通过拖动数据斗方的方式将任务要求二的"评估风险项数""高风险项数""中风险项数""低风险项数""不同级别的风险事项分布情况""风险概率与风险影响雷达图""风险评估列表"排列形成资产管理风险评估汇总看板。

任务实施

一、固定资产管理风险评估统计

根据资产管理风险评估数据汇总，汇总的结果如表4-10所示。

表 4-10　资产管理风险评估数据汇总结果

风险环节	序号	风险事项	风险概率评分	风险影响评分	风险程度
资产活动	1	固定资产投资风险	2	2	低风险
资产活动	2	固定资产请购风险	3	2	中风险
资产活动	3	固定资产验收风险	1	2	低风险
资产活动	4	固定资产处置年限不合规风险	2	1	低风险
资产活动	5	固定资产账实不符风险	1	4	低风险

二、图表绘制

进入金蝶云星空系统页面，执行"轻分析"命令，进入轻分析页面。

第一步，在资产管理风险管控类别下新建业务主题，命名为"资产管理风险汇总"。单击业务主题"资产管理风险汇总"的"数据建模"按钮。

进入数据建模后，单击"新建数据表"。在弹出的对话框中选择"文件项下的 Excel"，单击"下一步"按钮。单击"上传文件"，将统计好的"资产管理风险评估数据汇总表"导入，单击"下一步"按钮，如图 4-68 所示。

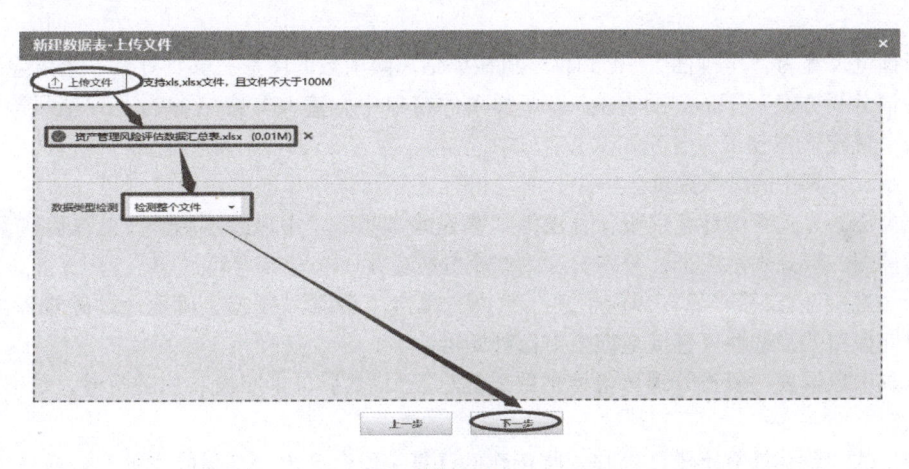

图 4-68

在"新建数据表-选择表"的页面，勾选"资产管理风险评估数据汇总表"，确认表已选择后单击"下一步"按钮。确保勾选"全选"后，单击"完成"按钮。返回数据建模-资产管理风险汇总页面，可以看到新建的数据表，单击工具栏的"保存"按钮。

回到轻分析主界面，单击业务主题"资产管理风险汇总"的"数据斗方"。

（一）风险项数指标绘制

第一步：计算评估风险项数

根据任务要求，统计资产管理风险项数需要计算风险项数的个数，同时计算高风险、中风险和低风险的风险项数，需要建立 4 个计算字段。

单击选中数据表"资产管理风险评估数据汇总表"，然后单击字段右侧的倒三角符号，单击

"创建计算字段"。

在弹出的"创建计算字段"窗口,将创建的计算字段命名为"评估风险项数"。

表达式为:COUNT([资产管理风险评估数据汇总表.风险事项]),在表达式中输入表格中的字段,只需要选中字段双击即可,名称和表达式核对无误后,单击"确定"按钮。返回"数据斗方-资产管理风险汇总"页面,可以在"资产管理风险评估数据汇总表"下看到刚创建好的计算字段"评估风险项数"。

选择图表类型为"业务指标",将创建的"评估风险项数"拖拽至"主指标",如图4-69所示。

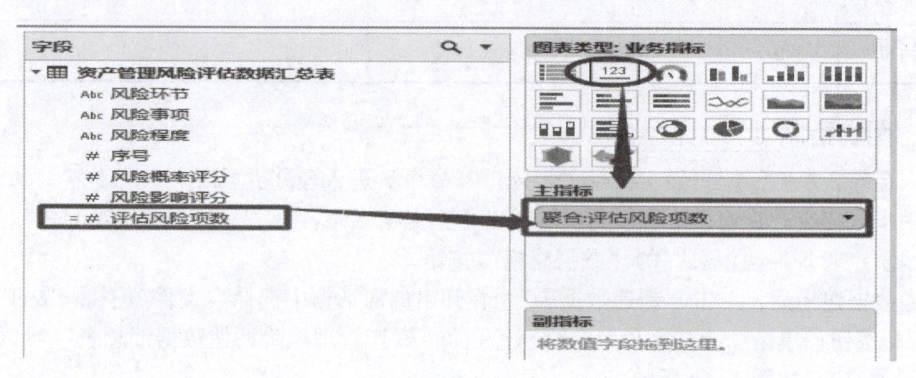

图 4-69

选择预览尺寸为"全画面",得到育亭机械评估风险项数的图形,共计评估5个风险事项。

单击"分析方案"下的"另存为",在弹出的窗口中,输入方案名称为"评估风险项数",然后单击"确定"按钮。

第二步:计算中高低风险项数

按照类似的方式新增计算字段,分别为"高风险项数""中风险项数""低风险项数",并以业务指标图的形式展示出来,分别另存为3个分析方案。

进入"数据斗方-资产管理风险汇总"页面,单击"清除"图标,确保页面筛选器无内容,若存在以前保留的筛选器可直接拖拽至空白处即可。

单击选中数据表"资产管理风险评估数据汇总表",然后单击字段右侧的符号,单击"创建计算字段"。

在弹出的"创建计算字段"窗口,将创建的计算字段命名为"高风险项数"。

表达式为:SUM(IF([资产管理风险评估数据汇总表.风险程度]='高风险',1,0)),在表达式中输入表格中的字段,只需要选中字段双击即可,名称和表达式核对无误后,单击"确定"按钮。

选择图表类型为"业务指标",将创建的"高风险项数"拖拽至"主指标"。

得到育亭机械高风险项数的图形,共计评估0个高风险事项。

中风险项数表达式为:SUM(IF([资产管理风险评估数据汇总表.风险程度]='中风险',1,0)),最后完成的效果如图4-70所示。

低风险项数表达式为:SUM(IF([资产管理风险评估数据汇总表.风险程度]='低风险',1,0)),最后效果如图4-71所示。

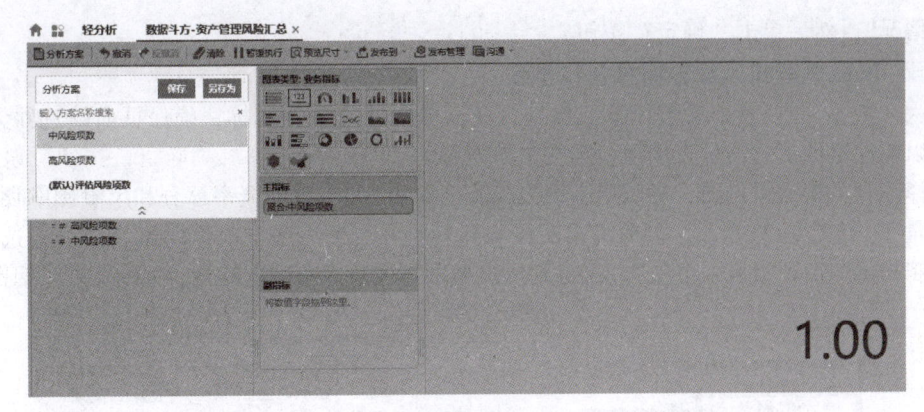

图 4-70

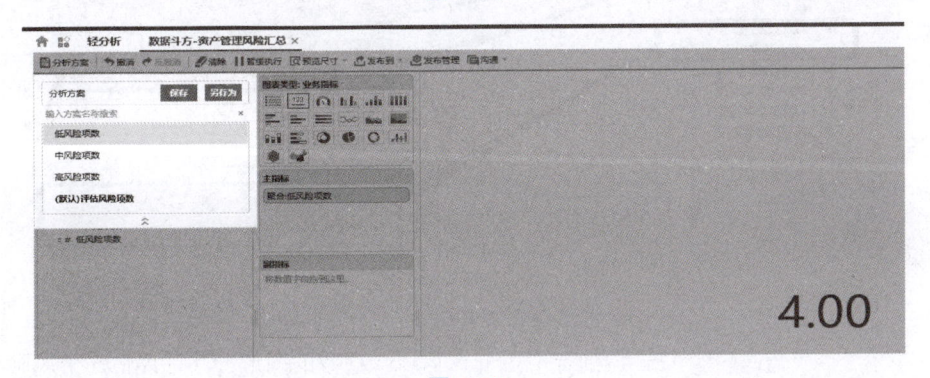

图 4-71

(二) 不同级别的风险事项分布情况

进入"数据斗方-资产管理风险汇总"页面,单击"清除"图标,确保页面筛选器无内容,若存在以前保留的筛选器可直接拖拽至空白处即可。

选择图表类型为饼图,将风险事项拖拽至"角度",注意选择度量为计数,将风险程度字段拖拽至"颜色",如图 4-72 所示。

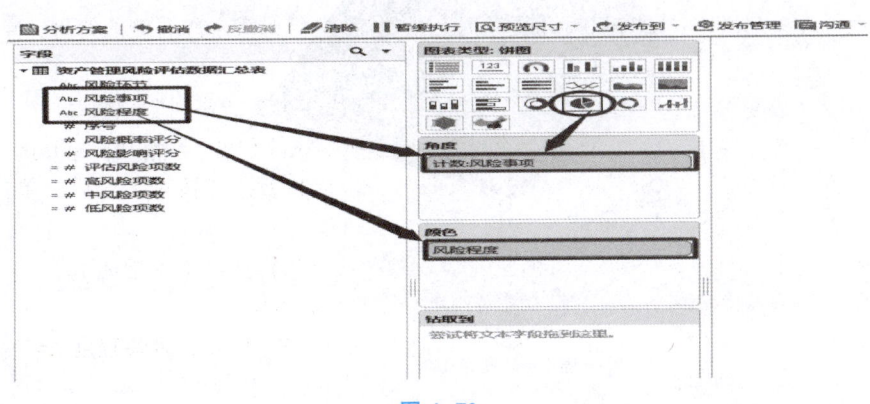

图 4-72

在右边绘图区域,勾选显示"数据标签",可得到不同级别的风险事项分布情况。

单击"分析方案"下的"另存为",在弹出的窗口中,输入方案名称为"不同级别的风险事项分布情况",然后单击"确定"按钮。

(三)风险概率和风险影响可视化呈现

进入"数据斗方-资产管理风险汇总"页面,单击"清除"图标,确保页面筛选器无内容,若存在以前保留的筛选器可直接拖拽至空白处即可。

选择图表类型为雷达图,将风险事项拖拽至"维度",将风险概率评分和风险影响评分拖拽至"度量",如图4-73所示,同时将未对概率和影响评分的风险事项筛选掉"此处筛选掉采购计划编制与供应商评级风险事项"。可得到风险概率与风险事项的雷达图,如图4-74所示。

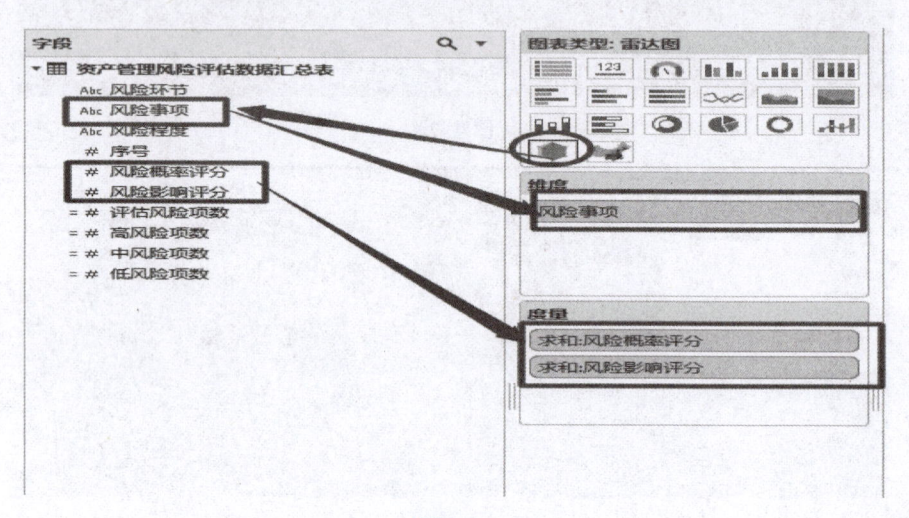

图 4-73

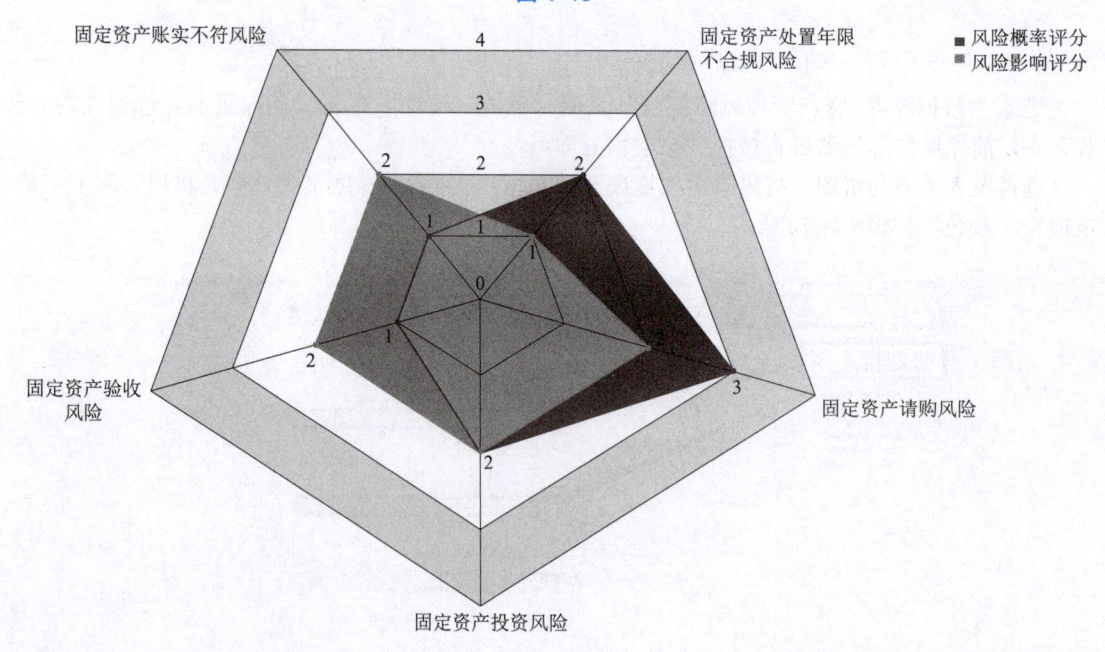

图 4-74

单击"分析方案"下的"另存为",在弹出的窗口中,输入方案名称为"风险概率和影响雷达图",然后单击"确定"按钮。

(四)具体的风险事项列表

进入"数据斗方-资产管理风险汇总"页面,单击"清除"图标,确保页面筛选器无内容,若存在以前保留的筛选器可直接拖拽至空白处即可。

选择图表类型为列表,将风险事项、风险程度拖拽至列,如图4-75所示。

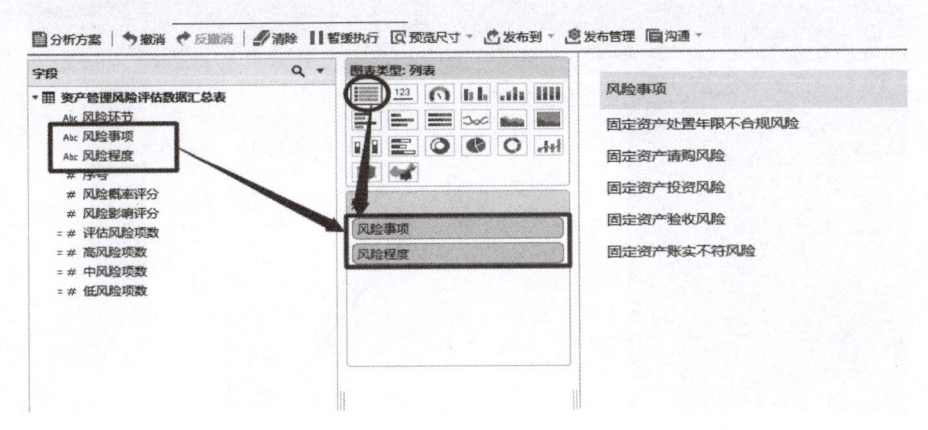

图 4-75

可得到风险评估列表,如图4-76所示。

图 4-76

"另存为"该指标,单击"分析方案",在弹出的"保存方案"窗口中,输入方案名称为"风险评估列表",然后单击"确定"按钮。

(五)最终完成的分析方案参考

最终完成的分析方案参考如图4-77所示。

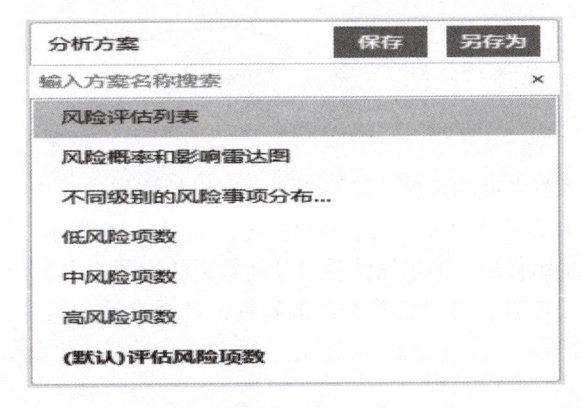

图 4-77

三、仪表板制作

在轻分析主界面新建仪表板，命名为"资产管理风险"。单击进入仪表板。将数据斗方拖拽至看板，在弹出对话框单击"下一步"按钮，如图4-78所示。

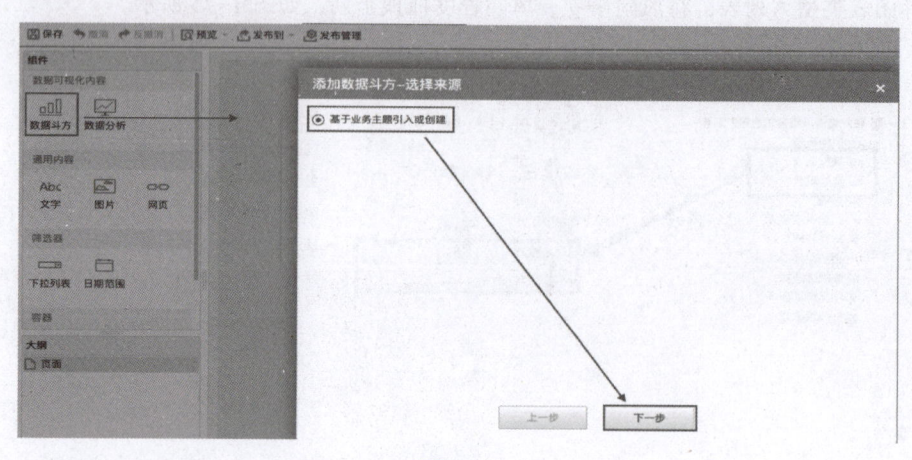

图 4-78

选择前面步骤绘制图表所在的业务主题"资产管理风险汇总"。选择绘制好的图表，单击"完成"按钮，重复前面两个步骤将所有图表拖拽至看板中，可进行排版，美观即可，要求将所有图标绘制展示在仪表盘上，如图4-79所示。

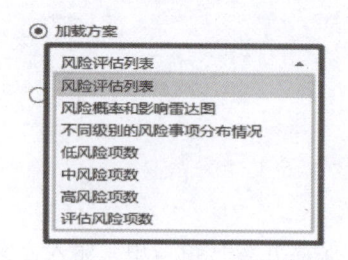

图 4-79

可以为仪表板设置大标题及副标题，将左侧的文字组件拖拽至看板，输入想要呈现的标题，单击"确定"按钮，可在右侧修改文字大小和对齐等，如图4-80所示。

通过拖拽组件或选定组件后，通过属性设置设计看板的构图。

将光标停留在看板空白处，可以设置看板的属性，选择合适的尺寸、外观、展示模式等方式，如图4-81所示。

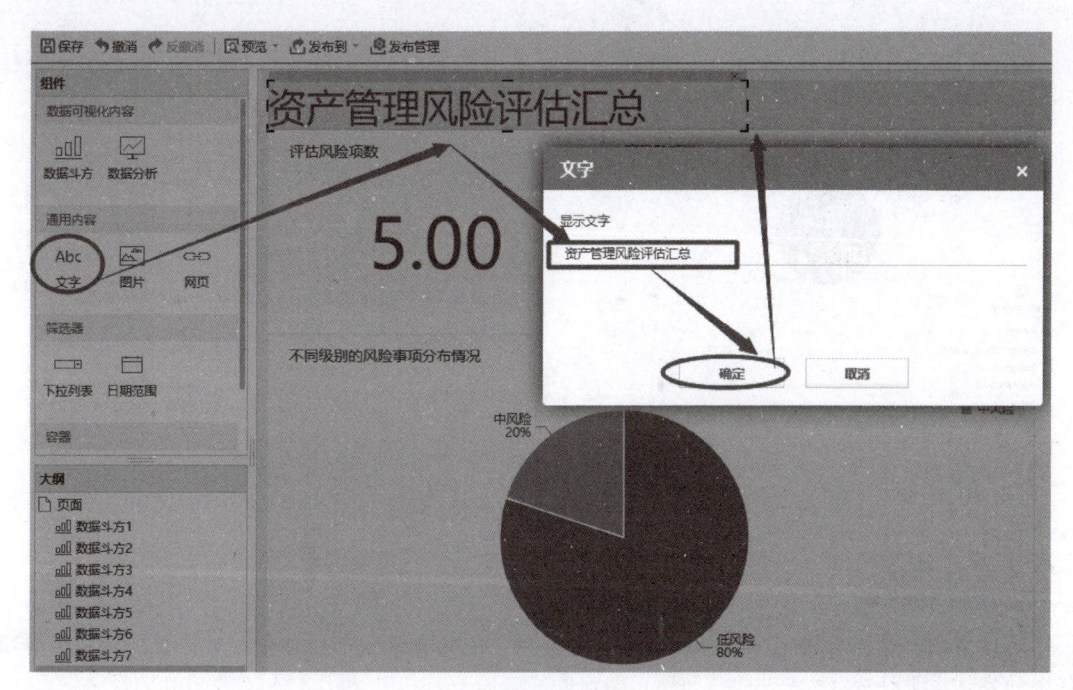

图 4-80

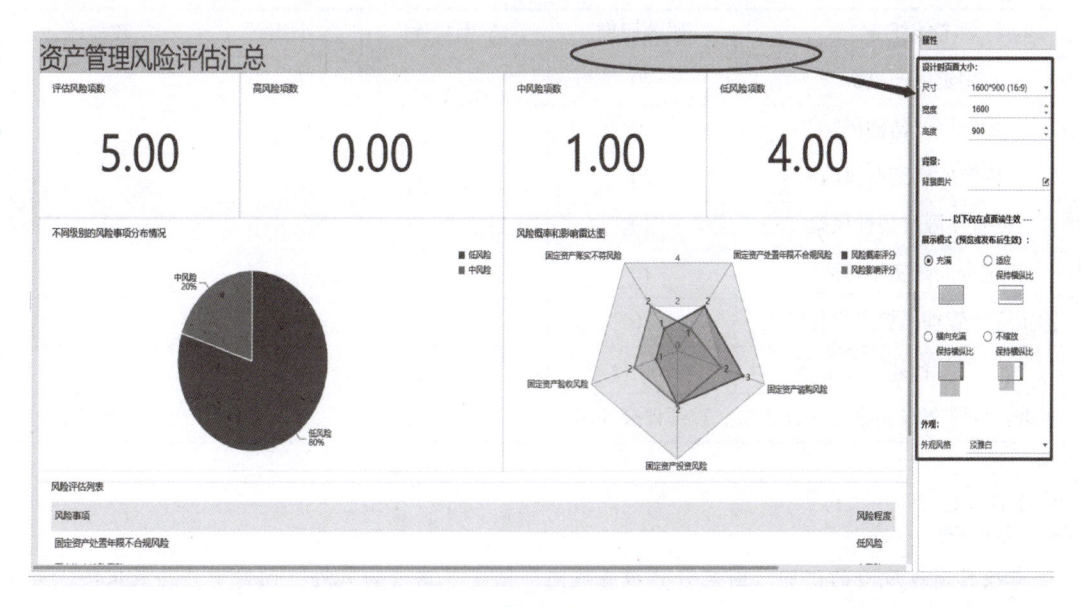

图 4-81

单击菜单栏的预览，选择桌面端。可以完整预览设计好的仪表板，如图 4-82 所示。

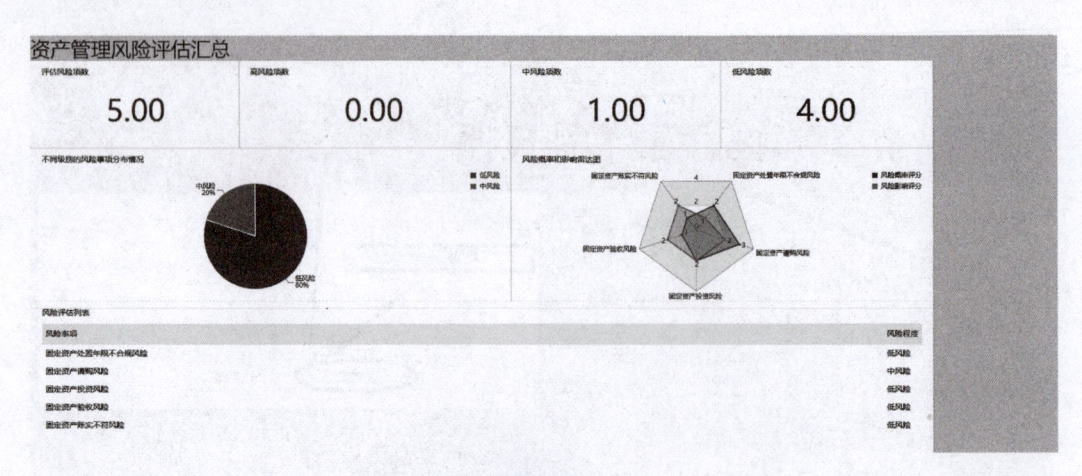

图 4-82

项目考核评价

通过实训，学生对固定资产管理的各项任务结果进行自评，小组评分同时，教师对学生各项任务的实训成果评分。

固定资产管理大数据智能风控考核评价表

考核任务	评分标准	学生自评	小组评分	教师评分
固定资产投资	20			
固定资产请购风险	20			
固定资产请购风险	20			
处置年限合规性风险	10			
固定资产账实不符风险	10			
固定资产管理风控可视化处理	20			
合计	100 分			
权重：自评 20%，小组评分 30%，教师评分 50%				

项目小结

本项目通过风险的识别、固定资产投资风险、固定资产请购风险、固定资产验收风险、处置年限合规性风险、固定资产管理风控可视化处理 6 个任务，对固定资产业务进行风险识别，并进行具体描述；评估分析固定资产业务风险，编制固定资产业务风险评估表；确定固定资产业务风险应对策略；提出固定资产业务风险的管控措施。

项目五　资金管理大数据智能风控

学习目标

【知识目标】

1. 熟悉企业资金管理主要业务及流程。
2. 掌握风险识别、评估、应对、采集、处理的方法并应用。
3. 了解数据挖掘分析及应用。
4. 掌握 Python 语言、SQL Server 语言的基本应用。
5. 掌握数据分析可视化操作。
6. 掌握仪表板的制作。

【技能目标】

能够在大数据平台进行风险识别、评估、应对、采集、处理的操作。

【素养目标】

1. 通过学习资金管理大数据智能风控，培养学生大数据与资金管理之间的内在联系，为企业数字化资金管理风控提供保障。
2. 通过拓展学生基础知识储备和视野，培养学生的资金管理能力和创新思维。

德技并修

深入学习贯彻党的二十大精神，科学应变，与时俱进

党的二十大报告指出，防范金融风险还必须解决许多重大问题。要强化金融稳定保障体系，守住不发生系统性风险底线。这为新时代处置重大金融风险、维护人民财产安全提供了重要遵循和根本指南。必须按照党的二十大精神和党中央决策部署，积极探索和优化重大金融风险处置方案，实现金融业稳健运行与经济高质量发展相互促进、良性循环。

2021 年 3 月 2 日国资委已经发布了《关于加强中央企业资金内控管理有关事项的通知》，通知要求加快推进资金内控信息化建设，在 2022 年年底前总部及所属二级子企业、三级及以下重要子企业，实现对资金财务信息全面有效监控。国务院国资委正式印发《关于加快推进国有企业数字化转型工作的通知》，系统明确国有企业数字化转型的基础、方向、重点和举措，开启了国有企业数字化转型的新篇章，积极引导国有企业在数字经济时代准确识变、科学应变、主动求变，加快改造提升传统动能、培育发展新动能。

思维导图

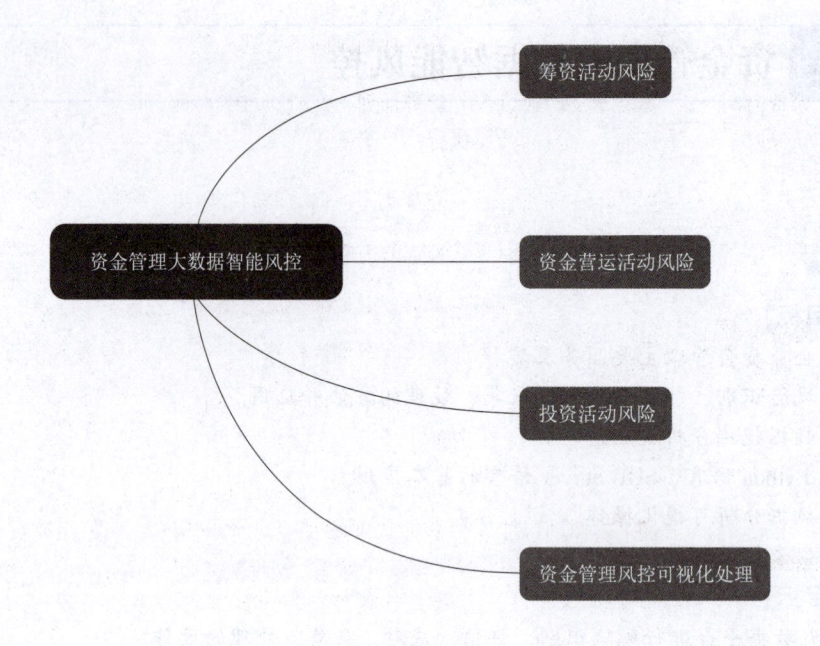

```
                              ┌─ 筹资活动风险
                              │
                              ├─ 资金营运活动风险
资金管理大数据智能风控 ──────┤
                              ├─ 投资活动风险
                              │
                              └─ 资金管理风控可视化处理
```

项目导入

　　大多数集团企业都使用了一套资金管理模块（或系统），其无论是 ERP 中的资金管理模块还是独立私有云部署的专业资金管理系统，都是用以集中管控企业的财资资源。在大智移云及 5G 时代已来之际，内外环境的不利因素更加突出，竞争环境加剧。作为集团企业资金掌门人是否感到前所未有的焦虑：监管部门、集团领导或业务相关者，都对资金管控数字化升级转型提出了更高的要求，如何管控好企业所有内外资金资源，达到业财融合提升财资竞争力？资金管理数字化如何为企业的战略保驾护航？

任务一　筹资活动风险

子任务一　筹资时间风险

工作准备

一、案例背景

思考

根据案例信息，如何才能计算出投资资金延迟的发生概率？

二、风险识别与评估

根据案例背景，形成筹资活动风险数据库，如表 5-1 所示。

表 5-1　筹资活动风险数据库

风险编号	风险名称	风险描述	风险成因	风险后果
ZJ01-001	筹资时间风险	筹资不及时或过于提前	筹资计划时间不合理；筹资计划未及时执行或提前执行；资金使用提前或滞后	筹资时间不及时，可能造成短期的资金短缺；筹资时间过于提前，可能造成资金闲置时间较长，降低企业盈利能力
ZJ01-002	筹资金额风险	包括筹资金额不足或过多	筹资能力利用不足；筹资方案金额不足或过多；筹资方案未执行到位；资金使用项目新增、变更或取消	筹资金额不足，可能造成资金短缺；筹资金额过多，可能造成冗余，降低企业盈利能力
ZJ01-003	利率风险	利率的波动可能造成企业融资成本高于预期	利率上涨时，如选用的浮动利率贷款则增加企业融资成本；利率下降时，如选用固定利率贷款则不能享受降低利率带来的成本节约	可能造成融资成本较高，降低企业的成本优势，侵蚀企业盈利
ZJ01-004	资本结构不合理风险	长期资金和短期资金结构不合理；或债务资金和股权资金结构不合理	未选用最恰当的筹资方案组合	短期资金过高可能造成短期偿债压力过大；长期资金过高可能造成资金成本过高；债务资金过高可能造成财务杠杆过高，面临较大的债务偿付压力，资金成本较高或融资能力下降；股权资金过高，可能造成无法达成股权投资人的期望回报或资金成本较高
ZJ01-005	偿付到期债务风险	无力偿付到期债务本金或利息	短期资金缺口；资金运营不及预期；投资项目失败；盲目扩张	可能造成担保资产限制使用，影响企业正常经营，给企业声誉带来负面影响，造成企业破产
ZJ01-006	股利支付风险	无力支付承诺股息或股息过低，不能满足投资者预期	短期资金缺口；资金有更好的使用途径；资金运营不及预期；投资项目失败；盲目扩张	无力支付承诺股息或股息过低，不能满足投资预期，给企业声誉带来负面影响，可能造成投资者抛售股权或抽离出资，导致企业控制权不稳定，影响企业正常经营

三、知识储备

本任务可以使用 Python 的循环嵌套语句完成，具体知识详见本教材上册"项目一　认识大数据，任务二　大数据采集，子任务四　Python 爬虫采集"。

评估模型：

（1）风险概率评估。

以到款时间晚于用款时间的概率评估本任务的风险概率。

（2）风险影响评估。

以损失可能发生的概率与损失金额的期望值占预计税前利润的比对风险影响进行评估，即

$$风险影响 = \sum (损失金额 \times 发生概率) \div 25\ 000\ 000$$

任务描述

本任务主要用 Python 在大数据处理平台实现筹资时间风险概率和风险影响的评估。

任务要求

（1）以 Excel 表格分析风险概率，并计算风险影响。
（2）编写 Python 代码分析风险概率，并计算风险影响。
（3）针对该风险绘制风险矩阵图，评估风险。
（4）制定应对该风险的策略；
（5）制定具体风险管控措施。

任务实施

表 5-2　项目资金延迟概率彩图

一、Excel 分析方案

先用 Excel 分析风险评估的逻辑。根据题意，将上述数据按下列格式填入 Excel 表格中，项目资金出现延迟的概率为表 5-2 中标注颜色的部分，其中标注绿色的部分资金延迟时间为 1 个月，黄色部分延迟时间为 2 个月，橙色部分延迟时间为 3 个月：

表 5-2　项目资金延迟概率

放款时间	收款时间	5月	6月	7月	8月
	概率	35%	45%	15%	5%
2022年5月	30%	10.50%	13.50%	4.50%	1.50%
2022年6月	55%	19.25%	24.75%	8.25%	2.75%
2022年7月	15%	5.25%	6.75%	2.25%	0.75%

因此收款时间出现延迟的概率为上述标注颜色部分的合计数 = 31.25%；

放款时间出现延迟的损失额期望值 =（13.5% + 8.25% + 0.75%）× 1 000 000 +（4.50% + 2.75%）× 5 000 000 + 1.5% × 10 000 000 = 737 500 元。

筹资时间风险的影响 = 737 500 ÷ 25 000 000 = 2.95%。

二、Python 分析方案

根据 Excel 计算的逻辑编写 Python 代码，完整代码见附件 Python 代码。

将上述代码写入代码区，运行结果如图 5-1 所示。

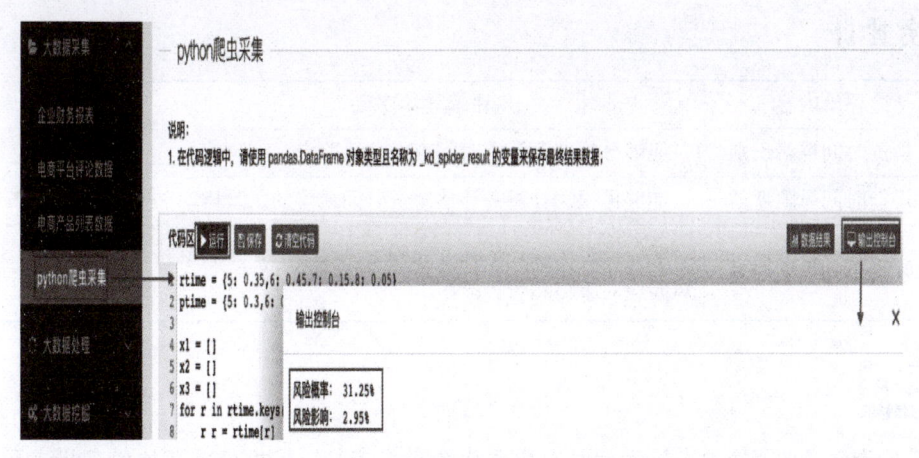

图 5-1

三、评估结果

根据上述计算结果及育亭机械的评估标准，筹资时间风险的概率得分为 3，影响得分为 2，落在中风险区间，如图 5-2 所示。

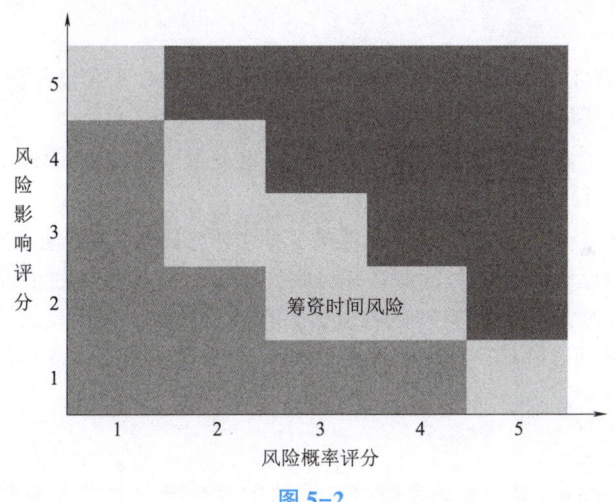

图 5-2

四、风险应对策略

该事项风险属于中等，风险发生的可能性较大，对企业也有一定的影响，可以通过采取管控措施将该风险降低至可接受水平，应采取风险降低的应对策略。

五、风险管控措施

预算控制：通过信息的采集和分析，并适时对资金预算进行滚动更新，确保资金预算的准确性，至少是近期资金预算的准确性，以减少资金短缺或冗余的风险。

奖惩/绩效：针对未按照筹资计划或用款计划执行而造成的筹资风险，应对责任人的计划完成情况进行考核，或加入相关责任人的绩效，以提高筹资计划或用款计划执行的准确性。

预警机制：在出现重大的资金调整事项时，应对筹资计划同时作出预警，以同步更新。

任务评价

序号	评价内容	评价具体要点	达标	未达标
1	筹资时间风险识别	能够分析企业筹资时间存在的风险点		
2	筹资时间风险评估	能够可视化分析并评估筹资时间风险的风险概率		
3	筹资时间风险应对	能够根据风险评估标准表确定风险等级,并制定其风险应对策略和管控措施		

拓展阅读

筹资风险管理是指企业在融资活动中由于资金供需市场、宏观经济环境的变化或融资来源结构、币种结构、期限结构等各种不确定因素而给企业带来损失的可能性。

子任务二 偿付到期债务风险

工作准备

一、案例背景

假设今天为2022年1月1日,育亭机械在2022年有15 000万元银行贷款需要偿还(已扣除可以滚动续贷的贷款),期初的资金余额3 000万元。

2022年预计经营活动现金流量净额75%的可能性为+20 000万元,25%的可能性为+5 000万元。

育亭机械目前有一个非常好的投资机会需要立即作出决策,如果确定投资需立即投入资金10 000万元,投资项目运营65%的可能性当期可收到现金回报20 000万元,30%的可能性当期可收到现金回报6 000万元,另外还有5%的可能性该项投资失败,无法收到任何回报。

假设除上述提到的现金收付,育亭机械在2022年没有其他现金收支事项。

二、知识储备

(一)决策树分析法

决策树(Decision Tree)是一种辅助制定决策的工具。通过图形和模型来展示决策/行动步骤、结果以及相应的可能性,并用箭头将其连接起来。在面对多种决策和多种可能结果的情况时,决策树这种工具有很高的使用价值。

在制作决策树的图形表达时,对图形的符号并没有一个公认和统一的标准(决策树表达形式可以比较灵活)。相对比较普遍的一种做法是"□"正方形来代表决策,"○"圆形来代表决策可能产生的结果。

在使用决策树来帮助决策的时候有两个步骤:

第一步,构造决策树。首先是标出所要解决的问题,并根据这个问题画出相应的解决方案(决策/解决步骤),然后根据不同的决策,画出某个决策可能产生的结果可能性。决策树的构造过程总是从左至右的。在决策树的解决方案/决策节点区域,首先标出控制范围的可供选择的解决方案(决策),这些决策可以任意选择。另外还有一些不在控制范围内的考虑因素,这些因素取决于外部环境,例如,顾客、供应商及经济环境。决策区的可控和非可控部分,以及相应的结果都可能会有向下（向右边方向）的分支，如果有两个可能的结果，那么就会产生 2 个分支。这个过程中，决策树可以帮我们更容易地去评估不同的行动步骤，那么决策树的起点也必定是一个决策，以□为标示，如图 5-3 所示。

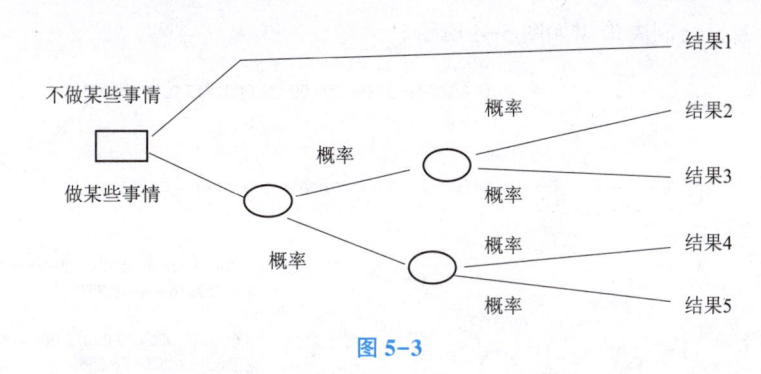

图 5-3

第二步就是根据以上数据对需要作的决策进行评估和建议。这一步的操作过程是倒推的。根据不同的决策可能产生的结果和可能性计算出不同的结果的应期望值，然后根据期望值倒推回不同的决策。最后根据以上结论为管理层提供建议。即从右往左用"结果"×相应的概率，得到期望值，一直到决策点，从而比较不同决策下的结果期望值。当然在本任务中，也可以不计算期望值，而只是根据结果来统计概率。

（二）Python 中的条件控制和循环语句

本任务还涉及使用 Python 中的条件控制和循环语句编写代码实现上述决策树的功能，详见本教材上册"项目一　认识大数据"。

（三）评估模型

本任务中风险概率和风险影响按以下方式计算：

风险概率=按建议的决策条件下 2022 年无法清偿债务的概率（即根据计算结果建议是否进行投资，如果建议进行投资，则按照进行投资的情况下无法清偿债务的概率为风险概率）。

风险的影响金额=无法清偿的到期负债金额×概率。

风险影响=风险的影响金额÷年度税前利润按（2 500 万元）。

任务描述

企业的债务资金一般都有确定的偿还期限，为了避免违约，企业需要编制还款计划，并预测还款资金的可用性，尤其是对资金较为紧张的企业，需要更精准的预测数据，以保障企业资金链的安全。

任务要求

（1）手工或用流程图绘制决策树，计算 2022 年无法偿付到期债务的概率。
（2）根据计算结果和管理层的风险偏好，给出建议的决策方案。
（3）根据建议的决策评估该风险的概率和影响。
（4）编写 Python 代码实现该风险的评估。
（5）针对该风险绘制风险矩阵图，评估风险。
（6）制定应对该风险的策略。
（7）制定具体风险管控措施。

任务实施

一、决策树分析方案

根据案例信息，绘制决策树如图 5-4 所示。

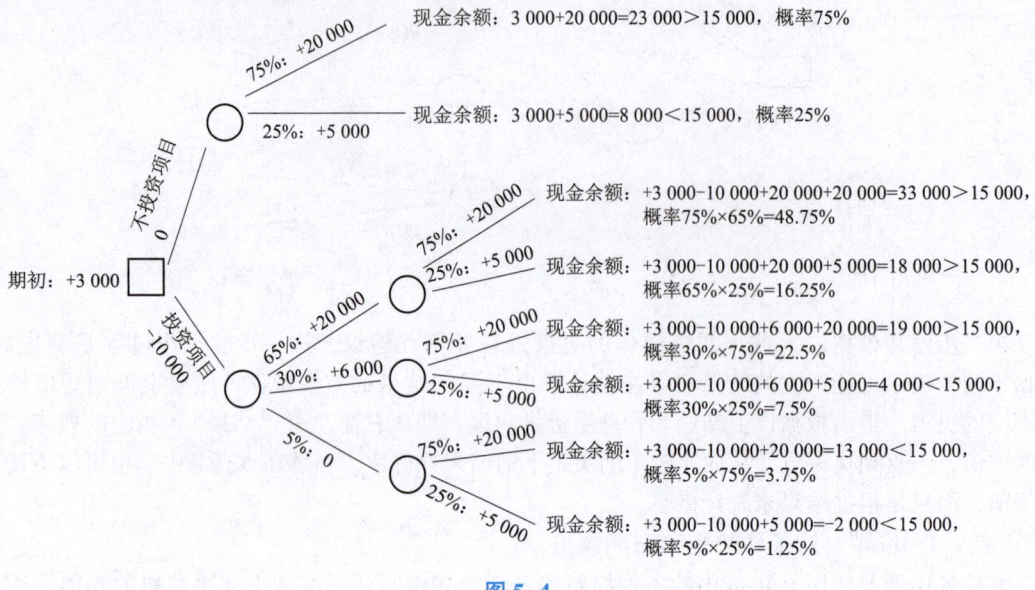

图 5-4

根据图 5-4 可知：

如果决策不实施投资项目，将会有 25% 的可能性无法清偿到期负债；

如果决策实施投资项目，将会有 (7.5%+3.75%+1.25%) = 12.5% 的可能性无法清偿到期负债。由于实施投资项目无法清偿债务的可能性更小，因此建议实施投资项目，即风险概率 = 12.5%；则风险影响金额 = (15 000 − 4 000) × 7.5% + (15 000 − 13 000) × 3.75% + (15 000 − (−2 000)) × 1.25% = 1 112.5 万元，；风险影响 = 1 112.5/2 500×100% = 44.5%。

二、Python 分析方案

在代码区输入 Python 语句，完整代码见附件 Python 代码。

运行后显示结果如图 5-5 所示。

```
输出控制台

风险概率：  0.125
风险影响：  0.445
```

图 5-5

三、评估结果

根据上述计算及评分标准，偿付到期债务风险概率为 12.5%，评分为 2；风险影响 44.5%，评分为 5，落于高风险区域，如图 5-6 所示。

图 5-6

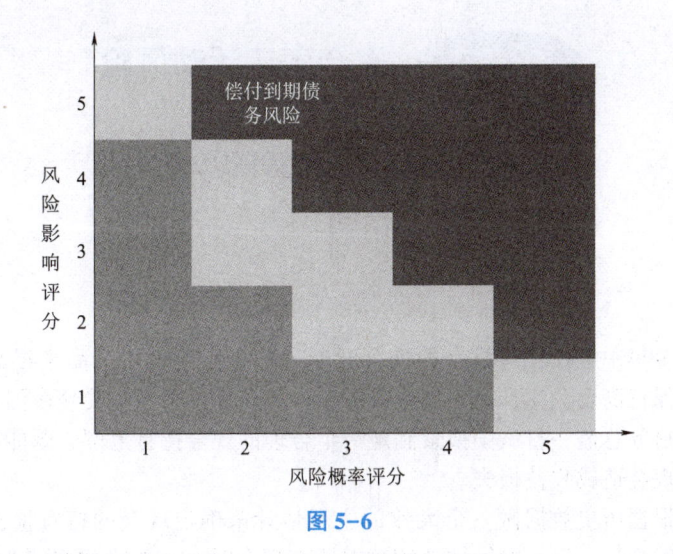

四、风险应对策略

该风险发生的概率极高,本任务评估风险的影响仅从金额进行评估,实际上如果不能偿付到期债务带来的影响不仅仅是无法偿付债务的金额,更有对公司带来的各种负面影响。对于无法偿付的风险,是企业无法规避的问题,因此只能采取风险降低的应对策略。

五、评估管控措施

分析/反馈:无法偿付到期债务对企业的负面影响是巨大的,因此首先必须对编制的资金预算进一步分析,是否存在可以获得的其他资金来源,包括以及可申请的贷款额度、可增长的收入、可变现的资产等;是否存在可以节约或延后的开支;并对分析结果及时反馈给管理层,以尽早进行决策确保资金链的安全。

预算控制:对资金预算调整至安全的情况下严格管控,尤其是需要尽量杜绝资金超支的情况。

绩效/奖惩:合理制定绩效指标,以有效激励销售收入的增长和成本的节约。

任务评价

序号	评价内容	评价具体要点	达标	未达标
1	偿付到期债务风险识别	能够分析企业偿付到期债务过程中存在的风险点		
2	偿付到期债务风险评估	能够可视化分析并评估偿付到期债务风险的风险概率		
3	偿付到期债务风险应对	能够根据风险评估标准表确定风险等级,并制定其风险应对策略和管控措施		

拓展练习

在轻分析平台完成"筹资金额风险、资本结构不合理风险、利率风险"分析,具体操作指引见电子资源"筹资金额风险""资本结构不合理风险","利率风险"。

任务二　资金营运活动风险

子任务一　现金持有风险

工作准备

一、案例背景

育亭机械的资金集中管控，有富余的现金时通过购买银行理财产品来提高收益。财务总监对现金的持有情况保持高度关注，由于现金的需求涉及众多子公司，受众多因素的影响，具有较强的随机性。因此财务总监一直试图摸索制定一个合理的现金持有范围，既能满足现金需求，又不至于因持有大量现金造成收益损失。

财务部一般是根据历史数据做一个大致的主观估计来确定现金的持有量，以确定是否需要进行银行理财产品的交易，但每次按估计的数据持有现金时，却总是或多或少的存在一些偏差，财务总监想要通过历史数据的分析来评估现金持有量的合理性风险。根据对育亭机械业务分析，财务总监认为最少的现金持有量不能低于 2 000 万元。

二、知识储备

（一）最佳现金持有量

现金是企业中流动性最强的资产。属于现金内容的项目，包括企业的库存现金、各种形式的银行存款和银行本票、银行汇票。

企业置存现金的原因，主要是满足交易性需要、预防性需要和投机性需要：交易性需要是指置存现金以用于日常业务的支付；预防性需要是指置存现金以防发生意外支付；投机性需要是指置存现金用于不寻常的购买机会，比如遇有廉价原材料或其他资产供应的机会，便可用手头现金大量购入。

现金的管理除了做好日常收支，加速现金流转速度外，还需控制好现金持有规模，即确定适当的现金持有量。其中随机模式是在现金需求量难以预知的情况下进行现金持有量控制的方法。对企业来讲，现金需求量往往波动大且难以预知，但企业可以根据历史经验和现实需要，测算出一个现金持有量的控制范围，即制定出现金持有量的上限和下限，将现金量控制在上下限之内。当现金量达到控制上限时，用现金购入有价证券，使现金持有量下降；当现金量降到控制下限时，则抛售有价证券换回现金，使现金持有量回升。若现金量在控制的上下限之内，便不必进行现金与有价证券的转换，保持它们各自的现有存量。这种对现金持有量的控制，如图5-7所示。

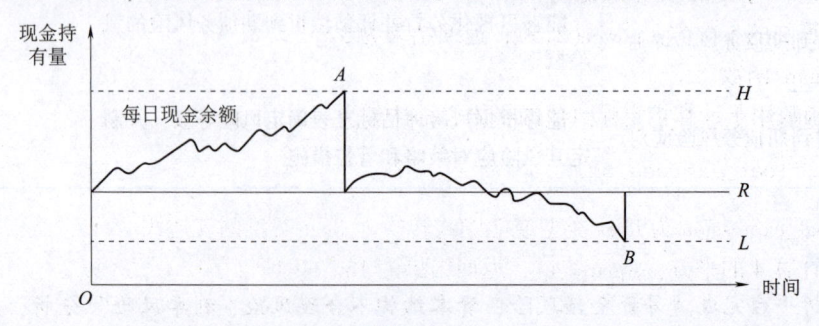

图5-7

在图 5-7 中，虚线 H 为现金存量的上限，虚线 L 为现金存量的下限，实线 R 为现金返回线。从图中可以看到，企业的现金存量（表现为现金每日余额）是随机波动的，当其达到 A 点时，即达到了现金控制的上限，企业应用现金购买有价证券，使现金持有量回落到现金返回线（R 线）的水平；当现金存量降至 B 点时，即达到了现金控制的下限，企业则应转让有价证券换回现金，使其存量回升至现金返回线的水平。现金存量在上下限之间的波动属于控制范围内的变化，是合理的，不予理会。以上关系中的上限 H、现金返回线 R 可按下列公式计算：

$$R = \sqrt[3]{\frac{3b\delta^2}{4i}} + L$$

$$H = 3R - 2L$$

其中：b 表示每次有价证券的固定转换成本，在本任务中固定为 5 000 元；i 表示有价证券的日利息率；δ 表示预期每日现金余额波动的标准差（需根据历史资料计算）。

思考

上述公式的计算如何利用 SQL 语言或轻分析函数实现？

（二）SQL Server 中的数学运算函数

（1）StDev 函数。

StDev 函数是计算查询结果中指定字段所有值的标准偏差，它是用来衡量数据偏离算术平均值的程序，标准偏差越小，这些值偏离平均值就越少，反之偏离越大。其语法如下：

```
StDev(expression)
```

参数 expression 为数值型列，将返回一个 float 值。

例：

```
select StDev(金额) from 员工工资表
```

表示从名为员工工资表的列表中计算字段"金额"列的标准差。

（2）power 函数。

power 函数返回给定表达式乘指定次方的值，语法如下：

```
power(numeric_expression,y)
```

参数：

numeric_expression：是精确数字或近似数字数据类型的表达式。

y：numeric_expression 的次方。

返回类型：与 numeric_expression 相同。

例如计算 2 的 5 次方：power(2,5)，返回结果为 32。

（3）square 函数。

square 函数用于计算指定浮点值的平方，语法如下：

```
square(float_expression)
```

参数 float_expression 为 float 类型或能隐式转换为 float 类型的表达式。

例如，计算 4 的平方：square(4)，返回结果为 16。

（三）轻分析 CASE 函数的使用

轻分析中 CASE 函数用于根据多分支条件取值。其语法如下：

```
CASE(boolExp1,valueExp1 [,boolExp2,valueExp2 [,...boolExpN,valueExpN]] [,defaultValueExp])
```

其中参数含义如下：

boolExp(n)：逻辑表达式，如果结果为真，则返回对应的值表达式计算结果。

valueExp(n)：值表达式，和逻辑表达式一一对应。

defaultValueExp：缺省值表达式，如果所有逻辑表达式结果都为假，则返回本表达式计算结果。

示例：

```
CASE
  (
  [利润率]>0.8,"高",
  [利润率]>0.6,"中",
  "低"
  )
```

当"利润率"字段值大于80%时，则返回"高"；若介于60%～80%，则返回"中"，否则返回"低"。

（四）评估模型

现金持有风险概率＝实际的现金余额超出计算的合理持有量范围的天数/总天数。

现金持有风险影响＝实际现金余额超出计算的合理持有量金额×有价证券日利率÷期间的税前利润总额（1.85亿元）。

注：在风险影响的计算中已假设现金短缺的成本与冗余的成本均为有价证券利率。

任务描述

企业置存现金的原因，主要是满足交易性需要、预防性需要和投机性需要。企业缺乏必要的现金，将不能应付业务开支，使企业蒙受损失。另一方面，在市场正常的情况下，一般说来，流动性强的资产，其收益性较低，这意味着企业应尽可能少地置存现金，即使不将其投入本企业的经营周转，也应尽可能多地投资于能产生高收益的其他资产，避免资金闲置或用于低收益资产而带来的损失。这样，企业便面临现金不足和现金过量两方面的风险。

任务要求

（1）计算现金持有风险概率和影响。
（2）使用合适的图形可视化展示现金持有风险的概率和影响。
（3）针对该风险绘制风险矩阵图，评估风险。
（4）制定应对该风险的策略。
（5）制定具体风险管控措施。

资金营运活动风险——子任务一 现金持有风险

任务实施

根据任务要求，风险的概率和影响均需要先求出现金持有的上限，才能将现金余额与现金的合理范围进行对比。

一、数据建模

在"资金营运活动"项目下单击新建业务主题,命名为"现金持有风险",单击进入"数据建模",单击"新建数据表",选择"当前数据中心",单击"下一步"按钮,选择"表",单击"下一步"按钮,勾选2018—2021现金余额明细表,单击"下一步"按钮,勾选"全选",单击"完成"按钮。

检查各字段的格式是否正确,修改为正确格式后刷新,继续单击"新建数据表",通过SQL语句计算标准差和最佳返回线。

选择"当前数据中心"后,单击"下一步"按钮,选择"自定义SQL",单击"下一步"按钮,计算现金余额的标准差δ,反映其波动性,命名为"现金余额标准差",在代码区输入以下语句:

> select StDev(现金余额) as 现金余额标准差 from [2018-2021现金余额明细表]

然后单击"完成"按钮,如图5-8所示。

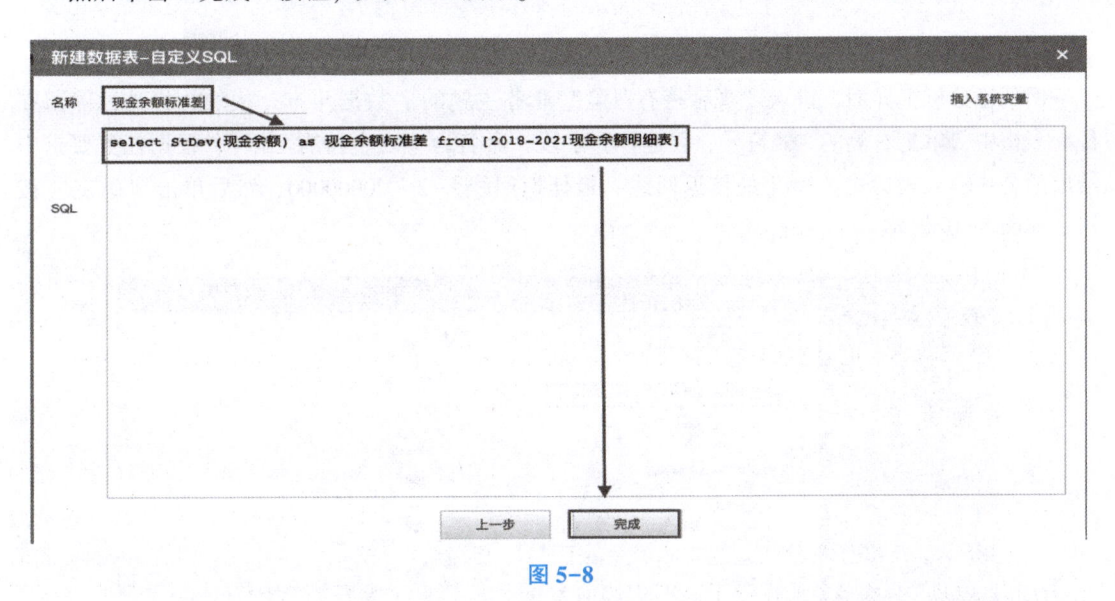

图 5-8

记下计算结果6,592,760.69,然后单击"新建数据表",继续使用SQL语句创建现金返回线的表格。

通过SQL再新建一个表,同上述操作步骤到"新建数据表-自定义SQL",命名为"最佳返回线",输入以下SQL语句,单击"完成"按钮,如图5-9所示。

> select 日期,power(3 * 5000 * square(6592760.69)/(4 * 有价证券日利率),1.0/3) + 20000000 as 最佳返回线 from [2018-2021现金余额明细表]

回到数据建模界面,刚才计算的"现金余额标准差"已不需使用,将其删除。

在"关系"页签单击"新建关系",建立"2018—2021现金余额明细表"和"最佳返回线"中"日期"字段的"一对一"关系,单击"保存"按钮。

图 5-9

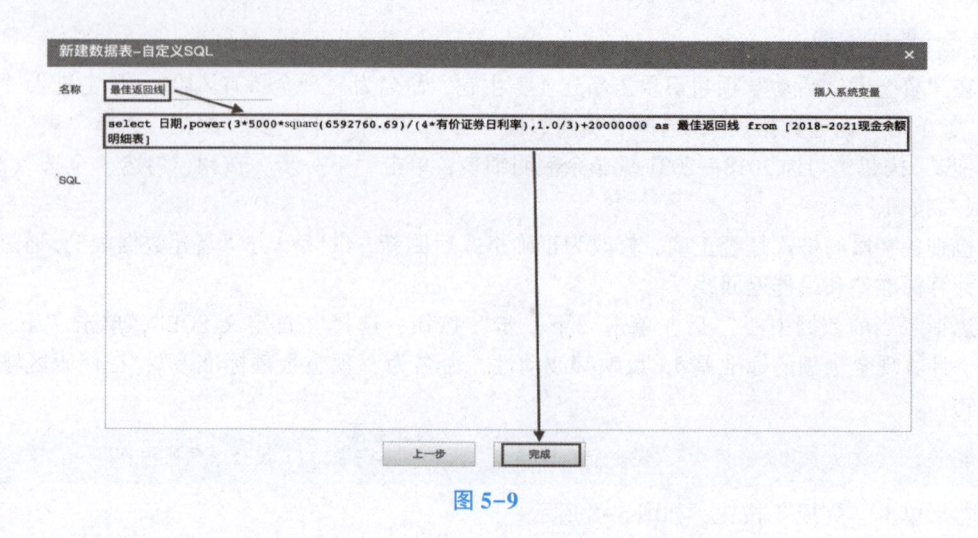

二、数据分析

回到轻分析主界面,进入"现金持有风险"业务主题的"数据斗方"模块,将光标停留在任一表格中,单击右侧的 ▼ 符号,创建计算字段,命名为"现金持有上限",根据任务要求中给出的公式输入表达式:3*[最佳返回线.最佳返回线]-2*20000000,然后单击"确定"按钮,如图 5-10 所示。

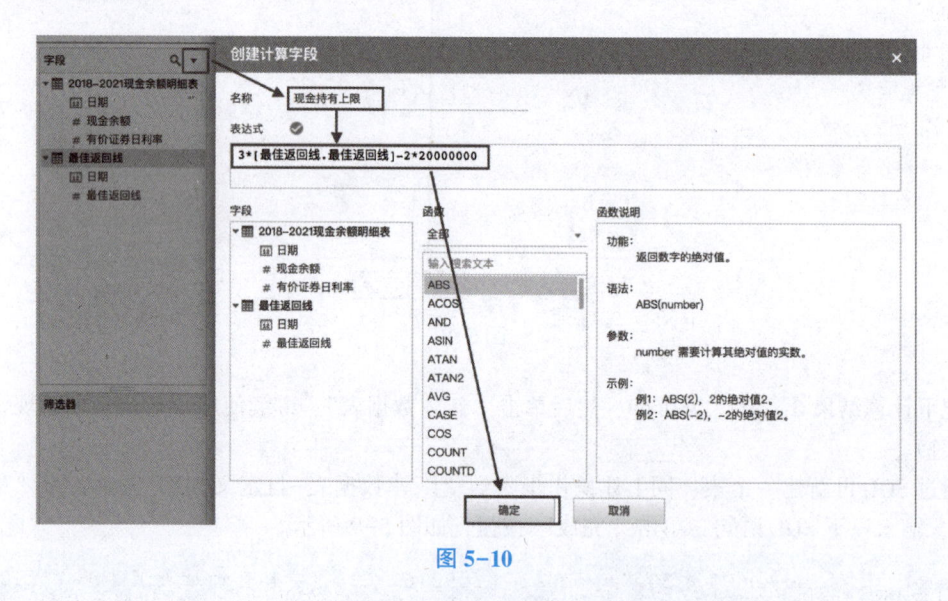

图 5-10

继续创建计算字段,命名为"现金偏离额",输入表达式,然后单击"确定"按钮,如图 5-11 所示。完整表达式见附件函数表达式。

表达式的含义为:如果现金余额大于现金持有上限,返回超出上限的金额;如果现金余额小于现金下限(2 000 万元),返回下限与实际余额的差值;如果在上限和下限之间,则返回 0。

为了计算现金持有风险概率,需要计算有现金余额偏离在合理范围之外的个数,因此继续创建计算字段,命名为"现金偏离标识",将存在偏离与不存在偏离的日期用 1 和 0 进行区分,表达式如下:

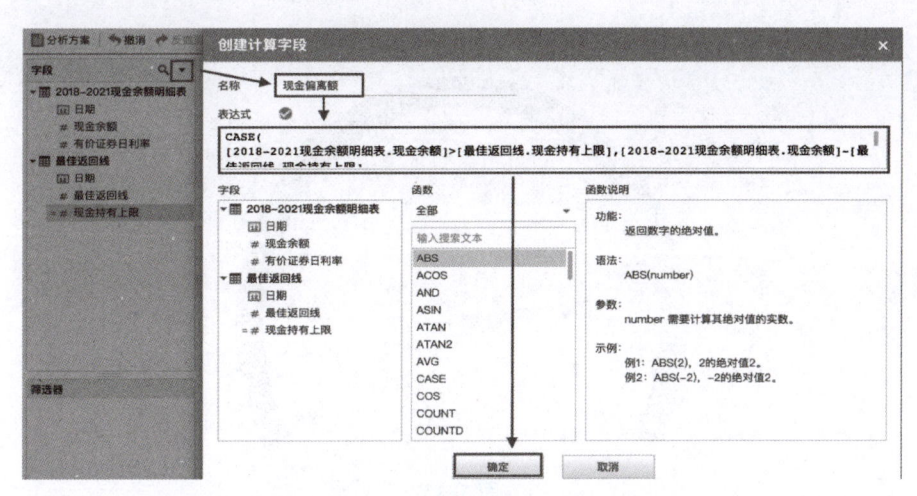

图 5-11

IF([最佳返回线.现金偏离额]=0,0,1),然后单击"确定"按钮。

最后再创建计算字段,计算现金持有风险概率,表达式如下:

SUM([最佳返回线.现金偏离标识])/COUNT([最佳返回线.日期])

即加总刚才标记为 1 的存在偏离的条目数与总条目数进行对比,然后单击"确定"按钮。

选择图表类型为"仪表图",将计算的"现金持有风险概率"拖入指针值,调整预览尺寸为"全画面"。

按风险概率标准设置 5 个分段,并调整刻度值、指针值的格式为"百分之一(%)",如图 5-12 所示。

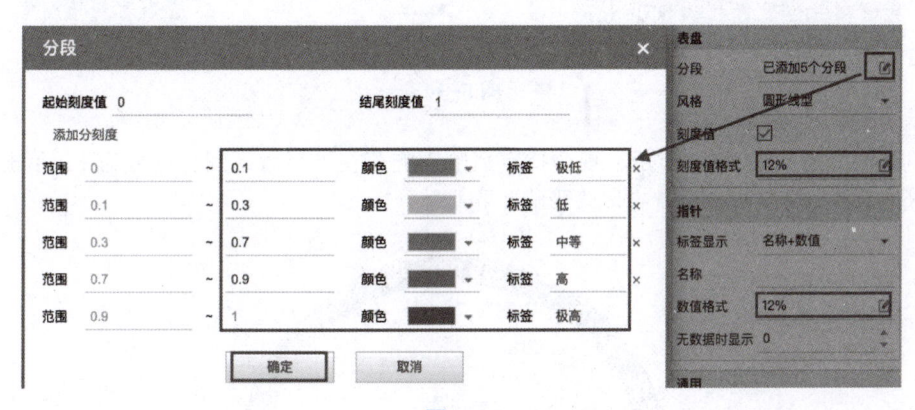

图 5-12

可以得到最终图形如图 5-13 所示,现金持有风险概率落在低风险区间,评分为 2,单击左上角的"分析方案"进行保存,命名为"现金持有风险概率"。

最后计算现金持有风险影响,创建计算字段,根据任务要求,统计现金偏离额的总金额除以 2018—2021 年 7 月间的税前利润总额 1.85 亿,输入表达式如下:

SUM([最佳返回线.现金偏离额]*[2018—2021 现金余额明细表.有价证券日利率])/185000000,单击"确定"按钮。

选择图表类型为"仪表图",将计算的"现金持有风险影响"拖入指针值,根据风险影响的评分标准设置 5 个分段,如图 5-14 所示。

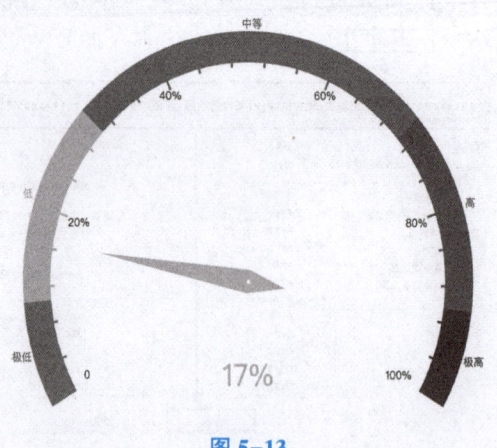

图 5-13

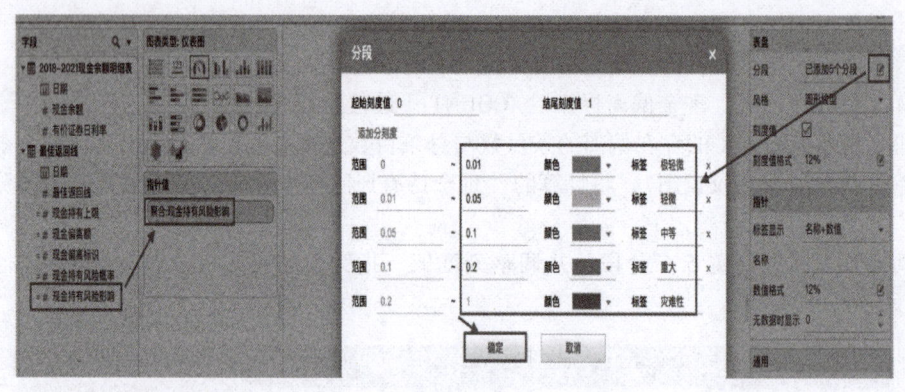

图 5-14

得到最终图形如图 5-15 所示，现金持有风险影响落在极轻微区间，评分为 1，单击左上角的 "分析方案"，保存 "现金持有风险影响" 指标。

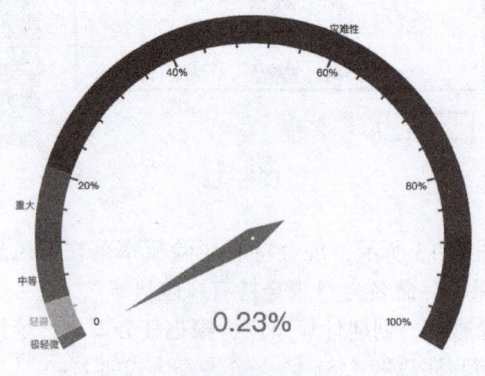

图 5-15

三、评估结果

根据任务实施结果，现金持有风险概率评分为 2，风险影响评分为 1，落在低风险区域，如

图 5-16 所示。

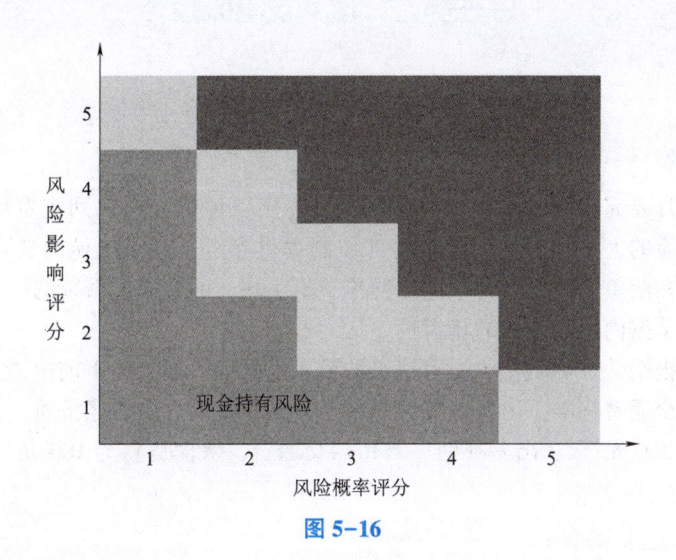

图 5-16

四、风险应对策略

风险概率和风险影响均较小，以目前的状态来看可以采取风险接受的策略，但可以设置相关预警指标，一旦出现风险时应尽快采取措施。

五、风险管控措施

预警机制：设置现金持有的上限和下限，一旦超出现金持有的合理范围时预警，进行有价证券的买入或卖出。

分析/反馈：根据实时数据分析现金持有的上限和下限是否仍然合理，必要时进行更新。

任务评价

序号	评价内容	评价具体要点	达标	未达标
1	现金持有风险识别	能够分析企业现金持有过程中存在的风险点		
2	现金持有风险评估	能够可视化分析并评估现金持有风险的风险概率		
3	现金持有风险应对	能够根据风险评估标准表确定风险等级，并制定其风险应对策略和管控措施		

拓展阅读

确定企业的资金营运效率风险的相关步骤。
（1）计算并绘制育亭机械现金周转天数的趋势图；
（2）爬取对标企业（华源控股 sz002787）的利润表和资产负债表，计算其现金周转天数并与育亭机械对比，在轻分析中绘制对比图；
（3）计算风险概率和影响，评估是否存在风险；
（4）如果计算结果为存在风险，针对该风险绘制风险矩阵图并制定风险应对的策略和管控措施。

子任务二 虚列支出风险

工作准备

一、案例背景

内控审计部本月要完成对费用支付的常规审计，用以评估公司在列支费用方面是否存在虚列支出的风险及风险的大小，为之后改善内部控制提供参考。育亭机械的费用支付审批均在系统中完成，如果存在前单，流程后的单据由前单下推生成，因此通过系统的控制可以保证存在前单的情况下，前后单据内容和金额的相符性。

育亭机械出差报销管理制度相关内容摘录的员工出差均需要进行事前申请并经审批。

往返出差地点交通费标准：出差人员可以乘坐高铁二等座、飞机经济舱、火车或汽车，据实报销；住宿标准为 300 元/天；出差补助（含市内交通费、伙食费）为 100 元/天。

二、知识储备

（一）SQL Server 中的 In/not in 子查询

SQL Server 中的 in 运算符用来判断表达式的值是否位于给出的列表中；如果是，返回值为 1，否则返回值为 0；not in 的作用和 in 恰好相反，not in 用来判断表达式的值是否不存在于给出的列表中；如果不是，返回值为 1，否则返回值为 0。in 和 not in 的语法格式如下：

```
expr in (value1,value2,value3 ... valueN)
expr not in (value1,value2,value3 ... valueN)
```

expr 表示要判断的表达式，value1、value2、value3… valueN 表示列表中的值。SQL Server 会将 expr 的值和列表中的值逐一对比。

示例：

```
select 工号
from 员工工资表
where 工号 not in
(select 工号 from 员工名单表)
```

以上语句便可以查找出在"员工工资表"中存在，而在"员工名单表"中不存在的员工工号。

（二）轻分析中 SPLIT 函数的用法

轻分析中的 SPLIT 函数可以根据分隔符截取字符串中间的子串。其语法如下：

```
SPLIT(str,separator,tokenNum)
```

其中 separator 为分隔符，根据此参数对字符串进行分割；tokenNum 为索引，字符串根据 separator 参数分割成几个子串，此参数指定保留其中的第几个子串，正数从字符串的开头算起，负数从字符串的末尾算起。返回值为截取的子串。

示例：

例1：SPLIT("CN-2017-ccb36601","-",2),返回值为 2017。
例2：SPLIT("CN:2017:ccb36601",":",-1),返回值为 ccb36601。

（三）轻分析中不等于的表达

在轻分析中表示不等于时，同 Excel 中，可以使用"<>"符号表示。

（四）评估模型

（1）评估指标。

风险概率评估指标：差旅费付款差错率。

风险影响评估指标：差旅费付款差错额占税前利润比。

（2）指标计算。

差旅费付款差错率=存在差错的差旅费付款笔数/差旅费付款总笔数。

差旅费付款差错额占税前利润比=存在差错的差旅费付款额/2 500 万元。

存在差错的差旅费付款包括以下项目：

①不存在出差申请的报销单。

②不存在报销单的付款。

③员工出差时间存在重叠的报销单。

④住宿费超标的报销单。

⑤出差补助计算有误的报销单。

⑥乘坐飞机非经济舱的报销单。

⑦乘坐高铁非二等座的报销单。

⑧发票时间超出出差时间范围的报销单。

⑨发票地点与出差地点不符的报销单。

注：育亭机械已通过系统检查"2020 年费用报销票据统计表"中各报销票据的统计金额与核定的报销金额一致；另由于机票与高铁票均实名制，本任务中发票的时间和地点的检查仅考虑住宿费发票。

任务描述

通过在费用中虚列支出套取资金是企业舞弊的常见现象之一。不同的目的和费用项目会对应不同的表现和风险管控方法。本任务以差旅费报销支出为例操作虚列支出风险的评估和管控过程。

任务要求

（1）以差旅费用报销支出为例，计算虚列支出风险概率和影响。

（2）使用合适的图形可视化展示虚列支出风险的概率和影响。

（3）针对该风险绘制风险矩阵图，评估风险。

（4）制定应对该风险的策略。

（5）制定具体风险管控措施。

资金营运活动风险子任务二　虚列支出风险概率

任务实施

该风险的分析需要逐一分析上述差错类型涉及的数据和字段，以找出其数量及金额。

一、数据调取

在资金营运活动项下新建业务主题，命名为"虚列支出风险"，单击进入"数据建模"模块，先获取任务要求中提到的数据表。在数据建模页面单击"新建数据表"，选择"当前数据中心"，然后单击"下一步"按钮，选择"表"，单击"下一步"按钮，对指标分析，任务要求中提到的"2020年出申请明细表"仅与"不存在出差申请的报销单"问题有关，而此项可以由SQL调用需要的对比数据即可，因此在本环节，先勾选其他三张表，即"2020年费用报销票据统计表""2020年差旅费报销明细表""2020年账户历史交易明细（差旅费支出）"，单击"下一步"按钮，勾选"全选"，单击"完成"按钮。

（1）不存在出差申请的报销单。

对于不存在出差申请的报销单可以通过 SQL 语句进行查找，步骤为：新建数据表→选择当前数据中心后单击"下一步"按钮→选择自定义 SQL 后单击"下一步"按钮→命名为"不存在出差申请的报销单"，输入 SQL 语句，然后单击"完成"按钮，完整语句见附件SQL 语句。

（2）不存在报销单的付款。

该问题与上一个问题类似，查找"2020年账户历史交易明细（差旅费支出）"表中的付款单，但是未在"2020年差旅费报销明细表"中有报销单的项目，不同的是这两张表的关联数据单据编号，在"2020年账户历史交易明细（差旅费支出）"表格中的摘要字段的后半部分，因此需要进行分割操作。具体的建模操作步骤如下：

新建数据表→选择当前数据中心后单击"下一步"按钮→选择自定义 SQL 后单击"下一步"按钮→命名为"不存在报销单的付款"，输入 SQL 语句，然后单击"完成"按钮，完整语句见附件 SQL 语句。

（3）员工出差时间存在重叠的报销单。

该问题需要查找同一报销人的出差报销时间存在重叠的部分。具体的建模操作步骤如下：新建数据表→选择当前数据中心后单击"下一步"按钮→选择自定义 SQL 后单击"下一步"按钮→命名为"出差时间存在重叠的报销单"，输入 SQL 语句，完整语句见附件 SQL 语句。

二、建立关系

首先明确计算上述指标，哪些表格需要建立关系，应以什么字段来建立关系。应建立的关系如下：

"2020年差旅费报销明细表"与"2020年费用报销票据统计表"；

"2020年差旅费报销明细表"与"不存在出差申请的报销单"；

"2020年差旅费报销明细表"与"不存在报销单的付款"；

"2020年差旅费报销明细表"与"出差时间存在重叠的报销单"。

而选择的字段则均可以使用报销单的单据编号来建立关系，但是上述"不存在报销单的付款"未分列出单独的单据编号，还需要进行一次分列操作。

单击"不存在报销单的付款"右侧，出现菜单后选择"新建计算字段"，命名为"单据编号"，输入如下表达式：

SPLIT([摘要],"/",2)，然后单击"确定"按钮。

在关系页签单击"新建关系"按钮，建立"2020年差旅费报销明细表"与"2020年费用报销票据统计表"之间"单据编号"和"报销单编号"一对多的关系，注意勾选"保留无法关联的行"，如图5-17所示。

重复上述操作逐一建立各表格之间的关系，如图5-18~图5-20所示。

检查各个字段格式是否正确，将不需用的"2020年账户历史交易明细（差旅费支出）"删除，最后不要忘记单击"保存按钮，最后的关系图如图5-21所示。

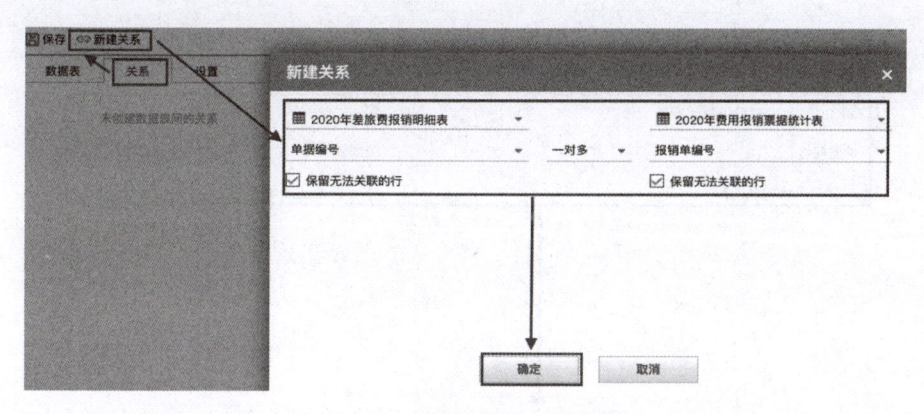

图 5-17

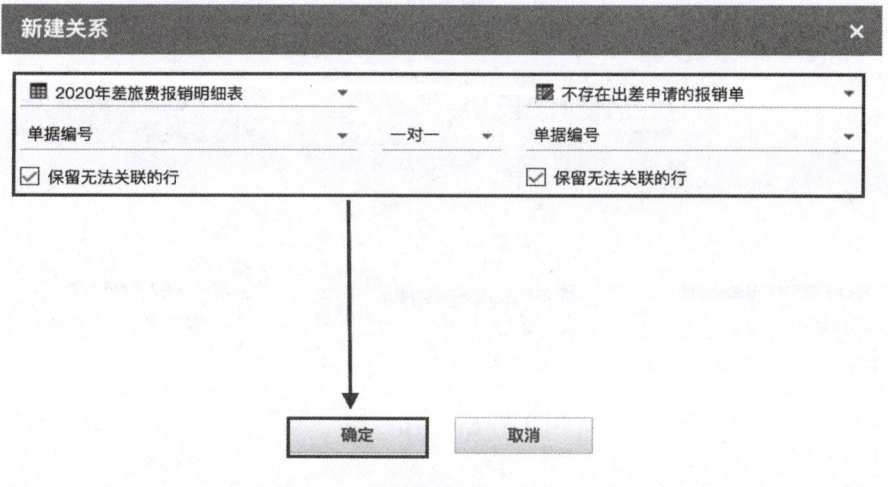

图 5-18

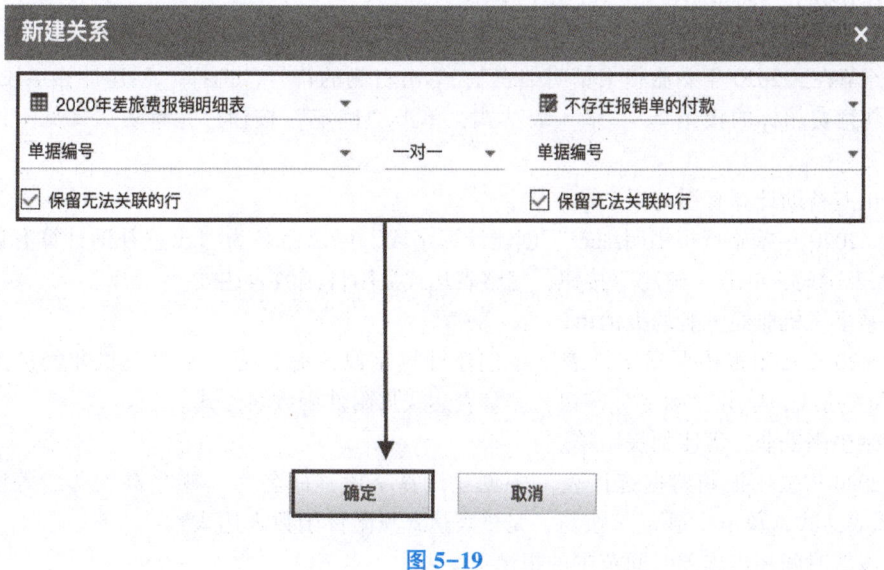

图 5-19

图 5-20

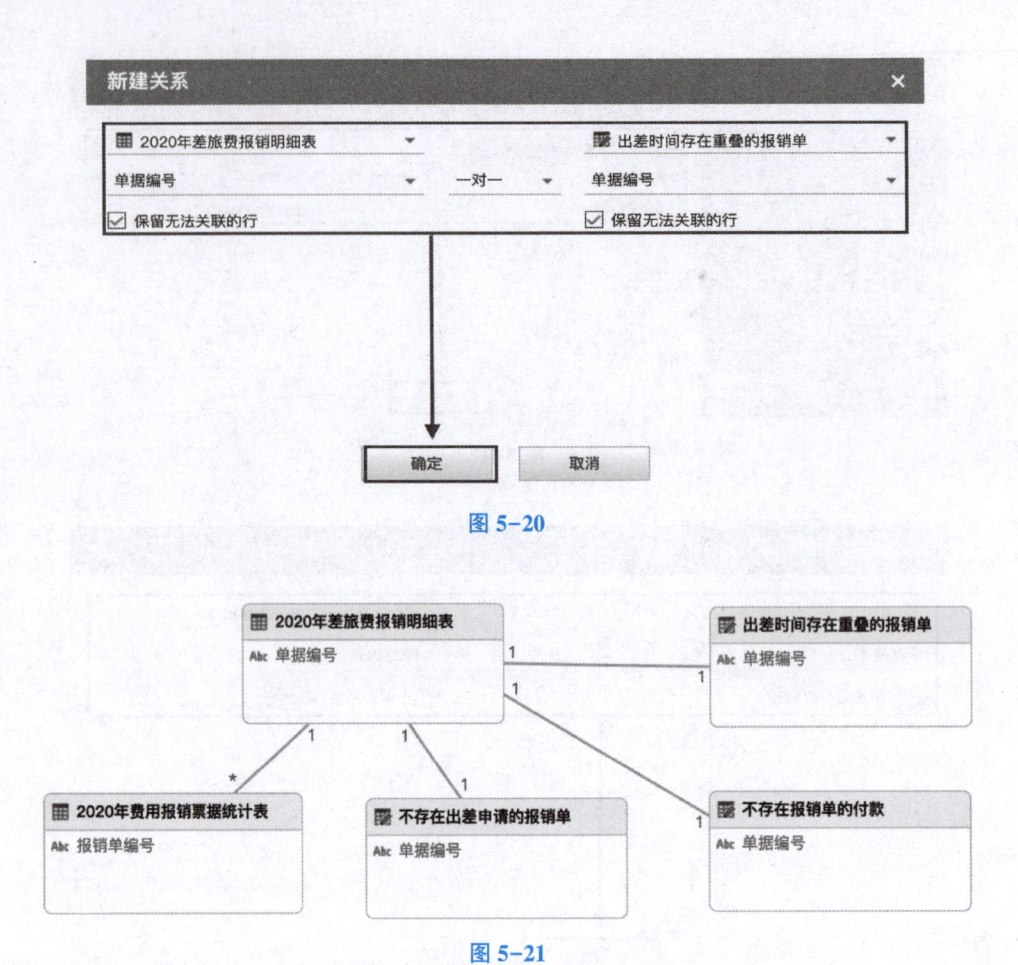

图 5-21

三、数据分析

回到轻分析主界面单击进入"数据斗方"。

(1) 住宿费超标的报销单。

光标停留在"2020年差旅费报销明细表",单击右侧的符号,选择"创建计算字段",可以命名为"住宿费超标的报销单",输入表达式,单击"确定"按钮,完整表达式见附件函数表达式。

(2) 出差补助计算有误的报销单。

仍在"2020年差旅费报销明细表"创建计算字段,可以命名为"出差补助计算有误的报销单",输入表达式,单击"确定"按钮,完整表达式见附件函数表达式。

(3) 乘坐飞机非经济舱的报销单。

在"2020年费用报销票据统计表"中创建计算字段,命名为"乘坐飞机非经济舱的报销单",输入表达式,单击"确定"按钮,完整表达式见附件函数表达式。

(4) 乘坐高铁非二等座的报销单。

在"2020年费用报销票据统计表"中创建计算字段,命名为"乘坐高铁非二等座的报销单",输入表达式,单击"确定"按钮,完整表达式见附件函数表达式。

(5) 发票时间超出出差时间范围的报销单。

在"2020 年费用报销票据统计表"中创建计算字段，命名为"发票时间超出出差时间范围的报销单"，输入表达式，单击"确定"按钮，完整表达式见附件函数表达式。

（6）发票地点与出差地点不符的报销单。

在"2020 年费用报销票据统计表"中创建计算字段，命名为"发票地点与出差地点不符的报销单"，输入表达式，单击"确定"按钮，完整表达式见附件函数表达式。

四、计算指标

（1）计算风险概率。

首先计算通过 SQL 语句找到的三类问题项数，创建计算字段"SQL 查找的问题项数"，输入语句，完整语句见附件 SQL 语句。

通过列表或业务指标查看可知结果为 151。

创建计算字段，命名为"虚列支出风险概率"，将上述计算的 9 项问题的总数合计与总的报销单据数进行比较，输入表达式，单击"确定"按钮，完整表达式见附件函数表达式。

选择图表类型为"仪表图"，将计算的"虚列支出风险概率"拖拽至"指针值"，设置分段和格式，如图 5-22 所示。

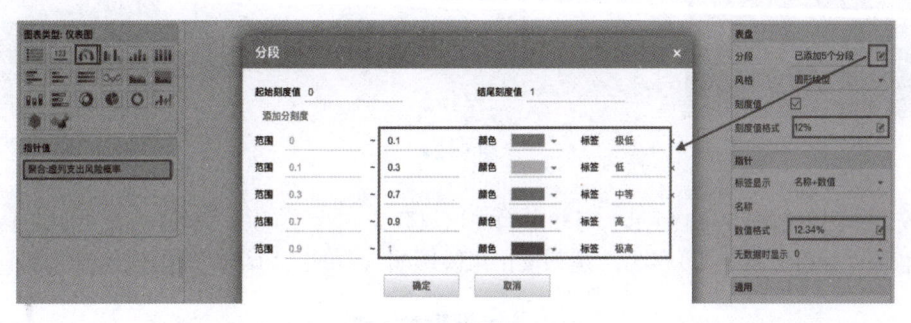

图 5-22

形成最终图形如图 5-23 所示，可知虚列支出风险概率为 15.91%，落在低风险区间，单击左上角的"分析方案"，另存为"虚列支出风险概率"，单击"确定"按钮。

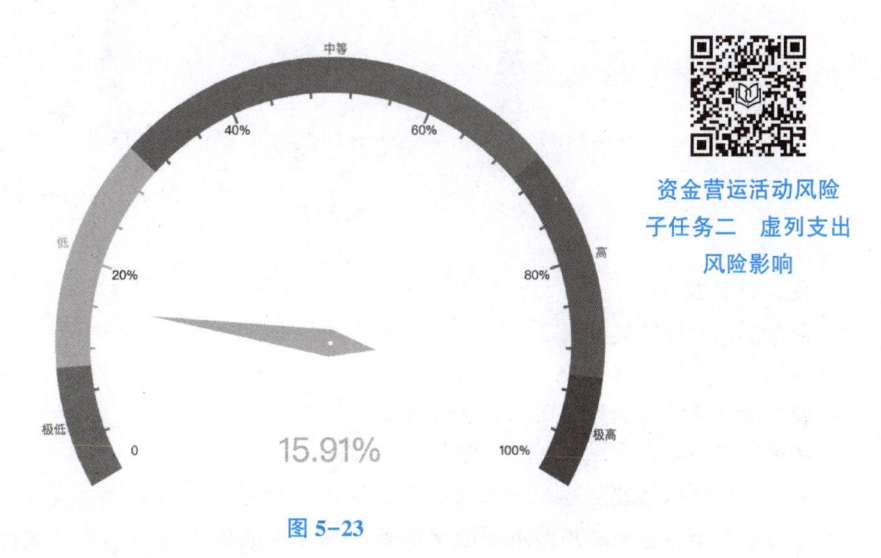

资金营运活动风险
子任务二　虚列支出
风险影响

图 5-23

（2）虚列支出风险影响。

首先通过 SQL 语句找到的三类问题金额，创建计算字段，输入以下语句：

［不存在出差申请的报销单．核定报销金额］+［不存在报销单的付款．金额］+［出差时间存在重叠的报销单．核定报销金额］，通过列表或业务指标查看可知结果为 516009。

创建计算字段，命名为"虚列支出风险影响"，将上述计算的 9 项问题的金额合计与税前利润 2500 万元进行比较，输入表达式，单击"确定"按钮，完整表达式见附件函数表达式。

选择图表类型为"仪表图"，将计算的"虚列支出风险影响"拖拽至"指针值"，设置分段和格式，如图 5-24 所示。

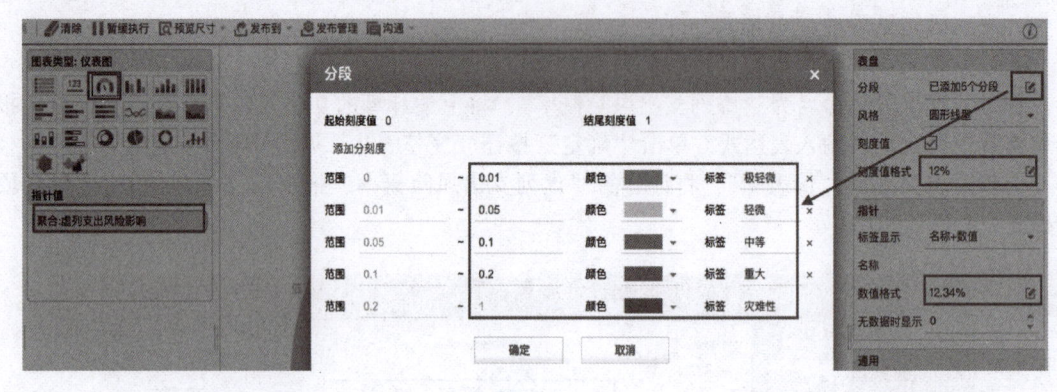

图 5-24

形成最终图形如图 5-25 所示，可知虚列支出风险影响为 3.00%，落在轻微的风险区间，单击左上角的"分析方案"，另存为"虚列支出风险影响"，单击"确定"按钮。

图 5-25

五、评估结果

根据上述操作结果：

虚列支出风险概率为 15.91%，评分为 2；

虚列支出风险影响为 3.00%，评分为 2。

该风险事项落在低风险区域，如图 5-26 所示。

六、风险应对策略

风险概率和风险影响均较小，但考虑到虚列支出的性质较为恶劣，而且育亭机械在风险评估时仍然存在一些风险样本，建议采取风险降低的应对策略。

图 5-26

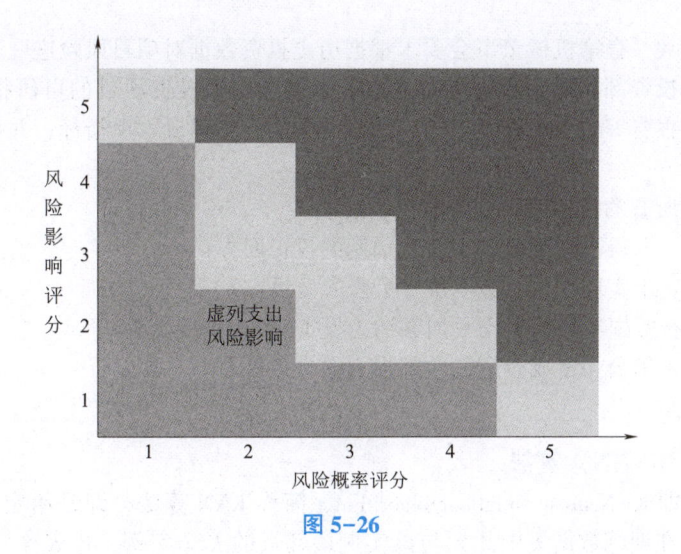

七、风险管控措施

职责分工：确保不由同一人经办业务的全流程，付款印鉴、网银 U 盾应分开保管。

IT 自动化：对于报销票据和报销额度的核查可以引入审单机器人，通过规则设置由机器进行自动和高效的审核。

审计/核查：对报销票据进行定期核查，针对查出存在虚列支出的，予以相应的处罚。

任务评价

序号	评价内容	评价具体要点	达标	未达标
1	虚列支出风险识别	能够分析企业虚列支出存在的风险点		
2	虚列支出风险评估	能够可视化分析并评估虚列支出风险的风险概率		
3	虚列支出风险应对	能够根据风险评估标准表确定风险等级，并制定其风险应对策略和管控措施		

拓展训练

在轻分析平台完成"资金营运效率风险、资金挪用/侵占风险、备用金管理风险"分析，具体操作指引见电子资源"资金营运效率风险""资金挪用/侵占风险"、"备用金管理风险"。

任务三　投资活动风险

子任务一　投资项目选择风险

工作准备

一、案例背景

育亭机械 2022 年拟投资资本性项目 20 项，投资总额 3.55 亿元，各项目均已通过项目评审。

由于涉及的金额巨大，育亭机械董事会要求根据历史投资数据对项目风险进一步评价。

育亭机械战略投资部在财务部的协助下整理了近十年来投资项目的可研报告和实际投资效果，从当时的可研报告等资料中摘录了当时的预测数据，整理成六项指标，并根据专家意见予以量化。

战略投资部将所有的投资项目分为四个级别：

A 类投资项目：取得了高于或基本符合预期的投资回报；

B 类投资项目：未实现收益，基本盈亏平衡的项目；

C 类投资项目：亏损项目，平均亏损额约为投资额的 50%；

D 类投资项目：给公司造成投资额全部损失的失败项目。

二、知识储备

（一）最近邻（KNN）算法

K 近邻算法，即 K-Nearest Neighbor algorithm，简称 KNN 算法，即是给定一个训练数据集，对新的输入实例，在训练数据集中找到与该实例最邻近的 K 个实例，这 K 个实例的多数属于某个类，就把该输入实例分类到这个类中。

如图 5-27 所示，有两类不同的样本数据，分别用蓝色的小正方形和红色的小三角形表示，而图正中间的那个绿色的圆所标示的数据则是待分类的数据。也就是说，现在不知道中间绿色圆所标示的数据是从属于哪一类（蓝色小正方形 or 红色小三角形），KNN 就是解决这个问题的。

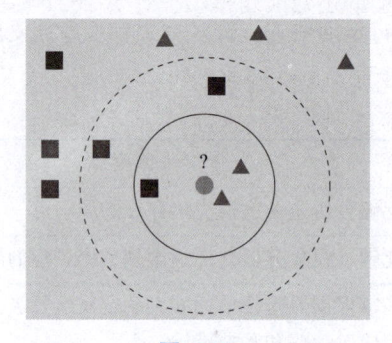

图 5-27

如果 $K=3$，绿色圆点的最近的 3 个邻居是 2 个红色小三角形和 1 个蓝色小正方形，少数从属于多数，基于统计的方法，判定绿色的这个待分类点属于红色的三角形一类。

如果 $K=5$，绿色圆点的最近的 5 个邻居是 2 个红色三角形和 3 个蓝色的正方形，还是少数从属于多数，基于统计的方法，判定绿色的这个待分类点属于蓝色的正方形一类。

所以，当无法判定当前待分类点是从属于已知分类中的哪一类时，我们可以依据统计学的理论看它所处的位置特征，衡量它周围邻居的权重，而把它归为（或分配到）权重更大的那一类。这就是 K 近邻算法的核心思想。

（1）距离度量。

最近邻的距离度量包括欧氏距离、曼哈顿距离等，其中欧氏距离主要用于衡量空间，曼哈顿距离主要用于衡量路径距离。

（2）K 值选择。

如果选择较小的 K 值，就相当于用较小的领域中的训练实例进行预测，"学习"近似误差会减小，只有与输入实例较近或相似的训练实例才会对预测结果起作用，与此同时带来的问题是

"学习"的估计误差会增大，换句话说，K 值的减小就意味着整体模型变得复杂，容易发生过拟合。

如果选择较大的 K 值，就相当于用较大领域中的训练实例进行预测，其优点是可以减少学习的估计误差，但缺点是学习的近似误差会增大。这时候，与输入实例较远（不相似）的训练实例也会对预测器作用，使预测发生错误，且 K 值的增大就意味着整体的模型变得简单。

（二）评估模型

风险概率以预测的 C、D 类项目占项目数的比例计算；风险影响评估以 D 类项目投资额占税前利润的比例计算，2011—2020 年税前利润共计 80 000 000 元，即

风险概率=（预测的 C 类项目数+D 类项目数）÷总项目数

风险影响=（预测的 C 类项目投资额×50%+D 类项目投资额）÷80 000 000

任务描述

投资活动往往都涉及大额的资金支出，在任务一中学习了很多因为错误的投资活动而造成企业资金短缺甚至资金链断裂，导致重整、破产甚至被拍卖的结局。因此选择正确的投资项目至关重要，应当保持足够的慎重，管控风险。

任务要求

（1）根据上述信息构建最近邻分类预测模型，计算 2022 年拟投资项目的风险概率和风险影响。

（2）使用合适的图形可视化展示风险的概率和影响。

（3）针对该风险绘制风险矩阵图，评估风险。

（4）制定应对该风险的策略。

（5）制定具体风险管控措施。

投资项目选择风险

任务实施

一、数据获取与处理

进行轻分析主界面，新建投资活动分类，然后新建业务主题，命名为"投资项目选择风险"，单击进入"数据建模"，选择"表"，单击"下一步"按钮，勾选本任务涉及的 2 项数据表：2011—2020 年投资项目信息、2022 年备选投资项目，单击"下一步"按钮，勾选全选，单击"下一步"按钮。

2011—2020 年投资项目信息表中，在"项目分类"列的字母数据分析无法识别，需要将其替换为数字进行代表，如：用 1 代表 A 类项目，用 2 代表 B 类项目，用 3 代表 C 类项目，用 4 代表 D 类项目。

单击 2011—2020 年投资项目信息右侧，在弹出菜单中选择"新建计算字段"，命名为"项目分类码"，输入表达式，单击"确定"按钮，完整表达式见附件函数表达式。单击"保存"按钮。

回到轻分析主界面，选择"投资项目选择风险"主题，单击进入"数据分析"，选择图表类型为"表格"，将 2011—2020 年投资项目信息表中的"项目编号"字段拖拽至行，除"日期""项目编号""项目分类"外的其他字段依次拖拽至数值区域，注意"项目分类码"必须在最后一列，如图 5-28 所示。

图 5-28

逐一单击数值区域的字段右侧,修改数字格式,将"投资额(万元)""项目分类码"两个字段小数位修改为 0,然后单击"应用"按钮;"产业相关性""资源满足率""政策扶持力度""内含报酬率""资金来源负债比"字段全部修改小数位数为 4,然后单击"应用"按钮,如图 5-29 所示。

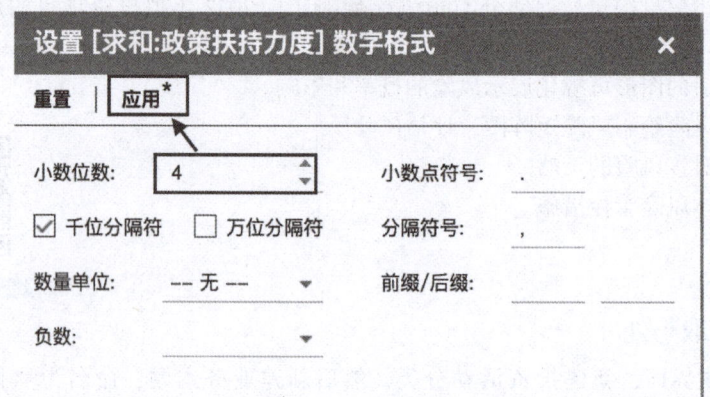

图 5-29

导出为 Excel 文件,打下下载文件,将项目编号列删除,保存为 2011—2020 年投资项目信息清洗结果,如图 5-30 所示。

项目编号	投资额(万元)	产业相关性	资源满足率	政策扶持力度	内含报酬率	资金来源负债比	项目分类码
FT201101	1,400	0.9420	0.9110	0.7030	0.309	0.0000	1
FT201102	1,040	0.9156	0.8450	0.2250	0.084	0.3990	2
FT201201	400	0.6110	0.9430	0.5500	0.323	0.1550	2
FT201202	1,230	0.6370	0.7430	0.3950	0.258	0.1940	2
FT201301	2,330	0.7430	0.8910	0.2480	0.140	0.1570	2
FT201302	2,730	0.7740	0.9100	0.4530	0.200	0.0000	2
FT201303	4,460	0.6910	0.6830	0.0570	0.095	0.3240	3
FT201304	400	0.0560	0.0890	0.0430	0.080	0.7620	4

图 5-30

回到轻分析的数据分析界面，单击“清除”图标，将“2022 年备选投资项目”的“项目编号”字段拖拽至行，“投资额（万元）”“产业相关性”“资源满足率”“政策扶持力度”“内含报酬率”“资金来源负债比”字段拖拽至数值区域，如图 5-31 所示。

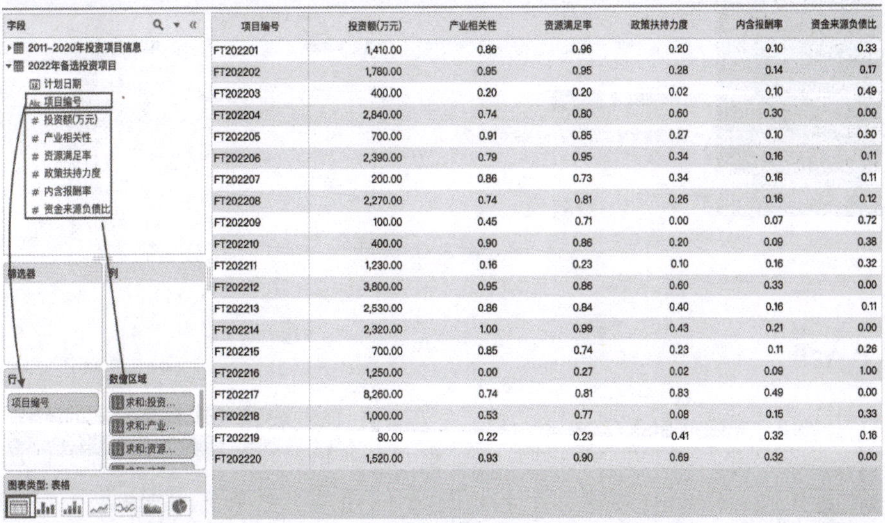

项目编号	投资额(万元)	产业相关性	资源满足率	政策扶持力度	内含报酬率	资金来源负债比
FT202201	1,410.00	0.86	0.96	0.20	0.10	0.33
FT202202	1,780.00	0.95	0.95	0.28	0.14	0.17
FT202203	400.00	0.20	0.20	0.02	0.10	0.49
FT202204	2,840.00	0.74	0.80	0.60	0.30	0.00
FT202205	700.00	0.91	0.85	0.27	0.10	0.30
FT202206	2,390.00	0.79	0.95	0.34	0.16	0.11
FT202207	200.00	0.86	0.73	0.34	0.16	0.11
FT202208	2,270.00	0.74	0.81	0.26	0.16	0.12
FT202209	100.00	0.45	0.71	0.00	0.07	0.72
FT202210	400.00	0.90	0.86	0.20	0.09	0.38
FT202211	1,230.00	0.16	0.23	0.10	0.16	0.32
FT202212	3,800.00	0.95	0.86	0.60	0.33	0.00
FT202213	2,530.00	0.86	0.84	0.40	0.16	0.11
FT202214	2,320.00	1.00	0.99	0.43	0.21	0.00
FT202215	700.00	0.85	0.74	0.23	0.11	0.26
FT202216	1,250.00	0.00	0.27	0.02	0.09	1.00
FT202217	8,260.00	0.74	0.81	0.83	0.49	0.00
FT202218	1,000.00	0.53	0.77	0.08	0.15	0.33
FT202219	80.00	0.22	0.23	0.41	0.32	0.16
FT202220	1,520.00	0.93	0.90	0.69	0.32	0.00

图 5-31

同样将“投资额（万元）”字段的小数位数修改为 0，“产业相关性”“资源满足率”“政策扶持力度”“内含报酬率”“资金来源负债比”字段的小数位数修改为 4。

导出表格为 Excel 文件，打开下载文件，将项目编号列删除，并在末尾添加“项目分类码”的列标题，如图 5-32 所示，确保与 2011—2020 年投资项目信息清洗结果表格式一致，将表格保存为备选投资项目信息清洗结果。

项目编号	投资额(万元)	产业相关性	资源满足率	政策扶持力度	内含报酬率	资金来源负债比	项目分类码
FT202201	1,410	0.8610	0.9640	0.2000	0.0950	0.3280	
FT202202	1,780	0.9510	0.9450	0.2800	0.1360	0.1660	
FT202203	400	0.2000	0.2020	0.0200	0.1020	0.4910	
FT202204	2,840	0.7370	0.7960	0.6040	0.2970	0.0000	

图 5-32

二、数据分析

在大数据挖掘项目中选择“回归”算法下的“最近邻”→单击“导入数据”按钮→选择刚清洗完的表格，如图 5-33 所示。

导入完成后单击“模型构建”按钮，调整 K 值为 6 时该数据集中的准确度最高，为 0.889，有较强的可信度，单击“数据预测”按钮，选择提供的“ZJ03-02002 投资项目选择预测数据”，执行完成后单击“下载表格”按钮，如图 5-34 所示。

打开下载表格，使用 COUNIFS、SUMIFS 计算 C 类项目和 D 类项目的项数及投资额合计，例如图 5-35 所示的表中，C 类项目的项目数计算公式为 COUNTIFS(G:G,3)；C 类项目的投资额计算公式为 SUMIFS(A:A,G:G,3)；D 类项目将上述公式中的 3 改为 4 即可。

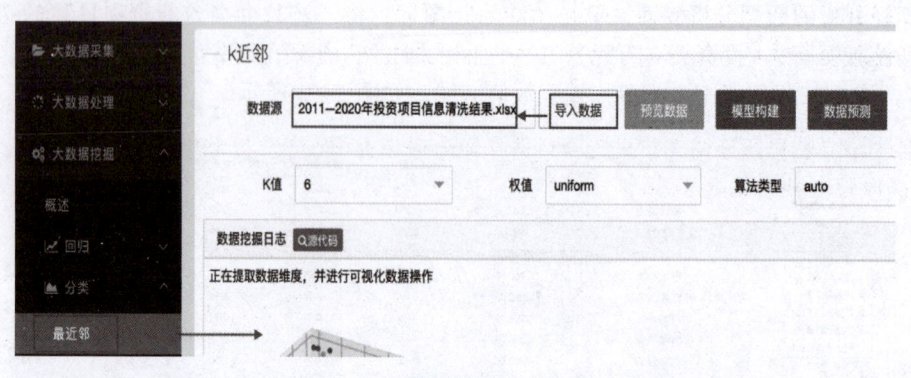

图 5-33

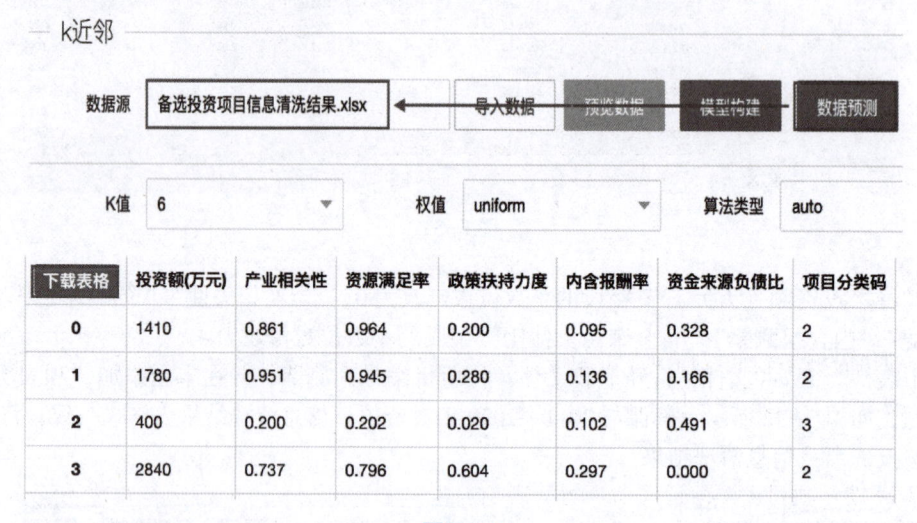

图 5-34

下载表格	投资额(万元)	产业相关性	资源满足率	政策扶持力度	内含报酬率	资金来源负债比	项目分类码
0	1410	0.861	0.964	0.200	0.095	0.328	2
1	1780	0.951	0.945	0.280	0.136	0.166	2
2	400	0.200	0.202	0.020	0.102	0.491	3
3	2840	0.737	0.796	0.604	0.297	0.000	2

J3 fx =COUNTIFS(G:G,3)

A 投资额(万元)	B 产业相关性	C 资源满足率	D 政策扶持力度	E 内含报酬率	F 资金来源负债比	G 项目分类码	H	I	J 项数	K 投资额
1410	0.861	0.964	0.2	0.095	0.328	2				
1780	0.951	0.945	0.28	0.136	0.166	2		C类项目	4	1810
400	0.2	0.202	0.02	0.102	0.491	3		D类项目	1	1250
2840	0.737	0.796	0.604	0.297	0	2				
700	0.91	0.853	0.267	0.1	0.302	2				
2390	0.794	0.949	0.336	0.162	0.108	2				
200	0.86	0.733	0.343	0.164	0.105	2				
2270	0.744	0.806	0.256	0.156	0.12	2				
100	0.45	0.705	0	0.069	0.724	3				
400	0.899	0.857	0.2	0.086	0.38	2				
1230	0.157	0.23	0.103	0.158	0.316	3				
3800	0.945	0.857	0.599	0.326	0	1				
2530	0.864	0.839	0.396	0.159	0.113	2				
2320	0.997	0.99	0.426	0.207	0	1				
700	0.854	0.736	0.234	0.109	0.261	2				
1250	0	0.267	0.02	0.09	1	4				
8260	0.735	0.809	0.834	0.49	0	2				
1000	0.532	0.773	0.076	0.152	0.328	2				
80	0.22	0.228	0.407	0.315	0.159	3				
1520	0.928	0.897	0.692	0.318	0	1				

图 5-35

计算投资项目选择风险概率=5/20×100%=25%；

计算投资项目选择风险影响=(1 810×50%+1 250)÷8 000×100%=26.94%。

三、评估结果

根据计算结果和评分标准，投资项目选择风险概率评分为2，投资项目选择风险影响评分为5，落在高风险区域，如图5-36所示。

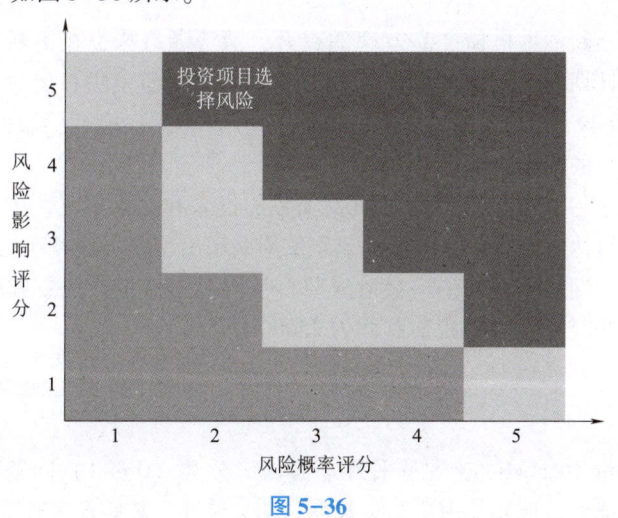

图 5-36

四、风险应对策略

该事项风险概率较低，但风险影响极为重大，建议采取风险规避的应对策略，对于很可能失败的投资项目不予投资，终止项目或进一步论证。

五、风险管控措施

分析/反馈：项目立项阶段应对项目的影响因素进行深入分析，对于项目难度过大，无法保证技术或投入资源，很可能失败的项目应考虑放弃或延后。在项目推进过程中，应及时跟踪项目进度，对于很可能无法完成的项目也应及时止损。

任务评价

序号	评价内容	评价具体要点	达标	未达标
1	投资项目选择风险识别	能够分析企投资项目选择过程中存在的风险点		
2	投资项目选择风险评估	能够可视化分析并评估投资项目选择风险的风险概率		
3	投资项目选择风险应对	能够根据风险评估标准表确定风险等级，并制定其风险应对策略和管控措施		

拓展阅读

项目风险识别是指项目承担单位在收集资料和调查研究的基础上，运用各种方法对尚未发生的潜在风险以及客观存在的各种风险进行系统归类和全面识别。

子任务二　研发项目立项风险

工作准备

一、案例背景

近些年来新技术不断催生机械产品效率的提升，消费者口味也在不断转变，为应对市场的快速变化，育亭机械计划投入大量研发项目，目前已有 22 项研发项目经过初步研究，拟进行立项，涉及投资总额 1.649 亿元。由于研发项目面临的不确定因素更大，管理层要求在参考历史数据的基础上对这些项目的风险进行进一步评估。

财务部整理了 2007—2021 年 8 月份的研发项目的投入和结果情况，主要有三种结果：项目成功、项目失败、项目达成但资金超出预算或研发周期超出预期。财务部统计了如果项目达成但资金超出预算或研发周期超出预期平均会造成项目投资额 10% 的损失；如果项目失败，会造成全部投资额的损失。2022 年预计的税前利润为 2500 万元。

二、知识储备

（一）逻辑回归

逻辑回归（Logistic Regression）是一种用于解决二分类（0 or 1）问题的机器学习方法，用于估计某种事物的可能性。比如某用户购买某商品的可能性，某病人患有某种疾病的可能性，以及某广告被用户单击的可能性等。

（二）过拟合、欠拟合与正则化

所谓过拟合，就是指模型对数据模拟的太好了，训练集中的数据几乎都被完美预测。但建立模型的目标并不是看训练集中的数据预测得有多好，而是要看在测试集中的表现。也就是说，把这个模型放到新环境中，测试预测效果。同时，我们的训练集中数据有噪声，过拟合连噪声都完美预测，那么放到测试集中，模型的表现一定不是很好，也就是模型的泛化能力差。

欠拟合正好跟过拟合相反，模型在训练集中表现得太差了，几乎很少能预测正确的。放到测试集中同样不会有很好的效果。例如，如果用一条直线拟合二次曲线的效果，定然众多的数据都无法覆盖，这条直线也无法用于预测。

当模型过于复杂时，容易造成过拟合，因此为了减小过拟合，要将一部分参数置为 0，最直观的方法就是限制参数的个数，可以通过正则化来解决，即减小模型参数大小或参数数量，缓解过拟合。

（三）评估模型

风险概率的计算以预测的失败项目和超支或超期项目占总项目的比计算；风险影响以可能的损失额占预计税前利润的比例计算，即

风险概率＝预测的(失败项目数＋超支项目数＋超期项目数)÷2022 年研发项目总项数

风险影响＝[预测失败的项目资金投入额×100%＋(预测超支的项目投入额＋预测超期的项目投入额)×100%]÷25 000 000

任务描述

研发项目较其他的投资项目相比，可借鉴的信息更少，结果更难以确定，因此往往也存在更大的风险。

任务要求

（1）根据提供的历史数据整理影响研发项目立项风险的因素，并进行数据的量化，在大数据平台采用逻辑回归算法构建模型，并预测2022年项目结果，根据预测结果评估2022年研发项目的风险概率和影响。

（2）使用合适的图形可视化展示风险的概率和影响。

（3）针对该风险绘制风险矩阵图，评估风险。

（4）制定应对该风险的策略。

（5）制定具体风险管控措施。

任务实施

一、数据采集与处理

进入轻分析，在投资活动类下建立业务主题，命名为"投资项目立项风险"，单击进入"数据建模"，先获取任务要求中提到的数据表。在数据建模页面单击"新建数据表"，选择"当前数据中心"，然后单击"下一步"按钮，选择"表"，单击"下一步"按钮，勾选本任务涉及的三项数据表：2007—2021年研发项目统计表、2007—2021年研发项目团队统计表、2022年研发项目计划，单击"下一步"按钮，勾选全选，单击"下一步"按钮。

图5-37所示在关系页签单击"新建关系"按钮，建立2007—2021年研发项目统计表与2007—2021年研发项目团队统计表项目编号的"一对一"关系，单击"确定"按钮，检查数据格式无误后，单击"保存"按钮。

图 5-37

在轻分析主界面，选择"投资项目立项风险"主题，单击进入"数据分析"，在2007—2021年研发项目团队统计表创建计算字段，设计量化模型，需要反映更高学历、更多经验的团队构成获得更高评分，字段名为研究团队学历，表达式如下：

（[2007—2021年研发项目团队统计表.学历_大专]＊1+[2007—2021年研发项目团队统计表.学历_本科]＊2+[2007—2021年研发项目团队统计表.学历_硕士]＊3+[2007—2021年研发项目团队统计表.学历_博士]＊4)/[2007—2021年研发项目团队统计表.研发团队人数]，单击"确定"按钮。

同样的方式对团队的经验因素进行量化，字段名为研究团队经验，表达式如下：

（[2007—2021年研发项目团队统计表.经验_2年以下]＊1+[2007—2021年研发项目团队统计表.经验_2~5年]＊2+[2007—2021年研发项目团队统计表.经验_5~10年]＊3+[2007—2021年

研发项目团队统计表．经验_10 年以上］∗4)/［2007—2021 年研发项目团队统计表．研发团队人数］，单击“确定”按钮。

项目成果也需要进行数字化，在 2007—2021 年研发项目统计表创建计算字段，字段名为项目成果代码，输入表达式，然后单击“确定”按钮，完整表达式见附件函数表达式。

选择图表类型为表格，将项目编号拖入“行”，将所有量化的影响因素和项目结果的代码拖入“数值区域”，具体为资金投入、技术难度、研发周期、研发团队人数、研发团队学历、研发团队经验、研发团队稳定性、项目成果代码，如图 5-38 所示。

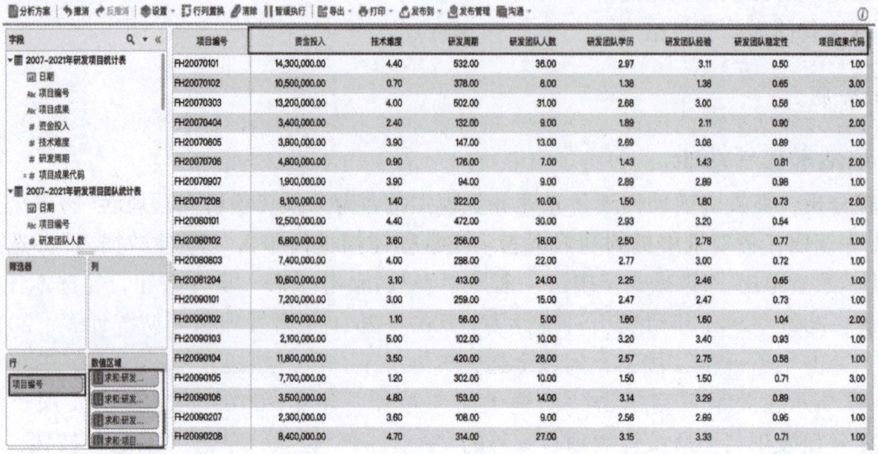

项目编号	资金投入	技术难度	研发周期	研发团队人数	研发团队学历	研发团队经验	研发团队稳定性	项目成果代码
FH20070101	14,300,000.00	4.40	532.00	36.00	2.97	3.11	0.50	1.00
FH20070102	10,500,000.00	0.70	378.00	8.00	1.38	1.38	0.65	3.00
FH20070303	13,200,000.00	4.00	502.00	31.00	2.68	3.00	0.56	1.00
FH20070404	3,400,000.00	2.40	132.00	9.00	1.89	2.11	0.90	2.00
FH20070605	3,800,000.00	3.90	147.00	13.00	2.69	3.08	0.89	1.00
FH20070706	4,800,000.00	0.90	176.00	7.00	1.43	1.43	0.81	2.00
FH20070907	1,900,000.00	3.90	94.00	9.00	2.89	2.89	0.98	1.00
FH20071208	8,100,000.00	1.40	322.00	10.00	1.50	1.80	0.73	2.00
FH20080101	12,500,000.00	4.40	472.00	30.00	2.93	3.20	0.54	1.00
FH20080102	6,800,000.00	3.60	256.00	18.00	2.50	2.78	0.77	1.00
FH20080803	7,400,000.00	4.00	288.00	22.00	2.77	3.00	0.72	1.00
FH20081204	10,600,000.00	3.10	413.00	24.00	2.25	2.46	0.65	1.00
FH20090101	7,200,000.00	3.00	259.00	15.00	2.47	2.47	0.73	1.00
FH20090102	800,000.00	1.10	56.00	5.00	1.60	1.60	1.04	2.00
FH20090103	2,100,000.00	5.00	102.00	10.00	3.20	3.40	0.93	1.00
FH20090104	11,800,000.00	3.50	420.00	28.00	2.57	2.75	0.58	1.00
FH20090105	7,700,000.00	1.20	302.00	10.00	1.50	1.50	0.71	3.00
FH20090106	3,500,000.00	4.80	153.00	14.00	3.14	3.29	0.89	1.00
FH20090207	2,300,000.00	3.60	108.00	9.00	2.56	2.89	0.95	1.00
FH20090208	8,400,000.00	4.70	314.00	27.00	3.15	3.33	0.71	1.00

图 5-38

将表格导出 Excel 保存为文件，命名为投资项目立项风险清洗结果，为避免后续可能的修改，将该表格进行保存。

单击“清除”图标，同理将 2022 年研发项目计划表中的团队学历和经验构成进行量化，学历量化的表达式需要与历史数据进行量化的方式一致，如本例中表达式应为：

(［2022 年研发项目计划．学历_大专］∗1+［2022 年研发项目计划．学历_本科］∗2+［2022 年研发项目计划．学历_硕士］∗3+［2022 年研发项目计划．学历_博士］∗4)/［2022 年研发项目计划．研发团队人数］，单击“确定”按钮。

经验量化的表达式应为：

(［2022 年研发项目计划．经验_2 年以下］∗1+［2022 年研发项目计划．经验_2~5 年］∗2+［2022 年研发项目计划．经验_5~10 年］∗3+［2022 年研发项目计划．经验_10 年以上］∗4)/［2022 年研发项目计划．研发团队人数］，单击“确定”按钮。

选择图表类型为“表格”，将 2022 年的投资计划立项风险的影响因素拖入数值，注意其顺序应与历史数据的表格顺序保持一致。

导出 Excel 保存为文件，命名为投资项目立项风险预测数据，为避免后续可能的修改，将该表格进行保存。

打开导出的投资项目立项风险预测数据，删除第一列“项目编号”，并在最后一列添加列标题“项目成果代码”，如图 5-39 所示。

	A	B	C	D	E	F	G	H	I
1	项目编号	资金投入	技术难度	研发周期	研发团队人数	研发团队学历	研发团队经验	研发团队稳定性	项目成果代码
2	FH2022001	6,000,000.00	0.30	248.00	6.00	1.00	1.00	0.77	
3	FH2022002	10,200,000.00	2.90	341.00	21.00	2.29	2.43	0.62	
4	FH2022003	12,400,000.00	0.30	472.00	7.00	1.00	1.00	0.52	
5	FH2022004	9,700,000.00	2.60	319.00	17.00	2.12	2.29	0.66	
6	FH2022005	3,600,000.00	2.70	160.00	9.00	1.89	2.44	0.89	
7	FH2022006	8,200,000.00	2.40	321.00	14.00	2.00	2.21	0.70	
8	FH2022007	14,500,000.00	4.60	530.00	43.00	3.05	3.28	0.51	
9	FH2022008	9,700,000.00	0.40	372.00	7.00	1.00	1.00	0.64	
10	FH2022009	5,300,000.00	4.30	203.00	15.00	2.80	3.13	0.82	

图 5-39

二、数据挖掘

进入金蝶大数据平台，选择大数据挖掘目录下的分类项下的"逻辑回归"，在此页面单击"导入数据"按钮，将处理好的投资项目立项风险清洗结果导入。

待处理完成后单击"模型构建"按钮，该模型的准确度为0.93，具有较强的可信度，单击"数据预测"按钮，将处理好的投资项目立项风险预测数据导入，待运行完成后将光标拉至底部，可以预览生成的预测数据，单击"下载表格"按钮，如图5-40所示。

预测结果如下：

	资金投入	技术难度	研发周期	研发团队人数	研发团队学历	研发团队经验	研发团队稳定性	项目成果代码
0	6000000	0.3	248	6	1.00	1.00	0.77	3
1	10200000	2.9	341	21	2.29	2.43	0.62	1
2	12400000	0.3	472	7	1.00	1.00	0.52	3
3	9700000	2.6	319	17	2.12	2.29	0.66	1
4	3600000	2.7	160	9	1.89	2.44	0.89	1
5	8200000	2.4	321	14	2.00	2.21	0.70	2
6	14500000	4.6	530	43	3.05	3.28	0.51	1
7	9700000	0.4	372	7	1.00	1.00	0.64	3
8	5300000	4.3	203	15	2.80	3.13	0.82	1
9	14600000	0.6	490	9	1.33	1.33	0.48	3
10	4900000	1.1	193	8	1.63	1.63	0.82	2
11	7400000	0.3	292	6	1.00	1.00	0.75	3
12	600000	3.9	48	6	2.33	3.17	1.10	1
13	5500000	4.1	207	17	2.76	3.06	0.80	1
14	3500000	5.0	148	13	3.31	3.46	0.90	1

图 5-40

三、可视化分析

在大数据分析项下单击进入"轻分析"，登录轻云星空轻分析模块，单击进入投资项目立项风险业务主题下的"数据建模"，单击"新建数据表"，选择Excel文件，单击"下一步"按钮，将刚才下载的Excel文件上传后单击"下一步"按钮，如图5-41所示。

选择上传的表格，为在轻分析模块显示文件名称，可以先在Excel文件中对表单进行命名。然后单击"下一步"按钮，勾选"全选"，单击"完成"按钮，检查数据格式无误后，单击"保存"按钮。

回到轻分析主界面，选择"投资项目立项风险"主题，单击进入"数据斗方"。

创建计算字段，分别计算投资项目立项的风险概率和风险影响，字段名为投资项目风险概率，输入表达式并单击"确定"按钮，如图5-42所示，完整表达式见附件函数表达式。

选择图表类型为"仪表图"，将计算的"投资立项风险概率"拖入"指针值"，设置分段、刻度值格式和指标标签显示格式，选择合适的预览尺寸，如图5-43所示。

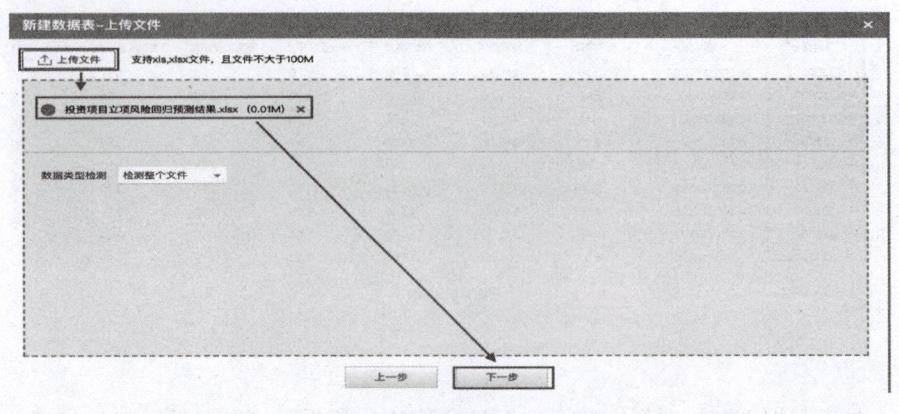

图 5-41

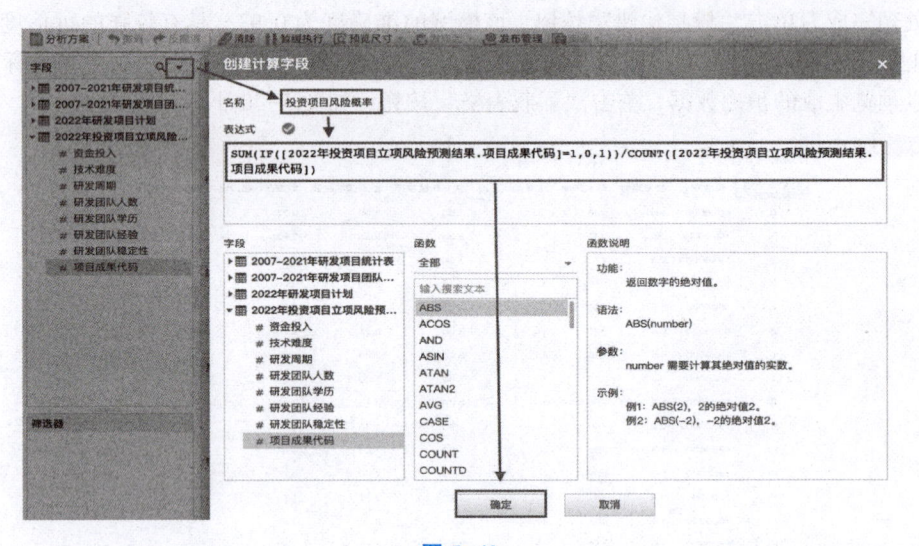

图 5-42

图 5-43

显示图形如图 5-44 所示，可见投资风险概率为 36.36%，落在中等风险区间，单击左上角的"分析方案"，另存为"投资立项风险概率"，单击"确定"按钮。

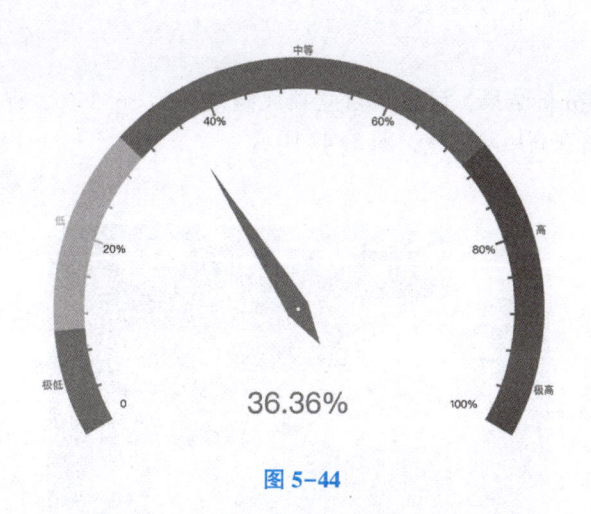

图 5-44

在"2022年投资项目立项风险预测结果"创建计算字段,字段名为投资立项风险影响,输入表达式并单击"确定"按钮,完整表达式见附件函数表达式。

选择图表类型为"仪表图",将计算的"投资项目立项风险影响"拖入"指针值",设置分段、刻度值格式和指标标签显示格式,选择合适的预览尺寸,如图 5-45 所示。

图 5-45

显示图形如图 5-46 所示,可见投资风险影响为 207.28%,落在灾难性风险区间,单击左上角的"分析方案",另存为"投资立项风险影响",单击"确定"按钮。

图 5-46

四、评估结果

根据任务实施中的分析结果,研发项目立项风险概率为36.36%,评分为3;风险影响为207.28%,评分为5,落在高风险区域,图5-47所示。

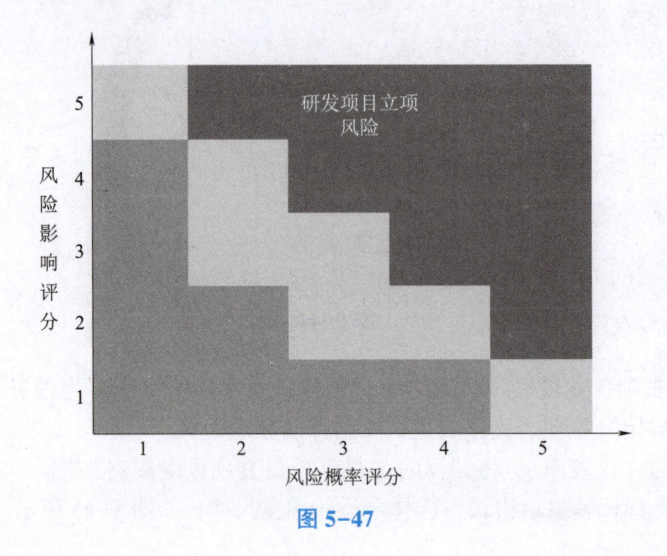

图5-47

五、风险应对策略

风险概率中等,风险影响极为重大,建议采取风险规避的应对策略,特别是对于预测很可能投资失败的项目不予立项。

六、风险管控措施

分析/反馈:对研发项目的影响因素进行深入分析,对于项目难度过大、无法保证技术或投入力量、很可能失败的项目应考虑放弃或延后。在研发项目推进过程中,应及时跟踪项目进度,对于很可能无法完成的项目也应及时止损。

任务评价

序号	评价内容	评价具体要点	达标	未达标
1	研发项目立项风险识别	能够分析企业研发项目立项存在的风险点		
2	研发项目立项风险评估	能够可视化分析并评估研发项目立项的风险概率		
3	研发项目立项风险应对	能够根据风险评估标准表确定风险等级,并制定其风险应对策略和管控措施		

拓展训练

在轻分析平台完成"建设项目工期管控风险、投资收益不达预期风险、短期金融资产投资风险"分析,具体操作指引见电子资源"建设项目工期管控风险"、"投资收益不达预期风险"、"短期金融资产投资风险"。

任务四　资金管理风控可视化处理

任务描述

前面对资金管理中的筹资活动、资金营运活动、投资活动的具体风险事项进行了识别和评估，经过风控审计部和财务部门讨论，对于评估结果存在风险的事项进行汇总陈述，并纳入企业的风险库进行管理。

任务要求

（1）对资金管理风险的评估结果进行汇总统计。
（2）在轻分析中绘制合适的图表。
（3）在轻分析仪表板制作资金管理风险事项看板。

任务实施

一、风险评估统计

根据资金管理风险评估结果，编制统计表如表5-3所示。

表5-3　资金管理风险评估结果统计

风险环节	序号	风险事项	风险概率评分	风险影响评分	风险程度
筹资活动	1	筹资时间风险	3	2	中风险
筹资活动	2	偿付到期债务风险	2	5	高风险
筹资活动	3	筹资金额风险			低风险
筹资活动	4	资本结构不合理风险			高风险
筹资活动	5	利率风险	2	2	低风险
资金营运活动	6	现金持有风险	2	1	低风险
资金营运活动	7	虚列支出风险	2	2	低风险
资金营运活动	8	资金挪用/侵占风险	1	5	中风险
资金营运活动	9	备用金管理风险	2	2	低风险
投资活动	10	投资项目选择风险	2	5	高风险
投资活动	11	研发项目立项风险	3	5	高风险
投资活动	12	建设项目工期管控风险	3	5	高风险
投资活动	13	投资收益不达预期风险	3	5	高风险
投资活动	14	短期金融资产投资风险	1	4	低风险

二、图表绘制

新建分类与业务主题，命名为"资金管理风险汇总"，单击新建投资风险主题的"数据建模"按钮，选择数据源类型为文件项下的"Excel"，单击"下一步"按钮，单击"上传文件"按钮，将统计好的"投资风险评估汇总表"导入，单击"下一步"按钮，为避免在轻分析中再更名，可以在 Excel 文件的 sheet 上先命名好文件，导入轻分析便可显示名称，单击"下一步"按钮，勾选"全选"，单击"完成"按钮，单击"保存"按钮。

重回到轻分析主界面，在新建的资金管理风险汇总主题单击数据斗方按钮。

（1）风险项数指标绘制。

单击表格右侧，新建计算字段，分别计算风险评估的项数、高风险项数、中风险项数和低风险项数，其表达式分别为：

评估风险项数：COUNT（[资金管理风险汇总．风险事项]）

高风险项数：SUM(IF([资金管理风险汇总．风险程度]="高风险",1,0))

中风险项数：SUM(IF([资金管理风险汇总．风险程度]="中风险",1,0))

低风险项数：SUM(IF([资金管理风险汇总．风险程度]="低风险",1,0))

选择图表类型为"业务指标"，将上述计算字段逐一拖拽至主指标并进行保存，例如评估风险项数指标操作如下：

单击左上方的"分析方案"→"另存为"→方案名称为"评估风险项数"，单击"确定"按钮（其他指标的保存操作同），如图 5-48 所示。

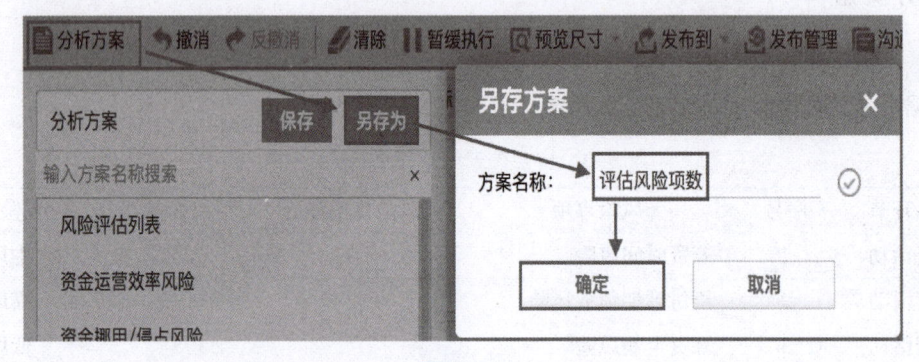

图 5-48

（2）不同级别的风险事项在业务环节的分布。

选择图表类型为饼图，将风险事项拖拽至"角度"，注意选择度量为"计数"，将风险程度字段拖拽至"颜色"，将风险环节字段拖拽至"钻取到"，如图 5-49 所示。

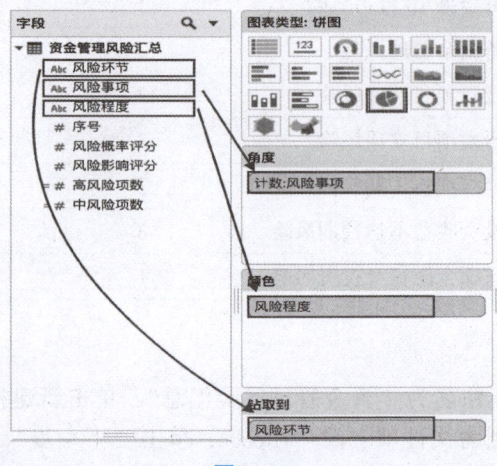

图 5-49

可得到风险分布的可视化图表，如图 5-50 所示，并且可以通过单击向下钻取，保存该图表：

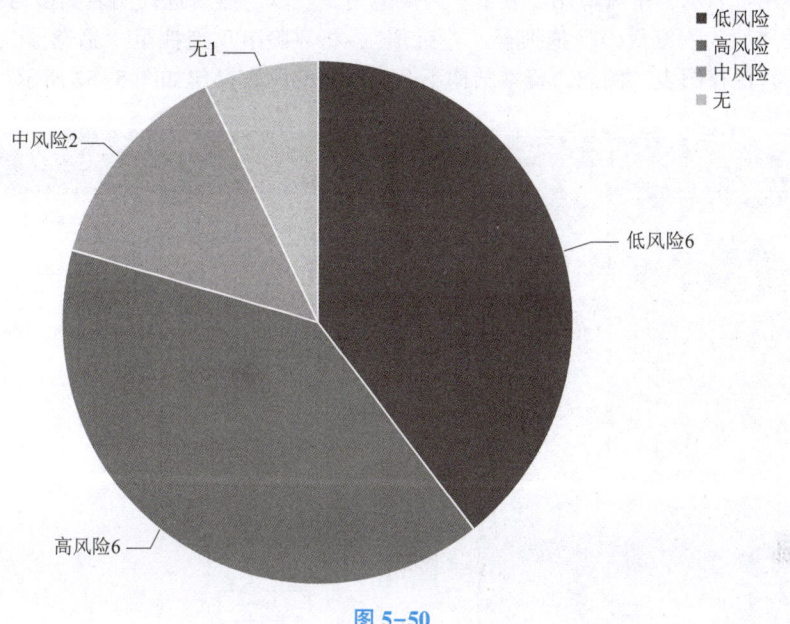

图 5-50

（3）风险概率和风险影响可视化呈现。

选择图表类型为雷达图，将风险事项拖拽至"维度"，将风险概率评分和风险影响评分拖拽至"度量"，同时将未对概率和影响评分的风险事项筛选掉，可以将风险概率评分筛选为从 1 开始，如图 5-51 所示。

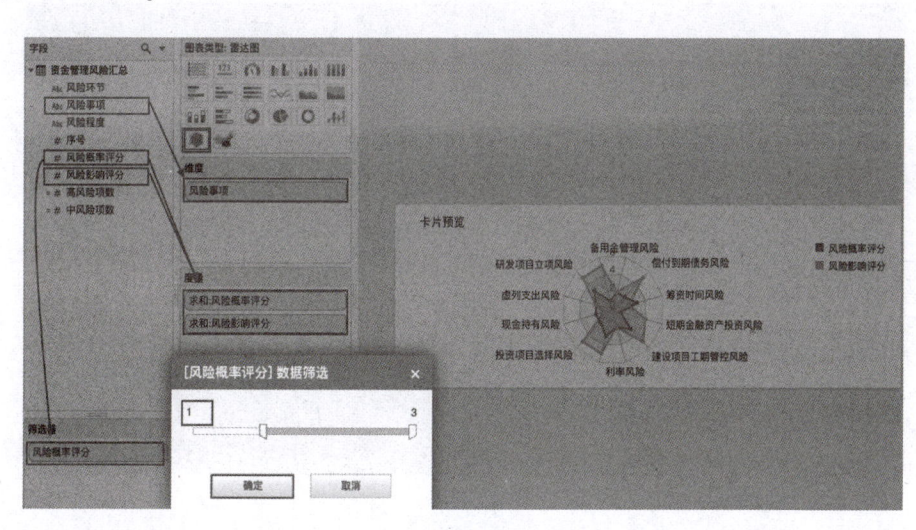

图 5-51

（4）高风险事项可视化呈现。

单击列表右侧，新建计算字段，将风险评级用数字量化，命名为"风险程度代码"，表达式如下：

CASE([资金管理风险汇总.风险程度]="低风险",1,[资金管理风险汇总.风险程度]="中风险",2,[资金管理风险汇总.风险程度]="高风险",3,0)

将低风险用 1 表示，中风险用 2 表示，高风险用 3 表示。然后选择图表类型为仪表图，将刚才的计算字段"风险程度代码"拖拽至"指针值"，将风险事项拖拽至"筛选器"，逐一筛选高风险的事项，并保存图表。例如，资本结构不合理风险的图表操作如图 5-52 所示。

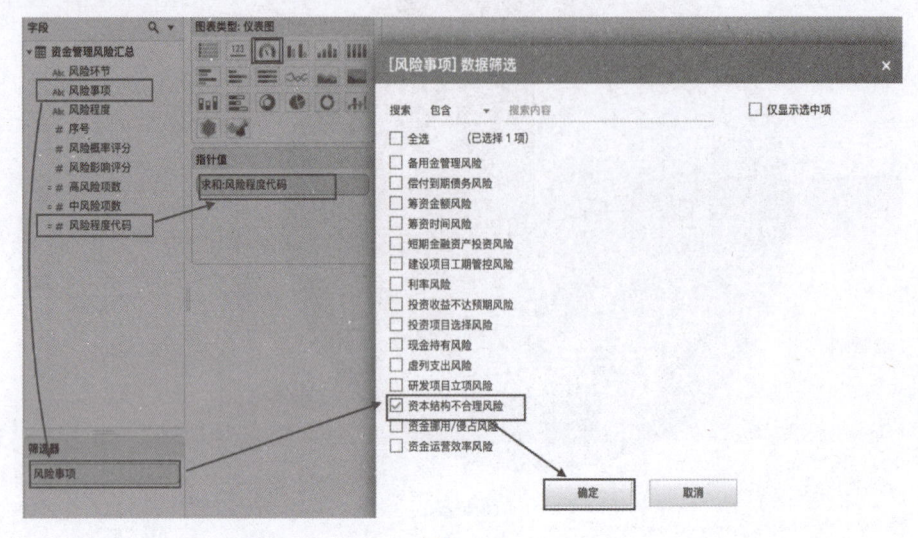

图 5-52

将得到图形保存为"资本结构不合理风险"，如图 5-53 所示。其他高风险事项只需要更换筛选器中的选择，其他操作相同。

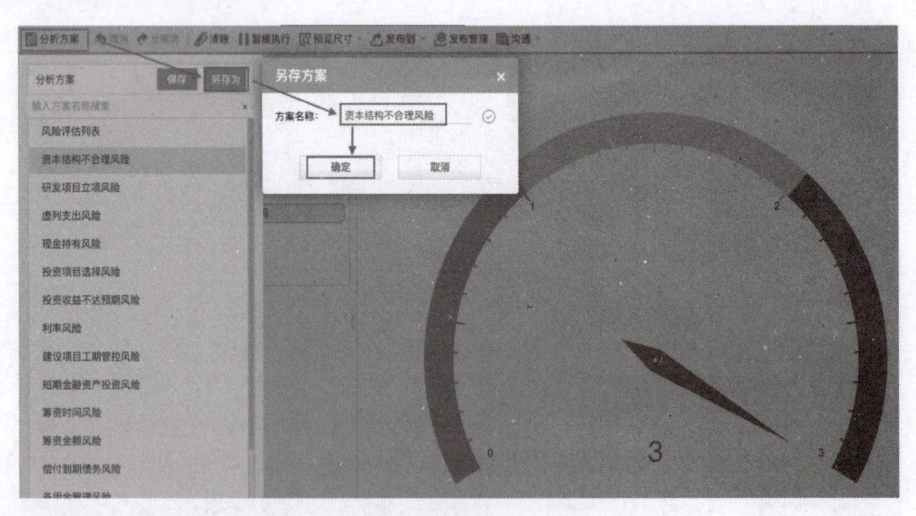

图 5-53

（5）具体的风险事项列表。

选择图表类型为列表，将风险事项、风险程度拖拽至"列"，如图 5-54 所示。

单击左上方的"分析方案"→"另存为"→方案名称为"风险评估列表"，单击"确定"按钮，如图 5-55 所示，保存该图表。

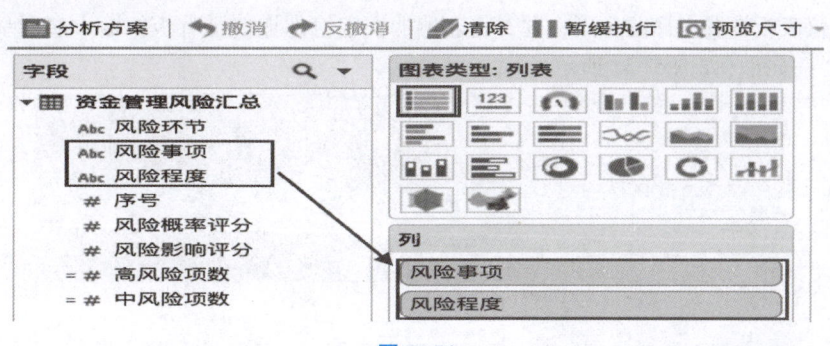

图 5-54

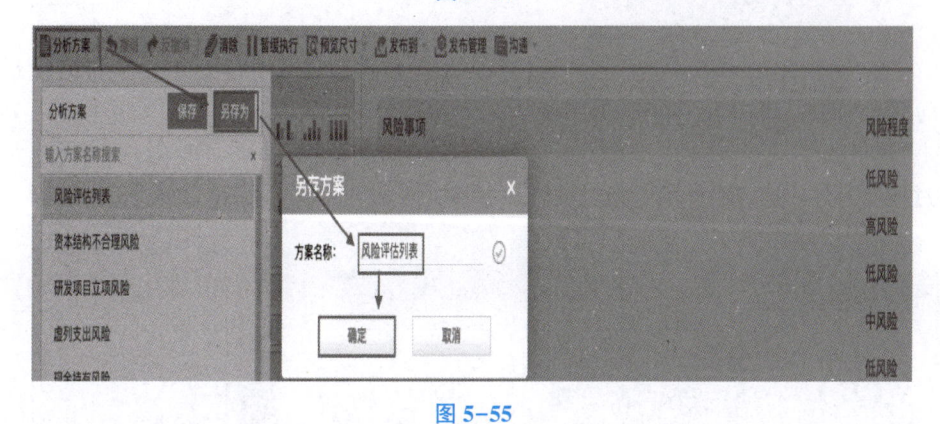

图 5-55

三、仪表板制作

在轻分析主界面新建仪表板,命名为"资金管理风险",进入仪表板,将数据斗方拖拽至看板,在弹出的对话框中单击"下一步"按钮,选择前面步骤绘制图表所在的业务主题"资金管量风险汇总",选择绘制好的图表,单击"完成"按钮,重复前面两个步骤将所有图表拖拽至看板中,如图 5-56 所示。

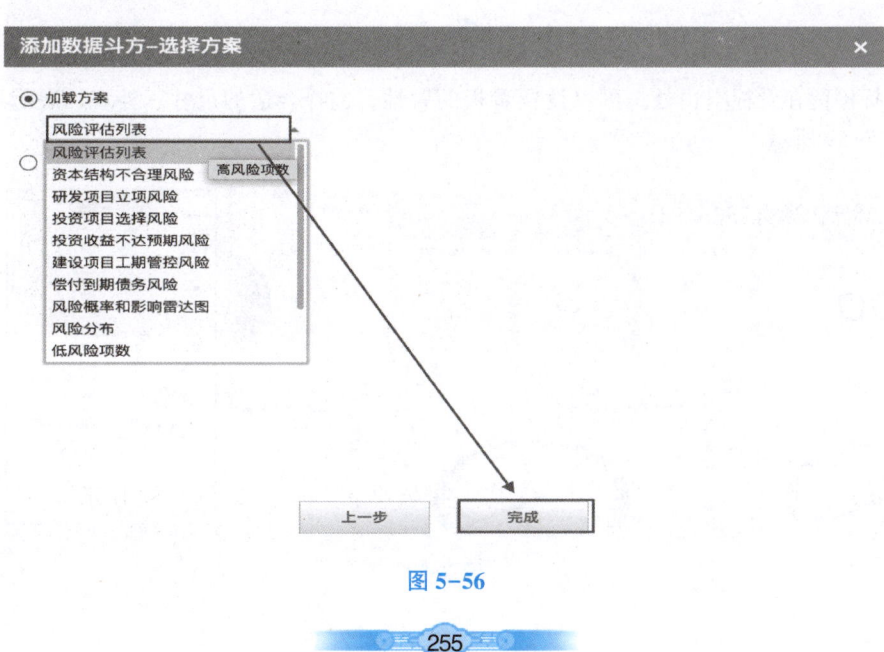

图 5-56

可以为仪表板设置大标题及副标题，将左侧的文字组件拖拽至看板，输入想要呈现的标题，单击"确定"按钮，如图5-57所示。

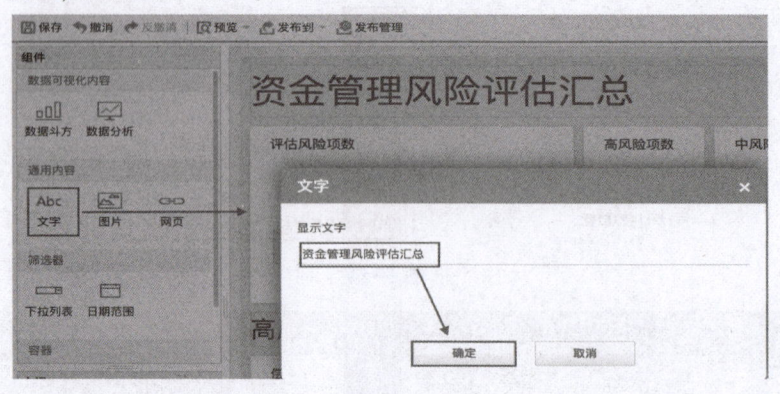

图5-57

通过拖拽组件或选定组件后，通过属性设置设计看板的构图，如图5-58所示。

图5-58

将光标停留在看板空白处，可以设置看板的属性，选择合适的尺寸、外观、展示模式等方式，如图5-59所示。

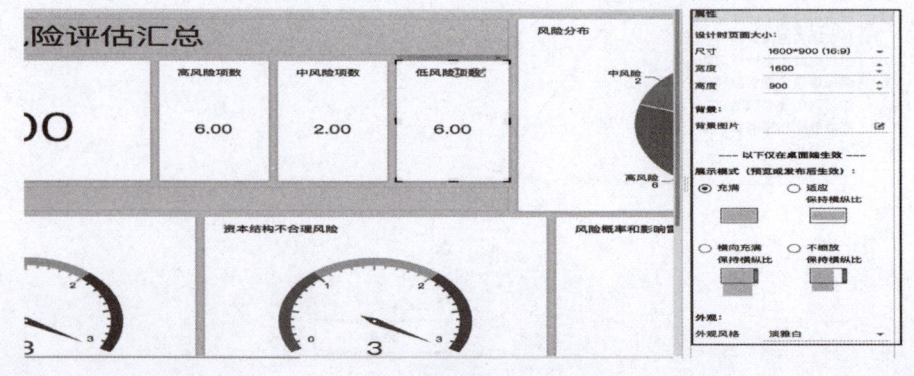

图5-59

单击菜单栏的"预览"按钮,选择桌面端,可以完整预览设计好的仪表板,如图 5-60 所示。

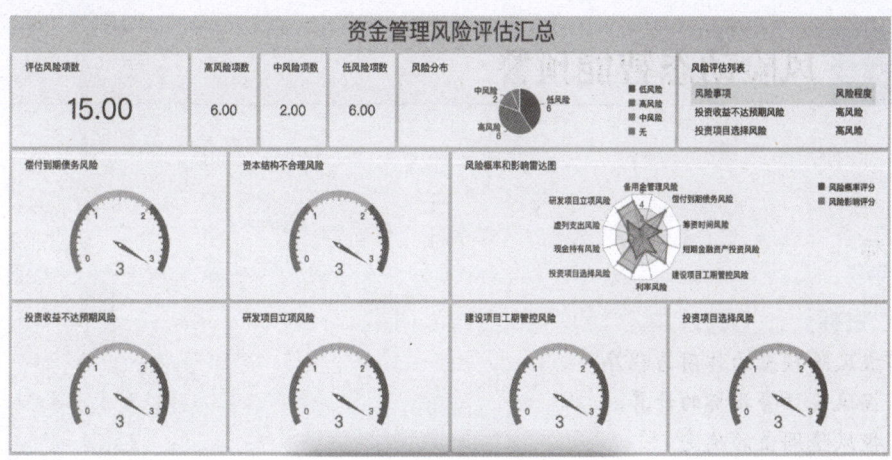

图 5-60

拓展阅读

资金管理制度是针对企业筹集资金和使用资金而设计的一系列制度的统称。由于企业财务管理的对象就是资金,因此,资金管理制度是企业内部财务制度的核心内容,其目的是在保证资金安全完整的情况下,既能满足企业生产经营过程中对资金的需求,又要尽可能提高资金的使用效益。

项目考核评价

通过实训,学生对资金管理的各项任务结果进行自评,小组评分同时,教师对学生各项任务的实训成果评分。

资金管理大数据智能风控考核评价表

考核任务	评分标准	学生自评	小组评分	教师评分
筹资活动	40			
营运活动	30			
投资活动	30			
合计	100 分			
权重:自评 20%,小组评分 30%,教师评分 50%				

项目小结

本项目详细介绍了资金管理大数据风控中筹资活动、营运活动、投资活动三个活动的风险识别、风险评估与应对,让学生理解资金管理是一个动态的过程,资金管理大数据智能风控应该从风险智能识别、构建风险评估模型、针对评估风险制定相应的应对策略和管控措施,构建风险实时的预警监控。

项目六　风险动态智能预警

学习目标

【知识目标】
1. 掌握风险预警的作用与程序。
2. 掌握风险预警指标的计算。
3. 掌握风险阈值的确定。
4. 掌握财务报表四大能力预警指标的计算与运用。
5. 掌握决策树的基本原理。

【技能目标】
1. 能够制作风险预警图。
2. 能够利用 SQL 语句提取和计算预警数据。
3. 能够通过创建计算字段计算预警数据。
4. 能够运用 Z-score 模型。
5. 能够运用决策树到破产预警模型。
6. 能够制作和展示仪表板。

【素养目标】
1. 通过系统学习企业风险预警，培养学生审慎行事、踏实安稳的职业素养。
2. 通过拓展使学生了解智能预警机制，培养学生的自信和创新思维。

德技并修

安全发展，稳定进步

　　党的二十大报告中"安全"一词贯穿全篇，共出现了 91 次，创历年之最。报告第十一部分明确提出推进国家安全体系和能力现代化的总体要求，为维护国家安全和社会稳定提供了根本遵循。企业的安全稳定是维持社会经济稳定的重要途径之一，企业风险预警系统的建立尤其重要。高效、准确地预警企业面临的内外各种风险是该系统的核心内容。

思维导图

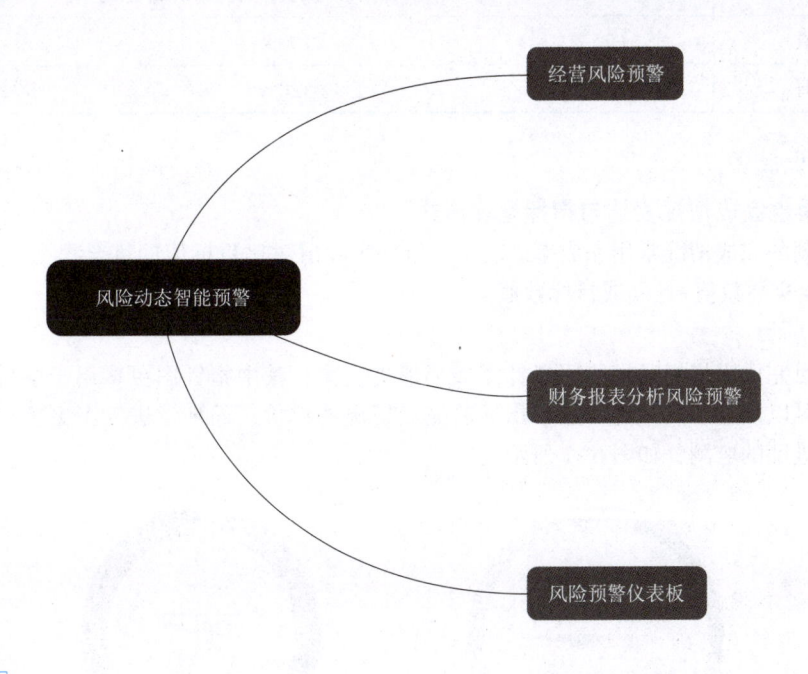

- 风险动态智能预警
  - 经营风险预警
  - 财务报表分析风险预警
  - 风险预警仪表板

项目导入

风险预警监控指的是企业根据风险对象的特点，通过收集相关的资料信息，监控风险因素的变动趋势，并评价各种风险状态偏离预警线的强弱程度，向决策层发出预警信号并提前采取预防性对策的控制活动。进入二十一世纪以来，国内外黑天鹅事件频发，企业经营受其影响，存在大量不确定风险。正确预测风险、预警风险是企业完成其战略的重要手段之一。

任务一　经营风险预警

子任务一　销售计划完成情况预警

工作准备

一、案例背景

育亭机械销售总监对于销售业绩的完成情况十分关注，制订了年度和月度的销售计划，为确保整体销售计划的完成，要求对销售业绩进行实时监控，以降低销售任务无法达成的风险。

育亭机械根据制定的整体战略对销售部下达了销售计划，设定了最低值、目标值和挑战值，如表6-1所示，并将根据完成情况的不同对销售部门进行绩效考核。

表6-1　销售计划

	实际销售情况占计划销售情况百分比
最低值	80%

续表

	实际销售情况占计划销售情况百分比
目标值	100%
挑战值	120%

二、知识储备

(一) 销售完成情况表达与指标呈现形式

表达计划的完成情况常用完成率来表示，指为实际值对比目标值的符合程度。其表达式为：

销售完成率=实际数值÷计划或目标数值

1. 单个项目

单个项目完成率指标通常使用指针图或环形进度图，其中指针图更多用于事后对完成情况的评价，且可以设置不同颜色来显示指标的完成情况的评价；而环形进度图更多用于在项目实施过程中对进度的监测，如图6-1所示。

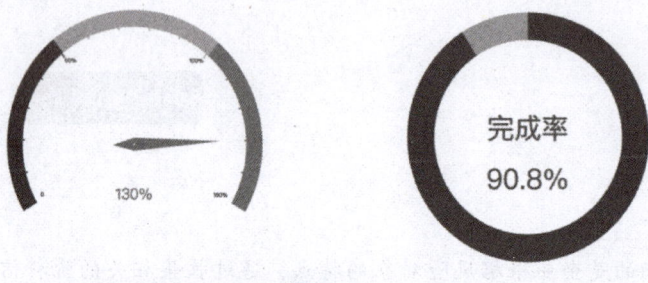

图 6-1

2. 多个项目

多个项目完成率指标可以采用多系统条形图或柱形图分别呈现，如图6-2所示。

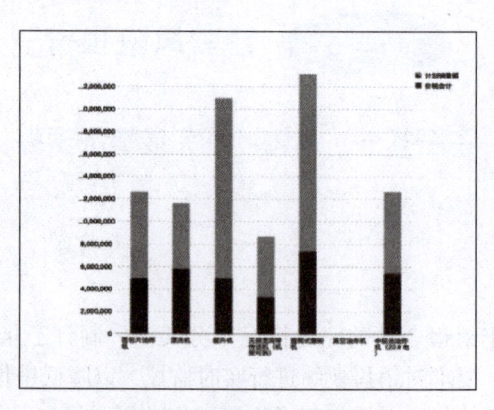

图 6-2

(二) 销售计划预警模型

1. 预警指标及计算公式

销售计划完成率=（实际销售额÷计划销售额）×100%

计划销售额=数量×价格

其中数量来自销售计划汇总表，价格来自 2021 年产品定价表，实际销售额取自 2021 年 5 月销售订单表的价格合计列。

2. 预警值

销售计划完成率<80%，红色预警；

销售计划完成率≥80%，且<100%，黄色预警；

销售计划完成率≥100%，且<120%，蓝色预警；

销售计划>120%，绿色无预警。

任务描述

育亭机械销售总监制订了年度和月度的销售计划，为确保整体销售计划的完成，要求实时监控企业销售情况，完成销售计划完成情况的预警工作。

任务要求

以 2021 年 5 月为例，在轻分析中以合适的图形绘制销售计划额的完成情况预警图。

任务实施

一、原始数据表

本任务涉及数据表有 2021 年 5 月销售订单表、2021 年销售计划汇总表、2021 年产品定价表，表单字段及表单间关系如图 6-3 所示。

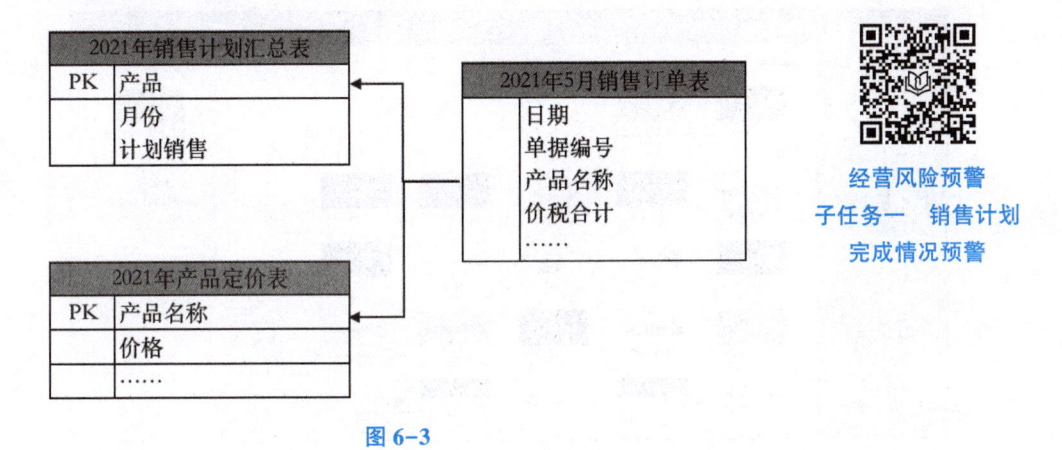

经营风险预警

子任务一　销售计划

完成情况预警

图 6-3

二、具体步骤

1. 构建销售计划完成情况数据模型

第一步，在经营预警分类项下新建业务主题，命名为销售计划完成情况预警，如图 6-4 所示。

第二步，单击进入"数据建模"，如图 6-5 所示。

第三步，在数据建模页面单击"新建数据表"，选择"当前数据中心"，然后单击"下一步"按钮，如图 6-6 所示。

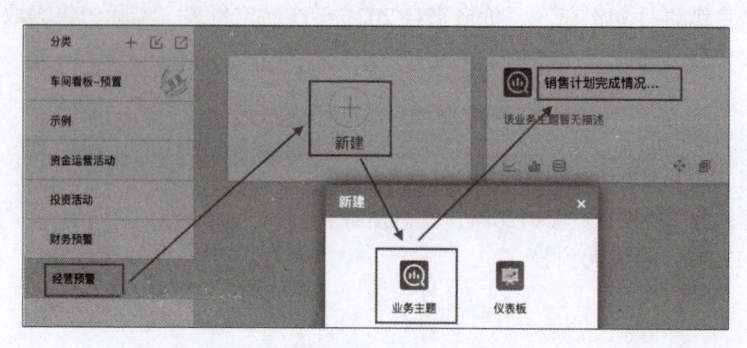

图 6-4

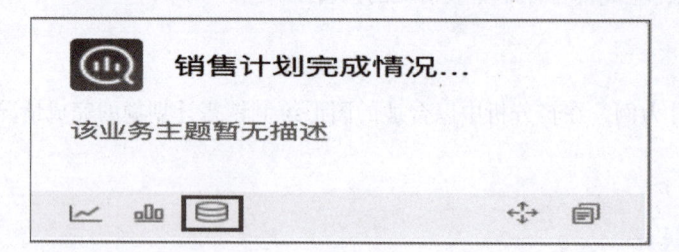

图 6-5

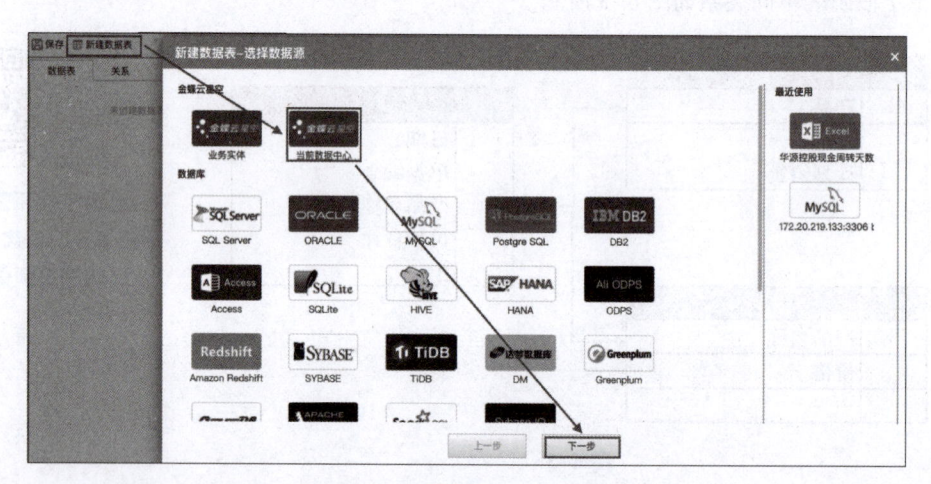

图 6-6

第四步，选择"表"，单击"下一步"按钮，如图 6-7 所示。

第五步，选择 2021 年 5 月销售订单表、2021 年销售计划汇总表、2021 年产品定价表，单击"下一步"按钮，如图 6-8 所示。

第六步，选择需要的字段，例如 2021 年 5 月销售订单表中只需要选择"日期""产品名称""价税合计"字段，单击"完成"按钮，如图 6-9 所示。

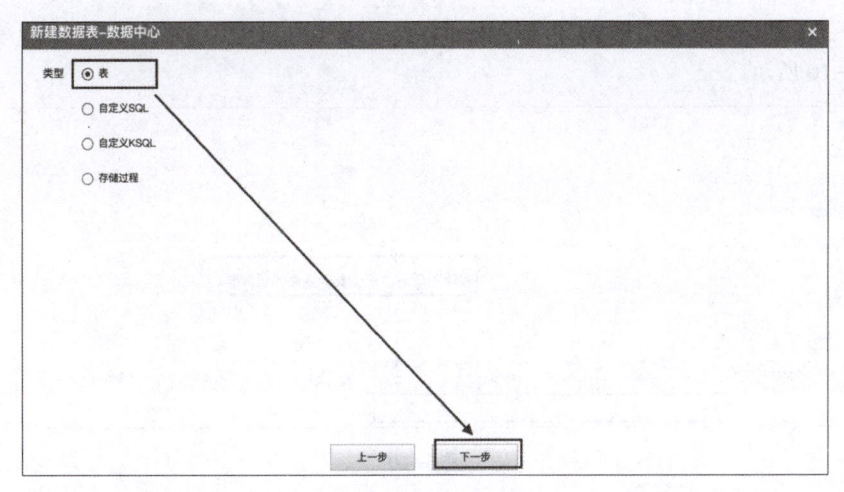

图 6-7

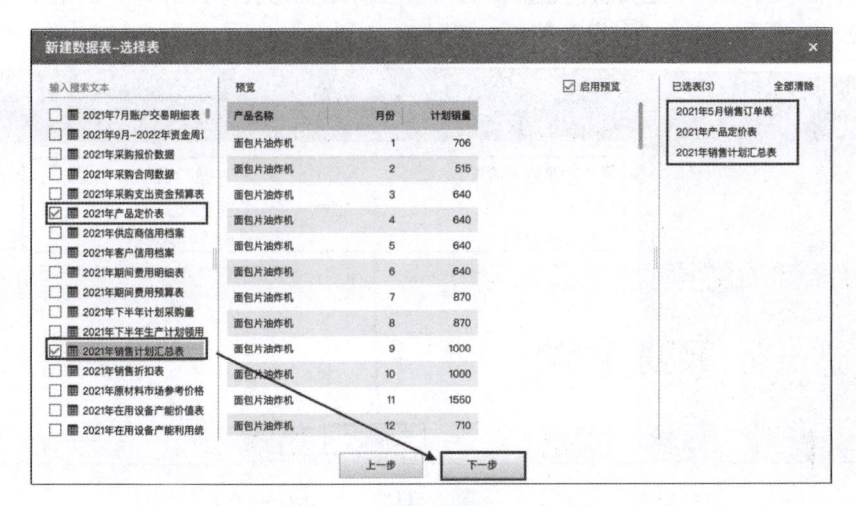

图 6-8

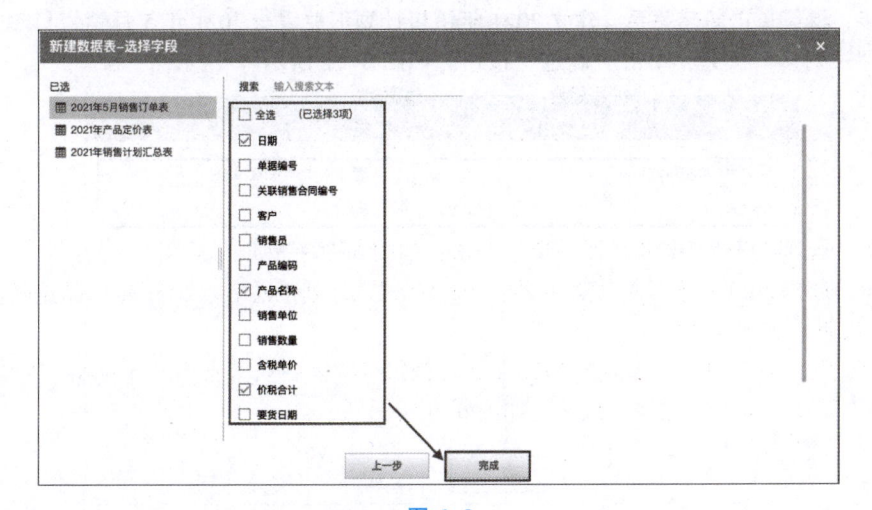

图 6-9

第七步，在过滤页签，筛选 2021 年销售计划汇总表中月份等于 5 的数据，然后单击上方刷新，如图 6-10 所示。

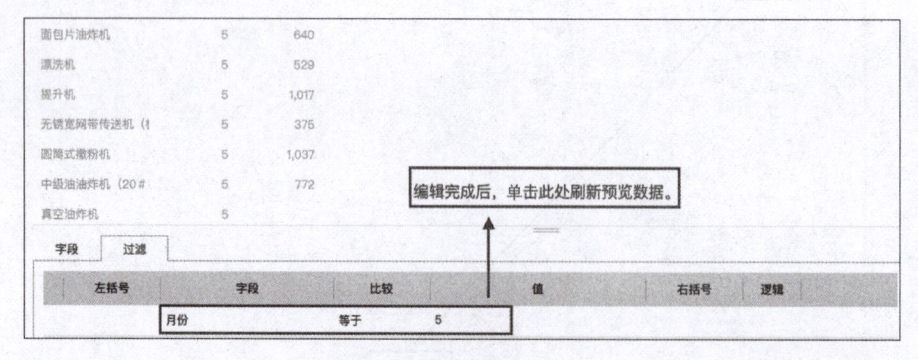

图 6-10

第八步，在关系页签新建关系，建立 2021 年销售计划汇总表与 2021 年产品定价表中产品名称的"一对一"关系，单击"确定"按钮，如图 6-11 所示。

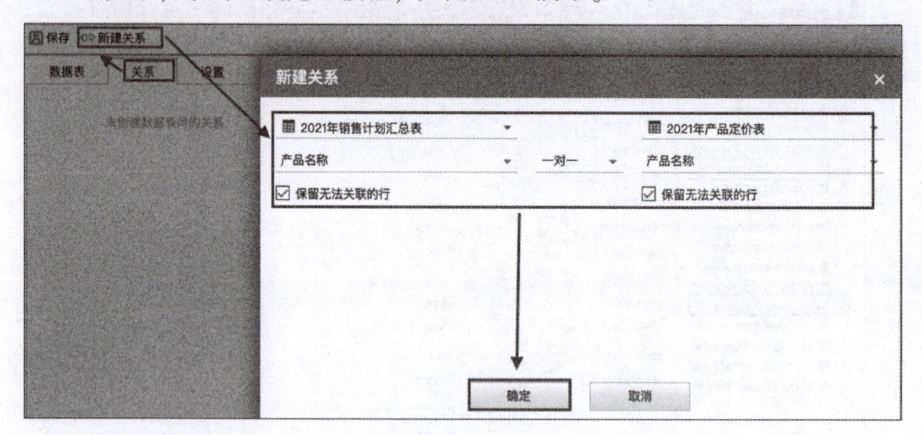

图 6-11

第九步，继续单击新建关系，建立 2021 年销售计划汇总表与 2021 年 5 月销售订单表关于产品名称的"一对多"关系，单击"确定"按钮，如图 6-12 所示。

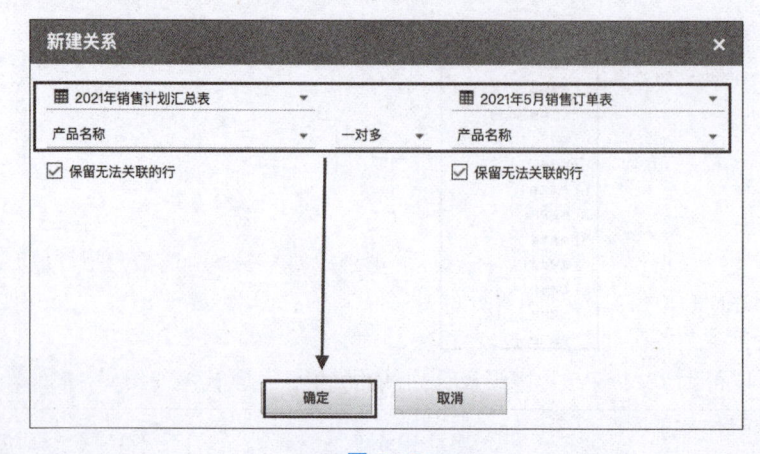

图 6-12

最后，建立好的各表间的图形如图 6-13 所示，单击"保存"按钮。

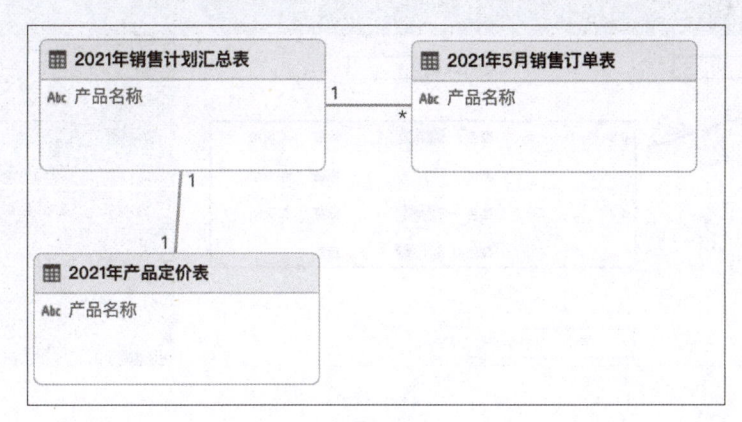

图 6-13

2. 完成销售计划额完成率预警图

第一步，回到轻分析主界面，单击进入"数据斗方"。

第二步，在列表字段右方单击 ▼ 符号，选择"创建计算字段"。

第三步，命名新建字段为"销售计划完成率"，输入表达式，单击"确定"按钮，如图 6-14 所示。

表达式为：SUM（[2021 年 5 月销售订单表．价税合计]）/SUM（（[2021 年销售计划汇总表．计划销量]＊[2021 年产品定价表．价格]））

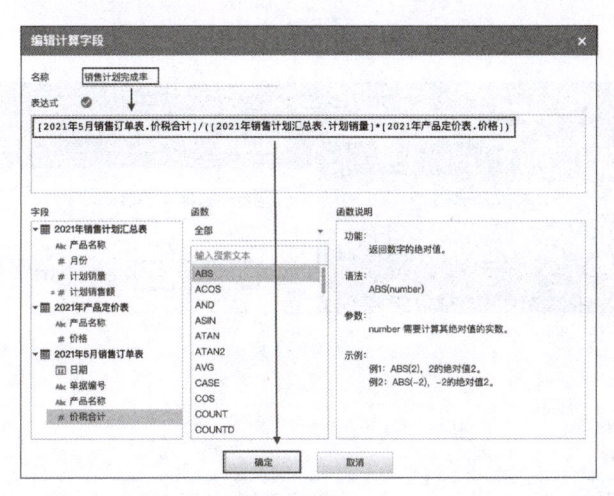

图 6-14

第四步，选择图表类型为仪表图，将计算的销售计划完成率拖拽至"指针值"。

第五步，在界面右侧编辑表盘和指针的数字格式为"百分之一（%）"，并保留两位小数，编辑表盘的分段，按预警区间设置分段如图 6-15 所示。

第六步，可以得到 2021 年 5 月份销售计划额的完成率，预警图如图 6-16 所示。

第七步，单击左上角的"分析方案"，保存为"销售计划完成率"，如图 6-17 所示。

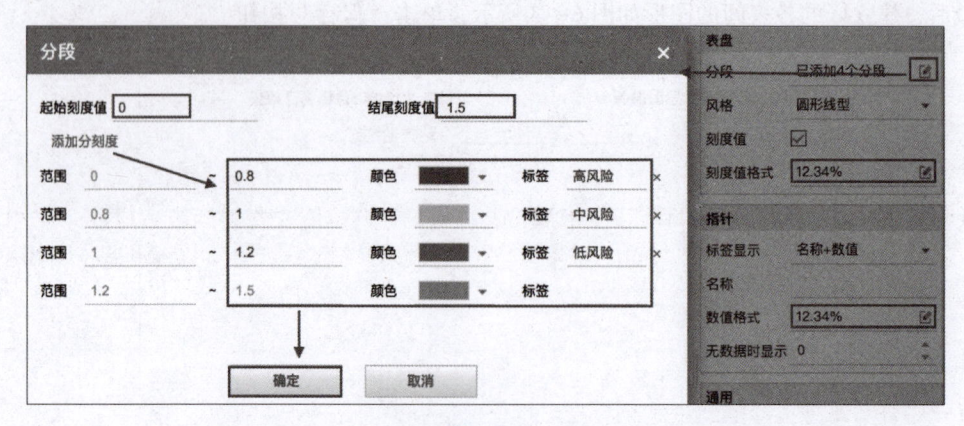

图 6-15

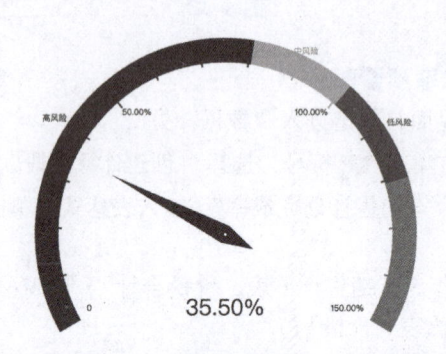

图 6-16

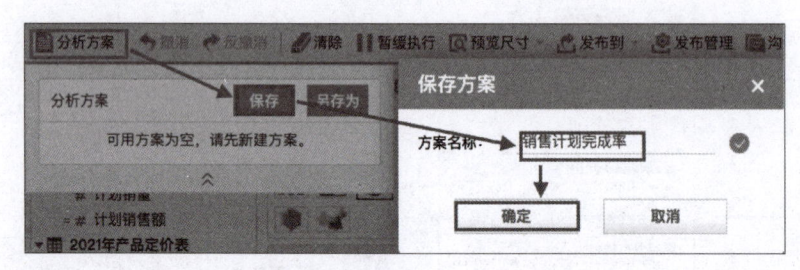

图 6-17

任务评价

序号	评价内容	评价具体要点	达标	未达标
1	销售计划额的完成情况预警	能够实时监控企业销售情况，完成销售计划完成情况的预警工作		

巩固练习

根据育亭机械销售计划和目标的设置以及学到的准备知识，如何设置销售计划完成情况的指标和预警区间？

子任务二　应收账款逾期风险预警

工作准备

一、案例背景
育亭机械近期拟加强对应收账款逾期风险的管理，减少应收账款逾期和坏账风险。

二、知识储备

（一）利用 SQL Server 对两张表进行对比

1. in 和 not in 的使用

SQL 中的 in 运算符用来判断表达式的值是否位于给出的列表中；如果"是"，返回值为 1；如果"不是"，返回值为 0。

not in 的作用和 in 恰好相反，not in 用来判断表达式的值是否不存在于给出的列表中；如果"不是"，返回值为 1；如果"是"，返回值为 0。

示例 1：

任务要求："找出本任务未付款的订单"。

可以使用以下语句：

方法一：

```
select 日期,订单编号,客户,订单金额
from [2021 年订单汇总表]
where 订单编号 not in
```

方法二：

```
select 订单编号 from [2021 年收款明细表]
```

2. select 嵌套的使用

但是在上述语句中，只能找出相符或者不相符的数据，不能同时保留字段相符和不相符的内容并合并在一张表中。通过 select 语句的嵌套可以实现两张或多张表的合并。

（二）列表中条件样式的使用方法

在轻分析列表的条件样式中，可以采用 setRow 函数设置行的对象样式，包括文字的颜色、背景颜色等，其语法为：

```
setRow(styleName,value,condition)
```

其中参数：styleName 表示样式名称，value 表示样式属性的值，condition 为条件表达式。

例如：

示例 2：setRow("color","#0099cc",ROW_NUM <= 3)表示前三行文字蓝色。

示例 3：setRow("color","#0099cc",and(GETVALUE("销售额")>1400000,GETVALUE("销售额")>2000000))表示销售额大于 140 万且小于 200 万，行文字蓝色。

示例 4：setRow("bold","true",ROW_NUM <= 3)表示前三行文字加粗。

附加信息：本任务可能用到的颜色代码如表 6-2 所示。

表 6-2 颜色及代码

颜色	代码
红色	#E15759
黄色	#FFDB4A
蓝色	#40A9FF
绿色	#97CE68

（三）应收账款预警模型

1. 预警指标及计算公式

逾期天数 = 当前的日期 – 订单日期 – 该客户的信用账期

注意事项：

（1）上述公式仅针对截至当前日期尚未付款的订单。

（2）由于操作时的日期不确定，数据期间为 2021 年，可以选择其中任一天操作，操作指导中，假设今天为 2021 年 12 月 31 日。

2. 预警值

（1）逾期天数 ≥30 天，红色预警。

（2）逾期天数 ≥ 1 天，且< 30 天，黄色预警。

（3）逾期天数 ≥-5 天，且< 1 天，黄色预警。

（4）逾期天数 <-5 天，绿色不预警。

任务描述

育亭机械近期对应收账款逾期风险的管理时，其中一项措施是对每个发出的订单根据逾期情况进行预警，以便能够对客户应收款进行及时管理。

任务要求

（1）针对每项订单对比收款明细表，确认是否已收款。

（2）计算逾期天数。

（3）根据预警模型选择合适的图表及颜色，进行可视化展示。

经营风险预警
子任务二　应收账款
逾期风险预警

任务实施

一、原始表单数据

本任务涉及数据表：2021 年订单汇总表、2021 年收款明细表、2021 年客户信用档案表，表单字段及表单间关系如图 6-18 所示。

二、具体步骤

1. 构建应收账款逾期预警数据建模

第一步，在经营预警分类项下新建业务主题命名为应收账款逾期预警。

第二步，单击进入"数据建模"模块。

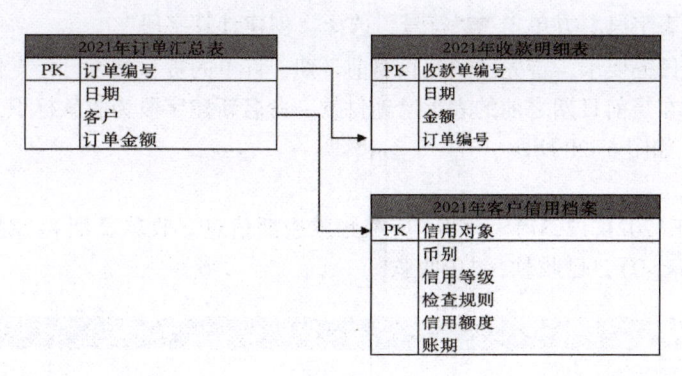

图 6-18

第三步，在数据建模页面单击"新建数据表"，选择"当前数据中心"，然后单击"下一步"按钮。

第四步，选择"自定义 SQL"然后单击"下一步"按钮。

第五步，命名为应收账款逾期信息，输入 SQL 语句，单击"完成"按钮，如图 6-19 所示。

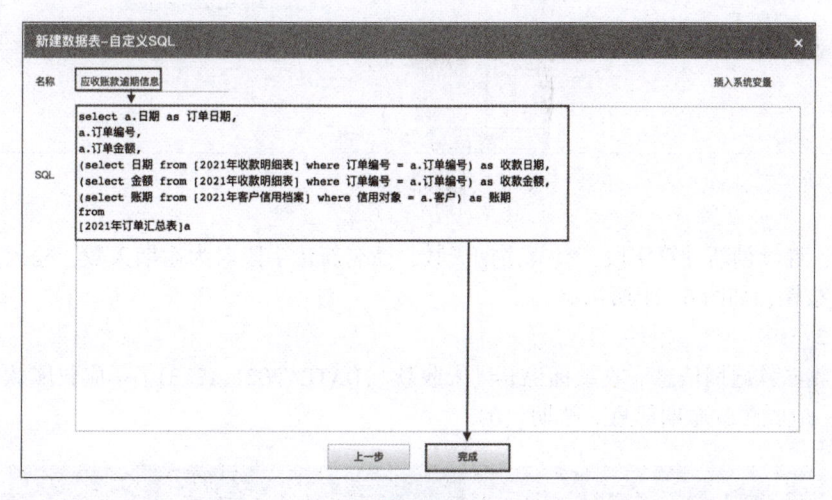

图 6-19

SQL 语言：

> select a.日期 as 订单日期,
> a.订单编号,
> a.订单金额,
> (select 日期 from [2021年收款明细表] where 订单编号 = a.订单编号) as 收款日期,
> (select 金额 from [2021年收款明细表] where 订单编号 = a.订单编号) as 收款金额,
> (select 账期 from [2021年客户信用档案] where 信用对象 = a.客户) as 账期
> from [2021年订单汇总表]a

最后，单击"保存"按钮。

2. 数据分析

第一步，回到轻分析主界面，单击进入"数据斗方"。

第二步，在列表字段右方单击 ▼ 符号，选择"创建计算字段"。

第三步，根据任务要求，首先确认截止当前日期，订单的货款是否已经支付，如果列表中存在收款且收款日期在当前日期之前的表示已经付款。命名新建字段为收款标识，输入表达式，单击"确定"按钮，如图 6-20 所示。

表达式 1：

IF(AND(DATE(2021,12,31)>=ZN([应收账款逾期信息.收款日期]),ZN([应收账款逾期信息.收款日期])<>0),"已收款","未收款")

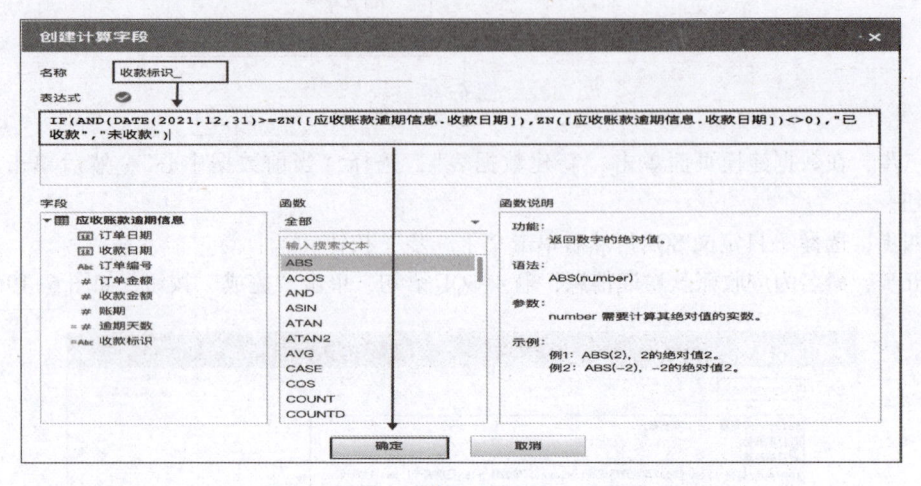

图 6-20

第四步，继续创新计算字段，计算逾期天数，命名新建字段名为逾期天数，输入表达式，单击"确定"按钮，如图 6-21 所示。

表达式 2：

IF([应收账款逾期信息.收款标识]="未收款",DATE(2021,12,31)-[应收账款逾期信息.订单日期]-[应收账款逾期信息.账期],0)

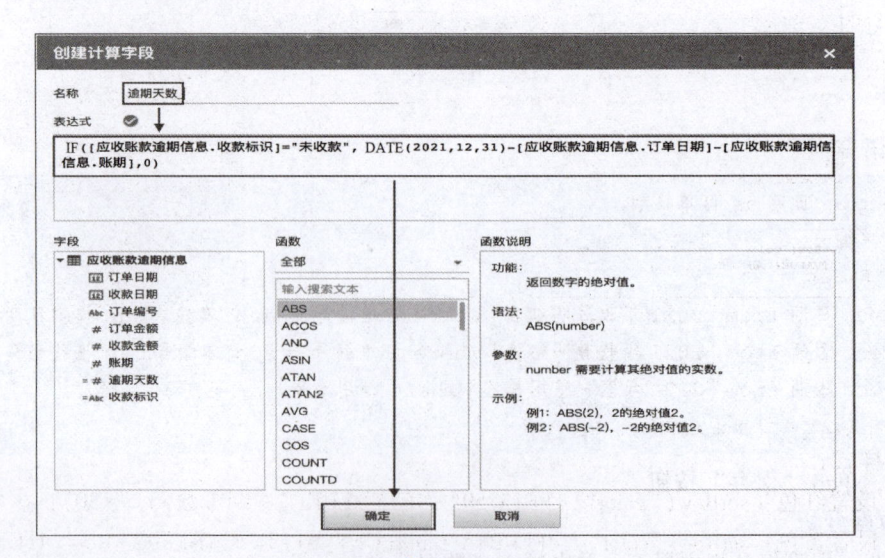

图 6-21

第五步，选择图表类型为"列表"，将"订单日期""订单编号""逾期天数"等需要的信息字段拖拽至"列"，日期的维度选择"年月日"，如图6-22所示。

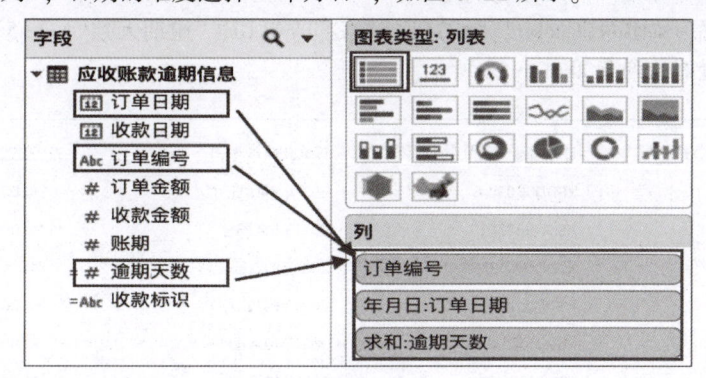

图 6-22

第六步，为减少显示的数据量并突出需要的信息，将创建的计算字段"收款标识"拖拽至"筛选器"，选择"未收款"的订单数据，如图6-23所示。

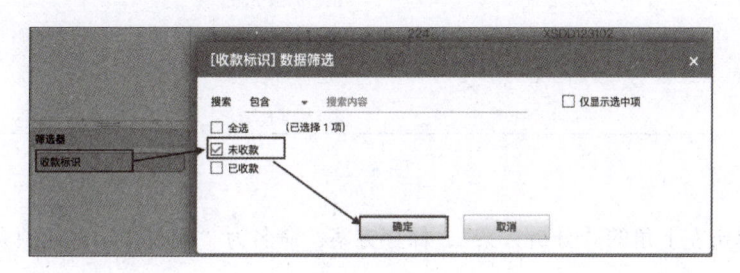

图 6-23

第七步，设置预警颜色，利用本任务知识准备中学到的知识，根据预警模型要求的预警区间设置不同的4项条件样式，单击"确定"按钮，并勾选表头和行号，如图6-24所示。

图 6-24

条件样式：
（1）设置红色：setRow("color","#E15759",GETVALUE("逾期天数")>=30)；
（2）设置黄色：setRow("color","#FFDB4A",and(GETVALUE("逾期天数") >= 1,GETVALUE("逾期天数") < 30))；

(3) 设置蓝色：setRow("color","#40A9FF",and(GETVALUE("逾期天数")>=-5,GETVALUE("逾期天数")<1));

(4) 设置绿色：setRow("color","#97CE68",GETVALUE("逾期天数")<-5)。

第八步，设置好的列表如图6-25所示。

No.	订单编号	订单日期(年月日)	逾期天数
7	XSDD080904	2021年8月9日	134.00
8	XSDD082501	2021年8月25日	118.00
9	XSDD090107	2021年9月1日	111.00
10	XSDD092801	2021年9月28日	84.00
11	XSDD100112	2021年10月1日	81.00
12	XSDD100113	2021年10月1日	81.00
13	XSDD100404	2021年10月4日	-2.00
14	XSDD100502	2021年10月5日	-3.00
15	XSDD100601	2021年10月6日	-4.00
16	XSDD100801	2021年10月8日	-6.00
17	XSDD101001	2021年10月10日	-8.00
18	XSDD101905	2021年10月19日	-17.00
19	XSDD102103	2021年10月21日	-19.00

图6-25

第九步，单击左上角的"分析方案"，保存方案，命名为"应收账款逾期预警"。

任务评价

序号	评价内容	评价具体要点	达标	未达标
1	应收账款逾期风险预警	能够根据预警模型选择合适的图表及颜色进行可视化展示		

巩固练习

编写SQL语句，实现从2021年订单汇总表与2021年收款明细表查询订单编号和对应的收款单编号，已知2021年订单汇总表中的订单编号包含2021年收款明细表的相应的订单编号，要求保留2021年订单汇总表中无对应收款的订单编号。

2021年订单汇总表与2021年收款明细表两张表的表格结构和关系见本任务第5项：原始数据表。

子任务三　资金赤字风险预警

工作准备

一、案例背景

育亭机械的资金采取集中管理的方式，管理层要求总部及各子公司每周对下周的资金收支情况进行测算并制订计划，总部每周自动汇总资金计划，根据计划生成的资金余量进行不同程度的预警。

二、知识储备

（一）趋势分析法

在做趋势分析时，通常可采用折线图、柱形图或面积图等来进行可视化呈现。其中折线图适用于多个系列的趋势分析，柱形图则用于分析单个项目的趋势更为直观，而面积图更适用于需要同时呈现系列趋势和总体趋势的情况，如图 6-26 所示。

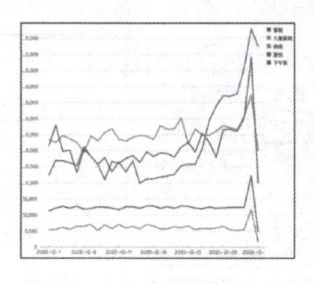

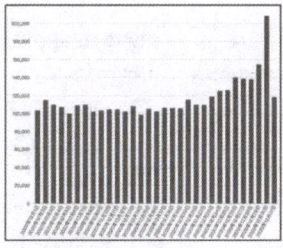

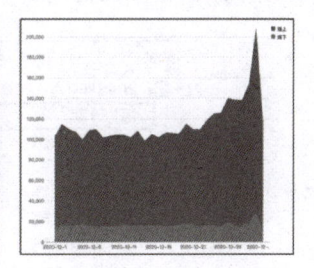

图 6-26

（二）资金赤字预警模型

1. 预警指标及计算公式

$$预计资金存量 = 资金期末余额$$

注意事项：资金的期末余额取自 2021 年 9 月—2022 年资金周计划表的"期末余额"字段。

2. 预警值

（1）预计资金存量 < 20 000 000 元且 ≥ 10 000 000 元时，蓝色预警。

（2）预计资金存量 < 10 000 000 元且 ≥ 0 时，黄色预警。

（3）预计资金存量 < 0 时，红色预警。

任务描述

育亭机械的资金采取集中管理的方式，每周根据计划生成的资金余量进行不同程度的预警。

任务要求

对育亭机械 2021 年 9 月至 2022 年生成的资金周计划表的资金余额进行预警。

任务实施

一、原始数据表

本任务涉及的数据表：2021 年 9 月—2022 年资金周计划表。

二、具体步骤

1. 构建资金赤字预警数据模型

第一步，在财务预警项下新建业务主题，命名为资金赤字预警。

第二步，单击进入"数据建模"模块。

第三步，在数据建模页面单击"新建数据表"，选择"当前数据中心"，然后单击"下一

任务一　经营风险预警
子任务三　资金赤字
风险预警

步"按钮。

第四步，选择"表"，单击"下一步"按钮。

第五步，勾选 2021 年 9 月—2022 年资金周计划表，单击"下一步"按钮。

第六步，勾选"全选"，单击"完成"按钮。

第七步，单击"保存"按钮。

2. 资金赤字预警设置

第一步，选择图表类型为折线图，将"日期"字段拖拽至"横轴"，选择维度为"年月日"，将"期末余额"字段拖拽至"纵轴"按钮，如图 6-27 所示。

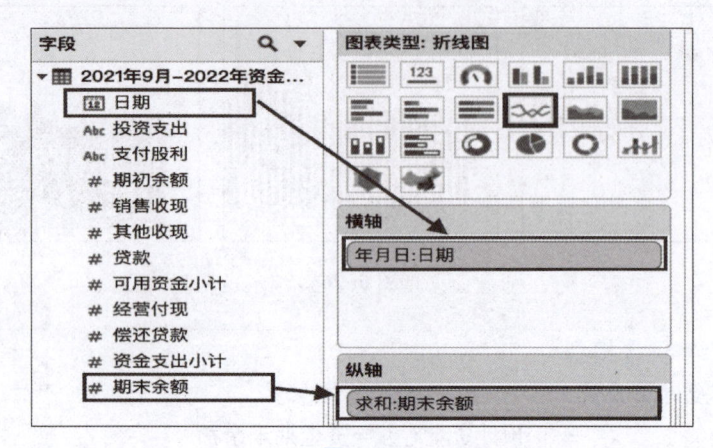

图 6-27

第二步，根据任务要求设置三条参考线，选择取值为"自定义"，分别输入自定义值为 0、10000000、20000000；标签分别输入"红色预警""黄色预警""蓝色预警"，单击"确定"按钮，如图 6-28 所示。

图 6-28

第三步，形成预警图形如图 6-29 所示，可见根据资金计划 2022 年 7 月—2022 年 8 月将出现资金赤字，需要提前调整资金收支情况。

第四步，保存方案，命名为资金赤字预警。

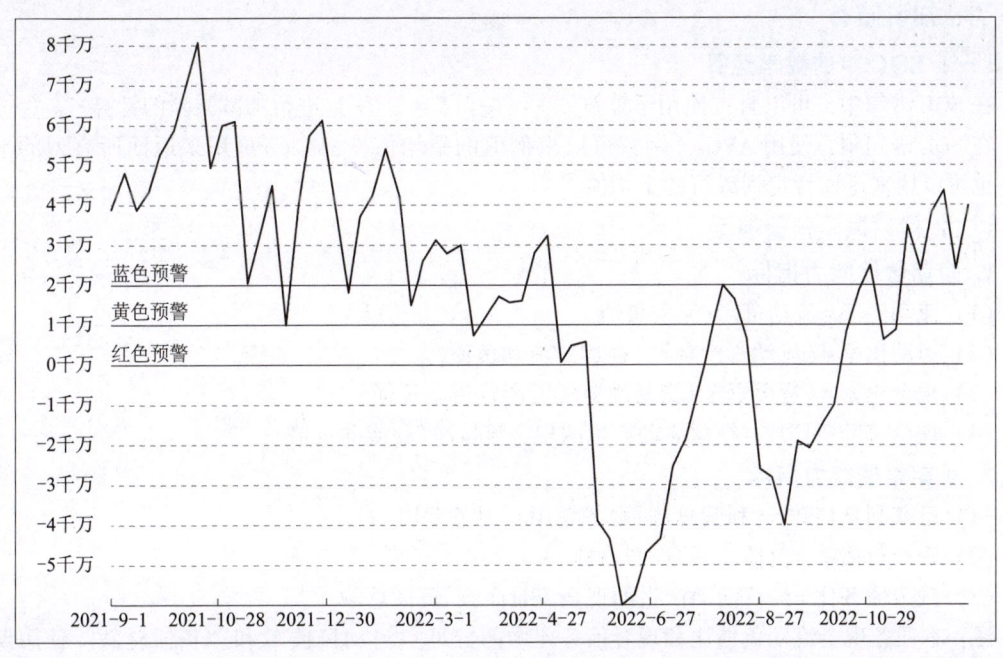

图 6-29

任务评价

序号	评价内容	评价具体要点	达标	未达标
1	资金赤字风险预警	能够对育亭机械 2021 年 9 月至 2022 年生成的资金周计划表的资金余额进行预警		

拓展练习

在轻分析平台完成"费用预算超支风险预警、行业经营风险预警"分析，具体操作指引见电子资源"费用预算超支风险预警""行业经营风险预警"。

任务二　财务报表分析风险预警

子任务一　偿债风险预警

资金赤字风险预警拓展阅读

工作准备

一、案例背景

育亭机械拟制定偿债能力预警体系，财务部整理了短期偿债能力和长期偿债能力的指标及计算公式，但是不太确定如何设置指标的预警值，以及如何可视化展示这些指标以对企业的偿债能力进行预警。

二、知识储备

（一）SQL 中的数学运算

在 SQL 语句中，可以直接使用运算符"+""-""*""/"进行加减乘除的计算。

在 SQL 语句中，使用 AVG( ) 函数可以求例值的平均值。AVG( ) 可用来返回所有列的平均值，也可以用来返回特定列或行的平均值。

（二）偿债风险预警模型

1. 短期偿债能力指标

（1）流动比率=流动资产/流动负债。

（2）速动比率=(流动资产合计-存货)/流动负债。

（3）现金比率=(货币资金+交易性金融资产)/流动负债。

（4）现金流动负债比=经营活动产生的现金流量净额/流动负债。

2. 长期偿债能力指标

（1）已获利息倍数=(利润总额+财务费用)/财务费用。

（2）资产负债率=负债总额/资产总额。

（3）现金债务比=经营活动产生的现金流量净额/负债总额。

注：本任务现金流动负债比和现金债务比中的分母"流动负债"和"负债总额"使用期末数计算。

3. 预警指标

（1）流动比率偏离率=(育亭机械流动比率均值-行业流动比率)÷行业流动比率均值。

（2）速动比率偏离率=(育亭机械速动比率均值-行业速动比率)÷行业速动比率均值。

（3）现金比率偏离率=(育亭机械现金比率均值-行业现金比率)÷行业现金比率均值。

（4）现金流动负债比偏离率=(育亭机械现金流动负债比均值-行业现金流动负债比)÷行业现金流动负债比均值。

（5）已获利息倍数偏离率=(育亭机械已获利息倍数均值-行业已获利息倍数)÷行业已获利息倍数均值。

（6）资产负债率偏离率=(育亭机械资产负债率均值-行业资产负债率)÷行业资产负债率均值。

（7）现金债务比偏离率=(育亭机械现金债务比均值-行业现金债务比)÷行业现金债务比均值。

4. 预警值

预警值如表 6-3 所示。

表 6-3 预警值

序号	指标名称	红色预警区间	黄色预警区间	蓝色预警区间
1	流动比率偏离率	(-∞，-50%)	[-50%，-30%)	[-30%，0)
2	速动比率偏离率	(-∞，-50%)	[-50%，-30%)	[-30%，0)
3	现金比率偏离率	(-∞，-50%)	[-50%，-30%)	[-30%，0)
4	现金流动负债比偏离率	(-∞，-50%)	[-50%，-30%)	[-30%，0)
5	已获利息倍数偏离率	(-∞，-50%)	[-50%，-30%)	[-30%，0)

续表

序号	指标名称	红色预警区间	黄色预警区间	蓝色预警区间
6	资产负债率偏离率	（50%，+∞）	（30%，50%]	（0，30%]
7	现金债务比偏离率	（-∞，-50%）	[-50%，-30%）	[-30%，0）

任务描述

育亭机械制定偿债能力预警体系，可视化展示这些指标以对企业的偿债能力进行预警。

任务要求

（1）计算行业偿债能力指标均值。
（2）计算育亭机械偿债能力指标。
（3）计算预警指标。
（4）在轻分析中绘制育亭机械各项偿债风险预警指标。

任务实施

一、原始数据表

原始数据表如图 6-30 所示。

图 6-30

二、具体步骤

1. 构建行业偿债风险预警数据模型

第一步，登录进入轻分析，在财务预警分类下新建业务主题，命名为偿债风险预警，如图 6-31 所示。

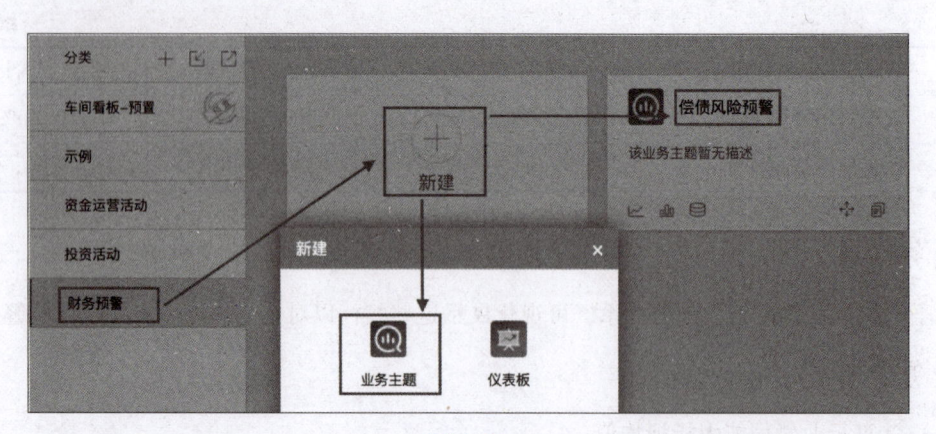

图 6-31

第二步，单击进入"数据建模"。
第三步，在数据建模页面单击"新建数据表"。
第四步，选择"MySQL"数据库，单击"下一步"按钮。
第五步，填入给定的连接信息，单击"连接"按钮，选择"report_data_jxhy"数据库，该数据库的数据取自机械行业上市公司财务报表，首次操作时可以先选择"表"熟悉数据格式，然后选择"自定义SQL"，提取数据库中需要的信息，单击"下一步"按钮，如图 6-32 所示。

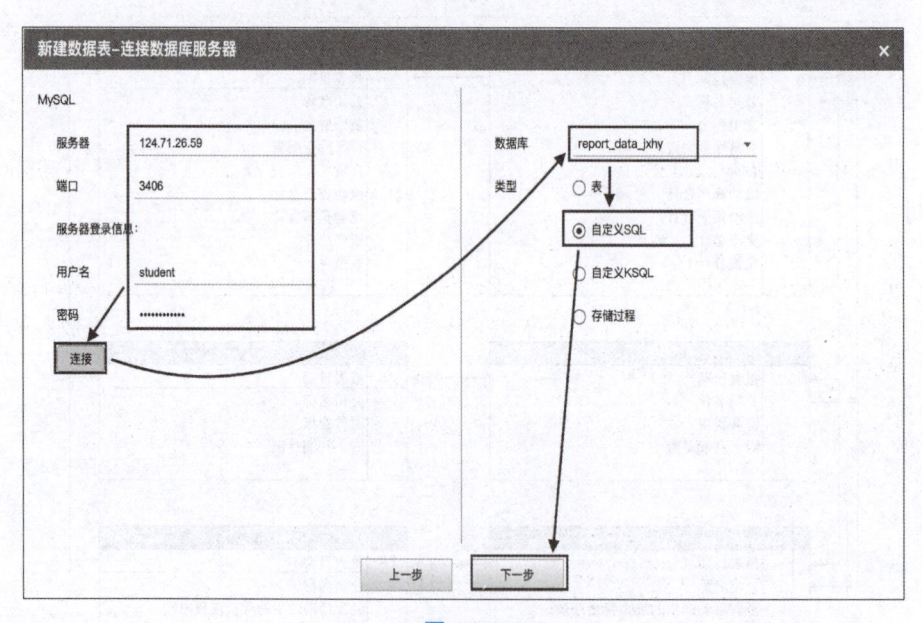

图 6-32

第六步，设置新建数据表名称为"行业偿债指标"，根据任务要求中的公式涉及的数据从行业财务中获取，输入 SQL 语句，单击"完成"按钮，如图 6-33 所示，完整语句见附件 SQL 语句。
第七步，按育亭机械的报表期间筛选行业指标的期间，以减少数据量，在过滤页签选择报表日期为 2017-12-31 至 2020-12-31 的数据，然后单击刷新，如图 6-34 所示。

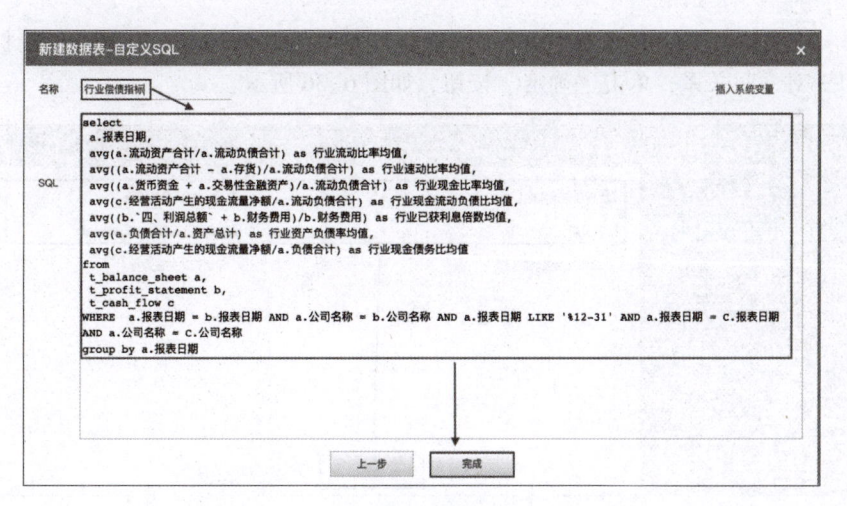

图 6-33

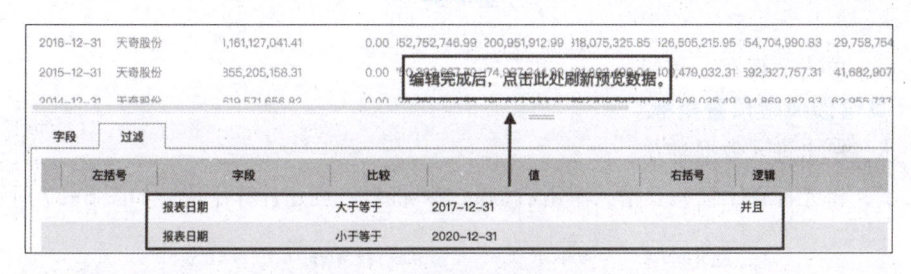

图 6-34

2. 构建育亭机械偿债风险预警模型

第一步，在数据建模页面单击"新建数据表"，选择"当前数据中心"，然后单击"下一步"按钮。

第二步，选择"自定义 SQL"然后单击"下一步"按钮。

第三步，将新建数据表命名为"育亭机械偿债指标"，根据任务要求中的指标从育亭机械的利润表、资产负债表和现金流量表中选择需要的数据，输入 SQL 语句，单击"完成"按钮，如图 6-35 所示，完整语句见附件 SQL 语句。

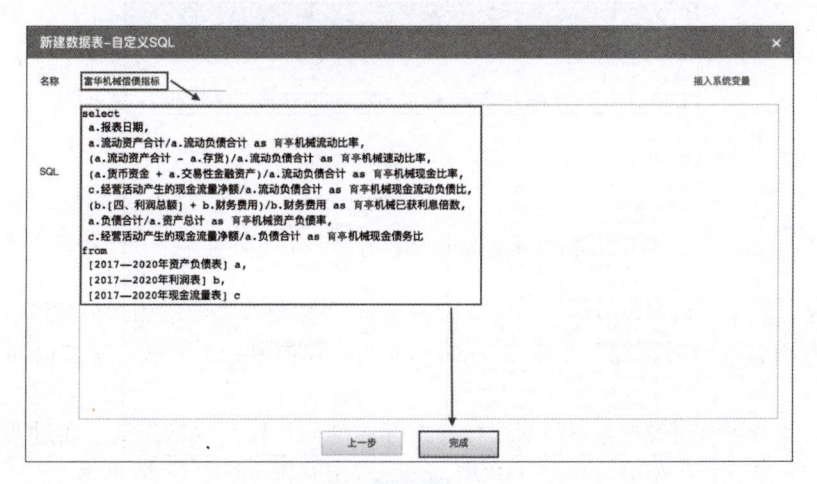

图 6-35

第四步，在关系页签单击"新建关系"，建立行业偿债指标与育亭机械偿债指标表关于报表日期的"一对一"关系，单击"确定"按钮，如图6-36所示。

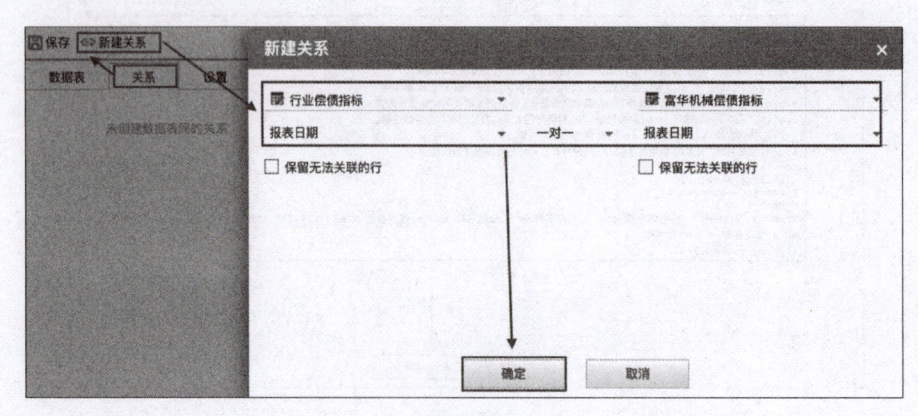

图 6-36

第五步，单击"保存"按钮。

3. 计算偿债风险预警指标

第一步，单击进入数据斗方。

第二步，将光标置于任一表格，单击右侧的 ▼ 符号，创建计算字段，如图6-37所示。

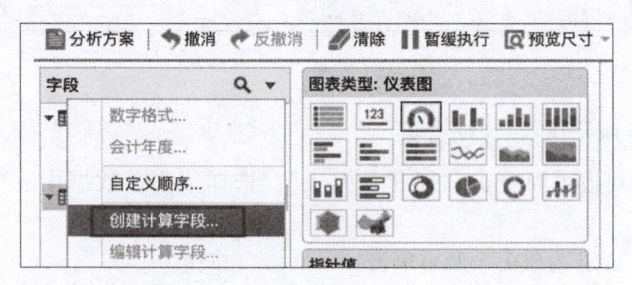

图 6-37

第三步，命名字段名称为流动比率偏离率，输入表达式，单击"确定"按钮，如图6-38所示。

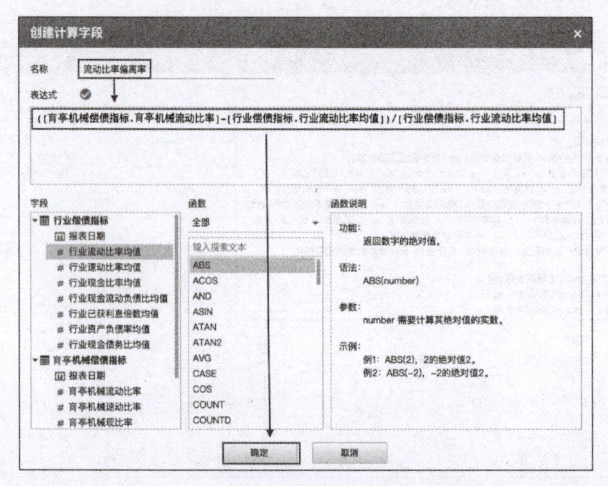

图 6-38

表达式为：

（［育亭机械偿债指标．育亭机械流动比率］－［行业偿债指标．行业流动比率均值］）／［行业偿债指标．行业流动比率均值］

之后，同样的方式计算速动比率偏离率、现金比率偏离率、现金流动负债比偏离率、已获利息倍数偏离率、资产负债率偏离率、现金债务比偏离率。

创新字段的表达式分别为：

（1）速动比率偏离率：

（［育亭机械偿债指标．育亭机械速动比率］－［行业偿债指标．行业速动比率均值］）／［行业偿债指标．行业速动比率均值］

（2）现金比率偏离率：

（［育亭机械偿债指标．育亭机械现金比率］－［行业偿债指标．行业现金比率均值］）／［行业偿债指标．行业现金比率均值］

（3）现金流动负债比偏离率：

（［育亭机械偿债指标．育亭机械现金流动负债比］－［行业偿债指标．行业现金流动负债比均值］）／［行业偿债指标．行业现金流动负债比均值］

（4）已获利息倍数偏离率：

（［育亭机械偿债指标．育亭机械已获利息倍数］－［行业偿债指标．行业已获利息倍数均值］）／［行业偿债指标．行业已获利息倍数均值］

（5）资产负债率偏离率：

（［育亭机械偿债指标．育亭机械资产负债率］－［行业偿债指标．行业资产负债率均值］）／［行业偿债指标．行业资产负债率均值］

（6）现金债务比偏离率：

（［育亭机械偿债指标．育亭机械现金债务比］－［行业偿债指标．行业现金债务比均值］）／［行业偿债指标．行业现金债务比均值］

4. 绘制偿债风险预警图

第一步，选择图表类型为"仪表图"，将计算的流动比率偏离率指标拖拽至"指针值"，选择度量为"平均"，如图6-39所示。

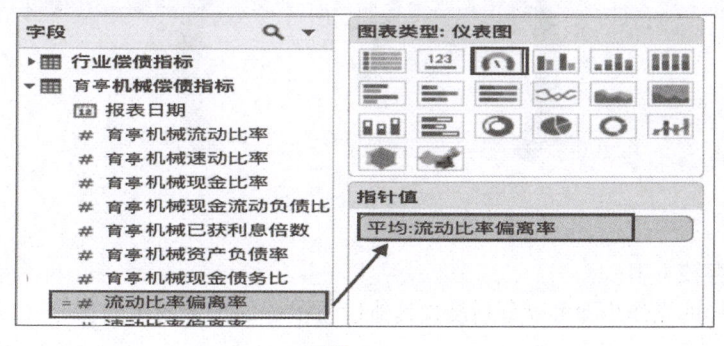

图6-39

第二步，将报表日期字段拖拽至"筛选器"，选择需要预警的报表期间，假设为2020年12月31日，如图6-40所示。

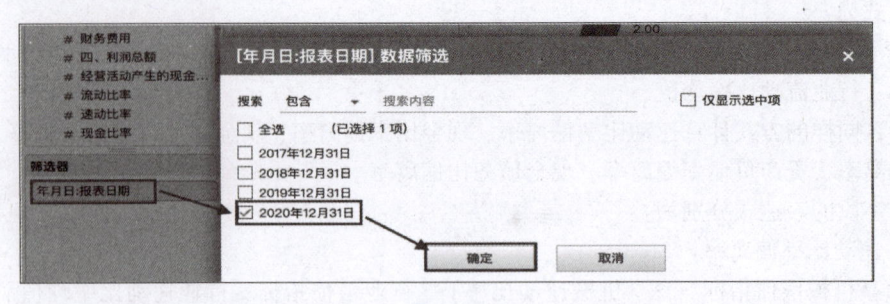

图 6-40

第三步，根据本任务预警模型中的预警值设置表盘分段，并设置显示的数字格式小数位为"百分之一（%）"，单击"确定"按钮，如图 6-41 所示。

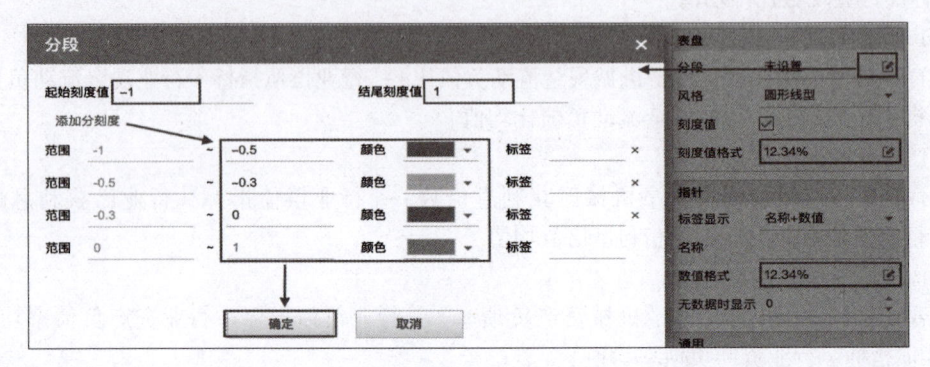

图 6-41

第四步，可得流动比率偏离率预警图如图 6-42 所示。

图 6-42

第五步，保存该方案。

第六步，同样的操作步骤可以分别设置其他偿债指标的预警图示并保存（以下均以 2020 年度报表为例）。

（1）速动比率预警图如图 6-43 所示。

（2）现金比率预警图如图 6-44 所示。

−78.14%

图 6-43

−60.45%

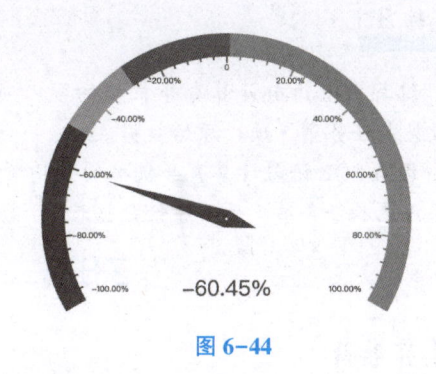

图 6-44

（3）现金流动负债比预警图如图 6-45 所示。
（4）已获利息倍数预警图如图 6-46 所示。

26.70%

图 6-45

−83.70%

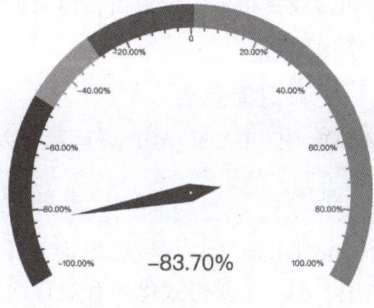

图 6-46

（5）资产负债率预警图如图 6-47 所示，注意该指标越小越好，与其他指标的颜色方向设置相反。
（6）现金债务比预警图如图 6-48 所示。

42.01%

图 6-47

−5.62%

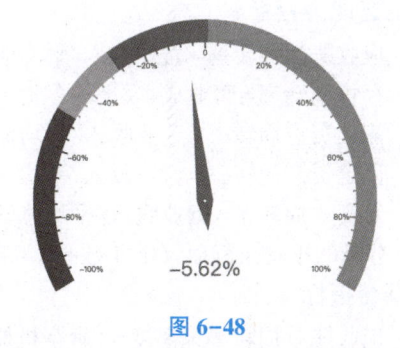

图 6-48

任务评价

序号	评价内容	评价具体要点	达标	未达标
1	偿债风险预警	能够在轻分析中绘制育亭机械各项偿债风险预警指标		

> **巩固练习**

1. 编写 SQL 语句计算育亭机械的资产负债率，数据来源为 2017—2020 年资产负债表，列表字段见本任务第 5 项：原始数据表。
2. 编写 SQL 语句计算育亭机械的平均资产负债率，数据来源为 2017—2020 年资产负债表，列表字段见本任务第 5 项：原始数据表。

子任务二　营运风险预警

工作准备

偿债风险预警
拓展阅读

一、案例背景

育亭机械拟制定营运能力预警体系，财务部整理了重要的营运能力指标及计算公式，但是不太确定如何设置指标的预警值，以及如何可视化展示这些指标以对企业的营运能力进行预警。

二、知识储备

（一）SQL 时间函数

在 MySQL 中，DATE_ADD（）函数可以在日期中添加或减去指定的时间间隔，其语法结构为：

```
DATE_ADD(date,interval expr unit)
```

另外 date_format（）函数可以定义日期格式，其语法结构为：date_format（date，format）。参数中，date 是要格式化的有效日期，format 是由预定义的说明符组成的格式字符串，每个说明符前面都有一个百分比字符（%），如精确到秒时，参数形式为' %Y-%m-%d %h:%i:%s'。而在 SQL Server 中实现上述功能，用到的函数是 DATEADD，其语法结构为：

```
DATEADD(datepart,number,date)
```

（二）营运风险预警模型

1. 营运能力指标

（1）应收账款周转率＝营业收入/平均应收账款余额。
（2）存货周转率＝营业成本/平均存货余额。
（3）流动资产周转率＝营业收入/平均流动资产余额。
（4）固定资产周转率＝营业收入/平均固定资产余额。
（5）总资产周转率＝营业收入/平均总资产余额。
注：分母的平均余额以（上年数+本年数）÷2 计算。

2. 预警指标

（1）应收账款周转率偏离度＝（育亭机械应收账款周转率−行业应收账款周转率均值）÷行业应收账款周转率均值。
（2）存货周转率偏离度＝（育亭机械存货周转率−行业存货周转率均值）÷行业存货周转率均值。
（3）流动资产周转率偏离度＝（育亭机械流动资产周转率−行业流动资产周转率均值）÷行业流动资产周转率均值。
（4）固定资产周转率偏离度＝（育亭机械固定资产周转率−行业固定资产周转率均值）÷行业

固定资产周转率均值。

（5）总资产周转率偏离度=（育亭机械总资产周转率-行业总资产周转率均值）÷行业总资产周转率均值。

3. 预警值

预警值如表 6-4 所示。

表 6-4　预警值

序号	指标名称	红色预警区间	黄色预警区间	蓝色预警区间
1	应收账款周转率	(-∞，-50%)	[-50%，-30%)	[-30%，0)
2	存货周转率	(-∞，-50%)	[-50%，-30%)	[-30%，0)
3	流动资产周转率	(-∞，-50%)	[-50%，-30%)	[-30%，0)
4	固定资产周转率	(-∞，-50%)	[-50%，-30%)	[-30%，0)
5	总资产周转率	(-∞，-50%)	[-50%，-30%)	[-30%，0)

任务描述

育亭机械制定营运能力预警体系，可视化展示这些指标以对企业的营运能力进行预警。

任务要求

（1）计算行业营运能力指标均值。
（2）计算育亭机械营运能力指标。
（3）计算预警指标。
（4）在轻分析中绘制育亭机械各项营运风险预警指标。

任务实施

一、原始数据表

原始数据表如图 6-49 所示。

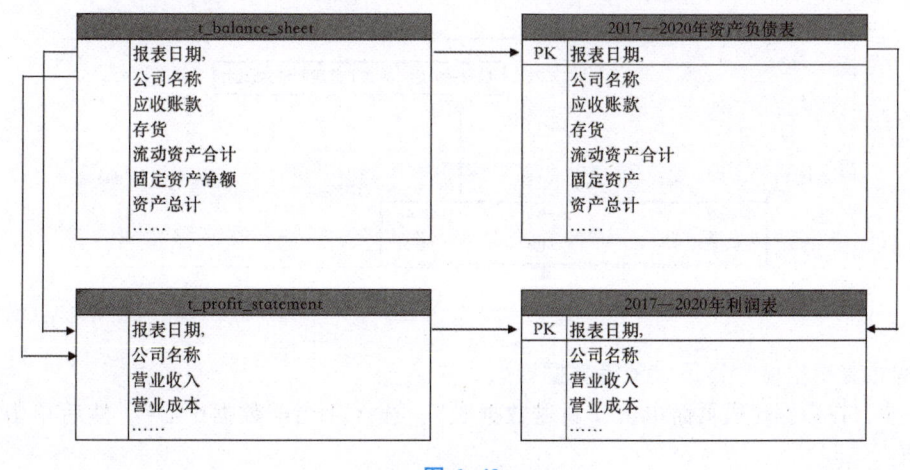

图 6-49

二、具体步骤

1. 构建行业营运风险预警数据模型

第一步，登录进入轻分析，在财务预警分类下新建业务主题，命名为"营运风险预警"。

第二步，单击进入"数据建模"。

第三步，在数据建模页面单击"新建数据表"。

第四步，选择"MySQL"数据库，单击"下一步"按钮。

第五步，填入给定的连接信息，单击"连接"按钮，选择"report_data_jxhy"数据库，该数据库数据取自机械行业上市公司财务报表，首次操作时可以先选择"表"熟悉数据格式，然后选择"自定义 SQL"，提取数据库中需要的信息。

第六步，设置新建数据表名称为"行业营运指标"，根据任务要求中的公式涉及的数据从行业财务中获取，输入 SQL 语言，然后单击"完成"按钮，如图 6-50 所示，完整语句见附件 SQL 语句。

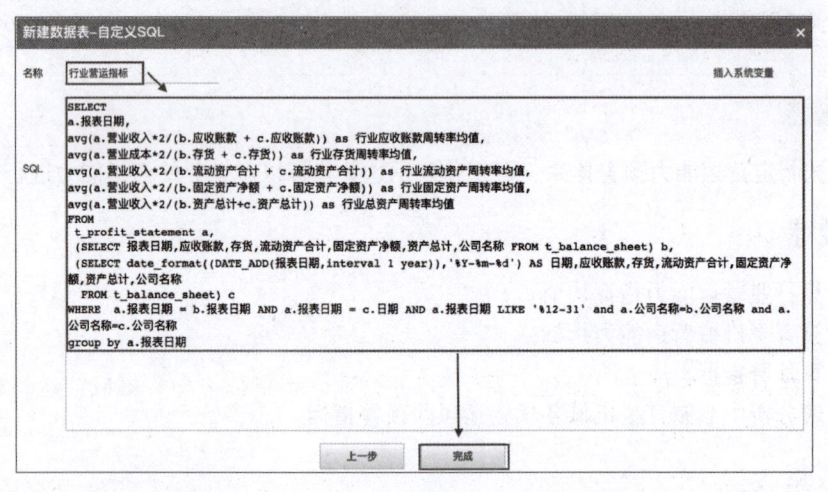

图 6-50

第七步，按育亭机械的报表期间筛选行业指标的期间，以减少数据量，在过滤页签选择报表日期为 2017-12-31 至 2020-12-31 的数据，然后单击刷新，如图 6-51 所示。

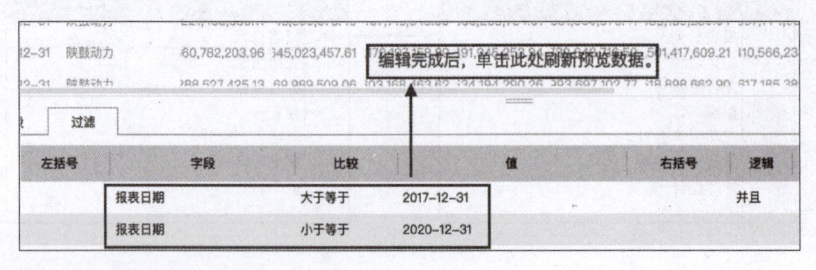

图 6-51

2. 构建育亭机械营运风险预警数据模型

第一步，在数据建模页面单击"新建数据表"，选择"当前数据中心"，然后单击"下一步"按钮。

第二步，选择"自定义 SQL"，然后单击"下一步"按钮。

第三步，将新建数据表命名为"育亭机械营运指标"，根据任务要求中的指标从育亭机械的利润表、资产负债表和现金流量表中选择需要的数据，输入 SQL 语句，然后单击"完成"按钮，如图 6-52 所示，完整语句见附件 SQL 语句。

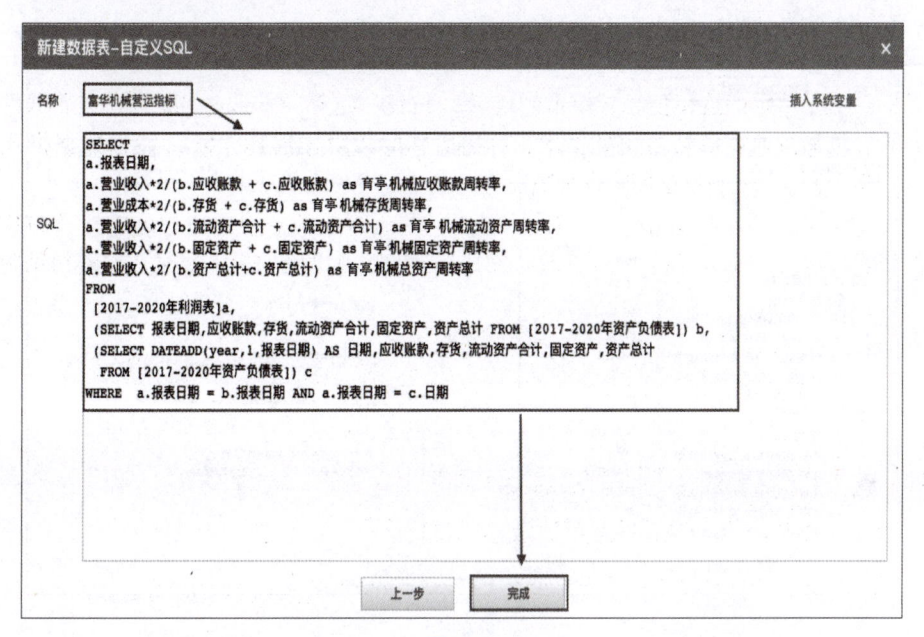

图 6-52

第四步，在关系页签单击"新建关系"，建立行业营运指标与育亭机械营运指标表关于报表日期的"一对一"关系，单击"确定"按钮，如图 6-53 所示。

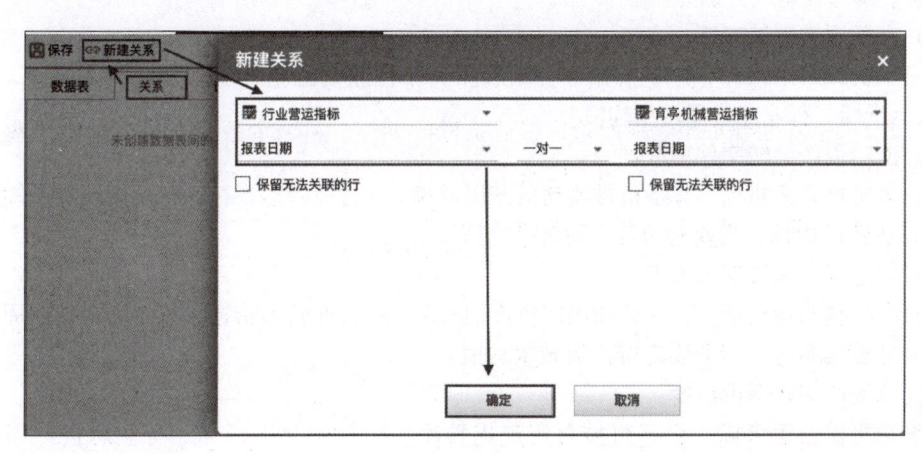

图 6-53

第五步，单击"保存"按钮。

3. 计算营运风险预警指标

第一步，回到轻分析界面，单击进入数据斗方，将光标置于任一表格，单击右侧的 ▼ 符号，创建计算字段。命名字段名称为应收账款周转率偏离度，输入表达式。

表达式为：

（[育亭机械营运指标．育亭机械应收账款周转率]-[行业营运指标．行业应收账款周转率均值]）/[行业营运指标．行业应收账款周转率均值]

第二步，单击"确定"按钮，如图 6-54 所示。

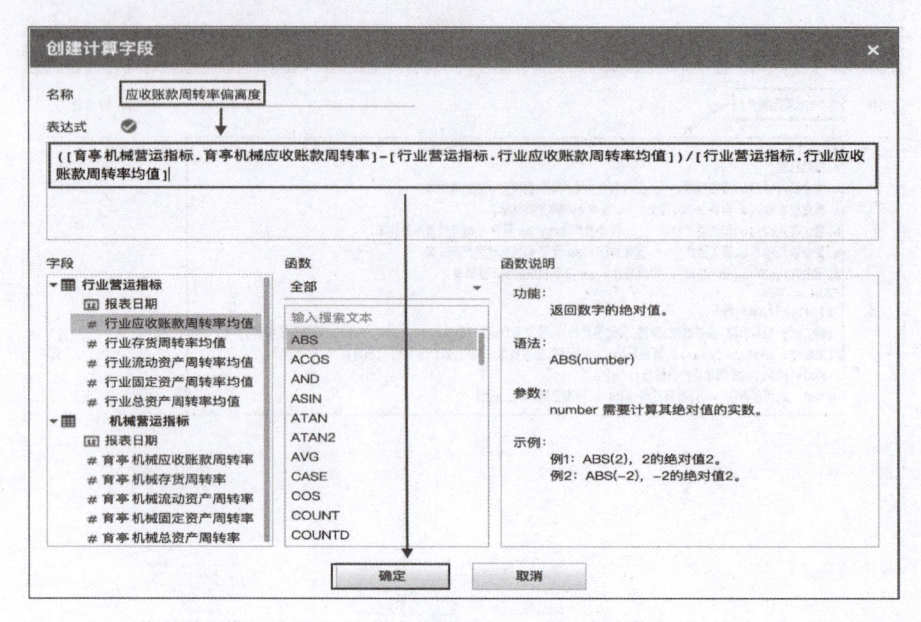

图 6-54

第三步，同样的方式计算存货周转率偏离度、流动资产周转率偏离度、固定资产周转率偏离度、总资产周转率偏离度。

创新字段的表达式分别为：

（1）存货周转率偏离度：

（[育亭机械营运指标．育亭机械存货周转率]-[行业营运指标．行业存货周转率均值]）/[行业营运指标．行业存货周转率均值]

（2）流动资产周转率偏离度：

（[育亭机械营运指标．育亭机械流动资产周转率]-[行业营运指标．行业流动资产周转率均值]）/[行业营运指标．行业流动资产周转率均值]

（3）固定资产周转率偏离度：

（[育亭机械营运指标．育亭机械固定资产周转率]-[行业营运指标．行业固定资产周转率均值]）/[行业营运指标．行业固定资产周转率均值]

（4）总资产周转率偏离度：

（[育亭机械营运指标．育亭机械总资产周转率]-[行业营运指标．行业总资产周转率均值]）/[行业营运指标．行业总资产周转率均值]

4. 绘制营运风险预警指标

第一步，选择图表类型为"仪表图"，将计算的应收账款周转率偏离度指标拖拽至"指针值"，如图 6-55 所示。

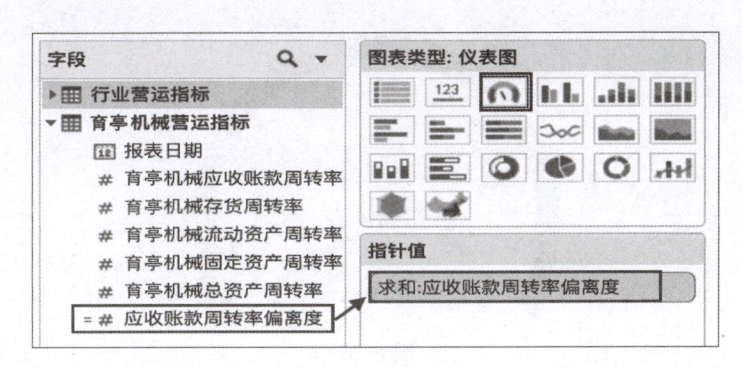

图 6-55

第二步，将报表日期字段拖拽至"筛选器"，选择需要预警的报表期间，假设为 2020 年 12 月 31 日，单击"确定"按钮，如图 6-56 所示。

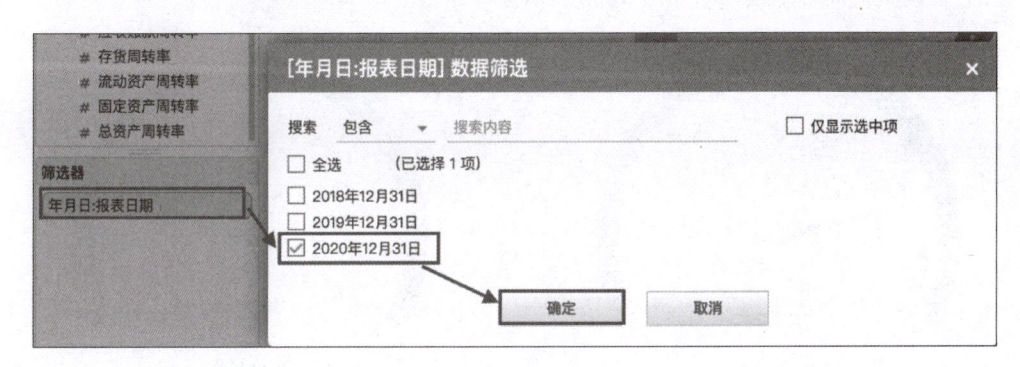

图 6-56

第三步，根据第三步确定的预警值设置表盘分段，并设置显示的数字格式小数位为"百分之一（%）"，如图 6-57 所示。

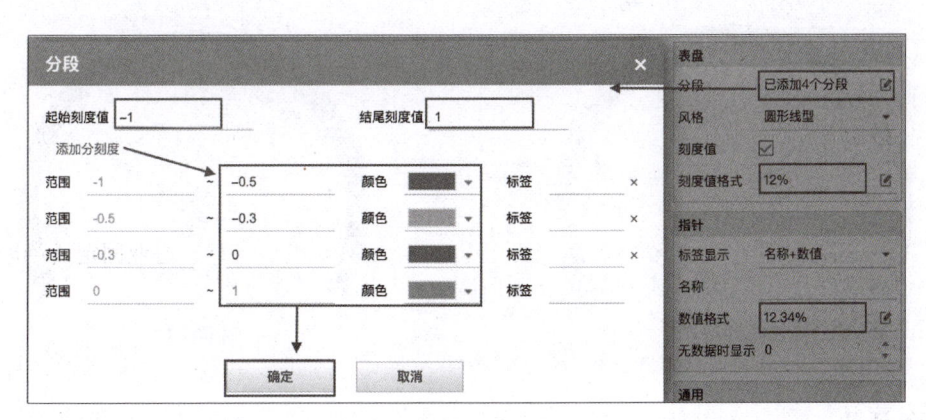

图 6-57

可得应收账款周转率预警图如图 6-58 所示。

第四步，保存该方案。

370.95%

图 6-58

第五步，同样的操作步骤可以分别设置其他营运风险指标的预警图并保存。
(1) 存货周转率预警图如图 6-59 所示。
(2) 流动资产周转率预警图如图 6-60 所示。

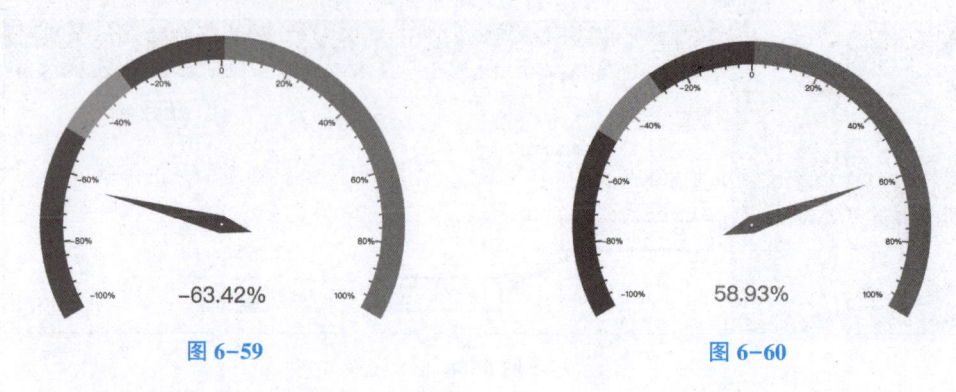

-63.42%

图 6-59

58.93%

图 6-60

(3) 固定资产周转率预警图如图 6-61 所示。
(4) 总资产周转率预警图如图 6-62 所示。

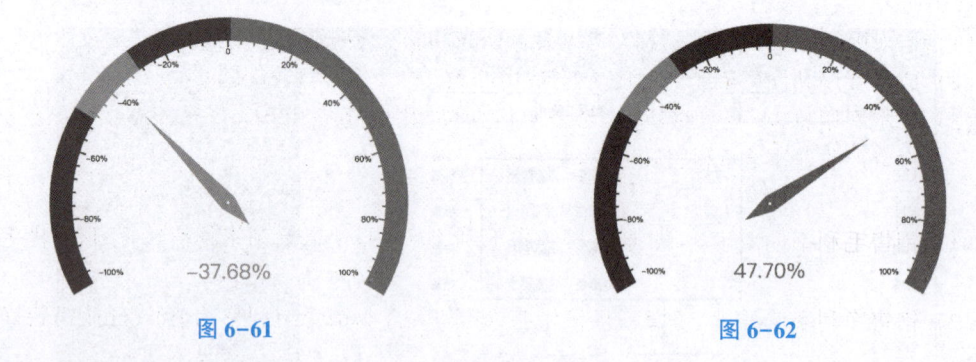

-37.68%

图 6-61

47.70%

图 6-62

任务评价

序号	评价内容	评价具体要点	达标	未达标
1	营运风险预警	能够在轻分析中绘制育亭机械各项营运风险预警指标		

巩固练习

编写 SQL Server 语句查询由育亭机械的资产负债表的年报日期，并生成对应的上年报表日期；编写 MySQL 语句查询由行业资产负债表（表名称 t_balance_sheet）的报表日期，并生成对应的上年报表日期。

数据来源分别为 2017—2020 年资产负债表（SQL Server）和 t_balance_sheet（MySQL），列表字段见本任务第 5 项：原始数据表。

子任务三 盈利风险预警

工作准备

一、案例背景

育亭机械拟制定盈利能力预警体系，财务部整理了重要的盈利能力指标及计算公式，但是不太确定如何设置指标的预警值，以及如何可视化展示这些指标以对企业的盈利能力进行预警。

二、知识储备

（一）盈利能力

盈利能力就是公司赚取利润的能力，盈利能力主要体现在盈利的稳定性和持久性。分析企业盈利能力的基本指标有净资产收益率、资产报酬率、销售毛利率、销售净利率、成本利润率等。

（二）盈利风险预警模型

1. 盈利能力指标

（1）销售毛利率=（营业收入–营业成本）/营业收入。

（2）销售净利率=（净利润/销售收入）。

（3）资产报酬率=息税前净利润/平均资产总额。

注：

（1）假设财务费用全部为利息支出，息税前净利润=利润总额+财务费用。

（2）成本费用利润率=营业利润/成本费用总额。

（3）成本费用总额=营业成本+销售费用+管理费用+财务费用。

（4）净资产收益率=净利润/平均净资产额。

2. 预警指标

（1）销售毛利率偏离度=（育亭机械销售毛利率–行业销售毛利率均值）÷行业销售毛利率均值。

（2）销售净利率偏离度=（育亭机械销售净利率–行业销售净利率均值）÷行业销售净利率均值。

（3）资产报酬率偏离度=（育亭机械资产报酬率–行业资产报酬率均值）÷行业资产报酬率均值。

（4）成本费用利润率偏离度=（育亭机械成本费用利润率–行业成本费用利润率均值）÷行业成本费用利润均值。

（5）净资产收益率偏离度=（育亭机械净资产收益率–行业净资产收益率均值）÷行业净资产收益率均值。

3. 预警值

预警值如表 6-5 所示。

表 6-5 预警值

序号	指标名称	红色预警区间	黄色预警区间	蓝色预警区间
1	销售毛利率	(−∞，−50%)	[−50%，−30%)	[−30%，0)
2	销售净利率	(−∞，−50%)	[−50%，−30%)	[−30%，0)
3	资产报酬率	(−∞，−50%)	[−50%，−30%)	[−30%，0)
4	成本费用利润率	(−∞，−50%)	[−50%，−30%)	[−30%，0)
5	净资产收益率	(−∞，−50%)	[−50%，−30%)	[−30%，0)

任务描述

育亭机械制定盈利能力预警体系，可视化展示这些指标以对企业的盈利能力进行预警。

任务要求

（1）计算行业盈利能力指标均值。
（2）计算育亭机械盈利能力指标。
（3）计算预警指标。
（4）在轻分析中绘制育亭机械各项盈利风险预警指标。

任务实施

一、原始数据表

原始数据表如图 6-63 所示。

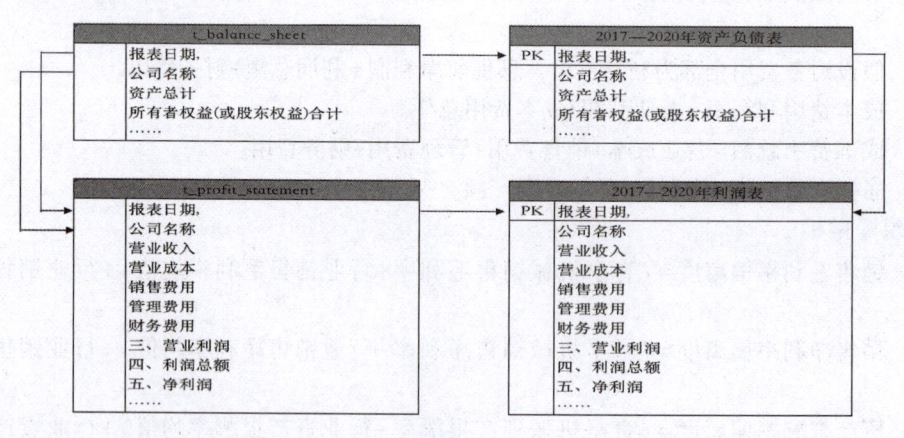

图 6-63

二、具体步骤

1. 构建行业盈利预警数据模型

第一步，登录进入轻分析，在财务预警分类下新建业务主题，命名为"盈利风险预警"，如

图 6-64 所示。

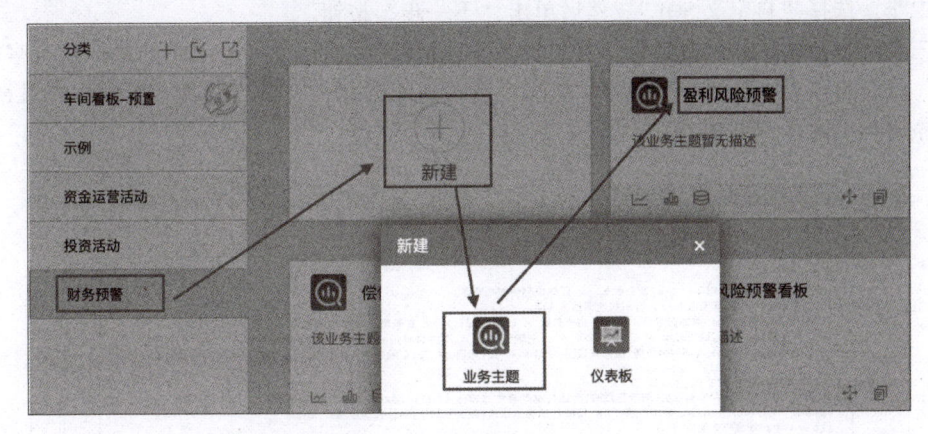

图 6-64

第二步，单击进入"数据建模"。
第三步，在数据建模页面单击"新建数据表"。
第四步，选择"MySQL"数据库，单击"下一步"按钮。
第五步，填入给定的连接信息，单击"连接"按钮，选择"report_data_jxhy"数据库，该数据库数据取自机械行业上市公司财务报表，首次操作时可以先选择"表"熟悉数据格式，然后选择"自定义 SQL"，提取数据库中需要的信息。
第六步，设置新建数据表名称为"行业盈利指标"，根据任务要求中的公式涉及的数据从行业财务中获取，输入 SQL 语句，单击"完成"按钮，如图 6-65 所示，完整语句见附件 SQL 语句。

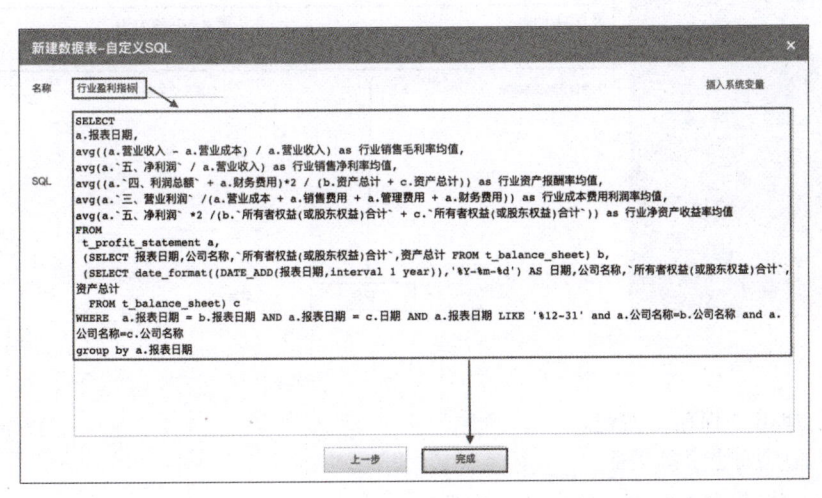

图 6-65

第七步，按育亭机械的报表期间筛选行业指标的期间，以减少数据量，在过滤页签选择报表日期为 2017-12-31 至 2020-12-31 的数据，然后单击刷新。

2. 构建育亭机械盈利预警数据模型

第一步，在数据建模页面单击"新建数据表"，选择"当前数据中心"，然后单击"下一步"按钮。

第二步，选择"自定义 SQL"，然后单击"下一步"按钮。

第三步，将新建数据表命名为"育亭机械盈利指标"，根据任务要求中的指标从育亭机械的利润表、资产负债表中选择计算需要的数据，输入 SQL 语句，单击"完成"按钮，如图 6-66 所示，完整语句见附件 SQL 语句。

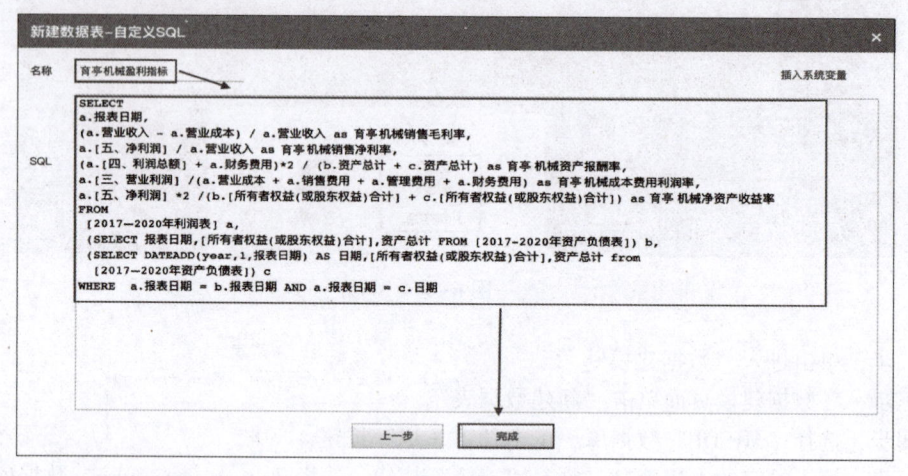

图 6-66

第四步，在关系页签单击"新建关系"，建立行业盈利指标与育亭机械盈利指标表关于报表日期的"一对一"关系，单击"确定"按钮，如图 6-67 所示。

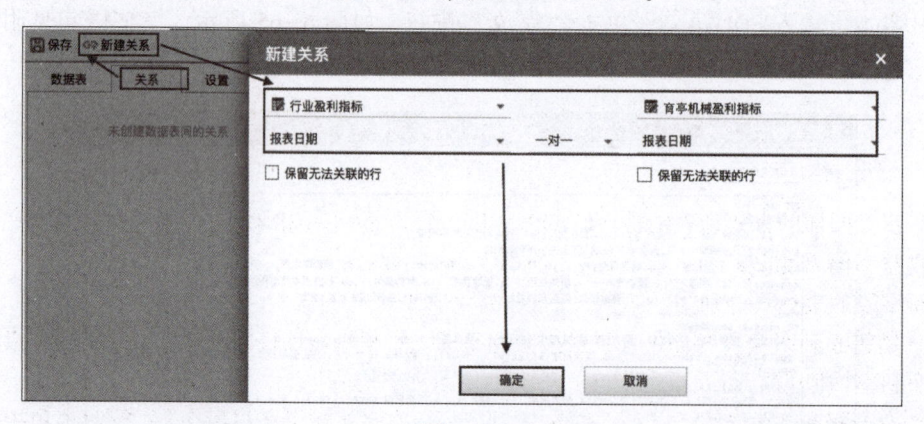

图 6-67

第五步，单击"保存"按钮。

3. 计算盈利风险预警指标

第一步，回到轻分析界面，单击进入数据斗方。

第二步，将光标置于任一表格，单击右侧的 ▼ 符号，创建计算字段，如图 6-68 所示。命名字段名称为销售毛利率偏离度，输入表达式。

表达式为：

([育亭机械盈利指标.育亭机械销售毛利率]-[行业盈利指标.行业销售毛利率均值])/[行业盈利指标.行业销售毛利率均值]

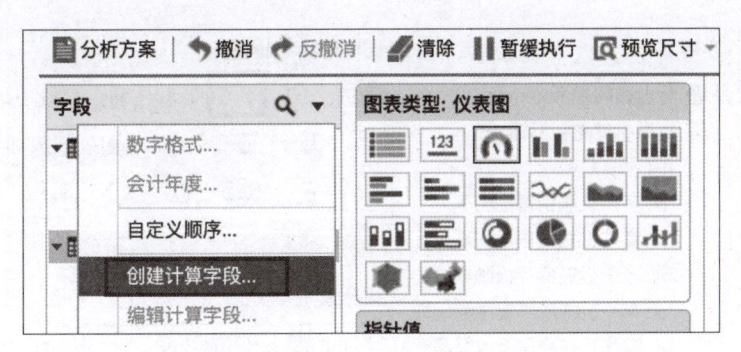

图 6-68

单击"确定"按钮,如图 6-69 所示。

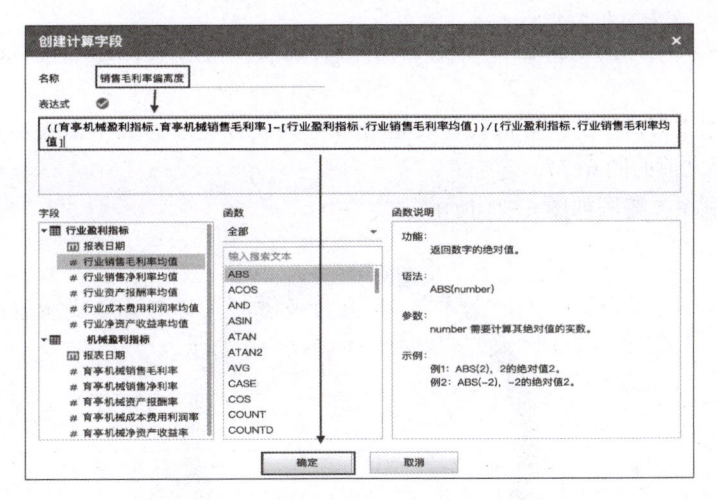

图 6-69

第三步,同样的方式计算销售净利率偏离度、资产报酬率偏离度、成本费用利润率偏离度、净资产收益率偏离度。

创新字段的表达式分别为:

(1) 销售净利率偏离度=([育亭机械盈利指标.育亭机械销售净利率]−[行业盈利指标.行业销售净利率均值])/[行业盈利指标.行业销售净利率均值]。

(2) 资产报酬率偏离度=([育亭机械盈利指标.育亭机械资产报酬率]−[行业盈利指标.行业资产报酬率均值])/[行业盈利指标.行业资产报酬率均值]。

(3) 成本费用利润率偏离度=([育亭机械盈利指标.育亭机械成本费用利润率]−[行业盈利指标.行业成本费用利润率均值])/[行业盈利指标.行业成本费用利润率均值]。

(4) 净资产收益率偏离度=([育亭机械盈利指标.育亭机械净资产收益率]−[行业盈利指标.行业净资产收益率均值])/[行业盈利指标.行业净资产收益率均值]。

4. 绘制盈利风险预警指标

第一步,选择图表类型为"仪表图",将计算的销售毛利率偏离度指标拖拽至"指针值",如图 6-70 所示。

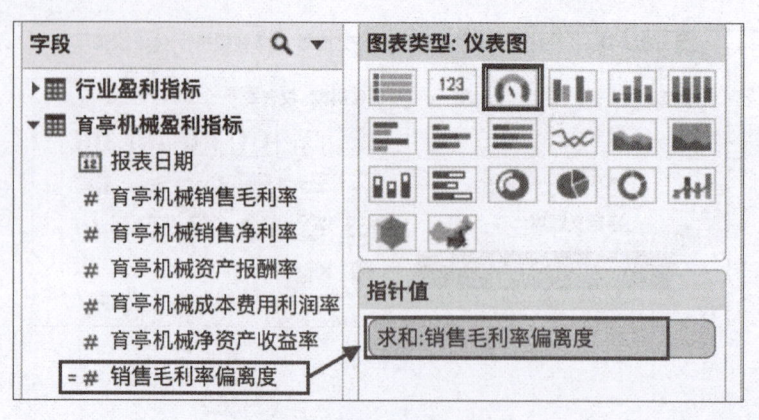

图 6-70

第二步，将报表日期字段拖拽至"筛选器"，选择需要预警的报表期间，假设为 2020 年 12 月 31 日。

第三步，根据预警模型的预警值设置表盘分段，并设置显示的数字格式小数位为"百分之一（%）"，参照之前的图 6-57。

可得销售毛利率预警图如图 6-71 所示。

图 6-71

第四步，保存该方案。

第五步，同样的操作步骤可以分别设置其他盈利风险指标的预警图并保存。

（1）销售净利率预警图如图 6-72 所示。

（2）资产报酬率预警图如图 6-73 所示。

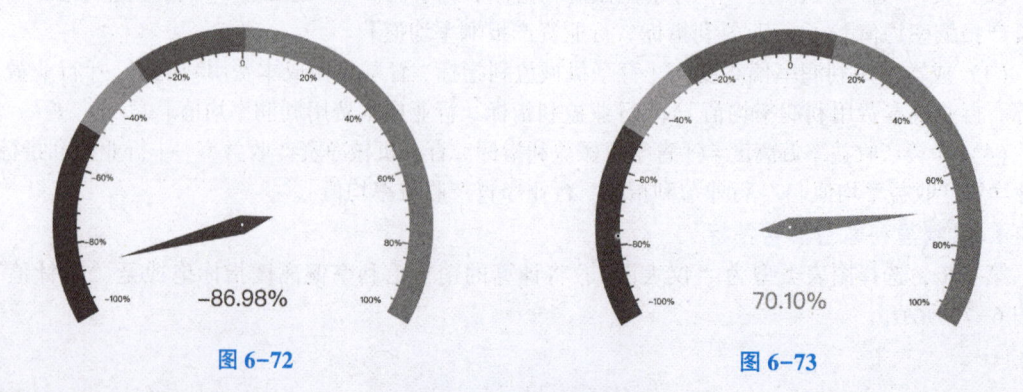

图 6-72

图 6-73

(3) 成本费用利润率预警图如图 6-74 所示。
(4) 净资产收益率预警图如图 6-75 所示。

−53.62%

275.88%

图 6-74

图 6-75

任务评价

序号	评价内容	评价具体要点	达标	未达标
1	盈利风险预警	能够在轻分析中绘制育亭机械各项盈利风险预警指标		

子任务四　发展风险预警

盈利风险预警拓展阅读

工作准备

一、案例背景

育亭机械拟制定发展能力预警体系，财务部整理了重要的发展能力指标及计算公式，但是不太确定如何设置指标的预警值，以及如何可视化展示这些指标对企业的发展能力进行预警。

二、知识储备

（一）增长率指标的展示

在轻分析中，计算与展示增长率的指标可以通过以下途径。

1. 数据斗方中的环比与上年同期对比功能

轻分析中带有日期的数据已经嵌入了环比和上年同期增长率的计算，例如，计算营业收入的增长率时，不需要手动进行计算，而只需要将日期和数据拖拽至数据"列"中，单击右键选择"按日期计算"下的"环比"或"去年同期"，如图 6-76 所示。

如图 6-77 所示，便可以计算去年同期的营业收入增长率。

这种方式计算的增长率可以直接进行展示，但是不方便进一步计算。

2. 通过 SQL 语句计算增长率指标

当我们需要对计算的增长率进一步计算时，可能需要用到 SQL 语句来进行数据提取和计算，其中的重点便是需要将本年数据和上年数据列在同一行中，方便计算。在本章前面的内容中，我们已经学会了使用 DATEADD 函数进行日期的计算。增长率同样可以用 DATEADD 函数来计算。例如，编写一个计算育亭机械营业收入增长率的 SQL 语句。

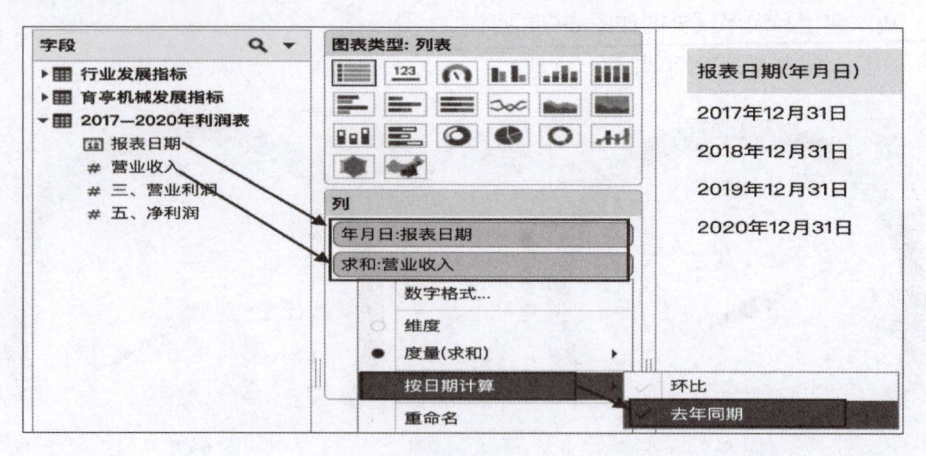

图 6-76

报表日期(年月日)	营业收入的同比
2017年12月31日	
2018年12月31日	76.38%
2019年12月31日	−12.61%
2020年12月31日	1.16%

图 6-77

```
SELECT
a.报表日期,
(a.营业收入-b.营业收入)/b.营业收入 as 育亭机械营业收入增长率
FROM
[2017-2020 年利润表] a,
(SELECT DATEADD(year,1,报表日期) as 报表日期,公司名称,营业收入,[三、营业利润],[五、净利润] from [2017—2020 年利润表]) b
WHERE   a.报表日期 = b.报表日期
```

执行结果如图 6-78 所示。

报表日期	营业收入增长率
2018-12-31	0.76
2019-12-31	−0.13
2020-12-31	0.01
总共3行数据	

图 6-78

(二)预警模型

1. 发展能力指标

(1) 营业收入增长率=(本期营业收入-上期营业收入)/上期营业收入。
(2) 营业利润增长率=(本期营业利润-上期营业利润)/上期营业利润。
(3) 净利润增长率=(本期净利润-上期净利润)/上期净利润。
(4) 资本积累率=(本期所有者权益-上期所有者权益)/上期所有者权益。

注意:在计算行业指标均值时,采用加总计算指标中的数据,再以合计数计算增长率。例如计算营业收入增长率时,按以下公式计算:

(行业本年营业收入合计-行业上年收入合计)÷行业上年收入合计

而不用计算每一个公司的增长率再求算术平均。

2. 预警指标

(1) 营业收入增长率偏离度=(育亭机械营业收入增长率-行业营业收入增长率均值)/行业营业收入增长率均值。
(2) 营业利润增长率偏离度=(育亭机械营业利润增长率-行业营业利润增长率均值)/行业营业利润增长率均值。
(3) 净利润增长率偏离度=(育亭机械净利润增长率-行业净利润增长率均值)/行业净利润增长率均值。
(4) 资本积累率偏离度=(育亭机械资本积累率-行业资本积累率均值)/行业资本积累率均值。

3. 预警值

预警值如表 6-6 所示。

表 6-6 预警值

序号	指标名称	红色预警区间	黄色预警区间	蓝色预警区间
1	营业收入增长率偏离度	$(-\infty, -50\%)$	$[-50\%, -30\%)$	$[-30\%, 0)$
2	营业利润增长率偏离度	$(-\infty, -50\%)$	$[-50\%, -30\%)$	$[-30\%, 0)$
3	净利润增长率偏离度	$(-\infty, -50\%)$	$[-50\%, -30\%)$	$[-30\%, 0)$
4	资本积累率偏离度	$(-\infty, -50\%)$	$[-50\%, -30\%)$	$[-30\%, 0)$

任务描述

育亭机械制定发展能力预警体系,可视化展示这些指标以对企业的发展能力进行预警。

任务要求

(1) 计算行业发展能力指标均值。
(2) 计算育亭机械发展能力指标。
(3) 计算预警指标。
(4) 在轻分析中绘制育亭机械各项发展风险预警指标。

任务实施

一、原始数据表

原始数据表如图6-79所示。

```
┌─────────────────────────┐         ┌─────────────────────────────┐
│    t_balance_sheet      │         │  2017—2020年资产负债表       │
├─────────────────────────┤         ├─────────────────────────────┤
│ 报表日期，               │────────▶│ PK │ 报表日期，              │
│ 公司名称                 │         │    │ 公司名称                │
│ 所有者权益(或股东权益)合计│         │    │ 所有者权益(或股东权益)合计│
│ ……                      │         │    │ ……                     │
└─────────────────────────┘         └─────────────────────────────┘

┌─────────────────────────┐         ┌─────────────────────────────┐
│    t_profit_statement   │         │    2017—2020年利润表         │
├─────────────────────────┤         ├─────────────────────────────┤
│ 报表日期，               │────────▶│ PK │ 报表日期，              │
│ 公司名称                 │         │    │ 公司名称                │
│ 营业收入                 │         │    │ 营业收入                │
│ 三、营业利润             │         │    │ 三、营业利润            │
│ 五、净利润               │         │    │ 五、净利润              │
│ ……                      │         │    │ ……                     │
└─────────────────────────┘         └─────────────────────────────┘
```

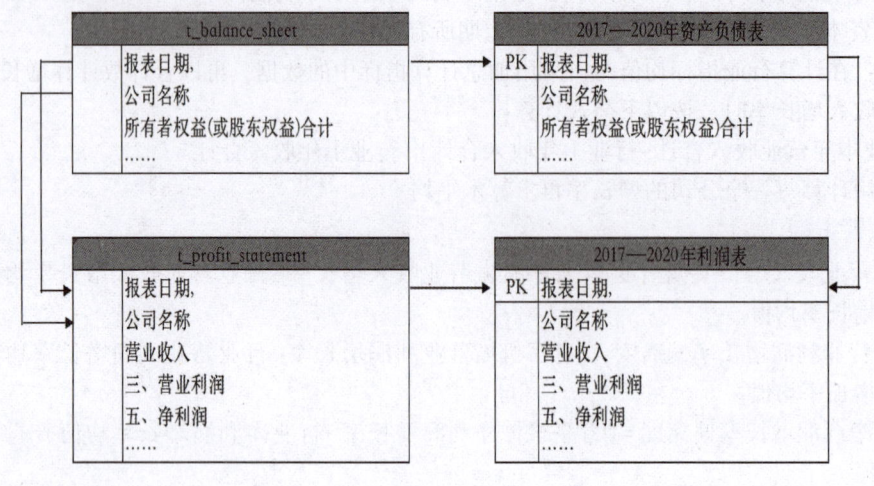

图6-79

二、具体步骤

1. 构建行业发展风险预警数据模型

第一步，登录进入轻分析，在财务预警分类下新建业务主题，命名为"发展风险预警"。

第二步，单击进入"数据建模"。

第三步，在数据建模页面单击"新建数据表"。

第四步，选择"MySQL"数据库，单击"下一步"按钮。

第五步，填入给定的连接信息，单击"连接"按钮，选择"report_data_jxhy"数据库，该数据库的数据取自机械行业上市公司财务报表，首次操作时可以先选择"表"熟悉数据格式，然后选择"自定义SQL"，提取数据库中需要的信息。

第六步，设置新建数据表名称为"行业发展指标"，根据任务要求中的公式涉及的数据从行业财务中获取，输入SQL语句，单击"完成"按钮，完整语句见附件SQL语句。

第七步，按育亭机械的报表期间筛选行业指标的期间，以减少数据量，在过滤页签选择报表日期为2017-12-31至2020-12-31的数据，然后单击刷新。

2. 构建育亭机械盈利风险预警数据模型

第一步，在数据建模页面单击"新建数据表"，选择"当前数据中心"，然后单击"下一步"按钮。

第二步，选择"自定义SQL"，然后单击"下一步"按钮。

第三步，将新建数据表命名为"育亭机械发展指标"，根据任务要求中的指标从育亭机械的利润表、资产负债表中选择计算需要的数据，输入SQL语句，单击"完成"按钮，如图6-80所示，完整语句见附件SQL语句。

第四步，在关系页签单击"新建关系"，建立行业发展指标与育亭机械发展指标表关于报表日期的"一对一"关系，单击"确定"按钮，如图6-81所示。

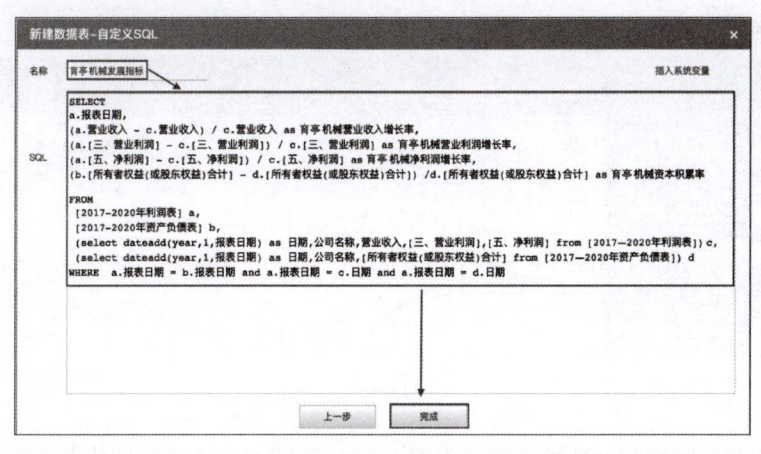

图 6-80

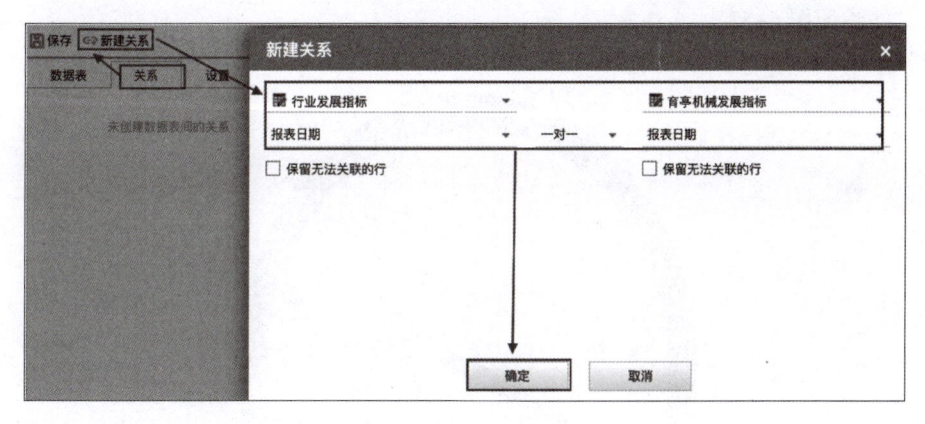

图 6-81

第五步，单击"保存"按钮。

3. 绘制发展风险预警指标

第一步，选择图表类型为"仪表图"，将计算的营业收入增长率偏离度指标拖拽至"指针值"，如图 6-82 所示。

图 6-82

第二步，将报表日期字段拖拽至"筛选器"，选择需要预警的报表期间，假设为 2020 年 12 月

31日，单击"确定"按钮，如图6-83所示。

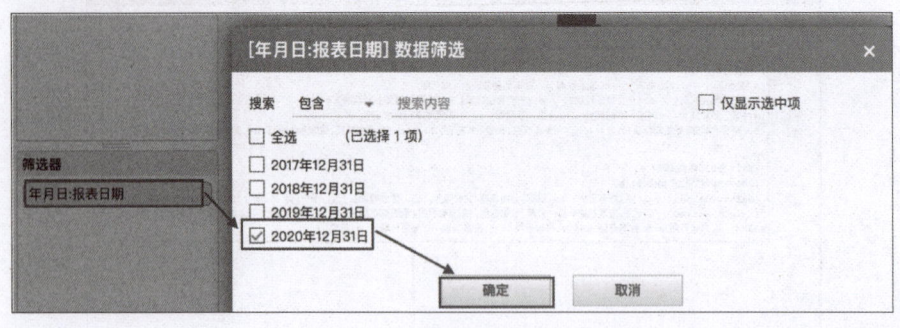

图6-83

第三步，根据预警模型的预警值设置表盘分段，并设置显示的数字格式小数位为"百分之一（％）"，参照图6-57。

可得营业收入增长率预警图如图6-84所示。

图6-84

第四步，保存该方案。

第五步，同样的操作步骤可以分别设置其他发展风险指标的预警图并保存。

（1）营业利润增长率预警图如图6-85所示。

（2）净利润增长率预警图如图6-86所示。

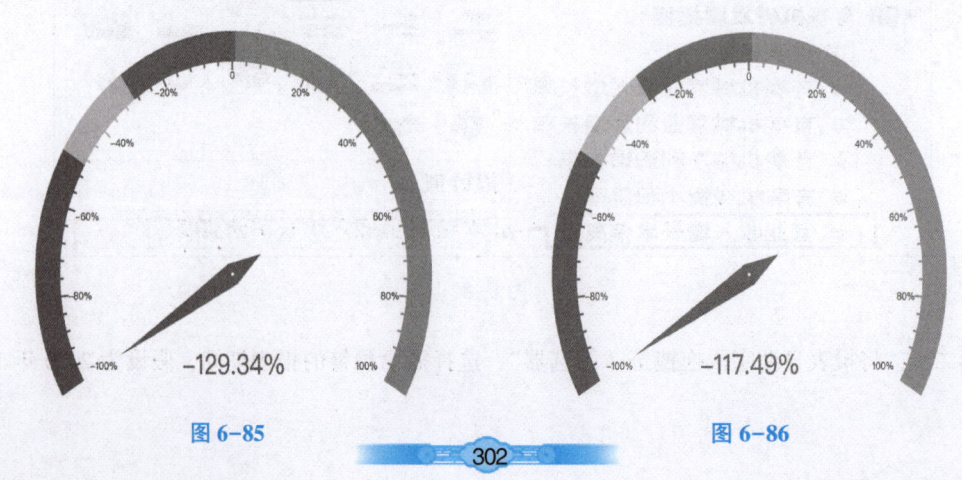

图6-85　　　　　　　　　　图6-86

（3）资本积累率预警图如图 6-87 所示。

图 6-87

任务评价

序号	评价内容	评价具体要点	达标	未达标
1	发展风险预警	能够在轻分析中绘制育亭机械各项发展风险预警指标		

拓展练习

在轻分析平台完成"Z-score 破产风险预警、决策树破产风险预警"分析，具体操作指引见电子资源"Z-score 破产风险预警""决策树破产风险预警"。

发展风险预警拓展阅读

任务三 风险预警仪表板

案例背景

前面对经营风险和财务报表分析的各项风险绘制了预警图，但较为分散，管理层要求对风险预警形成看板，便于一次性监控众多风险指标。

任务描述

形成风险预警看板，便于一次性监控众多风险指标。

任务要求

（1）使用轻分析仪表板制作风险预警看板。
（2）以看板为基础制作 PPT 并上台展示。

任务实施

第一步，在财务预警项下新建仪表板，命名为"风险预警"，如图 6-88 所示。
第二步，单击进入仪表板。

图 6-88

第三步,将数据斗方拖入仪表板,出现对话框后单击"下一步"按钮,如图 6-89 所示。

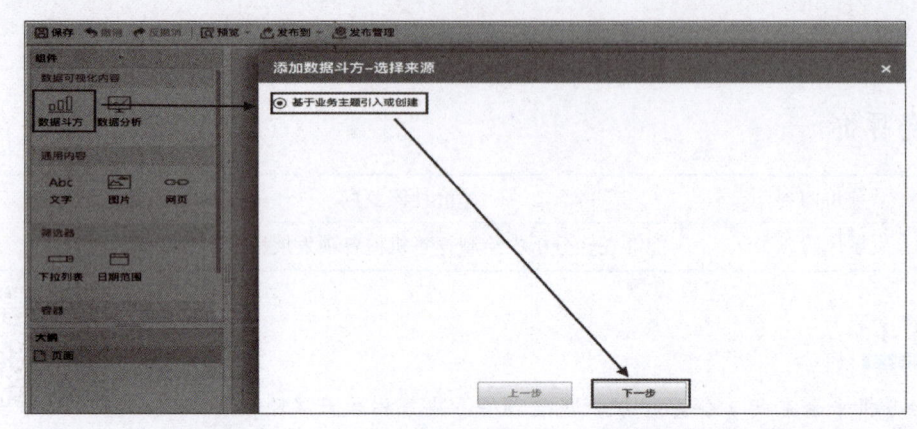

图 6-89

第四步,选择预警指标所在目录,例如"财务预警"项下的"Z-score 破产预警模型",单击"下一步"按钮,如图 6-90 所示。

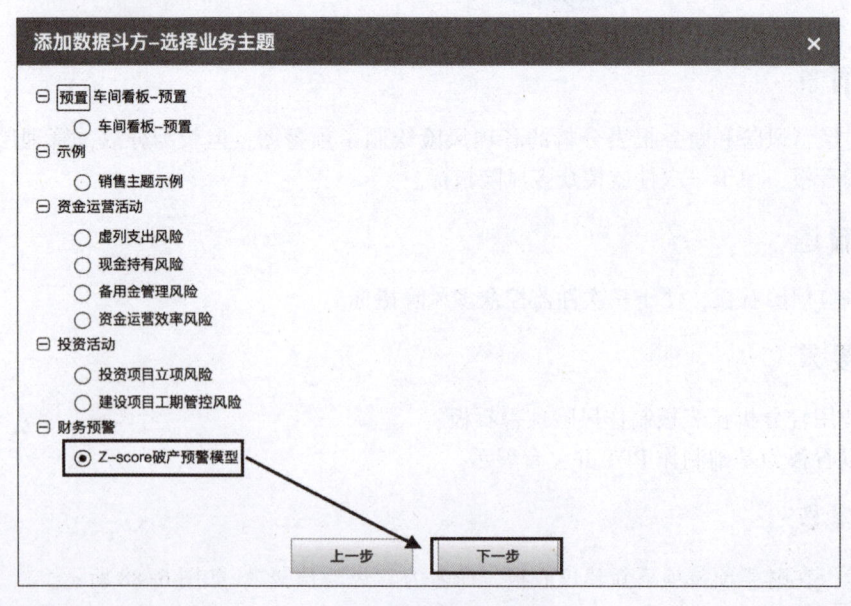

图 6-90

第五步，选择其中一项指标，单击"完成"按钮，如图 6-91 所示。

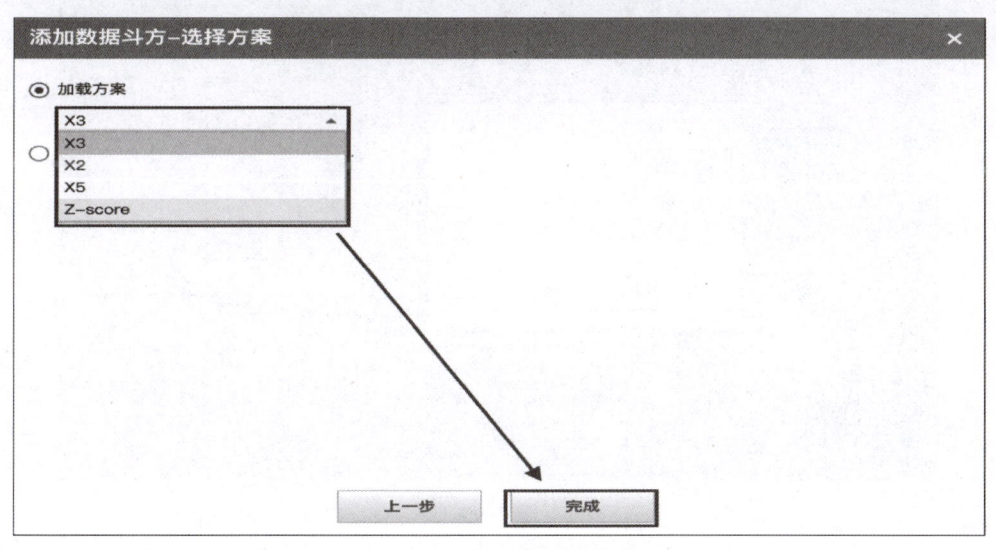

图 6-91

第六步，重复上述步骤直到将所有想要展示的预警指标拖入仪表板，如图 6-92 所示。

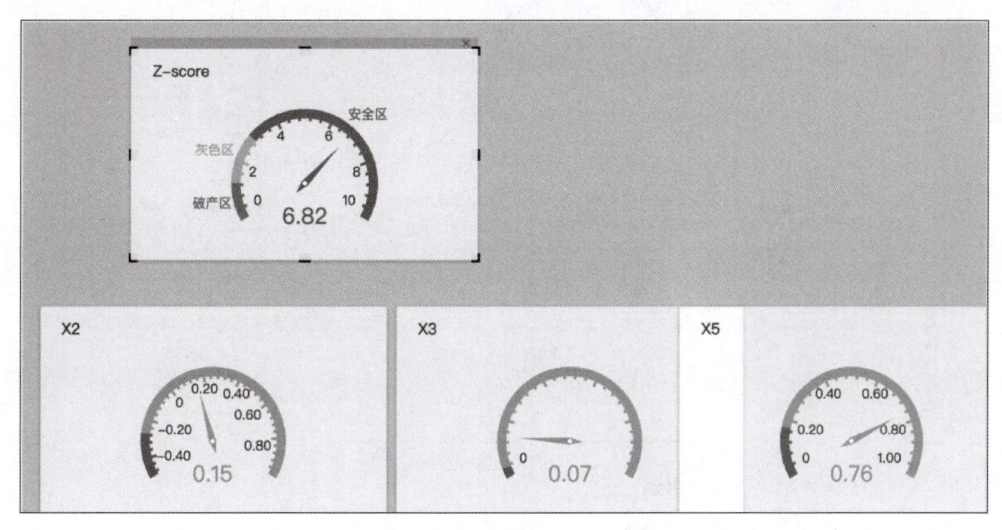

图 6-92

第七步，拖入"文字"到仪表板，输入标题名称"Z-score 破产风险预警"，调整字号、颜色、格式等，如图 6-93 所示。

第八步，通过拖拽或设置位置、大小，将各要素排列整齐，如图 6-94 所示。

第九步，可以在右侧下方的外观选项中，选择喜欢的显示风格，如图 6-95 所示。

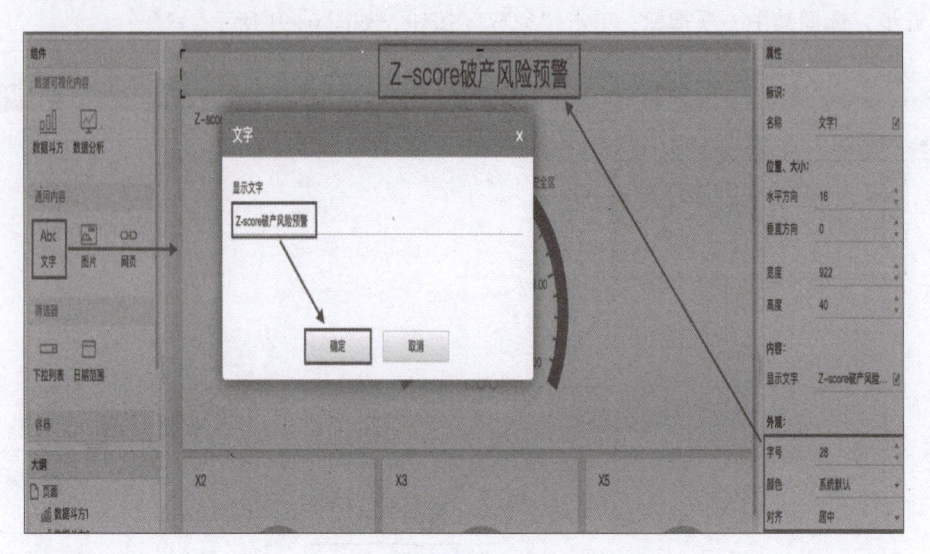

图 6-93

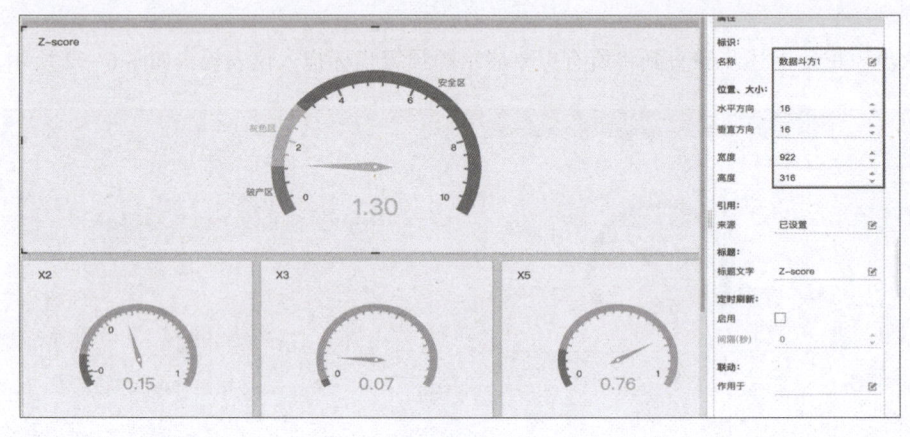

图 6-94

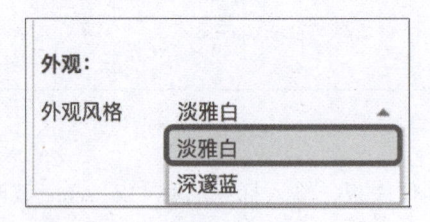

图 6-95

第十步，单击上方预览查看效果，如图 6-96 所示。

第十一步，单击"保存"按钮。

第十二步，用同样的操作方法绘制其他指标的看板，企业经营风险预警和行业经营风险预警看板如图 6-97 所示。

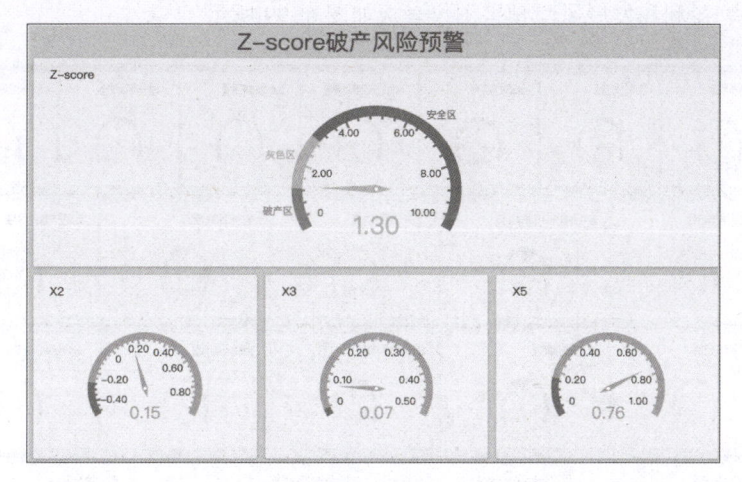

图 6-96

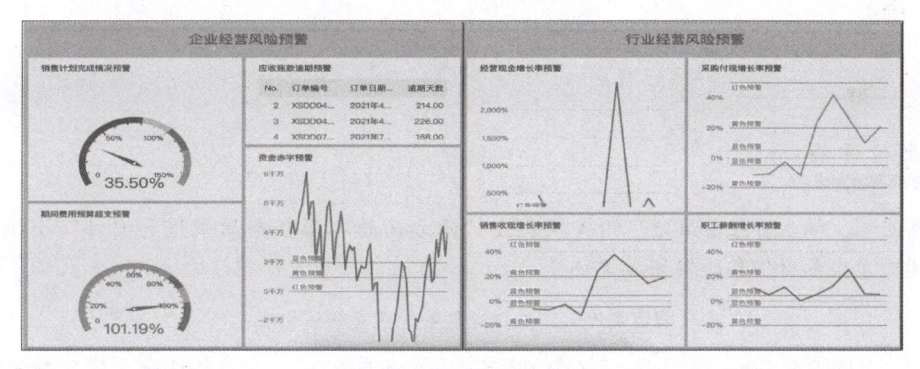

图 6-97

注：上图通过设置背景图片来设置不同的背景颜色，图片根据仪表板尺寸绘制，如图 6-98 所示。

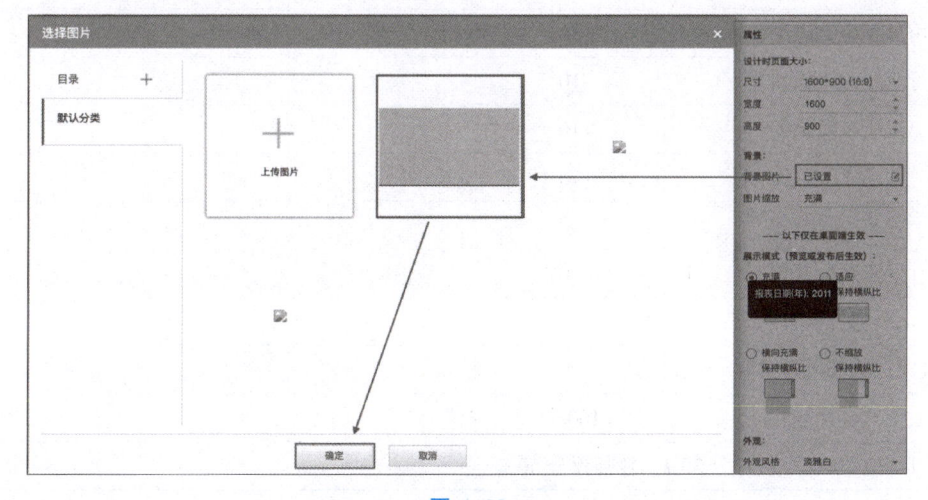

图 6-98

偿债、营运、盈利和发展风险预警图仪表板如图6-99所示。

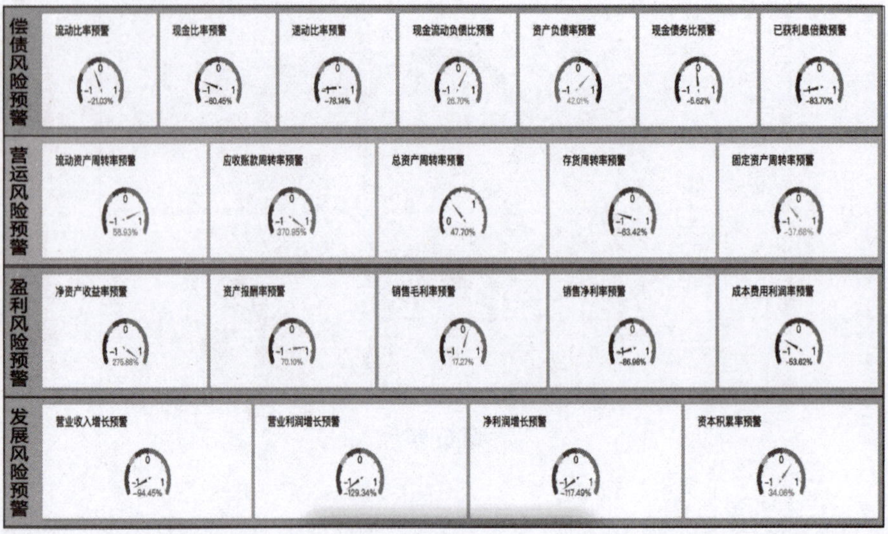

图 6-99

项目考核评价

通过实训，学生对经营风险、财务报表分析两方面的各项任务结果进行自评，小组评分同时，教师对学生各项任务的实训成果评分。

固定资产管理大数据智能风控考核评价表

考核任务	评分标准	学生自评	小组评分	教师评分
销售计划完成情况预警	10			
应收账款逾期风险预警	10			
资金赤字风险预警	10			
费用预算超支风险预警	10			
行业经营风险预警	10			
偿债风险预警	10			
营运风险预警	10			
盈利风险预警	10			
发展风险预警	10			
Z-score破产风险预警	5			
决策树破产风险预警	5			
合计	100 分			
权重：自评 20%，小组评分 30%，教师评分 50%				

> **项目小结**

　　本项目分别从经营风险、财务报表分析两方面进行风险预警，经营风险预警设置了销售计划完成情况预警、应收账款逾期风险预警、资金赤字风险预警、费用预算超支风险预警和行业经营风险预警共五个任务，财务报表分析风险预警设置了偿债风险预警、营运风险预警、盈利风险预警、发展风险预警、Z-score破产风险预警、决策树破产风险预警共六个任务。通过各项风险预警指标的计算，对企业面临的风险进行实时动态监控。

项目七 风险管控报告

【学习目标】

【知识目标】
1. 掌握采购管理风险评估的结果。
2. 掌握销售管理风险评估的结果。
3. 掌握固定资产管理风险评估的结果。
4. 掌握资金管理风险评估的结果。

【技能目标】
1. 能够根据企业风险管控的指标数据和管理制度分析结果。
2. 能够对企业的风险管控体系进行综合诊断并提出优化改善建议。
3. 能够形成风险管控分析与优化报告,并进行汇报演绎。

【素养目标】
1. 通过系统地总结风控,培养学生团队沟通协作能力。
2. 通过撰写风控报告,提高学生对岗位责任和企业责任感。

德技并修

大数据,提高风控效率

大数据在风控领域最早应用于银行的信用卡领域,因为信用卡消费记录的高频性,使其数据量能够快速积累,并在建模之后为信用卡的审批、额度授信等决策作出有效的判断。在此基础上一些拥有数据库和数据分析、处理经验的独立咨询机构应运而生,比如FICO,有10年左右的个人消费信用数据积淀,能够快速接入一个新的金融体系,然后指导授信。

所以新的信贷或P2P公司在缺乏大量数据积累的业务前期,更多地会选择接入第三方信用数据公司。一方面是因为自身缺乏多元的征信数据渠道,另一方面,政府的征信系统目前并不完善也并没有大规模接入非银行机构。所以大数据风控可能作为信贷衍生行业独立并依附于互联网金融与传统金融这些大行业中。

当然风控并不局限于信贷业务,一些证券类交易过程中也会运用到大数据。总之,数据存储与获取的低成本、高效率会使大数据风控越来越成为主流,而风控这一职能在大数据的支撑下也必将越来越系统和专业。作为新时代的大学生,要学习新知识、新技术,才能跟上数字化时代的步伐。

思维导图

风险管控报告 —— 撰写风险管控报告

项目导入

归纳和总结是由个体推及一般的过程。只有总结出一般性的结论，才有基础进行演绎，才有实践的意义。因此，育亭机械管理层要求对风险管控工作进行总结。

任务一 撰写风险管控报告

任务描述

经过对育亭机械在销售管理、采购管理、资产管理和资金管理方面的风险识别、风险评估和提出的风险应对措施，育亭机械管理层要求对风险管控工作进行总结，对企业存在的风险事项概况，尤其是企业整体层面的风险事项以及对企业整体经营目标的影响进行汇总分析。

任务要求

（1）汇总风险评估结果。
（2）根据需要制作仪表板。
（3）编写风险管控报告。

任务实施

一、风险评估结果汇总

（一）采购管理风险评估结果

根据采购管理风险评估数据汇总，本年度采购管理风控任务共评估风险事项 7 项，其中高风险事项 1 项，中风险事项 2 项，低风险事项 4 项，汇总结果如表 7-1 所示。

表 7-1 采购管理风险评估汇总表

风险环节	序号	风险事项	风险概率评分	风险影响评分	风险程度
采购活动	1	采购计划编制风险			中风险
采购活动	2	供应商履约风险	1.2	2	低风险
采购活动	3	供应商评级风险			中风险
采购活动	4	采购形式风险	1	4	低风险
采购活动	5	供应商选择风险	2.25	2	低风险
采购活动	6	验收入库风险	2	1	低风险
采购活动	7	付款风险	2.15	5	高风险

（二）销售管理风险评估结果

根据销售管理风险评估数据汇总，本年度销售管理风控任务共评估风险事项 7 项，其中高风险事项 1 项，中风险事项 4 项，低风险事项 2 项，汇总结果如表 7-2 所示。

表 7-2　销售管理风险评估汇总表

风险环节	序号	风险事项	风险概率评分	风险影响评分	风险程度
销售活动	1	产品定价风险			中风险
销售活动	2	销售计划风险			中风险
销售活动	3	销售报价风险	1	2	低风险
销售活动	4	客户信用管理风险	1	5	中风险
销售活动	5	销售合同完整性风险	1	5	中风险
销售活动	6	销售合同内容合规性风险	1	1	低风险
销售活动	7	销售订单合规性风险	1.4	5	高风险

（三）固定资产管理风险评估结果

根据资产管理风险评估数据汇总，本年度固定资产管理风控任务共评估风险事项 5 项，其中高风险事项 0 项，中风险事项 1 项，低风险事项 4 项，汇总结果如表 7-3 所示。

表 7-3　固定资产管理风险评估汇总表

风险环节	序号	风险事项	风险概率评分	风险影响评分	风险程度
资产活动	1	固定资产投资风险	2	2	低风险
资产活动	2	固定资产请购风险	3	2	中风险
资产活动	3	固定资产验收风险	1	2	低风险
资产活动	4	固定资产处置年限不合规风险	2	1	低风险
资产活动	5	固定资产账实不符风险	1	4	低风险

（四）资金管理风险评估结果

根据资金管理风险评估结果，本年度资金管理风控任务共评估风险事项 15 项，其中高风险事项 6 项，中风险事项 2 项，低风险事项 6 项，无风险事项 1 项，汇总结果如表 7-4 所示。

表 7-4　资金管理风险评估汇总表

风险环节	序号	风险事项	风险概率评分	风险影响评分	风险程度
筹资活动	1	筹资时间风险	3	2	中风险
筹资活动	2	偿付到期债务风险	2	5	高风险
筹资活动	3	筹资金额风险			低风险
筹资活动	4	资本结构不合理风险			高风险
筹资活动	5	利率风险	2	2	低风险
资金运营活动	6	现金持有风险	2	1	低风险

续表

风险环节	序号	风险事项	风险概率评分	风险影响评分	风险程度
资金运营活动	7	资金运营效率风险	0	0	无
资金运营活动	8	虚列支出风险	2	2	低风险
资金运营活动	9	资金挪用/侵占风险	1	5	中风险
资金运营活动	10	备用金管理风险	2	2	低风险
投资活动	11	投资项目选择风险	2	5	高风险
投资活动	12	研发项目立项风险	3	5	高风险
投资活动	13	建设项目工期管控风险	3	5	高风险
投资活动	14	投资收益不达预期风险	3	5	高风险
投资活动	15	短期金融资产投资风险	1	4	低风险

本年风控任务共评估风险事项34项，其中高风险事项8项，中风险事项9项，低风险事项16项，无风险1项，高风险事项主要集中在投资活动业务环节，而资金运营活动和资产活动环节相对风险较低，风险分布情况通过轻分析绘制展示仪表板如图7-1所示。

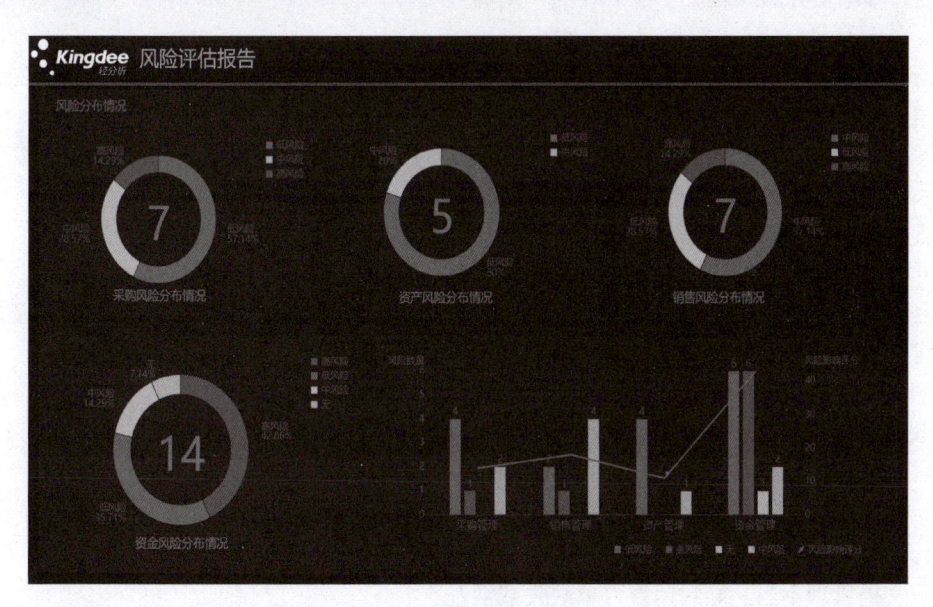

图 7-1

二、风险分析

（一）付款风险

1. 风险成因

（1）未能严格审核供应商信誉、质量、交货能力等信息，选择不良供应商。

（2）未能制定付款规程，导致付款时存在误付、多付、少付等问题。

（3）未能合理评估采购合同的风险和合同条款，导致合同履行发生分歧，引发纠纷。

（4）部门内部缺乏良好的风险管理机制，导致重要的内部风险被忽略。

(5) 外部环境变化导致采购付款风险，如货币汇率波动、政策调整等。

2. 风险影响后果

(1) 经济损失：支付过多或支付不及时可能导致损失的发生，并可能导致公司面临财务困难。

(2) 企业声誉受损：由于支付问题可能引发诉讼或出现供应商关系紧张，导致企业声誉受损。

(3) 对采购管理的影响：由于支付问题可能会导致内部采购流程紊乱，使采购管理流程受到影响。

(4) 时间浪费：公司在支付争议期间，可能导致管理团队无法专注于业务发展。

3. 风险环境变化分析

(1) 内部环境。

财务状况变化：采购方的财务状况变化会影响其付款能力，如财务状况不佳可能导致拖欠款项，增加卖方的付款风险。

管理和系统变化：采购方的管理和系统变化也会影响其付款能力，如管理制度和流程变更可能导致付款延迟，给卖方带来不必要的风险。

经营模式变化：采购方的经营模式变化也会影响其付款能力，如供应链管理变化可能导致付款延迟，增加卖方的风险。

(2) 外部环境。

市场环境变化：市场环境变化可能影响采购方的销售和经营状况，进而影响其付款能力，如市场萎缩可能导致采购方付款延迟。

政策环境变化：政策环境变化也会影响采购方的经营状况，如税收政策和贸易政策变化可能导致采购方付款延迟。

自然灾害和社会事件变化：自然灾害和社会事件变化也会影响采购方的经营状况，如地震和暴乱可能导致采购方付款延迟，增加卖方的风险。

综上所述，采购活动中的付款风险受到很多内、外部环境变化的影响，采购方需要及时调整管理措施，积极应对风险。

(二) 销售订单合规性风险

1. 风险成因

(1) 销售订单过程中政策、法规、规章制度的不合规操作。

(2) 销售人员个人失误，导致签署了不合规的销售订单。

(3) 销售人员出于个人目的变更订单条款或签署不规范的销售订单。

(4) 文档管理不当，导致销售订单缺失或混乱。

2. 风险影响后果

(1) 不合规的销售订单可能被当局查封或撤销，导致经济损失和市场声誉受损。

(2) 不合规的销售订单可能会引起其他合作伙伴的质疑和不信任，损害公司利益。

(3) 不合规的销售订单可能会涉及法律责任，对公司造成重大影响。

3. 风险环境变化分析

(1) 内部环境。

业务流程和流程控制：业务流程和流程控制是内部风险环境的核心，能够影响销售订单的处理和跟踪，以及有关员工和相关部门的配合情况。如果流程不合规或者控制不足，就可能导致合规性风险。

员工意识和素质：员工意识和素质是内部风险环境的另一个重要因素。如果员工缺乏合规性意识或者专业素质不足，就会给合规性带来风险。

系统支持和数据管理：系统支持和数据管理是内部风险环境的重要组成部分。如果企业的信息系统不健全或者数据管理不规范，就可能给销售订单的管理和跟踪带来风险。

（2）外部环境。

行业法规和标准：行业法规和标准是外部风险环境的主要因素。如果企业所在的行业法规和标准不够清晰或者难以执行，就可能给销售订单合规性带来风险。

政治和经济环境：政治和经济环境也是外部风险环境的重要因素。如果政治和经济环境不稳定，就可能影响企业的经营和销售订单的合规性。

竞争对手和合作伙伴：竞争对手和合作伙伴也是外部风险环境的重要因素。如果竞争对手存在不合规行为或者合作伙伴存在不良记录，就可能对企业的销售订单合规性造成风险。

（三）偿付到期债务风险

1. 风险成因

（1）经济环境风险：经济周期波动、利率波动、汇率波动、通货膨胀等因素会对企业债务偿付产生影响。

（2）公司内部经营管理风险：企业管理水平不高、财务状况不稳定、资金流动性不足、营收下降等因素也可能导致债务偿付风险的出现。

（3）行业竞争风险：市场需求不足、市场份额下降、同行业竞争加剧等因素也会影响企业的债务偿付能力。

2. 风险影响后果

（1）影响企业信用评级：债务违约会导致企业信用评级下降，从而影响企业的融资成本和融资渠道。

（2）影响企业经营：债务违约会导致企业资金链断裂，影响企业的经营和发展。

（3）影响债权人利益：债务违约将导致债权人的资金无法得到回收，影响债权人的利益。

3. 风险环境变化分析

（1）内部环境。

企业应该关注自身的财务状况、资金流动性和经营管理水平等因素，及时发现问题并采取有效措施。

（2）外部环境。

企业应该关注经济环境、行业竞争和政策法规等因素，及时调整经营策略。

（四）资本结构不合理风险

1. 风险成因

（1）企业过度依赖债务融资，导致债务过高。

（2）企业股权比例过低，导致财务风险集中于股东。

（3）宏观经济环境变化，如经济衰退、通货膨胀等因素会对企业的资本结构产生影响。

2. 风险影响后果

（1）降低企业信用评级：资本结构不合理会降低企业的信用评级，从而影响企业的融资成本和融资渠道。

（2）加大企业财务风险：债务过高会增加企业的财务风险，使企业的资金链断裂，影响企业的经营和发展。

(3) 限制企业未来发展：股权比例过低会限制企业的未来发展，降低企业的成长空间。

3. 风险环境变化分析

(1) 内部环境。

企业应该关注自身的财务状况和资本结构，及时调整资本结构，保持稳定。

(2) 外部环境。

企业应该关注宏观经济环境变化和市场竞争等因素，及时调整经营策略和资本结构。

(五) 投资项目选择风险

1. 风险成因

(1) 宏观经济环境不确定性：宏观经济环境的不稳定性会对各行各业的企业产生影响，投资人需要考虑这种环境下是否应该进行投资。

(2) 行业竞争激烈：市场竞争激烈可能导致企业难以获得足够的市场份额，从而影响企业的盈利能力和发展前景。

(3) 技术变革：技术变革会对企业的生产方式、产品质量、营销方式等方面产生影响，如果企业无法及时适应，可能会导致企业盈利能力下降。

(4) 政策风险：政策变化可能会对企业的生产经营活动产生重大影响，例如政府出台的税收政策、行业监管政策等。

2. 风险影响后果

(1) 投资失败：投资项目选择风险会导致企业投资失败，进而影响企业的盈利能力和发展前景。

(2) 财务损失：投资失败会导致企业财务损失，可能会导致企业面临资金短缺、流动性不足等问题。

(3) 市场份额下降：由于投资失败或者行业竞争激烈等因素，企业的市场份额可能会下降，进而影响企业的盈利能力和发展前景。

(4) 员工流失：投资失败或者企业经营不佳可能会导致员工流失，进而影响企业的生产经营活动。

3. 风险环境变化分析

(1) 内部环境。

企业内部环境的变化可能会对企业的投资决策产生影响，例如企业管理层变更、技术创新、产品结构变化等。

(2) 外部环境。

外部环境的变化可能会对企业的投资决策产生影响，例如政策变化、经济环境变化、市场竞争激烈程度变化等。

(六) 研发项目立项风险

1. 风险成因

(1) 技术不成熟：研发项目可能涉及新的技术或技术的进一步发展，这种技术不成熟或尚未得到验证，可能会导致项目失败或延期。

(2) 市场需求不确定：研发项目的市场需求可能不确定或未得到充分确认，这将使项目的预期目标不明确，难以满足客户的需求，从而导致项目失败。

(3) 人员不足：项目人员的数量、素质和专业技能等方面可能不足，这将导致项目开发时间延长，成本增加，品质下降，进而导致项目失败。

（4）研发资源不足：研发项目需要大量的资源，包括人力、物力、财力等，如果资源不足，将导致项目难以推进。

（5）管理能力不足：项目管理者可能缺乏管理经验或能力，这将导致项目开发过程中出现错误的决策和管理，导致项目失败。

2. 风险影响后果

（1）时间延误：项目推进受阻，时间延误，可能会导致公司或项目方面的损失。

（2）项目失败：项目推进遇到重大问题，可能导致项目失败，造成巨大的损失。

（3）资金浪费：由于项目失败或者推迟，投入的资金可能被浪费。

（4）影响声誉：项目失败可能会对公司形象产生不良影响，影响公司的声誉和业务发展。

3. 风险环境变化分析

（1）内部环境。

人员调整、资金变动、组织结构调整等变化会影响项目的推进，可能会导致研发进度延误。

（2）外部环境。

市场需求变化、竞争态势变化、法律政策变化等外部环境变化也可能影响项目推进，需要进行及时的风险应对和调整。

（七）建设项目工期管控风险

1. 风险成因

（1）设计变更：设计变更可能导致原本计划的工序顺序和时间节点发生变化，从而影响整个工程进度。

（2）材料采购：材料采购的延误会直接影响施工进度。

（3）施工队伍：施工队伍的规模、素质和协调能力等因素对工程进度影响很大。

（4）自然因素：自然因素包括天气、地质条件等，可能会导致施工中断或者推迟。

2. 风险影响后果

（1）经济影响：工期延误会导致项目成本增加，增加施工和材料费用等。

（2）项目信誉度受损：客户可能会对延误失去信心，从而对项目产生不良影响。

（3）法律诉讼：如果工期延误导致项目未能按照计划完成，客户可能会提出索赔或采取其他法律手段。

（4）社会影响：工期延误会对社会带来负面影响，例如工期超时可能导致交通阻塞或其他公共设施的使用受限等。

3. 风险环境变化分析

（1）内部环境。

内部环境变化包括施工方案、施工队伍、材料供应商等，这些变化都可能会对工期产生影响。

（2）外部环境。

外部环境变化包括政策、市场等方面，例如政策变化可能导致工程审批时间延长，市场变化可能导致材料供应短缺或价格上涨等。

（八）投资收益不达预期风险

1. 风险成因

（1）市场风险：市场波动可能导致资产价格波动，从而影响投资回报率。

（2）政治风险：政治不稳定可能导致资产价格波动，从而影响投资回报率。

（3）经济风险：经济衰退可能导致资产价格下跌，从而影响投资回报率。
（4）管理风险：投资者可能因为错误的投资决策或管理不善而导致投资回报率下降。

2. 风险影响后果

（1）投资者可能面临亏损，投资组合价值下降。
（2）投资者可能失去信心，导致对投资市场的持续参与和投资决策的信心降低。
（3）投资者可能会失去机会，错过更好的投资机会。
（4）投资者可能会面临流动性风险，无法在需要时及时转移资金。

3. 风险环境变化分析

（1）内部环境。

企业管理层水平变化：如果企业管理层水平下降，管理层决策可能会不够理性和稳健，导致投资不达预期。

企业经营状况变化：如果企业经营状况不佳，如销售额下降、成本上升等，投资收益也可能不达预期。

企业财务状况变化：如果企业财务状况出现问题，如负债过高、现金流不足等，可能会导致投资回报降低。

（2）外部环境。

宏观经济环境变化：宏观经济环境的变化，如通货膨胀、汇率波动等，可能会对企业经营产生不利影响，从而导致投资收益不达预期。

政策环境变化：政策环境的变化，如税收政策、产业政策等，也可能会对企业经营产生影响，进而影响投资回报。

市场环境变化：市场环境的变化，如竞争加剧、消费者需求变化等，也可能会导致企业经营不利，从而影响投资回报。

三、建议的解决措施

（一）付款风险

（1）建立严格的供应商管理制度，严格审核供应商的资质和信誉。
（2）制定付款规程，明确需要支付的款项，收集所有相关的发票、证明材料。
（3）制定合适的采购合同并评估关键条款的风险。
（4）提高员工的财务素质，以保障财务管理水平提高。
（5）完善流程设计，加强部门间协作。
（6）全面了解企业链上下游信息，预测变化，早作准备。
（7）对外支付安全的控制：确定相关部门对外付款的权限和阈值，实行对外支付线上和线下复核机制。
（8）寻求金融机构合作，管理汇率风险，达到有效预期与管控成本的双重目的（针对每一项高风险事项提出建议的解决措施）。

（二）销售订单合规性风险

（1）加强规章制度的制定和落实。
（2）加强员工教育宣传，增强所有员工的合规意识和责任心。
（3）加强风险管理机制，建立合规审核制度和内部控制机制。
（4）强化文档管理，建立完善的档案管理系统以保持订单的合规性。
（5）积极跟进政策、法规、规章制度的变化，并及时进行整改和调整。

（三）偿付到期债务风险

（1）加强财务管理：企业应该加强财务管理，保持财务状况稳定，及时了解资金流动状况，降低债务偿付风险。

（2）优化债务结构：企业应该优化债务结构，降低负债率，适当延长债务期限，降低债务偿付压力。

（3）加强风险管理：企业应该加强风险管理，建立偿债风险管理机制，及时预警和化解偿债风险。

（四）资本结构不合理风险

应采取风险规避的应对策略，即对于管理层提出的举债计划不应实施，应测算恰当的资本结构并综合考虑可用的筹资渠道重新制订筹资计划。

（五）投资项目选择风险

该事项风险概率较低，但风险影响极为重大，建议采取风险规避的应对策略，对于很可能失败的投资项目不予投资，终止项目或进一步论证。项目立项阶段应对项目的影响因素进行深入分析，对于项目难度过大，无法保证技术或投入资源，很可能失败的项目应考虑放弃或延后。在项目推进过程中，应及时跟踪项目进度，对于很可能无法完成的项目也应及时止损。

（六）研发项目立项风险

（1）制订详细的项目计划和预算，及时评估项目风险和投资风险，并逐步完善和调整。

（2）加强人员管理和培训，保证项目成员稳定性和技能水平，提高项目成功率。

（3）加强市场需求分析和竞争对手情况研究，提前预测市场变化，制定灵活的应对策略。

（4）建立健全的内部沟通机制，及时沟通并解决项目中出现的问题。

（5）密切关注外部环境变化，及时进行风险评估和调整，以应对可能的风险挑战。

（七）建设项目工期管控风险

（1）合理制订工期计划：建立合理的工期计划，根据实际情况和可控因素合理安排施工进度。

（2）加强沟通和协调：在施工过程中加强施工队伍和材料供应商之间的沟通和协调，及时解决施工中遇到的问题。

（3）科学管理：加强对施工队伍的管理，确保施工队伍规模和素质的稳定性。

（4）风险管理：建立风险管理机制，及时识别和分析工期风险，并制定相应的应对措施。同时，建立风险管理档案，总结经验教训，提高管理水平。

（八）投资收益不达预期风险

（1）投资者应该对自己的投资目标和风险承受能力进行充分的了解，并制定合理的投资策略。

（2）投资者应该保持冷静，避免过度自信或恐慌，以免影响投资决策。

（3）投资者应该分散投资，降低投资组合的风险，同时应该选择合适的投资产品，以实现最佳投资回报率。

（4）投资者应该不断学习，了解投资市场和投资产品的最新信息和趋势，以便作出更明智的投资决策。

四、风险管控整体建议

（一）风险控制环境

（1）建立良好的企业文化：公司应该制定并实施一种健康、透明、积极的企业文化，强调诚信、责任和合规性。这些价值观应该贯穿于所有层次的管理和员工中，从而建立一种安全、稳定、高效的内部环境，为风险管理提供坚实的基础。

（2）加强员工胜任能力：公司应该持续加强员工的职业培训和技能提升，以确保他们具备足够的专业知识和技能，能够更好地理解和处理各种风险。此外，公司还应该鼓励员工积极参与风险管理和控制的相关工作，为企业和客户的利益保驾护航。

（3）加强内部监管和制约机制：公司应该建立完善的内部监管制度和制约机制，规范各类业务流程和操作流程。此外，公司应该建立风险预警机制，在各类风险出现前能够及时预警、快速反应。同时，公司还应该建立追责机制，对违规行为进行严格的惩戒，以维护公司的声誉和利益。

（4）增强风险意识：公司应该通过员工培训、宣传教育等方式，不断加强员工的风险意识。在工作中要秉承严谨、责任、诚信的精神，保持敏锐的洞察力和判断力，能够快速识别并处理各类风险，确保企业和客户的利益得到充分的保障。

（二）内部控制的设计和执行

（1）内控措施应该嵌入到流程中。可以通过对各个环节进行分析，确定对应的内控措施，并通过培训和沟通方式，将其嵌入到相应的业务流程中。

（2）建立内控措施的落实考核机制。可以设立内控考核人员，对各个流程中的内控措施进行监督和考核，以确保其有效落实。

（3）增强内控措施的可操作性。内控措施的设计应该尽量简洁明了，易于理解和执行。同时，可以对人员进行培训和辅导，帮助其更好地理解内控措施并顺利落实。

（4）加强内部控制信息的收集和分析。可以通过建立专门的内控信息系统，对各个流程的内控措施进行实时监测和分析，及时发现问题并采取相应的措施。

总之，要加强内部控制的设计和执行，需要在不断的实践和改进中发现和解决问题，使内控措施更加完善和有效。

项目考核评价

通过实训，学生对风险管控的各项任务结果进行自评，小组评分同时，教师对学生各项任务的实训成果评分。

风险管控考核评价表

考核任务	评分标准	学生自评	小组评分	教师评分
采购管理风险评估结果	20			
销售管理风险评估结果	20			
固定资产管理风险评估结果	20			
资金管理风险评估结果	10			
制作仪表板	10			
编写风险管控报告	20			
合计	100 分			
权重：自评 20%，小组评分 30%，教师评分 50%				

项目小结

　　本项目主要对前面项目的采购管理、销售管理、固定资产管理和资金管理方面的风险管控工作进行总结，形成风控报告，对企业存在的风险事项进行概况，对企业整体层面的风险事项以及对企业整体经营目标的影响进行汇总分析，有利于企业进行有效的风险控制。

附 录

附件1 SQL 语句
（电子版资源）

附件2 Python 代码
（电子版资源）

附件3 函数表达式
（电子版资源）

附件4 数据表
（电子版资源）

附件5 思考题及巩固
练习题答案（电子版资源）

附件6 拓展练习操作指引
（电子版资源）

参 考 文 献

[1] 程平. 大数据智能风控 [M]. 大连：东北财经大学出版社，2022.
[2] 聂瑞芳，胡玉姣. 财务大数据分析 [M]. 北京：人民邮电出版社，2022.
[3] 张艺博，李彦勤. 财务大数据分析 [M]. 北京：高等教育出版社，2022.
[4] 谢真孺，陈玲，贡志红. 财务大数据分析 [M]. 北京：高等教育出版社，2022.
[5] 张薇. 企业内部控制与风险管理 [M]. 北京：高等教育出版社，2023.
[6] 颜青，罗健，蒋淑玲. 内部控制与风险管理（第二版）[M]. 北京：高等教育出版社，2023.
[7] 李正. 内部控制与风险管理 [M]. 北京：高等教育出版社，2023.
[8] 刘红霞，岳彦芳，陈运森，等. 企业内部控制与风险管理 [M]. 北京：清华大学出版社，2022.